Massaua
ERYTHRÄA
Adua
Gondar
Samara
ddis-Abeba
FRANZ. SOMALI
Djibuti
Aden
Golf von Aden
Berbera
BRITISCH SOMALILD.
HAUD
Harar
OGADEN
Ual Ual
BORAN
ITALIENISCH SOMALILD.
RITISCH-
OST
AFRIKA
Äquator
Indischer Ozean

Brigitte Beil

Maskal oder Das Ende der Regenzeit

Brigitte Beil

Maskal *oder* Das Ende der Regenzeit

Roman

Gustav Lübbe Verlag

Gustav Lübbe Verlag ist ein Imprint
der Verlagsgruppe Lübbe

Originalausgabe

Textredaktion: Bettina Blumenberg
Umschlaggestaltung: Hilden Design, München
Umschlagmotiv: Digital Stock, California
Satz: Bosbach Kommunikation & Design GmbH, Köln
Gesetzt aus der Goudy Regular von Adobe
Druck und Einband: GGP Media, Pößneck

Printed in Germany
ISBN 3-7857-2111-0

Sie finden die Verlagsgruppe Lübbe im Internet unter
http://www.luebbe.de

Meiner Familie,
Jürgen, Katinka und Philip

1. Kapitel

Der Modergeruch störte sie nicht. Viel zu neugierig, um sich davon abschrecken zu lassen, saß Katrina Bernbacher über einen schimmeligen Karton voller Fotos gebeugt am Verandatisch und nahm ein Bild nach dem anderen in die Hand. Einige waren vergilbt oder ausgeblichen, manche verklebt und von Stockflecken gesprenkelt, aber die meisten hatten sich in der welken klammen Schachtel erstaunlich gut gehalten.

Katrina kannte eine Reihe der abgebildeten Gesichter oder entdeckte zumindest eine Spur Vertrautheit. Dieser Mann hier mit dem durchdringenden Blick über der großen scharfen Nase war Carl Haertel, ihr Urgroßvater, von dem eine Porträtaufnahme im Arbeitszimmer ihres Vaters stand. Und der Ähnlichkeit nach mussten die drei kleinen Mädchen in Matrosenkleidern und dunklen Wollstrümpfen, die rundbackig aus dem Bild lachten, ihre Großmutter Eva und deren Schwestern Wilma und Edith sein. Ganz normale Familienfotos aus vergangener Zeit – wäre da nicht die merkwürdige Szenerie drumherum gewesen. Carl posierte hoch zu Ross unter Palmen und Bananenbäumen, oder er stand, ein Bein auf die Beute gestellt, als flintenbewehrter Jäger neben einem erlegten exotischen Tier. Und die drei Kleinen hingen mal an den Schürzenzipfeln einer schwarzen barfüßigen Kinderfrau, mal schoben sie ein Äffchen im Puppenwagen durch einen Zitronenhain, mal thronten sie breitbeinig auf viel zu großen Pferden. Es gab Gruppenbilder von offenbar festlichen Veranstaltungen, auf denen Damen in bauschigen Roben und fracktragende Herren mit dunkelhäutigen, fremdartig gewandeten Leuten für die Kamera posierten, und andere, die eine elegante weiße Gesellschaft – allesamt mit Tropenhelm – auf ausladende Freitreppen drapiert zeigten.

Katrina konnte sich diese seltsame Mischung nicht erklären. Wie kamen afrikanische Details in das Leben ihres Clans? Hatte die Familie denn nicht immer bieder und bürgerlich in Berlin gelebt, bis es die Großmutter irgendwann nach Bayern verschlug und ihren eigenen Vater aus beruflichen Gründen nach Köln?

Irritiert stemmte sie die Ellbogen zwischen das Durcheinander von Fotos und stützte den Kopf auf die Fäuste. Ganz plötzlich wurde ihr klar, dass sie eigentlich kaum etwas über die Vergangenheit ihrer Familie wusste. Geschichten von früher wurden nie erzählt, was bei den eher frostigen Beziehungen untereinander nicht weiter erstaunlich war. Offenbar hatte keiner Interesse daran, über Gefühle und Erinnerungen Gemeinsamkeit mit den Verwandten zu schaffen. Nicht eines der Fotos, die in ihrem Elternhaus aufbewahrt wurden, war annähernd so alt wie diese hier oder zeigte vergleichbare Szenen. Sie dokumentierten fast ausschließlich das Zusammenleben der Kleinfamilie mit der Mutter, die vor drei Jahren an Blutkrebs gestorben war, dem Bruder, der in Amerika studierte, und den beiden Restposten – dem Vater und ihr selbst. Auch zu Großmutter Eva hatte es lange Zeit nur sehr dürftige Kontakte gegeben. Katrina erinnerte sich an gelegentliche Telefonate, obligatorische Geburtstags- und Weihnachtsgrüße und vereinzelte kurze Durchreise-Besuche. Erst als sie zum Studium nach München gezogen war, begannen Großmutter und Enkelin zögerlich, einander näher zu kommen.

Die Warnung ihres Vaters klang ihr noch im Ohr. »Evchen«, sagte er – kein Familienmitglied wäre je auf die Idee verfallen, die Großmutter anders zu nennen –, »Evchen macht es einem nicht leicht. So weit ich zurückblicken kann, war sie rechthaberisch und fordernd – ziemlich egozentrisch eben. Sie hat sich immer für etwas Besseres gehalten. Vermutlich ist sie als Kind zu sehr verwöhnt und hofiert worden. Natürlich musst du sie besuchen, schließlich liegt Buchberg nur einen Katzensprung von München entfernt. Aber rechne nicht damit, bei ihr ein warmes Nest zu finden.«

Und dann kam alles ganz anders. Vielleicht hatten die Jahre tatsächlich Evchens Kanten geschliffen, wie der Vater am Telefon boshaft spekulierte, vielleicht hatte das Alter sie milder gestimmt, vielleicht fand sie auch nur Gefallen an der Abwechslung in ihrem eintönigen Alltag. Katrina fragte nicht nach den Motiven. Sie freute sich einfach über die unerwartete Herzlichkeit, mit der sie aufgenommen wurde.

Als der Sommer kam und die Hitze in ihrer winzigen Wohnung stand – an offene Fenster war bei dem Lärm der Schleißheimer Straße nicht zu denken –, packte sie, so oft es ging, ihre Medizinbücher zusammen und floh auf Evchens kühle Veranda. Von hier aus blickte man durch Rosenranken und wild wuchernden Federmohn auf einen in Rufweite gelegenen, behäbigen Oberländer Bauernhof, dessen Balkonbrüstungen hinter Kaskaden von glutroten Geranien verschwanden.

»Ich habe ihn verpachtet«, erklärte die Großmutter, als sie Katrinas bewundernden Blick bemerkte. »Weißt du, für mich reicht dieses Austragshäuserl, das traditionelle Altenteil. Es ist angenehm so. Die Leute drüben schauen nach mir, und von den Einkünften kann ich gut leben.«

Eva Bernbacher schien wenig begeistert, als sie nach ausgiebigem Mittagsschlaf, das graue Haar am Hinterkopf noch leicht zerdrückt, in den Garten trat und die Schachtel auf dem Verandatisch entdeckte. Davor mit gespannter Miene Katrina, die Tochter ihres ältesten Sohnes.

»Oh, du hast gestöbert?«, fragte sie.

Die junge Frau schüttelte entschieden den Kopf. »Aber Evchen, natürlich nicht! Ich bin zufällig auf den Karton gestoßen. Im Keller, hinter den Gurkengläsern, direkt an der feuchten Wand.« Sie maß die Großmutter mit einem prüfenden Blick. »Wusstest du, dass er da stand?«

Eva überging die Frage. Sie setzte sich neben ihre Enkelin auf die Bugholzbank und schloss die Augen, um zurückzudenken. Vor mehr als zwanzig Jahren, als sie vom Hof drüben hierher in das leichter zu bewirtschaftende kleine Haus umgesiedelt war, musste sie den Karton ins Konservenregal geräumt und dort vergessen haben.

»Was sind das überhaupt für Fotos?«, hörte sie Katrina fragen. »Die Menschen darauf kenne ich zum Teil, aber ihre Umgebung wirkt so verwirrend. Mal sitzen sie in einem völlig gewöhnlichen Gründerzeit-Wohnzimmer, dann wieder, wie dieser Typ hier mit der Schiffermütze, zwischen kakteenähnlichen Gewächsen, hoch und geschwungen wie Kirchengewölbe. Dazu überall Schwarze, der servilen Haltung nach anscheinend Bedienstete. Das kann doch nicht in Berlin gewesen sein!«

Eva riss verblüfft die Augen auf. »Berlin? Wieso Berlin? Das war natürlich in Abessinien! Der ›Typ‹«, fuhr sie nach einem kurzen Blick auf das Foto fort, ehe Katrina etwas einwenden konnte, »der Typ, wie du so nett sagst, ist übrigens dein Urgroßvater Carl in einem Euphorbienwald. Sei froh, dass er deine Worte über seine angebliche Schiffermütze nicht hört. Man nannte das Prinz-Heinrich-Mütze, damals eine piekfeine modische Kopfbedeckung.« Sie beugte sich vor und griff nach dem Bild mit den Matrosenmädchen. »Ah ja, deine beiden Großtanten und ich, ungefähr fünf bis elf Jahre alt.« Plötzlich begann sie hektisch in dem restlichen Stapel zu wühlen. »Lass mich sehen, ich irre mich nicht – nein, ich irre mich tatsächlich nicht!« Triumphierend streckte sie Katrina eine Aufnahme hin. »Erkennst du deine Ähnlichkeit mit meiner ältesten Schwester Wilma? Seit einer ganzen Weile habe ich 's gedacht, aber das hier ist der Beweis. Du bist zwar schon sechsundzwanzig, und sie kann zu der Zeit höchstens fünfzehn Jahre alt gewesen sein. Trotzdem – die gleiche gerade Nase, das gleiche

Lächeln mit so einem seltsamen kleinen Knick in den Wangen. Auch deine glatten honigfarbenen Haare sind genau wie ihre und die hellen Augen. Sieh doch nur …«

Die Ähnlichkeit war wirklich erstaunlich, dennoch interessierte sich Katrina im Moment mehr für eine andere Sache.

»Wie kamt ihr denn nach Abessinien?«, fragte sie. »Das liegt doch in Afrika! Hat man etwa zu eurer Zeit schon so weite Ferienreisen unternommen?«

»Gott bewahre, Kind, das wäre undenkbar gewesen. Nein, die Familie hat dort mehr als dreißig Jahre lang gelebt. Meine Schwestern und ich wurden in Addis Abeba geboren und wuchsen auch drüben auf.« Eva erklärte das so beiläufig, als sei es die selbstverständlichste Sache von der Welt, während sie ein größeres Foto mit gezacktem Rand aus dem Packen zog und es lächelnd betrachtete. Was habt ihr dort gemacht?, wollte Katrina nachhaken. Und warum seid ihr zurückgekommen? Aber sie verschob die Fragen auf später, weil ihre Neugier durch Evas zärtlichen Gesichtsausdruck umgelenkt wurde. Sie reckte den Hals, um besser sehen zu können. Das Bild zeigte eine Gruppe von Menschen zwischen exotischen Gewächsen vor einer großen weißen Villa. »Eure Familie?«

Eva nickte. »Und unser prachtvolles Haus. Siehst du hier die Dame im hellen Rüschenkleid? Meine Mutter Anna in jungen Jahren. Immer elegant, immer dem neuesten Stand entsprechend gekleidet und frisiert, obwohl die Modemagazine mit vierwöchiger Verspätung eintrafen. Und hier«, Eva deutete auf ein rundes dunkles Gesicht, das über Annas Schulter lugte, »ist Kababusch, unser Kindermädchen, eine kuriose Person. Und der Magere, der neben meinem Vater steht, ist Fagadu, jahrelang war er der erste Diener im Haus.«

Katrina schaute aufmerksam von einem zum anderen. »Niedlich habt ihr drei ausgesehen«, sagte sie, »in euren bestickten Kittelchen, mit den Sonnenhüten und den geflochtenen Sandalen. Aber wer ist die schmale junge Frau hinter euch? Sie wirkt so traurig.«

»Oh, Lucie, eine Verwandte.« Die Großmutter seufzte kurz, wollte aber offenbar keinen weiteren Kommentar abgeben, denn sie griff eilig nach einem anderen Foto. »Das hier musst du dir anschauen, deine Urgroßmutter festlich herausgeputzt, vermutlich bei einem Gala-Empfang am kaiserlichen Hof.«

Am Hof! Sprachlos bestaunte Katrina die weichen Wellen, die sich um das strahlende Gesicht schmiegten, die weiße Pelzstola über dem perlenbesetzten Kleid, ordengeschmückte Tischnachbarn und ein dunkelhäutiges Paar mit distinguierten Mienen. Ob das Kaiser und Kaiserin waren?

Ja, bestätigte Eva mit einem Anflug von Hochmut. Und zwar so kaiserlich wie kaum eine andere Dynastie, denn welche sonst habe sich schon auf einen biblischen Stammvater berufen können? »Sie waren das älteste Herrschergeschlecht der Erde.«

»Und woher weiß man das?« Katrinas Stimme klang skeptisch. »Übertreibst du da nicht etwas, Evchen?«

Empört zog Eva die Brauen hoch. »Oh, keineswegs! Die Geschichte ihrer Herkunft wurde immerhin schon im Alten Testament erwähnt und später in der berühmten äthiopischen Königschronik, dem *Kebra Negast*, ausführlich geschildert. Eine sehr beliebte Geschichte, an der niemand dort zweifelt.«

»Erzähl sie mir – bitte!«

»Also gut. Es heißt, dass rund tausend Jahre vor Christus in Äthiopien die Königin von Saba herrschte. Sie wurde auch Makeda oder ›Königin des Südens‹ genannt. Eine atemberaubend schöne Frau. Eines Tages machte sie sich auf die Reise durchs Rote Meer nach Jerusalem zu König Salomon von Juda, weil dessen Weisheit überall gepriesen wurde. Salomon war hingerissen von ihren Reizen. Und er versuchte mit allen Mitteln, Makeda zu verführen. Er schmeichelte ihr und überhäufte sie mit Geschenken. Umsonst, er wurde nicht erhört. Schließlich probierte er es mit einer List. Er lud Makeda ein, in seinem Palast zu wohnen, und versprach, sie nicht anzurühren, solange sie nichts nähme, was ihm gehörte. Zum Abendessen ließ der schlaue König extra pfeffrige Speisen servieren. Wie erwartet, bekam Makeda während der Nacht schrecklichen Durst, aber nirgends konnte sie Wasser finden – außer in einem Becher neben dem Lager des Königs, wo Salomon bereits lauerte.« Eva zwinkerte ihrer amüsiert schmunzelnden Enkelin zu. »Was blieb Makeda übrig? Sie nahm den Becher und trank, und die Falle schnappte zu. Vertragsgemäß musste sie sich ihm fügen. Schwanger kehrte sie in ihre Heimat zurück und brachte dort einen Sohn zur Welt, Menelik I. Er gilt als Begründer der salomonischen Dynastie. Und in seiner Nachfolge nannte sich auch der letzte äthiopische Kaiser, Haile Selassie, der auf dem Foto mit meiner Mutter tafelt, noch Löwe von Juda.«

»Löwe – Löwe von Juda«, wiederholte Katrina verwundert. »Weshalb denn das?«

Eva dachte kurz nach. »Soweit ich mich erinnere, war der Löwe von alters her Wahrzeichen herrschaftlicher Macht. Und irgendwann im Lauf der Geschichte verband sich dieses Symbol mit dem Prestige des Stammes Juda, zu dem Salomon gehörte. Der galt nämlich unter den biblischen Stämmen als der vornehmste, der königliche. Löwe von Juda – klingt das nicht beeindruckend?«

»Sicher – aber bei einem so schmächtigen Mann wie Haile Selassie auch ziemlich prahlerisch.«

»Nun ja, vielleicht hätte das Attribut tatsächlich komisch gewirkt, wenn er nicht so unbändig willensstark und durchsetzungsfähig gewesen wäre, aber wie die Dinge lagen …«

»Du scheinst beinahe persönlich stolz zu sein auf diese hehre Abkunft«, lachte Katrina.

Eva nickte.»Ein bisschen schon. Denn schließlich stand meine Mutter mit der kaiserlichen Familie in so enger Verbindung wie keine zweite europäische Frau damals. Sie war Hofdame, weißt du.«

Kopfschüttelnd lehnte sich Katrina zurück und schlug die flache Hand an ihre Stirn. »Hofdame! Auch das noch! Jetzt fehlt nur, dass dein Vater Zeremonienmeister war!«

»Unsinn, Kind«, versicherte Eva eilig. »Baumeister war er, er baute im Auftrag des Kaisers.«

Katrina fixierte sie mit ärgerlich zusammengekniffenen Augen. »Ich begreife es nicht! Es ist einfach nicht zu fassen! Wieso hast du nie davon erzählt? Wieso hat nie jemand aus der Verwandtschaft etwas davon erwähnt? Glaubt ihr vielleicht, das ginge uns nichts an? Meint ihr nicht, dass eure Nachkommen die Familiengeschichte kennen sollten, sogar ein Recht darauf haben? Evchen«, sie holte tief Luft, um ihrem Unmut gehörigen Nachdruck geben zu können, »was soll das Schweigen? Habt ihr eure Vergangenheit vergessen? Oder verdrängt? Oder steckt ein spezieller Grund dahinter?«

»Denkst du etwa an Mord oder Verrat? Ich bitte dich, Liebes ...« Müde lächelnd strich Eva über das von Frost und Regen spröde Holz der Tischplatte, während ihr Blick durch den Garten wanderte. In sanften Schwüngen neigte sich die mit zartrosa Blüten getupfte Apfelwiese dem Isartal entgegen. Unten schimmerten schon die ersten Abendlichter von Bad Tölz.

»Weshalb dann? Komm, Evchen, irgendeine Erklärung muss es doch geben!« Erwartungsvoll starrte Katrina ihre Großmutter an.

Das Dämmerlicht des späten Nachmittags vertiefte die Schatten in Evas Gesicht und ließ das Netz feiner Fältchen wie mit einem Graphitstift gezeichnet erscheinen. »Ich weiß nicht ...«, hilflos zuckte sie die Achseln. »Ach Kind, das ist alles so lange her und so weit weg ...«

»Aber du weißt schon, dass ich jetzt keine Ruhe mehr geben werde, nicht wahr? Nicht, ehe ich die ganze afrikanische Familiengeschichte kenne.«

Die Großmutter nickte stumm. Katrina glaubte einen abwesenden Ausdruck in ihren Augen zu entdecken. Vielleicht schweiften ihre Gedanken zurück in eine andere Zeit, suchten nach einer vergangenen Welt, und vielleicht, wenn man geduldig genug wartete oder auch beharrlich nachbohrte, würde sie mit Fundstücken aus ihrer Erinnerung wieder in der Gegenwart auftauchen. Katrina war entschlossen, nicht aufzugeben.

»Hast du die Kladden unter den Fotos gefunden?«, fragte Eva plötzlich in die Stille. »Da müssen ein paar alte Schulhefte sein.« Sie hob ein Stück Pappe an, das den Grund der Schachtel abdeckte, und zog mehrere verschossen graue Hefte hervor, fünf große und ein kleines. »Notizen von damals. Meine Mutter war viel zu beschäftigt, wohl auch zu ungeduldig, um ordentlich Tagebuch zu führen, aber immerhin hat sie wichtige Ereignisse und Impressionen festgehalten.«

Während Eva die Seiten an ihrem Daumen entlangsurren ließ, sah Katrina eine schwungvoll verschnörkelte Handschrift mit starker Neigung nach rechts – dem ersten Anschein zum Trotz sogar lesbar. »Was vergangen, kehrt nicht wieder; aber ging es leuchtend nieder, leuchtet 's lange noch zurück«, stand auf dem rot geränderten Etikett des obersten Heftes. Eine Geschichte von Glanz und Untergang? Vielleicht so schmerzlich, dass man besser nicht daran rührte?

Als ahnte sie, welche Fragen ihrer Enkelin auf der Zunge lagen, räumte Eva geschäftig die Fotos zurück in den Karton und schob Katrina den Packen Hefte hin. »Die kannst du mitnehmen, Kind, und in Ruhe durchlesen, dann bekommst du zumindest einen ersten Eindruck von unserem abessinischen Leben. Ich will derweil versuchen, in meinem Gedächtnis zu kramen. Für heute allerdings muss Schluss sein, meine Bridge-Runde wird gleich eintreffen.«

Katrina saß schon in ihrem alten schwarzen Punto, bereit zur Abfahrt, als sie noch einmal den Kopf zum Fenster hinaussteckte. »Evchen«, rief sie ihrer Großmutter zu, die wartend neben der Gartenpforte stand, »Evchen, eine letzte Frage. Addis Abeba ist doch die Hauptstadt von Äthiopien. Wieso redest du eigentlich dauernd von Abessinien?«

Eva kam ein paar Schritte näher und kreuzte fröstelnd die Arme. »Ach, das war damals unter Europäern so üblich«, sagte sie, »obwohl es den Einheimischen gar nicht gefiel.«

»Und weshalb?«, hakte Katrina nach.

»Na ja, die Bezeichnung soll von dem arabischen Wort ›Habescha‹ stammen, was so viel heißt wie ›Mischvolk‹. In ihren Ohren klang das abfällig. Außerdem traf es die Sache nicht. Die meisten von ihnen sehen nämlich beileibe nicht aus wie eine wahllose Menschen-Mixtur.«

»Sondern?«

»Eher wie Anwohner des Mittelmeeres – nur dunkler. Sie selbst hielten sich immer schon an den Namen Äthiopien, den die alten Griechen erfanden. Das bedeutet ›Land der verbrannten Gesichter‹.«

»Auch nicht gerade schmeichelhaft«, bemerkte Katrina, während sie der Großmutter eine Kusshand zuwarf.

Eva lachte und ging wieder Richtung Gartenpforte. »Vielleicht«, rief sie über die Schulter, »aber auf jeden Fall passender!«

Im Rückspiegel sah Katrina die Großmutter winken. Klein und schmächtig, die letzte Zeugin der Vergangenheit. Ob es stimmte, was die Leute sagten, dass Menschen geprägt würden durch das Land, in dem sie lebten? Ob sich so etwas auch auf nachfolgende Generationen übertrug und die abessinischen Reminiszenzen deshalb diese Sehnsucht in ihr auslösten, den dringenden Wunsch, mehr zu hören, mehr zu wissen, vielleicht sogar auf Spurensuche zu gehen?

Es hatte zu regnen begonnen. Geblendet vom Widerschein der Lichter auf der nassen Autobahn, kniff Katrina die Augen zusammen. Sie stellte die Scheibenwischer auf Hochtouren und drehte am Knopf des Radios – die harten Bässe passten nicht zu den Bildern in ihrem Kopf, Bildern wie aus Tausendundeiner Nacht. Sie versuchte, sich die Großmutter in der fernen fremden Welt vorzustellen: Evchen als junges Ding mit Tropenhelm und abessinischen Sandalen, Evchen als wilde Reiterin in den Straßen von Addis Abeba, Evchen beim Empfang am Kaiserhof oder auf der Flucht vor einem Krokodil …

Zu Hause angekommen, legte Katrina im Sofa die Beine hoch und öffnete das erste Heft. Anna, ihre Urgroßmutter, hatte sich gerade auf den Weg gemacht …

2. Kapitel

Dicke Regentropfen klatschten ans Coupéfenster, als der Zug aus dem Anhalter Bahnhof rollte. Gut, dass der Himmel für mich weint, dachte Anna. Angestrengt starrte sie in den grauen Schleier von Wolkendunst und Lokomotivendampf, hinter dem die Konturen trister Wohnblocks verschwammen, und bemühte sich, ihre Tränen zurückzuhalten. Wie peinlich, wenn die Mitreisenden ihre Gemütslage erkennen würden, die Wehmut und mehr noch die übergroße Angst vor der eigenen Courage, die ihr plötzlich die Luft abschnürte. Nach all den Planungen und freudigen Erwartungen der vergangenen Wochen konnte sie doch im entscheidenden Moment keine Schwäche zeigen. Anna atmete tief durch und wandte dem trüben Märzhimmel energisch den Rücken zu.

Kommerzienrat Bosch auf dem Fensterplatz vis-à-vis hatte sich mit der Gelassenheit des Weitgereisten sofort nach der Abfahrt in seine Lektüre vertieft. Alles an diesem Mann strahlte Stärke und Zuverlässigkeit aus: die gedrungene, breitschultrige Statur, der mächtige Kopf, umkränzt von dichtem weißem Haar, die kräftigen Hände, von denen die eine immer wieder glättend über den nach Kaisers Art hochgezwirbelten Schnauzer und den Spitzbart fuhr, die grauen Augen, die jedes Gegenüber so eindringlich zu erforschen schienen, als gälte es, einen schwierigen Gebirgspfad zu taxieren.

Solide wirkt er, dachte Anna, während sie den Lesenden verstohlen betrachtete, vertrauenswürdig, aber kühn eigentlich nicht. Und dennoch wagte er sich als Kaufmann an die abenteuerlichsten Unternehmungen. Mit Karawanen war er durch Ägypten, Persien und Mesopotamien gezogen, kannte so sagenumsponnene Städte wie Konstantinopel, Teheran und Bagdad und auch Addis Abeba, wohin sie jetzt unterwegs waren. Zusammen mit anderen Abgesandten Kaiser Wilhelms hatte er dem dort residierenden dunklen Kaiser erst im Jahr zuvor seine Aufwartung gemacht, um engere Handelsverbindungen zwischen dem Deutschen Reich und Abessinien zu knüpfen.

In Berlin kursierten zahllose Geschichten über diese langwierige und politisch bedeutende Mission, und die Gazetten berichteten ausführlich vom Wohlgefallen des Negus an den kostbaren Geschenken des deutschen Kaisers und mehr noch von seiner Bewunderung für die Garde du Corps, acht baumlange Soldaten, die die Delegation eskortierten und unter Führung ihres Wachtmeisters im preussischen Paradeschritt vor ihm aufmarschierten.

Anna seufzte. Halt suchend lehnte sie ihren Kopf an das Velourspolster. Der Stolz, der sie bei der Aussicht erfüllt hatte, den berühmten kaiserlichen Gesandten auf seiner nächsten Exkursion zu begleiten, war verflogen. Jetzt empfand sie nur noch bodenlose Verzagtheit. Was wusste sie schon von Abessinien? Vielleicht würde Addis Abeba, die Neue Blume, gar nicht so schön sein, wie der Name klang? War es nicht der reine Irrwitz, auf die Versprechungen eines Mannes zu bauen, von dem sie kaum mehr kannte als sein hohes Ansehen, und ihm blindlings um die halbe Welt zu folgen? Aber zum Glück gab es auch noch Carl.

Carl. Heinrich Schliefen hatte ihn beim Einsteigen ans Ende der Sitzreihe gegenüber gezogen und in ein angeregtes Gespräch verwickelt. Zu Anna drangen davon nur vereinzelte Worte durch, weil Spillmann, einer der mitreisenden Handwerker, mit seiner dröhnenden Stimme alles übertönte. «Berliner Organ« nennen wir das zu Hause, fuhr es ihr durch den Kopf, diese Art, im Bedarfsfall immer noch lauter und eine Tonlage höher zu sprechen, um sich unbedingt Gehör zu verschaffen.

Als sie zu Carl hinüberschaute, fing sie seinen besorgten Blick auf und schloss schnell die Augen, überließ sich scheinbar dem Schlummer. Hoffentlich hatte er ihre Mutlosigkeit nicht bemerkt.

Anna wusste, er würde sich schuldig fühlen. Schließlich war er der Grund dafür, dass sie hier saß, eingepfercht zwischen wildfremden Reisegefährten, Proviantkörben, Taschen und Hutschachteln, und einer unsicheren Zukunft entgegenfuhr. Ihm zuliebe hatte sie sich von allem gelöst, was ihr bisheriges Leben ausmachte: die Nähe zu den Eltern, mit denen es wegen der Abessinienpläne beinahe zum Bruch gekommen wäre; die angenehme Stellung im Kontor der väterlichen Babelsberger Schuhfabrik; Schmitts Konditorei am Gendarmenmarkt, wo sie sich regelmäßig mit Freundinnen traf und immense Stücke Bienenstich verspeiste; die Flanierrunden an lauen Sommerabenden Unter den Linden; das elegante Kaufhaus Rudolph Hertzog, in dessen Hutabteilung sie ihrer Leidenschaft für wagenradgroßen, fantasievoll dekorierten Kopfputz frönen konnte.

Vielleicht werde ich sogar Erwin vermissen, dachte Anna und sah wieder die Abschiedstrauermiene ihres langjährigen zähen Verehrers vor sich. Mit glühenden Briefen und Blicken, Blumen und Einladungen hatte er beharrlich versucht, ihr ein Zeichen der Zuneigung abzuringen. Umsonst, sie vermochte einfach nichts für diesen etwas schwerfälligen Getreuen zu empfinden. Höchstens Mitleid, als er zwei Tage vor der Abreise noch einmal in ihrem Elternhaus erschienen war, das runde Gesicht in Kummerfalten gelegt. »Das ist doch ein Wahnsinn«, hatte er beschwörend gesagt und ihre Hände umklammert. »Wie willst du da unten leben bei den Wilden? Da ist Schluss mit schönen Kleidern und Kaffeegärten, deine geliebten Kartoffeln wirst du dort gewiss auch nicht bekommen. Und dann dieser Haertel. Wenn ich nicht irre, kennst du ihn höchstens ein halbes Jahr.«

Es stimmte. Knappe sechs Monate zuvor waren sie einander zum ersten Mal begegnet. Am 29. September. Dieses Datum würde sie nie vergessen.

Gemeinsame Bekannte hatten zu einem Hauskonzert geladen. Schubertlieder, vorgetragen von der Tochter der Gastgeber, standen auf dem Programm. Anna, die der Gesangskunst der jungen Dame schon öfters gelauscht hatte, wählte vorsichtshalber einen Platz nahe der Tür und stahl sich nach der Ewigkeit einer halben Stunde unter dem ihrer Stuhlnachbarin zugewisperten Vorwand, ihre Nase pudern zu müssen, auf Zehenspitzen aus dem Salon. Aufatmend lehnte sie sich an eine mit Blumen und Gastgeschenken überhäufte Dielenkommode – und dann sah sie ihn, einen gänzlich unerwarteten Beobachter. Groß und schlank und amüsiert lächelnd stand er neben dem Fenster, in dessen Scheiben sich die funkelnden Lichter der Kristalllampe spiegelten.

»Sieh an, ein Kunstflüchtling«, konstatierte der Unbekannte mit gedämpfter Stimme, während er auf sie zuschlenderte. Anna senkte den Kopf, spürte Schamröte in ihre Wangen steigen. Wie ein ertapptes Schulmädchen, dachte sie ärgerlich und murmelte etwas von »plötzlichem Schwindel«.

»Schlimm, solche Anfälle.« Ganz offensichtlich war sein Mitgefühl nur gespielt. »Aber manchmal können sie ja auch recht hilfreich sein. Ich selbst habe mich ein wenig verspätet, ich genieße Gesangsdarbietungen dieser Art lieber durch verschlossene Türen.«

Ein Gleichgesinnter also. Sein freimütiges Geständnis und sein belustigter Ton ließen Annas Verlegenheit schwinden, sodass sie es über sich brachte, den Blick vom Muster des Perserteppichs unter ihren Füßen abzuwenden und ihr Gegenüber direkt anzusehen. Sie traf auf ungewöhnlich helle Augen, in denen der Schalk blitzte, entdeckte eine hohe, schmale Stirn über einer langen, leicht gebogenen Nase und einen buschigen Schnauzbart, der den Mund fast ganz verdeckte.

Anna fragte sich gerade, weshalb ihr sogar dieses Detail, das sie bei vielen anderen eher albern fand, an ihm gefiel, als der Fremde ihre Betrachtung unterbrach.

»Verzeihen Sie, mein Fräulein«, sagte er mit einer leichten Verbeugung und einem angedeuteten Zusammenschlagen der Hacken, jetzt gar nicht mehr ironisch, »wie unhöflich von mir. Wir stehen hier beieinander und plaudern, und ich habe mich nicht einmal vorgestellt. Gestatten Sie, mein Name ist Carl Haertel.«

Bis zu diesem Moment hatte Anna ihr Herz noch niemals bewusst gespürt. Was war nur plötzlich los mit ihm? Sie fühlte es weit und weich werden, es schien zu zerfließen, heiß und pochend bis in ihre Fingerspitzen zu rinnen und ihren Knien die Standfestigkeit zu nehmen. Später schalt sie sich selbst prosaisch, weil ihr kein besserer Vergleich einfiel als «schmelzende Butter«. Aber es blieb dabei, immer wenn sie Carl sah oder auch nur an ihn dachte, überkam sie dieses Empfinden, wie Butter unter der Sonne dahinzuschmelzen.

Dann, eines Tages, stockte die Butter.

Sie saßen am Schwielowsee in Annas liebstem Ausflugslokal, einem grün gestrichenen Holzhaus, das auf dicken Bohlen in den See hinaus gebaut worden war. Ein bullernder Ofen verbreitete behagliche Wärme, auf ihren Tellern dampfte Leber mit Zwiebeln, Apfelringen und Kartoffelschnee, und durch die mit Stoffrollen abgedichteten Fenster blickte man in die frostige Schönheit des Wintertages.

Anna freute sich über die von Eisperlen glänzenden Weinranken, die außen an die Scheiben klopften, über den blassrosigen Schimmer der Sonne hinter Schleiern kälteschwerer Nebelschwaden. Wasservögel stießen mit lautem Gekreisch durch den Dunst und landeten schlitternd auf dem spiegelblank vereisten See.

»Sieh nur das Schilf«, wandte sie sich an ihren Begleiter und zeigte auf die starr emporragenden Halme am Ufersaum, »wie eine Formation von Lanzenträgern.«

Aber Carl warf kaum einen Blick hinaus. Er wirkte abwesend, in sich gekehrt, ganz anders als bei ihren bisherigen, längst zur

Gewohnheit gewordenen sonntäglichen Landpartien. Ob ihm dieser Ort missfiel? Ob er den Winter nicht mochte?

»Warte nur, bis der Sommer kommt«, eifrig bemühte sich Anna, seine Begeisterung doch noch zu wecken. »Dann sitzen wir draußen unter den Kastanien, essen Aal grün mit Gurkensalat und können dem Fährmann zusehen, wie er Wanderer ans andere Ufer stakt. Und im Schilf gibt es viele lauschige Stellen, gerade groß genug für einen Kahn.«

Auch ihr verheißungsvolles Lächeln brachte keinen Erfolg. Tief seufzend schob Carl seinen Teller, auf dem er lustlos herumgestochert hatte, beiseite, seine Hand umfasste fest die ihre.

»Daraus wird wohl nichts werden, Liebes,« sagte er mit bedrückter Stimme.

»Wieso denn?« Erschrocken bemerkte Anna den schmerzlichen Ausdruck in seinen Augen, wollte ihn aber nicht wahrhaben. Bestimmt gab es eine ganz harmlose Erklärung.

»Wirst du zu viel Arbeit haben? Baust du wieder eine Brücke, die vor dem Winter fertig sein muss?«

»Ich wünschte, es wäre so.« Sein Händedruck verstärkte sich. »Nein – ich gehe fort von hier.«

»Fort? Etwa zurück nach Dresden? Willst du wieder mit deinem Bruder gemeinsam bauen?« Nur ein paar Stunden Bahnfahrt, überschlug Anna schnell. Dann könnten sie immerhin ab und an zusammen sein, wenn auch vielleicht nicht hier an ihrem Lieblingssee. Aber diese Hoffnung zerschlug sich ebenfalls.

»Nein, nicht nach Dresden.« Carl schüttelte traurig lächelnd den Kopf. Er lehnte sich auf seinem Stuhl zurück und kreuzte die Arme so fest über der Brust, als wolle er an sich selbst Halt suchen. »Mein Bruder hat sich davongemacht – soweit ich weiß, nach Argentinien – und mir einen Berg Schulden hinterlassen. Das ist der Grund für meinen Weggang. Sogar wenn ich großartige Aufträge hätte, was leider nicht der Fall ist, würde ich mich auf lange Zeit nicht von dieser Last befreien können. Nun bietet man mir eine Chance, woanders mit der Aussicht auf Anerkennung und Wohlstand neu zu beginnen. Unglücklicherweise sehr weit fort von Berlin – in Abessinien.« Carl hielt die Augen gesenkt, um nicht in Annas erloschenes Gesicht sehen zu müssen.

Regungslos saß sie da, die Hände im Schoß verkrampft. Nur jetzt nicht die Fassung verlieren. Carl, derselbe Carl, der ihr Herz sonst so wohlig weich werden ließ, hatte es mit wenigen Sätzen in einen harten, schartigen Klumpen verwandelt, der schmerzhafte Wunden in ihrem Innern riss.

»Du weißt, was ich für dich empfinde«, wie durch Wattewände hörte sie seine Stimme. »Es ist mir furchtbar, dich zu verletzen, aber ich sehe keinen anderen Ausweg. Ich muss es tun, ich muss.«

»Vielleicht –«, fuhr er nach einer kurzen Pause fort, »vielleicht komme ich ja schnell zu Erfolg und Geld und könnte hier wieder Fuß fassen oder dich nachholen.« Carl spürte selbst, wie wenig glaubhaft seine Worte klangen. Er beugte sich über den Tisch und streckte Anna beschwörend die Hände entgegen. »Bitte, Liebste, versuch mich zu verstehen – und zu verzeihen.«

Nur mühsam gelang es Anna, ihre Hände in seine zu schieben. Sie lagen darin wie zwei eiskalte, zitternde Vögelchen.

»Und wann?«, fragte sie gepresst. »Wann ist es so weit?« Ihr Mund war trocken, die Lippen fühlten sich an wie kalte Pappe.

»Im März. Es kam alles ganz plötzlich und soll sehr rasch gehen.«

Drei kurze Monate also würden ihnen noch bleiben. Mit unsicherer Stimme fragte sie, wo Abessinien denn eigentlich liege.

»Am Horn von Afrika«, erklärte Carl.

Anna konnte sich darunter nichts Genaues vorstellen, aber was spielte das für eine Rolle, es erschien ihr als das Ende der Welt.

»Was man nicht ändern kann, das muss man aushalten.« Unentwegt kreiste der längst vergessen geglaubte Spruch der alten Sophie durch Annas Kopf. Sophie, die Weißnäherin, die ihr jahrelang Wäsche und Unterröcke geschneidert hatte, pflegte mit dieser hausgemachten Devise auf Schicksalsschläge zu reagieren, und sie war reichlich davon getroffen worden. Drei ihrer fünf Kinder waren tot zur Welt gekommen, der Mann wurde von einem Pferdekarren zum Krüppel gefahren und in seiner Verzweiflung darüber zum Trinker, sie selbst litt an offenen Beinen, schleppte sich unter Qualen in die Häuser ihrer Kundschaft.

»Was man nicht ändern kann, das muss man aushalten.« Wie hatte Sophie das nur fertig gebracht?

An den Heimweg vom Schwielowsee konnte sich Anna kaum mehr erinnern, wie betäubt war sie gewesen. Zu Hause schloss sie sich in ihrem Zimmer ein, kroch ins Bett und zog sich die Decke über den Kopf. Endlich weinen, laut und hemmungslos, hier unter den Daunen würde keiner es hören.

Wie sie diesen Kommerzienrat Bosch hasste, der, so hatte Carl ihr berichtet, in Berlin Fachleute für das ferne Abessinien anwarb. Und diesen Schlüter, der ihm ausgerechnet ihren Liebsten als Baumeister empfohlen hatte. Auch der Gedanke an Friedrich, den rücksichtslosen Bruder, ohne dessen Verschwendungssucht Carl nie in eine so missliche Lage geraten wäre, erfüllte sie mit tiefem Groll.

Carl selbst gegenüber empfand Anna keine Bitterkeit, keinen Zorn. Hatte sie nicht gesehen, wie sehr auch er unter seinem Entschluss litt? War es nicht verständlich, dass er dieses einmalige Angebot annahm? Immerhin ist er schon Anfang vierzig, dachte Anna und schnäuzte sich in ihr längst durchweichtes Taschentuch, wenn er seine Verhältnisse je in den Griff bekommen will, muss er es jetzt versuchen.

Läge seine Chance doch nur nicht so weit ab von ihrer Welt. Etwa zwei Monate nähme die Reise in Anspruch, hatte Carl gemeint. Ihr war bewusst, was das bedeutete.

Die Familie verhielt sich äußerst rücksichtsvoll. Niemand drängte Anna, bei Tisch zu erscheinen, und wenn sie doch hin und wieder zu einer Mahlzeit kam, weil der Hunger stärker an ihr nagte als der Kummer, forderte niemand eine Erklärung für ihre geschwollenen Augen und die rote Nase. So wohl es ihr einerseits tat, in Ruhe gelassen zu werden, fühlte sie sich doch andererseits manchmal unendlich allein.

Am dritten Tag der Klausur klopfte es nachmittags an ihrer Tür. Käthe, das Hausmädchen, stand draußen. »Gnädiges Fräulein«, hörte Anna sie wispern, auch Käthe war offensichtlich um Schonung bemüht, »gnädiges Fräulein, da ist Besuch für Sie.«

Natürlich kannte Käthe Herrn Haertel von vielen vorherigen Visiten, aber ihr schwante, dass er etwas mit den Tränen des Fräuleins zu tun haben könnte, deshalb hielt sie es für klüger, seinen Namen nicht zu erwähnen.

Anna seufzte. War ihr überhaupt danach, jemanden zu empfangen? Wer mochte der Besucher sein? Ihre Freundinnen hatte sie während der letzten Monate sträflich vernachlässigt, von denen würde sich schwerlich eine bei ihr melden. Als sie sich schließlich aus ihrem Lehnstuhl aufraffte, in dem sie schon seit Stunden trübsinnigen Gedanken nachhing, und die Tür einen Spalt breit öffnete, um den Namen des Gastes zu erfragen, war Käthe verschwunden.

Anna ging zu dem goldgerahmten Spiegel, der über einem mit Flakons und Bürsten gefüllten Frisiertisch hing, und prüfte ihr Gesicht. Blass sah es aus, übermüdet, doch die schlimmsten Kummerspuren hatten sich inzwischen gelegt, die Augen wirkten nicht mehr ganz so verquollen, und die Nase zeigte nur noch einen Hauch von Röte. Nicht schön, aber brauchbar, befand Anna, strich mit angefeuchtetem Finger über ihre Brauen, steckte ein paar Haarsträhnen fest, die aus ihrem locker hoch getürmten Dutt hingen, und machte sich auf den Weg ins Empfangszimmer.

Die Idee, dass Carl dort warten könnte, war ihr nicht gekommen. Er würde in nächster Zeit sehr viele Dinge zu erledigen haben, hatte er am Ende des unseligen Ausflugstages gesagt, und nur selten Gelegenheit finden, sie zu sehen.

Verblüfft blieb Anna an der Tür stehen, nicht nur sein Erscheinen irritierte sie, sondern mehr noch sein fröhlicher Gesichtsausdruck. Mit großen Schritten eilte Carl ihr entgegen, die Arme zur Begrüßung ausgestreckt. Aber er ließ sie sinken, als er Annas Befremden bemerkte.

»Geht es dir gut, Liebes?«, fragte er vorsichtig.

»Danke«, murmelte sie und zupfte am Rüschenbesatz ihrer Ärmel.

Schmerzlich wurde ihr bewusst, wie brüchig die Vertrautheit zwischen ihnen geworden war. Ratlos und stumm standen sie beieinander.

»Ich bin gekommen, um dir einen Vorschlag zu machen«, unterbrach Carl endlich die verlegene Stille. Er schob seine Hand unter ihren Ellbogen und führte sie zu einem kleinen Kanapee mit seidig glänzenden Biedermeierstreifen. Ganz eng musste man hier zusammenrücken, «Verlobungssofa« hieß das gute Stück deshalb in Annas Familie, aber daran dachte sie jetzt nicht. Sie wollte hören, was Carl ihr zu sagen hatte.

Es klopfte, Käthe trug ein Tablett herein, Kaffeeduft und Freundlichkeit verbreitend.

»Die gnädige Frau meint, eine Stärkung würde Ihnen gut tun«, erklärte sie, deckte behände den Tisch vor den beiden, schenkte ein, stellte Gebäck und Curaçao bereit und sagte im Hinausgehen über die Schulter gewandt, dass Süßes die Herzen zusammenklebe. Es entging ihr nicht, dass Anna über die kecke Anspielung lachte. Endlich einmal wieder.

Erst jetzt fiel Anna auf, dass sie seit dem Zwieback am Morgen nichts mehr gegessen hatte. Sie griff nach einem Spekulatius-Nikolaus, natürlich von Käthe fabriziert, und biss dem seltsam schrumpeligen Kerl herzhaft den Kopf ab.

»Nun?« Erwartungsvoll wandte sie sich Carl zu.

Mit spitzen Lippen nippte er gerade an seinem likörgesüßten Kaffee. Wie ein munterer Vogel sieht er aus, wunderte sich Anna erneut, ohne einen Schimmer von Bedrückung.

»Hör zu«, die Beine übereinander schlagend, lehnte sich Carl in seiner Sofaecke zurück. »Es gäbe für dich und mich eventuell eine Möglichkeit, uns doch nicht trennen zu müssen. Wie du weißt, sucht Bosch für seine Delegation Leute von bestimmten Professionen, und es ist ihm in kürzester Frist gelungen, sie zu finden. Außer mir hat ein Kaufmann zugesagt, dessen Frau ihn begleitet und als Lehrerin arbeiten wird, weiter ein Landwirt, ein Maler, ein Schlosser, ein Schreiner und ein Wagenbauer. Nur ein einziger Posten auf der Liste ist noch frei, und es scheint schwierig zu sein, ihn zu besetzen. Bosch braucht dringend eine Krankenschwester, die auch die Hebammenkunst beherrscht.«

»Bitte, Carl«, unterbrach Anna ihn unwirsch, »was hat das alles mit uns beiden zu tun? Was geht das mich an?« Sie war verärgert, tief enttäuscht. Warum weckte er erst Hoffnung in ihr und sprach dann doch wieder nur von Bosch und dessen Plänen?

Beschwichtigend legte Carl seine Hand auf ihren Arm. »Wenn du mich ausreden lässt, wirst du sehen, dass es dich und mich sehr wohl betrifft. Ich halte nämlich dich für die geeignete Person, um die Gruppe zu vervollständigen.« Er sah, dass Anna zum Protest ansetzte. »Ich weiss, ich weiss«, schnell kam er ihren Einwänden zuvor, »du bist weder Krankenschwester noch Hebamme, aber einer so resoluten, handfesten Frau wie dir dürfte es kaum schwer fallen, sich die nötigen Kenntnisse in kurzer Zeit anzueignen. Mit Bosch habe ich bereits über meinen Plan gesprochen. Er vertraut mir und wäre einverstanden. Nun hängt alles allein von dir ab. Denk nur, wir könnten zusammenbleiben, gemeinsam ein fremdes, aufregendes Land entdecken.«

Beschwörend hatte Carl ihre Hände ergriffen, aber Anna entzog sie ihm, sprang auf und begann, im Zimmer hin und her zu laufen.

Auf einen solchen Einbruch in ihr beschauliches Dasein war sie nicht vorbereitet. Sie fühlte sich überrollt von einer Welle widersprüchlicher Gedanken und Empfindungen. Der Wunsch, Carl nahe zu sein, stand gegen die Geborgenheit im Elternhaus; die Lust am Abenteuer, die plötzlich in ihr aufkeimte, gegen eine Zukunft auf sicherem Terrain; der Reiz, eine schwierige Aufgabe zu übernehmen, gegen die gewohnte Bequemlichkeit.

Hilflos und wütend über die Verwirrung, in die er sie gestürzt hatte, blieb Anna schließlich vor Carl stehen.

»Vermutlich hast du auch schon geplant, wie das Ganze vonstatten gehen soll«, fauchte sie, die Fäuste in die Hüften gestemmt.

»Oh ja, natürlich.« Er nickte gelassen. Ihr Zorn schien ihm ein gutes Zeichen, immerhin ließ sie sich auf seinen Vorschlag ein und hatte nicht gleich abgelehnt. »Mir kam Professor Stöckel in den Sinn, der Freund deines Vaters. Er wäre sicher bereit, dich auszubilden. Und weiter«, Carl erhob sich und trat nahe an Anna heran, »dachte ich, wir könnten vor unserer Abreise heiraten, damit alles seine Richtigkeit hätte.«

»Nein«, dieses Mal kam ihre Antwort prompt und kategorisch. »Wenn ich dich heirate, dann sicher nicht unter dem Druck äußerer Bedingungen. Es kann uns gleich sein, was die Leute hier reden – falls ich dich begleite.«

»Du bist also einverstanden? Du kommst mit?« Er strahlte.

»Aber Carl! So schnell schießen die Preußen nicht! Ich sagte ›falls‹, noch bin ich mir nicht sicher. Lass mich darüber schlafen.«

Anna schaute ihm durchs Fenster nach, als er das Haus verließ und die Straße entlangging. Sogar auf diese Distanz und von hinten war Carl seine Zuversicht anzusehen. Es fehlte nur noch, dass er pfiff.

Die folgenden Wochen verliefen höchst turbulent.

Zwei Nächte hatte Anna durchgrübelt, zwei Tage lang mit sich gerungen, unaufhörlich das Für und Wider erwogen, bis ihr Entschluss feststand: Sie würde Carl begleiten. Aber härter noch als der Kampf mit sich selbst fiel der mit ihren Eltern aus. Die Spenglers waren ganz und gar nicht begeistert von den Plänen ihrer Tochter. Sämtliche Familiengespräche drehten sich nur noch um Annas »unseligen Entschluss«. Ob es denn ausgerechnet dieser Haertel sein müsse, fragten Vater und Mutter wieder und wieder, wo doch genügend andere Anwärter bereitstünden. Leute ohne wirtschaftliche Probleme, mit gesicherter Zukunft und längst nicht so alt. Ob sie ernsthaft glaubten, dass man eine Liebe einfach gegen eine andere austauschen könne, die einem praktischer erscheine, fragte Anna zurück. »Und wir?«, ging es weiter. »Was ist mit uns, deiner Familie, deinen Freunden? Bedeutet er dir tatsächlich so viel, dass du uns dafür aufgibst?« Anna wollte ihnen nicht wehtun, aber in die Enge getrieben, musste sie die Wahrheit zugeben. »Versteht doch, ich liebe ihn. Ich würde alles tun, um ihn nicht zu verlieren!« »Wenn ihr wenigstens heiraten würdet! Zumindest das könntest du uns zu Gefallen tun. Eine anständige bürgerliche Hochzeit, wie in unseren Kreisen üblich.« Unentwegt kamen sie auf diesen Punkt zurück. »Wie oft soll ich es noch erklären?«, setzte Anna beharrlich dagegen. »Ich will einfach nicht – nicht aus diesem Anlass, wegen des gemeinsamen Wegzugs. Über meine Heirat soll nur die Liebe entscheiden und sonst gar nichts.«

Schließlich strichen die Eltern ermattet die Segel, Annas familienberühmtem Dickschädel war niemand gewachsen.

In der Erkenntnis, nichts gegen das Vorhaben ausrichten zu können, entschlossen sie sich schweren Herzens, etwas dafür zu tun, und avisierten Anna bei Professor Stöckel. Beinahe täglich erschien sie seitdem bei ihm in der Charité und ließ sich in Krankenpflege und Geburtshilfe unterweisen. Bis er ihr kurz vor dem Reisetermin neben einem Zeugnis über ihre erfolgreiche Lehrzeit eine bauchige Bügeltasche überreichte, bestückt mit den Utensilien ihres neuen Berufs. Dazu gehörten ein hölzernes Herztonrohr, Schere, Nadel und Nahtmaterial für Dammschnitte, Nabelbesteck samt Nabelbändchen aus Zwirn, geraspeltes Mutterkorn zur Wehenförderung, ein Fläschchen Äther für eventuelle Narkosen. Außerdem Verbandszeug, Pinzetten und gängige Medikamente wie Jod und Chinin.

»Ich habe mich bei Ihrem Chef de Mission erkundigt«, sagte Stöckel scherzhaft, »und Ihnen Mittel gegen einige der in Abessinien grassierenden Plagen eingepackt. Mit Augentrost-Tinktur können Sie Augenentzündungen kurieren, Schwefelsalbe hilft bei Krätze, und dieser Extrakt aus Farnwurzeln vertreibt Bandwürmer, am besten versetzen Sie ihn mit Rizinusöl und Senes.«

Krätze und Bandwürmer – wo würde sie nur hingeraten? Heimlich grauste Anna bei dem Gedanken an solche Übel, aber nach außen gab sie sich gleichmütig, als eine durch nichts zu erschütternde Frau ihres Fachs.

Carl nahm sie mit zum nächsten Treffen der Bosch-Gruppe. Die Schliefens, die Schröders, Pietsch, Spillmann, Bölkow und Lempert, im Hinterzimmer des Gasthofs Deutsche Traube in der Invalidenstraße lernte Anna sie alle kennen.

Der Kommerzienrat widmete dem Neuling in seiner Runde besondere Aufmerksamkeit. Er werde die Reisekosten tragen – der abessinische Kaiser wolle sie ihm später erstatten –, erklärte Bosch, aber auch entscheiden, was jeder mitzunehmen habe. Das sei neben persönlichen Dingen und einem Grundbestand an Hausrat vor allem die Ausrüstung für die jeweilige berufliche Tätigkeit.

»Aber bitte keinen Tinnef«, betonte er streng.

Anna glaubte einen kritischen Blick auf ihren Hut wahrzunehmen, ein schwarzsamtenes Gebilde mit geschwungener Krempe und mattgrünem Schleier, das sie besonders liebte. Doch sie hatte sich getäuscht.

»Diese wundervolle Creation dürfen Sie keinesfalls vergessen, meine Liebe«, sagte Bosch zu ihrer Überraschung. »Wissen Sie, wir begeben uns durchaus nicht zu den Hottentotten. Am Hof in

Addis Abeba legt man größten Wert auf elegante Kleidung und beurteilt den Rang eines Europäers zuerst nach seiner äußeren Erscheinung.«

Das konnte Anna nur recht sein. Denn obwohl sie in den hintersten Winkel Afrikas ging, hatte sie nicht vor, sich deshalb modisch von der Heimat zu verabschieden. Ein gründlicher Vorratseinkauf bei Hertzog stand bereits als wichtiger Punkt auf ihrem Programm.

Juliane Schliefen bat Anna augenzwinkernd zu einem »Gespräch unter Frauen« beiseite. In einer Fensternische, unhörbar für die übrige Gesellschaft, erklärte ihr die sanfte Gattin des Landwirts, dass der Kommerzienrat sich mit speziellen Instruktionen, die mitreisenden Damen betreffend, an Heinrich, ihren Mann, gewandt habe, und sie selbst sei beauftragt, seine Anweisungen weiterzuleiten.

»Wir sollen uns darauf einrichten, während des Karawanenzuges, der uns auf der letzten Strecke der Reise bevorsteht, keine Korsetts zu tragen.« Sicherheitshalber flüsterte Juliane auch noch im Schutz der dicken Plüschvorhänge. »Bosch meint, der Ritt sei ohnehin sehr strapaziös, und die Einschnürung könne zu unbequem und ruinös für unsere Gesundheit sein. Außerdem, erschrecken Sie nicht, will er, dass wir im Herrensattel reiten, weil wir da sicherer säßen.«

»Wie denn das? Etwa in Hosen?« Anna riss erstaunt die Augen auf.

Frau Schliefen nickte. »Anders wird es wohl kaum gehen. Aber machen Sie sich keine Sorgen, ich habe in einem meiner Schnittmusterhefte eine Rockhose entdeckt, ein sehr dezentes Modell, das die nötige Bewegungsfreiheit verspricht.«

Die Hausschneiderin der Spenglers würde entzückt sein, neben einem neuen Trotteurkostüm und diversen glockig fallenden Tuch- und Leinenkleidern ein solches Ungetüm anfertigen zu sollen.

An die vorsorgliche Chininkur gegen das Tropenfieber war zu denken, an Schutzimpfungen gegen Pocken und Typhus und an den Kauf wasser- und hitzebeständiger Überseekoffer. Tisch- und Bettwäsche, die Annas Mutter liebevoll zwischen Lavendelsäckchen gehortet hatte, wenn auch für ein glänzenderes Ereignis als den abenteuerlichen Auszug nach Afrika, musste gesichtet und das der Tochter zugedachte kostbare Meißen durch robusteres Porzellan ersetzt werden.

Die Packerei war mühsam und langwierig. Immer wieder stand Anna ratlos vor den Reisekisten und versuchte, sich ihr Leben »da unten«, wie die Leute hier sagten, auszumalen. Bilder von Afrika kannte sie eigentlich nur aus einem ihrer alten Kinderbücher, da tanzten kulleräugige kleine Mohren in Baströckchen barfuß im gelben Sand unter Kokospalmen. Natürlich war es unsinnig, sich Abessinien so vorzustellen, schließlich herrschte dort ein mächtiger Kaiser, der zu dem hiesigen Kontakt pflegte und Wert auf Etikette legte. Aber wie dann? Würde sie in einem ganz normalen Haus wohnen, mit Läden an der Straßenecke, oder vielleicht in einem prachtvollen Gebäude, verziert mit orientalischen Zinnen und Türmen? Würde man ausgehen können? Ins Café, in ein Varieté etwa, so ähnlich wie der Berliner »Wintergarten«, oder ins Theater? Ob in Addis Abeba viele europäische Frauen lebten, unter denen sich Freundinnen finden ließen?

Es gab niemanden, bei dem Anna sich hätte erkundigen können. Keiner in ihrer Umgebung hatte eine Ahnung von Abessinien. Auch Carl wusste die meisten ihrer Fragen nicht zu beantworten, außerdem war er so sehr mit seinen eigenen Vorbereitungen beschäftigt, dass sie ihn nicht ständig bedrängen wollte. Und Bosch, an den sie sich bei einem ihrer gelegentlichen Treffen wandte, stürzte sie mit seinen Bemerkungen zum abessinischen Wetter vollends in Verwirrung. Es könne erschlagend heiß sein, erklärte er knapp, nachts oft sehr kühl, und in der Regenzeit versinke alles in Wasser und Schlamm.

Schien denn nicht in Afrika unentwegt die Sonne? Sollte es da etwa heftiger gießen als im November in Berlin? Seufzend packte Anna Wolljacken ein, Gummimantel und Galoschen und zum Schluss, für alle Fälle, ihre dicke, tröstliche Daunendecke.

»Ich weiß, Kind, du bist keine begeisterte Leserin«, mit einem entschuldigenden Lächeln trug die Mutter ein paar Bücher herbei. Seit Jahren schon bemühte sie sich, ihre eher praktisch veranlagte Tochter für Schöngeistiges zu interessieren. »Trotzdem möchte ich dir dies mit auf den Weg geben. Fontanes ›Wanderungen durch die Mark Brandenburg‹ wirst du vielleicht langweilig finden, aber sie sind ein Stück Zuhause. Etwas zum Festhalten, wenn dich das Heimweh überkommt. Sogar dein Schwielowsee wird darin erwähnt. Und hier, damit du nicht den Anschluss verlierst, die ›Buddenbrooks‹ von Thomas Mann, einem ganz jungen Autor. Tout Berlin liest den Roman zurzeit. Und dann noch ein Bändchen Eichendorff-Gedichte, Balsam fürs Gemüt, falls du so etwas einmal brauchst.«

Anna wollte keine Abschiedsszenen am Bahnhof. Zwar stand sie zu ihrem Entschluss, aber so unerschütterlich dann doch wieder nicht, dass sie sich eventuellen Gefühlsausbrüchen gewachsen fühlte. Sie zog es vor, rundum Visiten zu machen, empfing zahllose Besucher und sagte endlich auch den Eltern auf der Vortreppe des Hauses Lebewohl, ehe sie zu Carl in die schwer beladene Droschke stieg.

Eine kluge Entscheidung, wie sie jetzt wusste. Hätten sich alle ihre Lieben weinend auf dem Perron versammelt, wäre sie zu guter Letzt wahrscheinlich doch noch vom Zug gesprungen.

Ihre Begeisterung über die würzige Meeresluft, die wiedergewonnene Bewegungsfreiheit nach fast zweitägiger drangvoller Enge im Waggon und über das grandiose Schiff, von dem sie in Genua erwartet wurden, schien Anna resistent zu machen gegen Anfechtungen der Seekrankheit, die die anderen zwei Damen schon im Hafen gefällt hatte. Kaum an Bord des zur Deutschen Ost-Afrika-Flotte gehörenden Dampfers *Prinzregent*, zogen sich Juliane Schlieffen und Luise Schröder, mit heftigem Unwohlsein kämpfend, in ihre Kabinen zurück und blieben fortan unsichtbar.

»Frau Schröder nimmt jede Welle persönlich übel«, spöttelte Anna, als sie von einem ihrer Kontrollbesuche bei den Leidenden über das bedenklich schwankende Promenadendeck zu Carl zurückkehrte. Windzerzaust standen die beiden dicht beieinander an der Reling. Wenigstens hier in der engen Straße von Messina, die das Schiff gerade passierte, hofften sie einen letzten Blick auf den europäischen Kontinent zu erhaschen. Schwärme von Möwen und Schwalben umkreisten das Schiff, ein sicheres Anzeichen des nahen Landes, aber Gischt und Nebel behinderten die Sicht, die Küste blieb so verhangen wie auf der bisherigen Strecke längs des italienischen Stiefels.

»Auch das könnte man persönlich nehmen«, lachte Carl, »Europa zeigt sich indigniert über unseren Abgang.«

»Also zeigen wir ihm ebenfalls die kalte Schulter.« Anna raffte ihre klammen Röcke und zog ihn in den Salon.

In der Frühe des vierten Tages lag ungewohnte Stille über dem Schiff. Kein Ächzen und Stampfen mehr, kein Klatschen der Tampen, Sturm und wilder Wellengang hatten sich gelegt. Durch ihr Kabinenfenster sah Anna die ruhige See sattblau unter einem blank geputzten Himmel schimmern. Das Ankleiden wurde in Windeseile erledigt, die Treppe im Laufschritt genommen, diesen strahlenden Morgen wollte sie einatmen, schmecken, fühlen.

An Deck spannte die Mannschaft bereits die Sonnensegel aus, die Luft war warm und weich, und am Horizont, wo gestern noch keine Spur von Land zu sehen gewesen war, hatte sich eine dunkle Linie zwischen Himmel und Meer geschoben.

»Ja, das ist Afrika.« Bosch trat aus dem Schatten und reichte

Anna sein Fernglas. »Hiermit können Sie schon den Leuchtturm und die Konturen von Port Said erkennen«, sagte er. »Und sehen Sie, da trifft auch unser Empfangskomitee ein.« Kleine arabische Barken, der Kommerzienrat nannte sie Dhaus, segelten dem Dampfer wie ein Schwarm Schmetterlinge entgegen und geleiteten ihn zur Reede weit außerhalb des Hafens.

Allmählich bevölkerte sich das Deck, sogar die beiden »üblen Damen«, wie Carl die Seekranken boshaft getauft hatte, tauchten aus ihrer Abgeschiedenheit auf. Etwas bleich und spitznasig zwar, jedoch zu neugierig, um sich die ersten orientalischen Eindrücke entgehen zu lassen.

Der Aufenthalt sollte nur ein paar Stunden dauern, nicht lang genug für einen Landgang seiner unerfahrenen Schützlinge, befand der Kommerzienrat. Stattdessen schien sich alles, was im Hafen Beine hatte, auf den Weg zum Schiff gemacht zu haben. Kaum war das Fallreep herabgelassen, als schon eine Flut von seltsamen braunen Gestalten das Deck überschwemmte. Händler in bunten Pluderhosen und Boleros, alle geschmückt mit dem typischen roten Fez, priesen wortreich ihre Waren an, Seidenstoffe und Teppiche, bestickte Pantöffelchen, Muscheln und Silberschmuck und – als besondere Occasionen – »kostbare Fundstücke aus Grabungsstätten«. Ein Schlangenbeschwörer hatte sich mit seiner beängstigenden Gefährtin unmittelbar vor den Liegestühlen einiger furchtsam zurückschreckender Zuschauer niedergelassen, dicht neben ihm spie ein Feuerspucker aus schwarzem Schlund meterhohe Flammen in die Luft, Jongleure und trommelschlagende Sänger versuchten um die Wette, etwas Backschisch zu ergattern. Scharen von Kindern probierten das Gleiche vom Wasser aus. Unter schrillen »À la mer hoho«-Rufen schwammen sie zwischen den unzähligen, das Schiff umlagernden Booten und tauchten nach den Münzen, die man ihnen zuwarf. Vollendet wurde der Tumult durch den Lärm und Staub, mit dem der Dampfer neue Kohle aufnahm. Von Lastkähnen aus schleppten Dutzende rußgeschwärzter, nur mit einem Lendenschurz bekleideter Männer in eiligem Lauf Sack um Sack über einen schmalen Steg an Bord, wo ratternde Kräne die Ladung im Schiffsbauch versenkten.

»Endlich sind wir sie los, diese halb nackten dreckigen Kerle und das aufdringliche Gesindel«, tönte Spillmann, als der Dampfer gegen Abend die Anker lichtete. »Zum Glück ist uns keiner an die Taschen gegangen.«

Seine Kumpane nickten zustimmend. Er hatte sich während der Fahrt mit den dreien angefreundet, einem Griechen, einem Franzosen und einem Italiener. Ihre Aufmachung wirkte untadelig, wenn auch ein wenig geckenhaft, aber aus den feinen Kragen ragten wahre Geierköpfe, die mit scharfen Augen jeden auf seine Verwendbarkeit für eigene Zwecke prüften.

»Er sollte diese Leute besser meiden, sein Ton verrät bereits ihren Einfluss.« Bosch, der neben Carl und Anna an der Reling lehnte, wies mit dem Kinn auf die unweit stehende Gruppe. »Fast jeder Dampfer nach Afrika hat eine Fracht derartiger Individuen an Bord. Bestimmt werden Sie ihnen auch in Addis Abeba begegnen, Abschaum aller Nationalitäten, typische Hochstapler, Abenteurer und Glücksritter.«

Carl zuckte kaum merklich zusammen. War er denn nicht auch so einer? Einer, der vor seinem Pech davonlief und mit einem kräftigen Schuss Abenteuerlust und unbändigem Optimismus sein Glück in einem fernen Winkel der Welt suchte? Er atmete erleichtert auf, als Anna, der solche Überlegungen offenbar fern lagen, dem Gespräch eine andere Richtung gab.

»Apropos Nationalitäten«, sagte sie an den Kommerzienrat gewandt, »weshalb eigentlich hat Kaiser Menelik gerade Deutschland um wirtschaftliche und kulturelle Unterstützung gebeten?«

»Eine gute Frage«, schmunzelte Bosch, »sie trifft einen Kernpunkt seiner Politik. Der Negus ist ein ausgesprochen kluger Kopf, er möchte, dass Abessinien Anschluss an die westliche Zivilisation findet, ohne dabei in Abhängigkeit von einer fremden Macht zu geraten. Und er schätzt Deutschland sehr richtig als die einzige europäische Nation ein, die ihm nicht an den Kragen will – übrigens auch nicht kann. Die anderen Großmächte haben sich an den Grenzen des Landes festgesetzt und warten nur auf eine Gelegenheit, es unter ihre Herrschaft zu bringen. England stellt von seinen Hoheitsgebieten im Sudan, in Kenia und Britisch-Somaliland aus eine ständige Bedrohung dar, es versorgt die benachbarten Stämme mit Waffen und heizt nach Kräften eine kriegerische Stimmung an. Frankreich versucht über den Bau der Eisenbahn von Djibouti in Französisch-Somaliland Richtung Addis Abeba – die Bahn, mit der wir in wenigen Tagen fahren werden – seine territorialen Ansprüche auszudehnen. Und die Italiener, Kolonialherren in Eritrea und im südlichen Somaliland, haben dem Kaiser bereits einmal derart übel mitgespielt, dass er sich hüten wird, ihnen zu vertrauen. Kennen Sie die Geschichte der Schlacht bei Adua?«

Sowohl Carl als auch Anna verneinten etwas betreten. Es war ihnen sichtlich unangenehm, so wenig über das Ziel ihrer Reise zu wissen.

»Wie sollten Sie auch«, Bosch überging die Verlegenheit der beiden, hakte sich freundschaftlich bei ihnen unter und führte sie zu einer weiß lackierten Bank. Samtweich umstrich der Abendwind ihre Gesichter, am Horizont verschwammen die letzten Lichter von Port Said im Meer der Sterne.

»Genau zehn Jahre liegen diese Ereignisse jetzt zurück.« Mit leiser Stimme nahm der Kommerzienrat den Faden wieder auf. »Wahrscheinlich haben sie nur in diplomatischen Kreisen für Furore gesorgt, während unter den Normalsterblichen – zumindest in Deutschland – allenfalls sehr aufmerksame Zeitungsleser davon erfuhren. In Kurzfassung war es so, dass er mit den Italienern, die ihm zuvor geholfen hatten, ganz Abessinien unter seiner Herrschaft zu vereinigen, einen Vertrag abschloss, den diese anschließend in gefälschter Version präsentierten. Sie glaubten, sich zu Schirmherren des Landes aufschwingen zu können. Aber Menelik war durchaus nicht der unbedarfte Neger, für den sie ihn anscheinend hielten. Er pochte auf die dreitausendjährige Unabhängigkeit Abessiniens und setzte sich zur Wehr. Aus der Krise entstand ein Krieg, in dem die italienische Armee bei Adua vernichtend geschlagen wurde.«

Bosch hatte es nicht lang auf der Bank gehalten. Er war aufgestanden und ging, die Arme auf dem Rücken verschränkt, hin und her. Jetzt blieb er lachend vor seinen Zuhörern stehen. »Sie müssen sich das bildlich vorstellen: eine disziplinierte, wohl ausgerüstete europäische Armee, besiegt von einem eilig zusammengetrommelten Haufen barfüßiger, mit Löwenmähnen und Leopardenfellen drapierter Krieger. Nur ein Bruchteil verfügte über Gewehre, die Bewaffnung der meisten bestand aus Krummsäbeln, Lanzen und Lederschilden. In den westlichen Metropolen galt das natürlich als unerhörte Sensation. Plötzlich begann man, dem abessinischen Kaiser Respekt zu zollen, und statt neue Attacken zu planen, wurden Gesandtschaften in seiner Hauptstadt gegründet. Auch wir sind seit dem vergangenen Jahr mit von der Partie.«

Anna wusste nicht recht, was sie von der Geschichte halten sollte. Die Vorstellung, wie die Italiener, wahrscheinlich lauter junge, hübsche Kerle, von einer wild kostümierten schwarzen Horde zusammengeschlagen wurden, erschien ihr keineswegs amüsant. Und was war so schlecht an den Versuchen der Europäer, dieses rückständige Land unter ihre Fittiche zu nehmen? Verwirrt schaute sie Carl an.

Offenbar ging ihm Ähnliches durch den Kopf. »Sie vertreten einen eigenartigen Standpunkt, Herr Kommerzienrat«, sagte er mit skeptisch gerunzelten Brauen. »Ich meine, die Eingeborenen müssten froh sein über den Fortschritt, den die Kolonialherren ihnen bringen, technische Errungenschaften, Straßen, Medizin und vieles mehr. Es ist doch unsinnig, sich dagegen zu wehren.«

»Gewiss, gewiss.« Bosch, der wieder auf der Bank Platz genommen hatte, nickte. »Die meisten von uns sind dieser Ansicht. Eine hervorragende Rechtfertigung, unsere Hand auf alle Regionen zu legen, von denen wir uns Profit versprechen, sei es Gold, Elfenbein, Kautschuk oder strategischer Nutzen. Das Heil, das wir den Eingeborenen bringen, spielt gewöhnlich eine sehr untergeordnete Rolle, und kaum jemand fragt, ob sie es überhaupt wollen. Wissen Sie, ich habe mir auf meinen Reisen eine eigene Philosophie gezimmert, die Philosophie der zwei Seiten. Eigentlich ist es nur der Versuch, die Dinge auch einmal durch eine andere Brille zu betrachten. Ach ja, ein alter Mann und seine verschrobenen Gedanken, ich lasse Sie jetzt in Frieden.« Er lachte entschuldigend, erhob sich und ging mit einer leichten Verbeugung davon.

Aufwachen im Roten Meer. Die Hitze stand in der Kabine. Wie eine toll gewordene Hornisse surrte der Ventilator unter der Decke, aber statt Kühlung zu bringen, wirbelte er nur die heiße Luft durcheinander.

Mit schweren Gliedern quälte sich Anna aus den Leintüchern ihres Bettes. Umsonst versuchte sie, die verschwitzten Haare trockenzurubbeln und das glühende Gesicht mit Wassergüssen zu erfrischen. Schon im nächsten Moment trug ihr Spiegelbild wieder einen Kranz aus feuchten Kringeln und unter der Nase ein glänzendes Bärtchen von Schweißperlen, das jedem Reiben und Tupfen trotzte und beharrlich nachspross. Sie fühlte sich wie zerschlagen.

Es war sehr spät geworden am vergangenen Abend. Noch eine Weile hatten Carl und Anna auf der Bank gesessen, jeder in Gedanken dem Gespräch mit Bosch nachhängend. Aber dann tröpfelten allmählich immer mehr Passagiere auf das Promenadendeck, und die beiden mischten sich unter die zur Reling drängende Schar, um die Einfahrt in den Suezkanal zu beobachten.

Geführt von einem Lotsen, der in Port Said an Bord gekommen war, glitt das Schiff langsam durch die enge Wasserstraße zwischen Asien und Afrika. Ein starker Scheinwerfer am Bug beleuchtete die flachen, öden Ufer. In seinem fahlen Lichtkegel tauchten vereinzelt Hütten und Signalstationen wie Spukgebilde aus der Finsternis auf und versanken ebenso plötzlich wieder im tiefen Dunkel. An Baggerkähnen ging es vorbei, die tagsüber den unermüdlich nachdrängenden Wüstensand bekämpften, und zweimal wurde an Ausweichstellen Halt gemacht, um entgegenkommende Dampfer passieren zu lassen.

»Siehst du den Stern da oben, Carl, der alle anderen überstrahlt?« Es war weit nach Mitternacht, als Anna aufgeregt zum Himmel wies. »Sein Lichtschein fällt direkt auf uns!«

Ein Fremder, ein schmaler, älterer Mann, dem sie bislang noch nicht begegnet waren, hatte ihre Worte gehört und trat zu den beiden. »Das ist Sirius«, sagte er freundlich, »der mächtigste und hellste aller Fixsterne, dem schon die alten Ägypter wunderbare Kräfte zuschrieben. Er soll Ehre und Ansehen verleihen, hohe Ämter, Wohlstand und eine harmonische Ehe ...« Mit leisem Lachen zog er sich in die Dunkelheit des hinteren Decks zurück.

»Carl, sieh doch nur!« Wieder zeigte Anna zum Himmel hinauf. Ganz sicher meinte sie zu erkennen, dass Sirius für einen Moment besonders funkelnd aufleuchtete, als wollte er das eben Gehörte bestätigen. »Der Stern blinkt uns zu! Er gibt uns ein Zeichen – ein Segenszeichen!«

»Schön wär 's. Einen Zuschuss von oben könnten wir gut gebrauchen.« Carls Stimme klang leicht skeptisch, Anna dagegen schob jeden Zweifel an einem persönlichen Signal beiseite. Sie drückte ihm einen Kuss auf die Wange und ging todmüde, aber glücklich ins Bett.

Tiefer, ruhiger Schlaf hätte ihr zum Abschluss der langen Nacht gut getan, stattdessen tobten wilde Gesellen durch ihre Träume, säbelschwingende schwarze Kerle mit Löwenköpfen, die brüllend von bleichen Dünen auf das Schiff sprangen und sie mit anderen Leuten in unerträglicher Hitze treppauf, treppab jagten. Schweißgebadet schreckte sie hoch, als ein Putzeimer vor ihrer Kabinentür scheppernd umfiel.

Eine fremde Welt tat sich auf. Glühende Sonne über einem endlosen, spiegelglatten, tiefblauen Meer, die Luft so feucht wie nach einem Regenschauer. Die Kleider klebten am Körper, und jede Bewegung ließ neuen Schweiß rinnen. Ermattet und stumpf wie halbtote Fliegen ruhten die Passagiere in Liegestühlen unter den Sonnensegeln.

Anna hatte den Vorsatz, ihre Englisch- und Französischkenntnisse zu polieren, bald aufgegeben. Sie verdöste die letzten Tage an Bord, inständig hoffend, dass es in Addis Abeba nicht ganz so erstickend heiß sein möge.

Nur selten gelang es Carl, dem die Temperaturen offenbar wenig ausmachten, Anna aus ihrer Lethargie zu reißen. Im zerknitterten weißen Leinenanzug – völlig ungewohnt an diesem stets korrekt gekleideten Mann – beschwor er sie eifrig wie ein Schuljunge, seine Entdeckungen anzuschauen: Delfine und Fliegende Fische, die das Schiff spielerisch umkreisten; von Korallenriffen herrührende rötlich trübe Farbschattierungen im Wasser, denen das Rote Meer seinen Namen verdanke; ein Wrack nahe einer malerischen Insel, eines der vielen Opfer dieses wegen seiner Klippen und Strömungen gefürchteten Fahrwassers. Ihren großen Strohhut auf dem Kopf, stand sie dann neben Carl in der Sonnenglut, versuchte mit brennenden Augen, die Objekte seiner Begeisterung zu erkennen, und floh schnell wieder in den kaum kühleren Schatten.

Elf Tage auf See waren vergangen, als endlich die kahlen Bergketten des Somalilandes in Sicht kamen und das Schiff sich dem Zielhafen Djibouti näherte. Zwischen üppig grünen Inseln hindurch fuhr es in die Bucht ein und ging weit draußen vor Anker. Ein kleiner Schleppdampfer brachte die Reisenden an Land.

»Schmeckt es Ihnen nicht?« Mit besorgt hochgezogenen Brauen inspizierte Monsieur Lejeune, Patron des Hotels, in dem sie

Quartier bezogen hatten, die Tafelrunde. Seine Gäste wirkten reichlich mitgenommen und appetitlos.

Notblicke wurden über den Tisch gewechselt. Was sollte man sagen zu Ziegenmilch, ölig weicher Konservenbutter, die nach Käse schmeckte, Gazellenbraten und erst recht zu dem Ragout aus Haifischflossen? Hatte nicht ein Ortskundiger beim Übersetzen erwähnt, dass diese Ungeheuer sich liebend gern von den kleinen Burschen ernährten, die in der Bucht die Schiffe umschwammen?

Der Kommerzienrat, gewandt wie immer, rettete die Situation. »Machen Sie sich keine Gedanken«, beruhigte er den Wirt, »es ist nur alles sehr ungewohnt – besonders die Wärme. Und Sie«, das galt seinen Gefährten, »sollten sich hier schleunigst Tropenhelme besorgen, die brauchen Sie fast so nötig wie Wasser.«

Das Thermometer an der Hotelfront zeigte zweiundvierzig Grad im Schatten, ein glühend heißer Wüstenwind wirbelte Staubwolken durch die sonnenverdorrten Gassen. Obwohl das Städtchen mit seinen weißen Häusern, dem stattlichen, von der französischen Fahne gekrönten Gouverneurspalast und dem etwas abseits gelegenen Eingeborenenrevier vom Dampfer aus sehr reizvoll erschienen war, konnte sich niemand zu einem Erkundungsgang aufraffen. Erst gegen Abend, als der Wind vom Meer einen leisen Hauch Frische heranwehte, machten Carl und Anna sich auf den Weg zu einem der unzähligen kleinen Läden und kauften in einem sinnbetörenden Durcheinander von Leopardenfellen, Perlen, Tabak und Weihrauch ihren neuen Kopfputz.

»Vielleicht lässt sich ja was daraus machen.« Anna überlegte kurz, griff dann nach einem Stück Seidenstoff mit Tigerfarben und schlang es als Hutband um den nüchternen Helm. »Die Prise Raubtier steht dir gut.« Carl strich ihr zärtlich lachend über die Wange, und auch der Verkäufer, ein hoch gewachsener Somali in buntem Hüfttuch, nickte anerkennend. Seine Freundlichkeit war jedoch wie weggewischt, als Carl den Fotoapparat zückte, um ihn inmitten seiner Schätze aufzunehmen. Er funkelte die Fremden wütend an, schrie etwas in einer gutturalen, unverständlichen Sprache, hielt eine Hand schützend vor sein Gesicht und wies ihnen mit der anderen energisch die Tür. Aus den Nachbarläden liefen Händler auf die Straße und warfen den bestürzt Abziehenden zornige Blicke zu.

»Ich hätte Sie warnen sollen!« Bosch schlug sich an die Stirn, als das völlig echauffierte Paar ihm von dem Vorfall berichtete. »Da haben Sie Ihre erste afrikanische Lektion bekommen: Fotografiere nie jemanden ohne seine Zustimmung.« Beruhigend legte er den beiden seine Arme um die Schultern. »Sie müssen verstehen, die Menschen hier glauben, dass der Teufel in dem Apparat steckt und ihnen die Seele raubt, wenn sie sich aufnehmen lassen.«

Niemand bedauerte, den Brutofen Djibouti schon am nächsten Morgen verlassen zu müssen. Die Sonne verschoss gerade ihre ersten sengenden Strahlen, als die schmalspurige, weiß gestrichene Eisenbahn sich in Bewegung setzte und zunächst durch verdorrte Ebenen, dann in steilen Serpentinen bergauf Richtung Abessinien schnaufte.

Zwölf Stunden werde die Fahrt bis zur dreihundert Kilometer entfernten Endstation Diredaua dauern, kündigte Bosch an – »wenn alles gut geht«. Er bemerkte das Erstaunen seiner Mitreisenden und lachte kurz auf. »Nun ja, Sie dürfen nicht erwarten, dass hier die Dinge so glatt ablaufen wie in Europa. Irgendetwas Unerwartetes kann immer passieren. Manchmal verirrt sich eine Herde auf die Schienen, und es braucht seine Zeit, sie zu vertreiben. Ich selbst habe erlebt, dass der Lokomotive mitten in der Einöde plötzlich die Puste ausging, weil die Kohlen verbraucht waren. Da mussten wir alle, Zugpersonal und Passagiere, uns auf die Beine machen und Brennmaterial sammeln – Buschwerk, Disteln, getrockneten Dung, was sich eben finden ließ –, um die Maschine wieder unter Dampf zu setzen.«

»Aber das ist doch alles nur eine Frage der Organisation«, empörte sich Luise Schröder, eine strenge Falte zwischen den Augenbrauen, »absonderlich, dieses Afrika.« Sie warf den Lavabrocken und Termitenhügeln, die in der trostlosen Öde längs der Strecke schon seit Stunden die einzige Abwechslung boten, so strafende Blicke zu, als handle es sich um eine Bande unbotmäßiger Schüler.

Der Kommerzienrat seufzte kaum hörbar und zuckte resignierend mit den Schultern. Er konnte sich weitere Erläuterungen tatsächlich sparen, denn just in diesem Moment stürzten zwei Leute vom Bahnpersonal in den Waggon, um eilig die Türen und Fenster samt der davor angebrachten Jalousien zu verschließen. Ihre aufgeregten Worte verstanden die Insassen nicht, aber durch die Spalten der Holzläden erspähten sie den Grund für den Tumult. Zuerst in der Ferne, dann immer näher kommend, drehten heftige Wirbel den Wüstensand zu turmhoch aufsteigenden Säulen, die langsam dahinzogen, unvermittelt zerfielen und als dichte Wolken niedersinkend alles mit einer Staubschicht zudeckten. Die vorsorglichen Maßnahmen nutzten nur wenig, durch jede Ritze, jede Fuge drang der feine Sand, setzte sich in den Augen fest, knirschte zwischen den Zähnen, klebte auf den von der Schwüle feuchten Gesichtern und nahm den Reisenden fast den Atem.

»Ein vorzüglicher Lehrmeister, so ein Sandsturm«, lachte Carl an Bosch gewandt, als sie den Turbulenzen nach kurzer Zeit entkommen waren. Mit seinem großen Taschentuch versuchte er, Stirn und Wangen vom Staub zu befreien.

Bosch nickte hustend. »Sie als Fachmann können sich bestimmt vorstellen, welche Mühen es gekostet hat, in dieser Steinwüste eine Bahn zu bauen. Die Initiative dazu ging übrigens von Meneliks Vertrautem und Staatsminister Ilg, einem gebürtigen Schweizer, aus. Er lebt schon seit Jahren in Abessinien. Ich denke, Sie werden ihn kennen lernen oder zumindest oft von ihm hören. Doch nicht nur das mörderische Klima hat viele der beim Bahnbau Beschäftigten das Leben gekostet, sondern auch die grausame Gesinnung der hier lebenden Danakil und Issa, sie dürsten geradezu danach, Fremde ins Jenseits zu befördern.«

Entsetztes Schweigen breitete sich im Wagen aus, und als die Bahn das nächste Mal an einer der zahlreichen namenlosen Stationen hielt, beachtete keiner mehr die nackten, nach Backschisch schreienden Kinder und die malerisch gewandeten Gestalten in der neugierig zusammengelaufenen Menge. Wie gebannt starrten alle nur auf Säbel, Dolche, Speere und Lanzen, mit denen sich die meisten Männer bewaffnet hatten.

»Und was, wenn diese Wilden auf die Idee kommen, unseren Zug zu überfallen?«, fragte Juliane Schliefen mit kleiner, belegter Stimme. Ängstlich hielt sie den Arm ihres Mannes umklammert.

»Aber nein«, versuchte Bosch den Schrecken zu dämpfen, »das würden sie nicht wagen. An der gesamten Strecke sind französische und abessinische Soldaten mit Gewehren postiert. Außerdem fürchten die Leute die Macht des Negus, die auch in entlegene Regionen seines Landes reicht. Sie wissen genau, dass er ihnen einen Überfall nicht ungestraft durchgehen ließe. Und die Strafen fallen hier drakonisch aus. Räuber, Betrüger und Rebellen werden ausgepeitscht, was oft mit ihrem Tod endet. Dieben hackt man nach alter Tradition eine Hand ab, Deserteuren einen Fuß. Wer einen falschen Eid leistet, büßt seine Zunge ein, und wer mordet, stirbt auf die gleiche Weise, in der er getötet hat, oder wird am nächsten Baum aufgeknüpft.«

»Das klingt ja nach mittelalterlichen Folterkellern und Inquisition«, murmelte Heinrich Schliefen und zog unwillkürlich den Kopf zwischen die Schultern.

Zwar wirkte das Bewusstsein, unter dem Schutz einer so eisernen Justiz zu stehen, einigermaßen beruhigend, dennoch jagte die Vorstellung derart grausamer Sitten den Zuhörern eiskalte Schauer über den Rücken.

»Sie haben Recht«, Bosch blickte sinnend aus dem Fenster. »Uns erscheinen solche Methoden zweifellos wie aus längst vergangenen Zeiten, aber vielleicht lassen sich die wilden Gesellen hier tatsächlich nicht anders bändigen.«

Keuchend und fauchend quälte sich der Zug über immer neue Steigungen. Die Steinwüste draußen ging allmählich in Grassteppe über, erste grüne Tupfen tauchten auf, Dornbüsche zunächst, dann Schirmakazien in wachsender Zahl, bis endlich in der erfrischenden Kühle des Abends zwischen dicht bewaldeten Hügeln weiße Häuser schimmerten: Diredaua, die Endstation.

»Da sind Sie ja!« Bosch sprang mit einem Satz aus dem Waggon und eilte auf einen Mann zu, der im bunten Gewimmel der Schaulustigen am Gleis stand. Er packte ihn zur Begrüßung herzlich bei den Schultern. »Eigentlich hatte ich schon in Djibouti mit Ihnen gerechnet. Kommen Sie, kommen Sie, meine Herrschaften«, rief er, sich nach seinen Reisegefährten umwendend. »Ich möchte Ihnen Garikian vorstellen, unseren Dragoman, ein wahres Sprachgenie. Er beherrscht nicht nur mehrere der einheimischen Sprachen, sondern auch Englisch, Französisch und hervorragend Deutsch, wie Sie bald feststellen werden.«

Verlegen von so überschwänglichem Lob, fuhr sich der Armenier durch sein welliges Haar, das ihm bei der tiefen Begrüßungsverbeugung als dunkle Flut bis auf seine Hakennase gefallen war. Er trug ein weites arabisches Hemd über einer europäischen Hose und an den Füßen Sandalen aus rauem Leder.

»Ein toller Bursche«, wisperte Juliane Schliefen, die auf Zehenspitzen mit gerecktem Hals über die Schulter ihres Mannes spähte und prompt dessen strafenden Blick erntete. Anna lachte, sie hakte sich bei Carl unter und raffte ihre Röcke, um die ersten Schritte auf abessinischem Boden zu tun.

Wie Flammenwogen überwucherten leuchtend rote Bougainvilleen die weißen Mauern der im Kolonialstil erbauten Häuser, aus den Gärten glänzte das Grün von Palmen, Granatapfelsträuchern, Mandarinen- und Papayabäumen so satt, als läge die Wüste auf einem anderen Stern. Anna schlenderte über die hölzerne Galerie ihres Hotels und genoss die Frische und den Duft des Morgens.

Plötzlich bog ein seltsamer Zug in die stille Straße ein und marschierte zielstrebig auf das Gasthaus zu. An der Spitze ein junger, kräftiger Mann zwischen zwei Begleitern, von denen der eine einen aus Bast geflochtenen Sonnenschirm über ihn hielt und der andere sein Gewehr trug. Dahinter trabte das Gefolge, ungefähr dreißig Bewaffnete, alle barfüßig und in weiße Hemden, schmale Hosen und locker um die Schultern drapierte weiße Tücher gekleidet. Der Anführer stach nur durch seinen schwarzen Filzhut und ein dunkles, mit grüngoldener Borte verziertes Cape von ihnen ab – beides offenbar Zeichen seiner vornehmen Stellung.

Anna eilte hinunter ins Entree, wo Bosch gerade die übrigen Mitglieder seines Trupps zum Empfang des abessinischen Gouverneurs zusammenrief. Artur Nagatu begrüßte die Versammlung mit einer tiefen Verbeugung, der Kommerzienrat verneigte sich ebenfalls fast bis zum Boden, was ihm, wie Anna fand, einen unerhört eleganten Anstrich gab. Und dann begann ein für die Neuankömmlinge höchst erstaunliches Ritual. Unermüdlich und ausführlich erkundigte sich der Stellvertreter Meneliks nach dem Wohlergehen der Delegation und ihres Monarchen.

»Haben Sie gut geschlafen? Haben Sie wirklich gut geschlafen? Hat niemand Ihre Ruhe gestört? – War Ihre Reise angenehm? Hatten Sie irgendwelche Schwierigkeiten? Ist Ihnen die Bahnfahrt gut bekommen? – Wie geht es Seiner Majestät, dem deutschen Kaiser? Ist seine Gemahlin wohlauf? Sind die Kinder gesund?«

Bosch zeigte keinerlei Ungeduld. Im Gegenteil, liebenswürdig und gelassen ging er auf jede Frage ein und erkundigte sich anschließend seinerseits variantenreich nach dem Befinden des Gouverneurs samt Familie sowie nach dem Wohlergehen des Negus Negesti und des kaiserlichen Anhangs. Garikian hatte reichlich zu tun.

»Das ist hier so üblich«, erklärte der Kommerzienrat später. »Es wäre sehr unschicklich, gleich mit der Tür ins Haus zu fallen. Eilige Europäer betrachten diesen Austausch von Höflichkeitsfloskeln oft als reine Zeitverschwendung, in Wahrheit bietet er jedoch eine hervorragende Chance, das Gegenüber zu taxieren, seine Verfassung zu erforschen und erst dann mit einer Sache herauszurücken, wenn es einem opportun erscheint.«

Eine gute Viertelstunde mochte über diesem Palaver vergangen sein, bis Artur Nagatu das Gespräch schließlich auf den Punkt brachte. Mit makellosen Zähnen, die in seinem dunklen Gesicht besonders weiß blitzten, lächelte er in die Runde, übermittelte die Willkommensgrüße des abessinischen Herrschers und versprach Zollfreiheit für alle mitgebrachten Güter – was Bosch, dem die üblichen Zeit und Backschisch verzehrenden Prozeduren vertraut waren, einen Seufzer der Erleichterung entlockte. Außerdem sollten sie nach dem Willen Meneliks auf ihrem fünfhundert Kilometer langen Marsch zur Hauptstadt von der Landbevölkerung mit frischen Lebensmitteln versorgt werden.

Bosch tauchte während der nächsten Tage nur kurz zu den Mahlzeiten auf und war im Übrigen pausenlos unterwegs, um den Karawanenzug vorzubereiten. Reichlich Gelegenheit also für seine Schützlinge, die kleine Stadt zu durchwandern. In Gesellschaft der Schliefens wagten sich Carl und Anna endlich sogar durch ein ausgetrocknetes, wild zerklüftetes Flussbett in das am anderen Ufer liegende Viertel der Eingeborenen. Was von ferne so pittoresk gewirkt hatte, entpuppte sich beim Näherkommen als die Schattenseite des jenseitigen europäischen Paradieses.

»Unvorstellbar, wie kann man so leben?« Anna riss entsetzt die Augen auf.

»Ja«, nickte Heinrich Schliefen an ihrer Seite. »Ein Dasein fast wie in der Steinzeit.«

Armselige Rundhütten, aus Zweigen und Lehm errichtet und mit spitzen Strohdächern gedeckt, drängten sich in wirrem Durcheinander dicht an dicht. Rauch von Feuerstellen quoll aus den Türöffnungen der fensterlosen Behausungen, in denen Menschen und Tiere offenbar gemeinsam wohnten. Auf den engen Gässchen wuselten schmutzige Kinder, Ziegen und magere Schafe, Wäsche wurde gewaschen, Korn zerstampft, Teig geknetet. Dazwischen junge Frauen und Mädchen, in bunt gestreifte Lendentücher gewandet, die auf ihren mit Zöpfchenmähnen geschmückten Köpfen Wasserkrüge, Gemüse und Feuerholz nach Hause trugen.

Die staunenden Blicke der Fremden wurden durch ebenso neugieriges Anstarren erwidert, kichernde und wispernde Kleine umhüpften sie, nicht selten jedoch schaute jemand von der Arbeit auf und neigte anmutig den Kopf zum Gruß.

»Wenn auch primitiv, so scheinen sie doch gesittet zu sein«, meinte Juliane Schliefen, ihren Kleidersaum sorgsam dem Boden fern haltend. Anna, der die hier gebräuchlichen Verneigungen auf Anhieb gefallen hatten, beschloss insgeheim, am Abend vor dem Spiegel erste Übungen im graziösen Biegen ihres Halses anzustellen.

Über den Marktplatz, wo Händler zwischen ruhenden Kamelen und aus Kisten und Fellen zusammengeflickten Buden schwatzend beieinander hockten, vorbei an einer am Ortsrand gelegenen Wasserstelle, dem Treffpunkt der mit bunten Ketten und silbernen Fußspangen herausgeputzten Dorfschönen, führte ihr Streifzug die vier schließlich zum Sammelplatz der Karawanen Richtung Addis Abeba.

Berge von Kisten, Ballen und Tonnen warteten hier auf den Weitertransport, stapelweise Wellblech, Bretter und Eisenteile, eingehüllt in eine dichte, von hastenden Menschen und ungeduldig scharrenden Lasttieren hoch gewirbelte Staubwolke. Im spärlichen Schatten einer fast blattlosen Schirmakazie entdeckten sie Bosch, der gerade dabei war, mit dem Anführer seiner Karawane – er nannte ihn Nagadi – das Gepäck zu verteilen. Auf dem Marsch entbehrliche und besonders schwere Stücke sollten mit Kamelen und Ochsenkarren über den wasserarmen, heißen Assabotweg durch die Wüste befördert werden, die übrigen zusammen mit dem

Trupp auf Mauleseln einen zwar längeren, aber angenehmeren Weg durch das Cherchergebirge nehmen. Und dieses Übrige türmte sich immer noch meterhoch: Zelte und Decken, Feldbetten, Feldstühle und Klapptische, Mengen von Proviant und Kochgeräten, dazu Medizinkästen und die zahlreichen Koffer mit der persönlichen Habe.

»Das alles sollen wir mitnehmen?«, staunte Carl.

»Nun, wir brauchen an die hundert Maultiere und fast ebenso viele Treiber«, der Kommerzienrat fächelte sich mit seinem Tropenhelm Kühlung zu, »und natürlich Boys, die uns unterwegs zur Hand gehen. Da drüben sehen Sie einige von ihnen.« Er zeigte auf ein paar junge Männer, die in der Nähe mit einem störrischen Muli kämpften. »Es sind Somalis. Der Lange mit dem Araberhemd und dem roten Schurz heißt Yussuf und war schon im letzten Jahr dabei. Irgendwie muss er Wind von meinem Hiersein bekommen haben, jedenfalls war er sofort zur Stelle, um mir wieder seine Dienste und die seiner Freunde anzubieten. Wenn man sie gut behandelt, gibt es keine treueren Leute. Morgen brechen wir auf, dann werden Sie es selbst erleben.«

Mitten in der Nacht fuhr Carl aus dem Schlaf hoch. Etwas raschelte am Zelteingang und leise tapsende Schritte kamen näher. Er hielt den Atem an. Wo zum Teufel war nur sein Gewehr? Passten denn die Wächter nicht auf, die draußen beim Feuer saßen und ihre merkwürdigen Lieder sangen? Mit zusammengekniffenen Augen versuchte er zu erkennen, was sich da im Stockfinstern anschlich.

»Carl?«

Erleichtert fiel er auf sein Lager zurück, als er das Flüstern der vertrauten Stimme hörte.

»Carl, bist du wach?«

»Und ob! Du hast mir einen gewaltigen Schrecken eingejagt.«

Er angelte nach den Streichhölzern, die irgendwo unter dem

Bett liegen mussten, und riss ein Hölzchen an. Für einen Augenblick konnte er Anna sehen – zitternd, im langen Hemd, ein Wolltuch um die Schultern geschlungen. Er spürte, wie sie vorsichtig das Moskitonetz hob.

»Das grässliche Heulen der Hyänen und Schakale macht mir solche Angst. Darf ich mich zu dir legen?« Ohne die Antwort abzuwarten, schlüpfte sie unter seine Decke, drückte ihre eiskalten Füße an seine Waden und ihr Gesicht in seine Halsmulde.

»Endlich«, seufzte Carl. »Wie habe ich auf diesen Moment gewartet.« Liebevoll schob er seinen Arm unter ihren Nacken und zog sie näher an sich.

»Und warum bist du dann nie zu mir gekommen? In Diredaua hättest du nur ein paar Schritte über die Galerie gehen müssen, meine Tür stand offen, offen für dich.«

»Ich weiß nicht recht, was mich zurückhielt.« Er zögerte kurz. »Vielleicht war es deine Reaktion auf meinen Antrag in Berlin, außerdem – du bist noch so jung und unerfahren, ich wollte dich nicht bedrängen.«

Carl fühlte ihren Wimpernschlag und ihr Lächeln an seiner Schulter. Hemd und Wolltuch glitten zu Boden.

»Glaubst du, dass sich Skorpione darin einnisten?«, fragte Anna furchtsam.

»Aber nein, Liebste«, hörte sie ihn lachen, »die mögen keine Hochzeitskleider, nur alte Schuhe. Bestimmt schlafen sie auch längst.«

Beruhigt schmiegte sich Anna in die Wärme seines Körpers und versank in den Wellen bisher ungekannter Zärtlichkeiten.

Ob die anderen etwas bemerkt hatten? War das Grinsen auf Spillmanns frechem Gesicht vielleicht anzüglich und auf sie gemünzt? Beim Frühstück unter einem großen Maulbeerbaum rang Anna anfangs mit ihrer Verlegenheit, knabberte stumm einen Zwieback und nippte an dem starken abessinischen Kaffee, bis sie erleichtert feststellte, dass niemand besondere Notiz von ihr nahm.

Außer Carl natürlich, der sie mit Blicken bedachte, die ihr Schauer von den Haarwurzeln bis in die Zehen jagten.

Am Abend, als das zweite Nachtlager aufgeschlagen wurde, trugen die Boys ihr Feldbett wortlos in Carls Zelt. Von nun an galten die beiden ganz selbstverständlich als Paar.

»Sagten Sie nicht, die Maulesel seien zuverlässige Begleiter?« Gustav Schröder bedachte Bosch und den Nagadi mit wütenden Blicken, während er sich Staub und vertrocknetes Gras aus den Kleidern klopfte. Wie schon tags zuvor hatte ihn sein Reittier beim Aufsitzen unsanft zu Boden geschickt.

»Das stimmt auch.« Der Nagadi nickte mit breitem Lachen. »In schwierigem Gelände finden sie sich viel besser zurecht als Pferde. Bloß mögen sie anscheinend die Weißen nicht. Vielleicht scheuen sie vor dem fremden Geruch oder vor der Hautfarbe oder den Tropenhelmen, wer weiß? Ihr Muli beherrscht offenbar den Trick, sich beim Satteln aufzublähen, sodass der Reiter später mit dem Steigbügel abrutscht. Dann werden wir ihn wohl zu den Lasttieren stecken müssen.«

»Fremder Geruch – riechen selbst nach ranziger Butter«, murmelte Schröder in seinen Bart. Erbost starrte er den Burschen nach, die ihm ein weniger aufmüpfiges Tier bringen sollten.

Nur langsam kamen sie voran. Über loses Geröll, Steinblöcke, glatt geschliffene Platten und tief eingerissene Spalten führte der Pfad steil bergauf und bergab an Felskämmen und jähen Abstürzen entlang, durch Talmulden und enge Schluchten, in denen es mit entgegenkommenden Eselskarawanen manchmal ein beängstigendes Gedränge gab, weil die dickschädeligen Grauen sich nicht bewegen ließen, auch nur einen Schritt zu weichen.

Der Kommerzienrat hatte viel von der Waldschönheit des Cherchergebirges erzählt, aber die Bilder von heimischen Kiefern- und Laubwäldern, die seinen Zuhörern dabei vorschwebten, waren in nichts vergleichbar mit dem, was jetzt ihren Weg säumte.

Bizarre Wolfsmilchbäume ragten riesigen Kakteen gleich hoch in den Himmel, weiße Heckenrosen umwanden die Stämme knorriger Wacholderbäume, auf den weit gespannten Bogenästen uralter, lianendurchrankter Ölbäume zitterte das Laub wie ein goldgewirkter Schleier, Schirmakazien breiteten ihre dornigen Zweige aus, und in den vollen, sattgrünen Kronen gewaltiger, säulenartig gereckter Koniferen brachen sich die Sonnenstrahlen und überzogen die grauen Stämme mit Strömen aus farbigem Licht.

Wenn sie nicht gerade die Augen zukniff und sich, dem festen Tritt ihres Maultiers blind vertrauend, an schwindelerregenden Abgründen vorbeitragen ließ, sog Anna die fremdartige Schönheit der Landschaft in vollen Zügen auf, verfolgte den Flug bunt schillernder Falter und Papageien und beobachtete riesige Heuschreckenschwärme, die wie Schneegestöber in tiefer liegende Täler einfielen.

»Es ist, als würde man durch ein Märchenbuch reiten«, sagte sie zu Carl gewandt, der dicht hinter ihr ritt. Und sie sah ihm an, dass er genauso empfand.

Vielleicht war es ihr Liebesglück, das die beiden so offen und empfänglich sein ließ, während die meisten Gefährten eher matt, stumpfsinnig oder verdrossen auf ihren Mulis hockten. Die Stimmung sank von Tag zu Tag.

Juliane Schliefen machte ihre schwächliche Konstitution schwer zu schaffen. Mehr als die anderen litt sie unter den heftigen Temperaturschwankungen zwischen nächtlichen Kältegraden und oft gnadenloser Tageshitze. In Höhen über zweitausend Metern rang sie nach Luft, außerdem brannte ihr zartes Hinterteil vom ungewohnten Reiten wie Feuer, und weder Salben noch untergelegte Kissen konnten Abhilfe schaffen.

Luise Schröder dagegen vermochte sich mit den Bedingungen der Reise nicht zu arrangieren. In allem entdeckte sie Anlass zur Beschwerde, fand das Essen zu scharf, den Kaffee zu bitter, die Decken zu kratzig, und sie zeterte lauthals, wenn das Waschwasser, das die Boys ihr brachten, nicht glasklar war, weil Mensch und Tier sich nach landesüblicher Art gemeinsam in Qellen und Bächen tummelten. Mit dem Nagadi lag Luise in Dauerfehde, da sie annahm, dass er aus Gleichgültigkeit extrem steile und steinige Wege einschlug, obwohl doch die Rücksicht auf europäische Damen geboten hätte, bequemere Pfade zu wählen.

Gustav, ihr Mann, versuchte zu beschwichtigen, aber sein eigener Optimismus trübte sich durch das Zusammentreffen mit einem deutschen Kaufmann, der im Begriff war, das Land zu verlassen, und auf dem Lagerplatz in Katschinoha zu ihnen stieß. Was dieser Fellhändler abends am Feuer erzählte, klang wenig ermutigend.

Es sei völlig aussichtslos, in diesem Land Geschäfte machen zu wollen, sagte er. »Sie ahnen nicht, wie teuer und langwierig die Transporte hier sind. Die Karawanenführer schröpfen einen, wo sie können, und für unser schönes Sprichwort ›Zeit ist Geld‹ fehlt den Eingeborenen jedes Verständnis. Genauso für irgendwelche Abmachungen. Einigt man sich auf die Lieferung von hundert Fellen, kommt bestenfalls die Hälfte. Dabei müssten die Kerle dankbar sein für jeden Taler, den sie verdienen können. Mir reicht es, ich kehre nach Deutschland zurück.«

Anna fand den hünenhaften Menschen mit der knarzenden Stimme von Herzen unsympathisch. Die vier Handwerker jedoch, die sich gewöhnlich abseits hielten, rückten ihm näher, lauschten begierig und nickten einander zu.

»Man hat uns schon in Djibouti geraten, schleunigst umzukehren, weil wir von dem versprochenen Gehalt nie einen Heller sehen würden«, sagte Johann Bölkow. Verächtlich spuckte er in die Flammen.

Daher also die permanente Verdrießlichkeit der vier und ihre Unfreundlichkeit gegenüber den Eingeborenen. Erst gestern hatte Kurt Pietsch Yussuf mit einem Fußtritt aus dem Zelt befördert, weil seine Stiefel nicht gewienert waren.

»Warten wir 's ab, vielleicht kann man den Wilden ja Beine machen.« Spillmann lachte laut und selbstgefällig.

»Einen Augenblick, meine Herrschaften«, die Stimme des Kommerzienrats klang so schneidend, dass alle wie unter einem Hieb zusammenzuckten. »Ich denke, hier muss einiges klargestellt werden. Zunächst einmal gibt es keinerlei Veranlassung, von den Eingeborenen als Wilden zu sprechen. Immerhin blickt dieses Land auf eine dreitausend Jahre alte Kultur zurück, wovon bei uns wohl kaum die Rede sein kann. Der europäische Größenwahn ist also völlig unangebracht.« Er räusperte sich und schickte scharfe Blicke in die Runde. »Im Übrigen irrt sich, wer meint, in Abessinien schnell zu Reichtum gelangen zu können. Dazu sind die Distanzen entschieden zu groß und die geografischen Bedingungen viel zu ungünstig. Sie haben selbst die schroffen Felsabstürze und hohen Bergketten gesehen, von denen das Land durchzogen ist. Der Bau von Straßen, Brücken oder Eisenbahnlinien stellt die Konstrukteure vor nahezu unlösbare Probleme. Glauben Sie mir, um in diesem Land zu reüssieren, ist nicht Abenteurergeist gefragt, sondern Ausdauer, Zielbewusstsein und vor allem Takt – ich meine die Bereitschaft, mit den Eingeborenen richtig umzugehen.« Wie immer, wenn er etwas Wichtiges erwog, strich Bosch über seinen Bart. »Den Leuten ist sehr wohl bewusst«, fuhr er nach kurzer Pause fort, »dass die Europäer Wirtschaft und Politik nicht zu ihrer Beglückung ins Land bringen. Nennen wir doch das Kind beim Namen: Sie kommen zu ihrem eigenen Nutzen, um Geld zu verdienen. Sollen sich nun diejenigen, die hier heimisch sind, von Fremden, die nur Reichtümer sammeln wollen, als Menschen vierter Klasse behandeln lassen?«

Am Feuer herrschte betretenes Schweigen. Der Kaufmann stemmte sich aus seinem Stuhl hoch, murmelte ein paar unverständliche Worte und verschwand in der Dunkelheit.

»Da wir schon dabei sind, möchte ich noch einen weiteren Punkt zur Sprache bringen«, sagte Bosch, unbeirrt durch den plötzlichen Abgang. »Es mag ja stimmen, dass eine Karawanenreise in Afrika nicht nach jedermanns Geschmack und mit mancherlei Strapazen verbunden ist. Wenn man sich aber einmal dazu entschlossen hat, kann der Verzicht auf überhöhte Ansprüche und ständige Beschwerden die Sache nur erleichtern.« Er saß mit auf die Knie gestützten Armen da und schaute niemanden an. Aber alle wussten, wer gemeint war. Luise Schröder kniff die Lippen zusammen, regungslos starrte sie in die erlöschende Glut.

Ausgerechnet in dieser Nacht strich ein Leopard durch das Lager, bei Sonnenaufgang entdeckten die Boys seine Spuren.

»Stell dir vor, das wäre gestern passiert«, kicherte Anna, die sich bei Carl vollkommen sicher fühlte. »Welche Tiraden über die nachlässigen Wächter hätte es gegeben.«

Heute jedoch drang nur empörtes Gezischel aus dem Zelt der Schröders. Auch Spillmann hielt sich merklich zurück. Statt an den Dienern, ließ er seinen Unmut an einer neugierig von den Baumkronen herabspähenden Schar Affen aus. Die Riesenpranken voller Steine, warf er treffsicher nach ihnen, bis sie unter schrillen Warnpfiffen davonstoben. Bosch beobachtete ihn eine Weile mit gerunzelten Brauen und schwang sich dann kopfschüttelnd auf sein Maultier, um den Abmarsch in die Wege zu leiten.

Die Karawane stieg gerade über steile Hänge zum Awasch hinunter, einem rätselhaften Fluss, der im abgrundtiefen Einbruch zwischen schwarzen Gebirgsmauern dahinströmte und, wie die Boys erzählten, ohne je das Rote Meer zu erreichen, irgendwo in Sümpfen und Salzseen versickerte. Plötzlich sirrte etwas durch die Luft. Spillmann schrie auf, dann Schröder, und auch Carl spürte einen schmerzhaften Schlag im Rücken. Hoch über ihnen hockten einige männliche Affen, beinahe menschengroß, auf einer Felskante, schauten grimmig aus ihren Mähnen und warfen mit Steinen – kaum weniger zielsicher als Spillmann zuvor.

»Damit war zu rechnen«, murmelte Bosch und trieb zur Eile an, um den Rächern zu entkommen. Aber schon bald gab es neuen Grund zur Sorge. Wie der Schlund der Hölle empfing sie das unter einer metallisch grünen, giftigen Dunsthülle liegende Flusstal mit so erbarmungsloser Hitze, dass Juliane Schliefen die Besinnung verlor. Ohnmächtig stürzte sie auf ein paar Büschel verdorrten Farnkrauts zwischen glühenden Basaltplatten. Weder Wassergüsse noch Riechsalz oder Schläfenmassagen vermochten ihre Lebensgeister wieder zu erwecken, und so musste sie auf einer improvisierten Trage aus Stangen und Zeltplanen über die Brücke getragen werden, die den Fluss an seiner engsten Stelle überspannte. Anna war nahe daran, sie zu beneiden, weil der schmale Eisensteg in schwindelnder Höhe ihr allen Mut abverlangte.

»Welch ein merkwürdiges Land.« Carl saß neben Bosch im Schatten eines Felsvorsprungs, während man der Leidenden eine Erholungspause gönnte. »Üppigster Urwald wechselt abrupt mit Wüstenzonen, schroffes Gestein mit fruchtbaren Ebenen, tropische Hitze mit Temperaturen wie in unseren heimischen Breiten.«

»Ja«, der Kommerzienrat nickte, »ich kenne kein Land von vergleichbarer geografischer und klimatischer Vielfalt. Dazu die vielen verschiedenen Völker – Amharen, Tigre, Schoaner, die das abessinische Hochland bewohnen, mehr im Landesinnern die Galla, ein Hirten- und Bauernvolk, Nomadenstämme wie die gefürchteten Danakil, Issa und Somali in den heißen, unwirtlichen Regionen, kohlschwarze Schankalla an der Grenze zum Sudan, und das ist nur ein Bruchteil. Nicht zu vergessen die zahlreichen Sprachen. Es sollen mehr als siebzig sein, unter denen sich allerdings das Amharische als Lingua franca durchgesetzt hat, weil es die Sprache der herrschenden Schicht ist.«

»Stimmt es eigentlich, dass sie alle Christen sind, wie ich gehört habe?«

»Oh nein, davon kann keine Rede sein«, der Kommerzienrat schüttelte entschieden den Kopf. »Zwar hängt ein Großteil von ihnen, vor allem in den nördlichen Provinzen, dem christlichen Glauben an, und das Christentum – übrigens in orthodoxer Form, die sich von unseren religiösen Gepflogenheiten sehr unterscheidet – nimmt von alters her größten Einfluss auf die Kultur und Tradition des Landes, aber in den südlichen Regionen gehört die Mehrheit zum Islam. Daneben gibt es noch Anhänger von Naturreligionen, die ihre eigenen Götter und Geister verehren, und natürlich die Falaschen, äthiopische Juden.«

»Schwarze Juden?«, staunte Carl. »Wie denn das?«

»Ganz einfach, nachdem sie vor Urzeiten ins Land kamen, haben sie sich mit der einheimischen Bevölkerung vermischt, ohne jedoch ihre angestammten Glaubensvorstellungen und Riten aufzugeben.«

Nur wenige Marschtage lagen noch vor ihnen, und obwohl es oft über beschwerliche, steinige Pfade steil bergauf ging, wurden keine Klagen und Querelen mehr laut, weil jeder sich freute, das Ziel bald erreicht zu haben.

Es war am vierzehnten Mai, einem Freitag, als sie auf den Trümmern der ehemaligen Sklavenhändlerstadt Roggié standen, umweht vom frischen Wind des Hochplateaus, und jenseits einer weiten Talmulde Addis Abeba erblickten. Vor der Kulisse hoher Bergketten blitzten die Wellblechdächer des kaiserlichen Palastes im Sonnenschein. Boys und Treiber brachen in lautes Freudengeschrei aus. Angesteckt von ihrem Jubel, packte Carl Anna bei der Taille und schwenkte sie lachend im Kreis.

Anna saß zusammengesunken in einem mit Kuhfellen bespannten Sessel und brütete vor sich hin. Niemals wäre ihr in den Sinn gekommen, dass die Hauptstadt eines Kaiserreiches so aussehen könnte wie diese hier.

Zunächst hatte sich alles wunderbar angelassen. Während die Karawane unter alten Feigenbäumen an einem Gebirgsbach rastete, zog plötzlich über einen Hügel, der die Aussicht in die Ebene versperrte, ein Trupp abessinischer Soldaten heran. Hinter ihnen ritt auf einem mit Silberzaumzeug und roter Samtschabracke geschmückten Maultier ein offenbar hoher Würdentrager, umringt von zahlreichem Gefolge.

Die Europäer traten aus dem Schatten und erwarteten den Tross um Bosch geschart. Bei ihnen angekommen, stieg der vornehme Abessinier vom Muli, ordnete die schwarze, vom Wind verwehte Seidenpelerine um seine Schultern und verneigte sich tief. Der Negus Negesti schicke ihn, den Erzieher der kaiserlichen Prinzen, um die Delegation zu begrüßen und noch heute zum Gibbi, dem Palast, zu geleiten, sagte er mit weicher, melodischer Stimme, die zwar ausgezeichnet zu seinen feinen, fast zarten Gesichtszügen passte, aber weniger gut zu seinem Amt, es sei denn, er hatte sehr fügsame Zöglinge.

Die Landessitte verbot, dem Herrscher bei offiziellem Anlass in Reisekleidern, an denen womöglich noch Spuren vorangegangener Strapazen hafteten, vor die Augen zu treten. Derweil sich Bosch mit Meneliks Abgesandtem zum Austausch der üblichen Höflichkeitsfloskeln unter einer Sykomore niederließ, verschwanden seine Gefährten nacheinander hinter dichtem Buschwerk, um Khaki gegen Fräcke, Kattunblusen und derbe Rockhosen gegen elegante Kleider zu wechseln. Anna wählte ein nachtblaues Moirékostüm mit schwingendem Rock und Spitzenbesatz, band den Schleier eines veilchengeschmückten Hutes unterm Kinn zusammen und seufzte erleichtert, als sie feststellte, dass man ihrem Muli den Damensattel aufgelegt hatte. Es blieb ihr also erspart, breitbeinig in die Stadt einzureiten.

Nachdem auch der Kommerzienrat in Frack, Leibbinde und Lackschuhen aus dem Gebüsch getreten war, setzte sich die stattliche Kolonne in Bewegung. Voran der Prinzenerzieher, dahinter, umgeben von seiner Dienerschaft, die Bosch-Leute – allesamt wirklich kaiserfein, wie Anna fand. Je näher sie der Residenz kamen, desto mehr Neugierige mischten sich unter den Tross, wimmelten lachend und winkend zwischen den Maultieren, drängten mit über eine enge Brücke und durch sandige Straßen hügelauf, bis der Zug, eingehüllt in eine riesige Staubwolke, vor dem Haupttor des Palastes anhielt. Leibwachen des Kaisers, martialische Gestalten in gezackten, seidengefütterten Kriegsmänteln aus Löwen- und Leopardenfellen, befreiten die geladenen Gäste energisch aus der Umzingelung der wuselnden Menge und ließen sie in einen Vorhof einreiten. Staub, der sich wie Mehltau über die Eleganz gelegt hatte, wurde eilig abgeklopft. Dann ging es durch mehrere lang gestreckte Innenhöfe und scharf bewachte Pforten weiter bis zu einem von Eukalyptusbäumen umstandenen Holzbau, in dessen offener, von schlanken, weißen Doppelsäulen getragener Vorhalle der Kaiser sie erwartete.

Die Hofetikette verlangte drei bodentiefe Verbeugungen, hatte Bosch erklärt. Die erste war beim Betreten der Audienzhalle fällig, die zweite auf halber Strecke, die letzte wenige Schritte vor dem Kaiserthron an der gegenüberliegenden Schmalseite. Dankbar registrierte Anna, dass ihr Kopfputz an seinem Platz blieb, während sie sich den Teppichen unter ihren Füßen entgegenneigte.

Umgeben von Würdenträgern und Vertrauten, saß Menelik mit untergeschlagenen Beinen auf einem Seidendiwan, über den sich ein purpurner, goldbefranster Samtbaldachin spannte. Seine Kleidung war schlicht. Nur eine von zwei goldenen Löwen zusammengehaltene schwarze Atlaspelerine, die er über der *Schamma*, seinem weißen Baumwollhemd, trug, machte einen Unterschied zur gewöhnlichen Landestracht. Stirn und Haar bedeckte ein weißes, im Nacken geknotetes Seidentuch, und auf dem Kissen neben ihm lag ein breitrandiger, grauer Filzhut, offenbar sein Begleiter im Freien.

Der Kaiser winkte die Ankömmlinge näher heran, reichte allen mit gewinnender Herzlichkeit die Hand und ließ sich von Garikian, dem die Aufregung fast die Stimme verschlug, Namen und Profession jedes Einzelnen nennen. Dabei wanderten seine Augen vom einen zum andern, kluge, forschende, hellwache Augen, durch die sein Gesicht trotz der bäuerlichen Züge und der Pockennarben nobel und ungewöhnlich anziehend wirkte. Der Negus zählte mit Sicherheit schon mehr als sechzig Jahre, in seinem kurzen Vollbart war jedoch kein graues Haar zu entdecken. Alles an ihm, die freie und stolze Haltung, seine Bewegungen und die Art zu sprechen, strahlte Selbstbewusstsein und Würde aus, vor allem aber unbeugsame Energie.

Die Besucher wurden auf vergoldete Sessel rechts vom Thron gebeten und mussten wieder einmal das schon bekannte Höflichkeitszeremoniell über sich ergehen lassen: endlose Fragen nach dem Befinden ihres Kaisers, nach Neuigkeiten aus Europa, dem Verlauf der Reise und den ersten Eindrücken in Abessinien. Anna unterdrückte ein Gähnen und bemerkte, dass mehrere ihrer Begleiter schläfrig blinzelten, während der Kommerzienrat fleißig Auskunft gab. Jedoch kam wieder Leben in die Runde, als Diener Champagner servierten und die mitgebrachten Geschenke überreicht wurden: eine Schreibmaschine, deren Funktion sich der an allen technischen Errungenschaften interessierte Kaiser sofort eingehend erklären ließ, eine silberne Spieluhr, die zu seinem Entzücken die deutsche Nationalhymne klimperte, einen Bildband mit kolorierten Aufnahmen von Schloss Sanssouci und – speziell der Kaiserin zugedacht – eine samtüberzogene Kiste voller erlesener Parfums in kostbaren Flakons, an denen ihr Gemahl ausgiebig und erfreut schnupperte.

Die Audienz war beendet, die Delegation unter guten Wünschen für eine fruchtbare Zusammenarbeit entlassen. Aber wohin? Erst jetzt stellte sich heraus, dass man bei aller Freude über ihr Kommen vergessen hatte, für eine Unterkunft zu sorgen. Zutiefst bestürzt über das Versäumnis, ließ der Negus den Deutschen als Notbehelf einen Lagerplatz innerhalb der Palastmauern anweisen, unmittelbar neben den kaiserlichen Gemüsegärten.

Anna schickte sich in das Unvermeidliche. Wie gern hätte sie endlich wieder in einem richtigen Bett geschlafen mit einem festen Dach über dem Kopf. Stattdessen ging das spartanische Zeltleben weiter, obendrein auf einem von Neugierigen bevölkerten Hof. Unentwegt lungerte jemand in der Nähe herum und beobachtete das Treiben der Frendji, so nannte man die Europäer hier, als gäbe es auf der Welt nichts Wichtigeres zu tun. Dabei spross zwischen Kohl, Tomaten, Paprika und Kürbissen jenseits des Gartenzauns üppiges Unkraut. Kühle Blicke beeindruckten niemanden, sie wurden mit beschämend freundlichem Lächeln erwidert.

Manchmal fiel es ihr schwer, Carls unverwüstlichen Optimismus zu begreifen. Er empfand die Situation als unerhörten Glücksfall und ließ sich durch nichts in seiner Begeisterung stören. Vermutlich hätten nur wenige Fremde einen so ungehinderten Zugang zum Palastrevier, sagte er, für ihn, der in diesem Land bauen sollte, böte sich hier eine fabelhafte Chance, die einheimische Architektur – und sicher die vornehmste – sofort in Augenschein zu nehmen. Fröhlich verteilte er die letzten mitgebrachten Kekse unter den kleinen Rotznasen, die vor den Zelten ausharrten, bis die Dunkelheit ihnen die Sicht nahm, und freute sich auf einen Rundgang am nächsten Tag.

Ob Menelik das Interesse seines neuen Baumeisters gespürt hatte? Schon frühmorgens, die Sonne fing gerade an, den über Nacht ausgekühlten Hof zu erwärmen, erschien ein schmaler, etwa vierzehnjähriger Junge im Lager. Bosch stellte ihn als Lidj Tafari Makonnen vor, Sohn des kürzlich gestorbenen engen Kaiserfreundes und Helden von Adua, Ras Makonnen. Er lebte jetzt hier als Schützling Meneliks. Der junge Mann verneigte sich anmutig, ließ seine ernsten, fast melancholischen Augen über die Runde schweifen und fragte in fließendem Französisch nach Monsieur Haertel. Im Auftrag des Negus solle er ihn durch den Gibbi führen. Beglückt über dieses unerwartete Angebot, drückte Carl dem Prinzen herzlich die Hand und machte sich mit ihm und Anna gleich auf den Weg.

Die Residenz, umfriedet von einer Mauer, bedeckte mit zahlreichen Häusern, Hallen und Höfen einen der höchsten Hügel von

Addis Abeba wie eine Stadt in der Stadt. Es gab Amtsgebäude, große Magazine und mehrere Kirchen, eine Münze, ein Zoll- und ein Schatzhaus, Stallungen, Werkstätten von Teppichwebern, Schmieden und Sattlern, dazu Brauereien für Tedj, den abessinischen Honigwein, und Talla, das einheimische Bier, eine Rauch erfüllte Hofküche mit zahlreichen Feuerstellen und eine Bäckerei, in der Getreide zwischen Steinen gemahlen und das feine kaiserliche Brot auf Tonplatten über offener Glut gebacken wurde. Viele dieser Gebäude unterschieden sich nur durch ihre stattlichen Ausmaße oder ihre Wellblechdächer von den strohgedeckten Lehmhütten, in denen die Diener lebten. Voller Stolz führte der junge Tafari seinen Begleitern jedoch auch einige andere Bauten vor, mehrstöckige, weiß gekalkte Steinhäuser mit umlaufenden Galerien, Rundbögen und zarten Säulen. Carl glaubte eine Prise Tadsch Mahal und Alpenromantik zu erkennen, vermutlich Spuren des gemeinsamen Wirkens von indischen Bauleuten und dem Schweizer Heinrich Ilg. Selbst das Wohnhaus des Negus war in diesem Stil errichtet. Es stand zwischen Eukalyptusbäumen und Rasenflächen im Schutz einer hohen, unverputzten Mauer auf der Spitze des Kaiserhügels. Nur mit besonderer Erlaubnis durfte man den Elfin betreten, den herrschaftlichen Privatbezirk, in dem die Kaiserin ein eigenes schmuckloses Haus bewohnte. Hier oben wurden auch die Wappentiere der abessinischen Dynastie gehalten, vier mächtige Löwen, zum Glück hinter stabilen Käfigstangen. Theodros, Meneliks Vorgänger, hatte sie angeblich noch frei in Thronnähe herumstreifen lassen und bei Bedarf wie dressierte Hofhunde auf zähe Verhandlungspartner oder lästige Supplikanten angesetzt.

Die Spaziergänger betrachteten gerade das reiche Schnitzwerk und die bunte Bemalung seiner Villa, als Menelik auf dem Balkon des Obergeschosses erschien. Er winkte und rief etwas herunter. Der Negus lade die deutsche Delegation zum morgigen Bankett in den Adarasch ein, erklärte Lidj Tafari nach einer gemeinsamen

Verbeugung, das sei die kaiserliche Festhalle und die wolle er ihnen zum Abschluss des Rundgangs zeigen. Über holprige, verwinkelte Wege und durch immer neue Höfe gelangten sie zu einem Bau von riesenhaften Dimensionen, den drei vorspringende Giebel krönten. Hier, verkündete der Prinz selbstbewusst, würden beim sonntäglichen Festmahl bis zu achttausend Gäste bewirtet. Entsprechend gewaltig waren die Flügeltüren am Haupteingang. Und dennoch, wenn sie auch in ihrer gigantischen Größe beeindruckend wirkte, hatte die Halle so wenig Ähnlichkeit mit einem Palast, einer Burg, einem Schloss oder irgendeiner anderen Vorstellung von herrschaftlichem Anwesen wie alle übrigen Bauten des Gibbi. Nachdenklich kehrten die beiden zu ihrem Lager zurück. Carl überlegte, ob der Kaiser ihm Spielraum jenseits dieser bizarren Stilmischung gewähren würde, dann gäbe es für seine Arbeit Chancen ohne Ende. Anna wagte kaum, sich das gewöhnliche Leben unten in der Stadt auszumalen, wenn es schon bei Hof so primitiv zuging. Offenbar kannte man nicht einmal Herde oder Backöfen.

Noch befremdlicher allerdings als der Herrschaftshügel erschien den Europäern das große Bankett am nächsten Tag – ein merkwürdiges Nebeneinander von höfischem Zeremoniell und beinahe barbarischem Gelage. Gegen Mittag geleitete sie ein Palastbeamter zum Adarasch und durch einen Seiteneingang vor den von Leibwächtern und Hofbeamten flankierten Kaiserthron. Menelik, der heute zum schwarzen Seidenmantel eine hohe, mit Brillanten besetzte Goldhaube trug, saß an der Stirnseite des Saales mitten auf einem Podium, über sich einen dunkelroten, von goldenen Säulen gestützten, sternenbestickten Baldachin. Neben ihm thronte sehr würdevoll seine Gemahlin Taitu, auf dem Kopf ein schimmerndes Diadem. Ihre Figur verschwand fast ganz unter zartblauen, fließenden Überwürfen, die sogar Haar und Kinn bedeckten. Aber das Wenige, das von ihr zu sehen war – leuchtende Augen, weich gerundete Wangen, feingliedrige Hände –, verriet außergewöhnliche Anmut. Taitu, zu Deutsch das Sonnenstäubchen, begrüßte die Gäste mit vornehmer Zurückhaltung, während Menelik ihnen so herzlich begegnete, als seien sie alte Freunde.

Vom kaiserlichen Zeremonienmeister wurden sie an einem europäisch gedeckten Tisch zur Linken des Throns platziert und beobachteten gespannt, was sich auf der rechten Seite bei den Noblen des Landes tat. Anscheinend nach Rangordnung gestaffelt, hockten drüben die Würdenträger näher oder ferner beim kaiserlichen Diwan um runde Korbtischchen gruppiert auf dem Boden. Hier bog sich die Tafel unter delikaten Gerichten, die ein armenischer Koch speziell für westliche Gaumen komponiert hatte. Dort trugen Diener zunächst silberne Wasserkannen herbei und Schüsseln, über denen die Gäste ihre Hände wuschen, dann brachten sie an jeden Tisch einen großen Korb voller Brotfladen und gossen verschiedene Saucen und Fleischspeisen darauf. Besteck war nicht vorgesehen, stattdessen rissen die Schmausenden mit der rechten Hand Fetzen von den weichen Fladen ab, wickelten Sauce und Fleischbrocken hinein und führten die Happen geschickt zum Mund. Dazu tranken sie aus kleinen, rundlichen Flaschen.

Zum Schutz gegen aufdringliche oder gar böse Blicke nahmen Menelik und Gemahlin ihre Mahlzeit, wie es abessinischer Sitte entsprach, hinter den zugezogenen Vorhängen des Thronhimmels ein. Ihnen hatte man zuerst serviert, und die Stoffbahnen wurden bereits wieder zur Seite gerafft, als die Gäste noch fleißig speisten. Der Kaiser, sichtbar in bester Stimmung, trank ihnen zu und ermunterte sie unermüdlich, zuzulangen.

Vielleicht inspiriert durch die neugierigen Mienen der Europäer, hielt er plötzlich ein paar Diener an, die gerade frisch beladene Brotkörbe und dampfende Saucentöpfe vorübertrugen, und schickte sie zu deren Tafel mit der Frage, ob man nicht einmal von den hiesigen Nationalgerichten kosten wolle. Natürlich wollte man und wenn schon, dann auch nach Landesart ohne Besteck. Nur erwies sich, was bei den Einheimischen so leicht ausgesehen hatte, für ungeübte Finger als recht schwieriges Unterfangen. Amüsiert beobachtete Menelik die linkischen Versuche, Brotstückchen samt Füllung über Tischtuch, Kleidung und Kinn zu befördern. Auch die Kaiserin schaute lächelnd herüber, dann wandte sie sich mit einem leisen Befehl an zwei ihrer in der Nähe postierten Hofdamen. Gemessenen Schrittes traten die beiden rundlichen Frauen an den Tisch der Fremden, rollten flink besonders gute Bissen zusammen und schoben sie den verdutzt Dasitzenden kurzerhand in den Mund. Natürlich wussten die Neu-Abessinier nicht, dass man hier mit einer solchen Fütterung auserwählte Gäste zu ehren pflegte. Sie fühlten sich wie Kleinkinder, sperrten brav die Schnäbel auf – und rangen um ihre Contenance. Die Speisen waren so teuflisch scharf gewürzt, dass alle nach Luft schnappten. Anna schossen die Tränen in die Augen, Pietsch bekam einen Hustenanfall, und Juliane Schliefen musste sich am Tisch festklammern, um den flammenden Schock in der Kehle durchzustehen. Jeder griff blindlings nach einem Glas und goss auf den Brand, was gerade erreichbar war, gleichgültig, ob Bordeaux, Champagner oder Tedj. Allein Bosch, der erprobte Weltenbummler, saß unangefochten und schmunzelnd da und beteuerte, dass man sich an alles gewöhne.

Ein großer Vorhang, der während des Mahles den Bereich der Vornehmen gegen profane Schaulust abgeschirmt hatte, wurde nun beiseite gezogen. Am anderen Ende der Halle öffneten Wächter die Flügeltüren, ein Fanfarensignal durchzitterte die Luft, und zusammen mit strahlend hellem Sonnenlicht strömten Tausende von Menschen herein, alle in frisch gewaschene Schammas gewandet.

Vom kaiserlichen Podest aus ließ sich das Geschehen wunderbar beobachten. Die Europäer staunten über die Ruhe und Ordnung in der dicht gedrängten Menge; ohne zu schieben oder zu stoßen, hockte sich jeder an einem der zahllosen Korbtischchen nieder. Wieder ein Fanfarenstoß, und von allen Seiten schleppten Speisenträger, gebeugt unter ihrer Last, die Gerichte heran. Injera natürlich, das Fladenbrot, und scharfe Saucen, dazu verteilten sie faustdicke, gebratene Fleischbrocken. Aus Zubern, so groß wie Badewannen, wurden rastlos die emaillierten Trinkbecher mit Talla aufgefüllt, und Kolonnen von Dienerinnen bahnten sich mühsam ihren Weg durch die dicht an dicht sitzende Gästeschar, um aus bauchigen Tonkrügen honigduftenden Tedj nachzuschenken.

Seinen Höhepunkt erreichte das gigantische Festmahl allerdings erst, als das Hauptgericht in Sicht kam: riesige rohe Fleischbatzen, bluttriefende Keulen, Hammelhälften und Ochsenviertel. Fassungslos schauten die Europäer zu, wie jeder heißhungrig die Hände danach ausstreckte, sich ein ihm zusagendes Stück heruntersäbelte, seine Beute mit den Zähnen packte, knapp an der Nasenspitze vorbei mit scharfem Dolch ein mundgerechtes Stück davon abtrennte und verschlang.

Nicht viel anders als bei der Raubtierfütterung im Zoo, dachte Anna. Sie spürte, dass ihr Magen rebellierte, und sah besorgt zu Juliane Schliefen hinüber. Die Ärmste schien wieder einmal einer Ohnmacht nahe zu sein, grün im Gesicht und mit geschlossenen Augen saß sie da, ganz offensichtlich sehnte sie sich weit weg von dieser blutrünstigen Veranstaltung.

Während in der Halle ungeheure Fleischmengen mit Fluten von Tedj und Talla hinuntergespült wurden, ließ sich Menelik die Anliegen der Noblen vortragen. Immer wieder trat der Agafari, sein Zeremonienmeister, zu ihm und erbat für diesen oder jenen Gehör. Dabei hielt er sich einen Schammazipfel vor den Mund, um den Kaiser nur ja nicht mit seinem Atem zu belästigen. Trotz des Andrangs vergaß der Negus jedoch keineswegs, seine Aufmerksamkeit auch den europäischen Gästen zu schenken, er lächelte oder winkte ihnen zu und schickte Diener herüber mit der Frage nach etwaigen Wünschen.

Zusehends schrumpfte die Reihe der um Audienz Bittenden und bei den Schmausenden der Appetit. Ein greller Fanfarenton gab das Zeichen zum allgemeinen Aufbruch.

Würde man hier leben können?, fragte sich Anna, während Carl sie durch die jetzt gar nicht mehr ruhige Menge vor dem Adarasch bugsierte. Umgeben von enthemmten Fleischfressern, die vielleicht auch kannibalische Anwandlungen hatten?

Carl aber, der Unverbesserliche, barst wieder einmal vor Begeisterung, schwärmte von der ungebrochenen Vitalität dieser Menschen gegenüber den überzüchteten Manieren des Westens.

Ihm gefiel sogar das Haus, das Garikian inzwischen für sie ausfindig gemacht hatte und ihnen unter Hinweis auf den günstigen Mietzins von nur dreißig Talern monatlich stolzerfüllt zeigte. Es stand auf einer kleinen, von struppigem Gras bewachsenen Anhöhe.

Das bisschen Wind, meinte Carl, das durch die Ritzen in den Holzwänden pfiff, könne wohl niemanden ernsthaft stören, und die scheibenlosen Fenster hätten immerhin Läden, außerdem sei frische Luft gut für die Gesundheit. Auch die Löcher im Blechdach störten ihn nicht. Hier schiene sowieso meistens die Sonne, sagte er, man würde eben im Bedarfsfall ein paar Schüsseln darunter stellen müssen. Nun ja, das Mobiliar sei zwar spärlich, aber da ließe sich leicht Abhilfe schaffen.

Spärlich? Außer einer primitiven, mit Lederstreifen bespannten Bettstatt, einem plumpen Schemel und einer aus Feldsteinen zusammengefügten Feuerstelle auf dem Lehmboden konnte Anna nichts entdecken. Trotzdem war es ihr lieber, in dieser Kate zu wohnen, als weiter ständig beäugt im von Menschen wimmelnden Gibbi auszuharren.

Jetzt hockte sie hier in ihrem Kuhfellsessel, dem Prachtstück unter den von Garikian eilfertig herbeigeschafften Möbeln. Im Nebenraum, wo Carl mittlerweile einen Ziegelsteinherd gemauert hatte, klapperten die beiden Boys, ebenfalls vom treu sorgenden

Dolmetscher ins Haus gebracht, mit Töpfen und Geschirr. Hoffentlich wusch Said nicht wieder seine Füße in der Suppenschüssel. Anna wickelte sich fester in ihr großes Wolltuch und blickte verzagt aus dem Fenster, dem einzigen, das eine, wenn auch rissige, Scheibe besaß. Vom nördlich gelegenen Hausberg Entoto zog eine finstere Wolkenwand heran und warf tiefe Schatten über die Stadt.

Stadt – lachhaft, dieses Hüttengewirr, das, von Schluchten und Flussläufen unterbrochen, kilometerweit Hügel um Hügel bedeckte, so zu nennen. Als sie mit Carl und Garikian zur Besichtigung ihres neuen Heims geritten war, hatte sich offenbart, was bei ihrem triumphalen Einzug in den Gibbi von dichtem Staub gnädig verhüllt blieb: Die »Neue Blume«, die Metropole des abessinischen Kaiserreiches, glich einem riesigen ärmlichen Dorf.

Wüster Donnerknall ließ die Wände des Hauses erzittern, Blitze zerhackten die Wolkenschwärze, der Himmel schien auseinander zu brechen. Mit ohrenbetäubendem Dröhnen prasselten Regenmassen auf das Blechdach, platschten durch Löcher und Fensterluken herein, quollen durch Ritzen und Spalten und sammelten sich in den Kuhlen des Lehmbodens zu glitschigen Pfützen. Nach Said und Fagadu schreiend, zerrte Anna an den Läden. Aber wie sollten diese verrotteten Brettchen eine Sintflut zurückhalten? Wie sollten die Töpfe und Schüsseln, mit denen die Boys gerannt kamen, solche Sturzbäche auffangen? Anna wollte gar nicht wissen, ob es Tränen waren oder Wassertropfen, was ihr übers Gesicht rann. Du lieber Gott, wenn so die Regenzeit aussah. Und Carl war irgendwo da draußen unterwegs.

»Wie hat sie das nur durchgestanden?«, fragte Katrina.

Die Großmutter gab keine Antwort. Bei ihrer Enkelin untergehakt und auf ihren Schirm – »meinen getarnten Krückstock« – gestützt, ging sie mit kleinen festen Schritten durch die Theatinerstraße. Wie immer, wenn sie nach München fuhr, hatte sie sich extra stadtfein gemacht, trug ein zart fliederfarbenes Kostüm und hatte beim Friseur einen Hauch des gleichen Tons auf ihre Haare zaubern lassen.

»Evchen, hast du nicht gehört?«

»Natürlich habe ich gehört, zum Glück bin ich ja noch nicht taub! Ach Kind«, sanft drückte die alte Frau Katrinas Arm, »du scheinst wirklich kein anderes Thema mehr zu kennen. Dabei ist es so schön hier. All die Leute, die in der Sonne sitzen, die eleganten Geschäfte. Lass mir ein bisschen Zeit zum Schauen. Wenn ich von meiner Alm steige, will ich 's auch genießen. Außerdem rede ich nicht gern beim Laufen, weil mir zu schnell die Puste ausgeht.«

Katrina lachte über einen demonstrativen Schnaufer. Geduldig zog sie im Schneckentempo mit von Schaufenster zu Schaufenster, lauschte amüsiert den großmütterlichen Kommentaren zur »Verstiegenheit« der heutigen Mode, bis das Seitengässchen auftauchte, in das Eva unweigerlich einbiegen würde, weil hier das Traumziel ihrer Münchentouren lag: das Café Nieshammer. Dämmerlicht hinter Spitzengardinen, abgewetzter Charme und Scharen von betagten Damen, die entschlossen schienen, das opulente Kuchenbuffet leer zu schmausen.

»Wunderbar«, aufatmend sank Eva auf die flach gesessenen Polster eines Sofas, dessen orange-brauner Plüschbezug in beißendem Kontrast zu ihrem Flieder stand. »Man fühlt sich weniger alt, wenn alles rundherum auch nicht mehr taufrisch aussieht.«

Endlich hatte sie den letzten Bissen Linzer Torte zum Mund geführt, ein Schlückchen Kaffee nachgegossen und setzte sich bequem zurecht, bereit für die längst überfällige Antwort.

»Am Anfang ist es bestimmt sehr hart gewesen. Weißt du, unsere Mutter war ja keine von den Pionierfrauen, die mit geschultertem Spaten auszogen, um irgendwo die Wildnis zu kultivieren. Auf keinen Fall hat sie damit gerechnet, so wenig von dem anzutreffen, was zumindest in Berlin ganz selbstverständlich zum Alltag gehörte. Du musst dir nur einmal klar machen, was es damals in Addis alles nicht gab: Außer einer groben Schotterstraße, die vom Gibbi zum Entoto führte, gab es keine Straßen, sondern nur holprige Pfade voller Rinder, Schafe und Ziegen zwischen wahllos durcheinander stehenden Rundhütten. Steinhäuser nach europäischer Bauart konnte man an einer Hand abzählen. Im Gibbi gab es zwar eine Wasserleitung, die als Wunder bestaunt wurde, aber sonst nirgends. Kein fließendes Wasser also und auch keine Kanalisation. Das Wasser wurde in Gombos, bauchigen Tongefäßen, aus einem Bach oder dünnen Rinnsal in der Nähe geholt, und wenn man mal musste, ging man hinters Haus.«

»Wie«, fragte Katrina entsetzt, »es gab kein Klo?«

»Nein, die Abessinier nahmen das ganz locker. Sie hockten sich einfach irgendwo hin oder gingen hinter einem Busch in Deckung. Besonders beliebt waren die großblättrigen Bananenstauden. Öfen kannte man übrigens ebenfalls nicht, obwohl es da oben auf der Hochebene oft empfindlich kalt ist. Wer fror, stellte ein Kohlenbecken aus Eisenblech ins Zimmer. Und natürlich gab es kein elektrisches Licht. Die Häuser wurden mit Petroleumlampen oder Kerzen beleuchtet, und draußen brauchte man unbedingt eine Laterne, um sich nicht den Hals zu brechen. In Berlin fuhr damals immerhin schon die U-Bahn.«

Katrina seufzte mitleidig. »Die Ärmste, das muss ein ausgewachsener Kulturschock gewesen sein.«

»Ganz sicher.« Die Großmutter nickte mit wippenden Löckchen. »Und das war noch nicht alles. Da unten wird 's spätestens um sieben Uhr dunkel, das ganze Jahr über. Stell dir die langen Abende vor, beim trüben Licht einer Funzel, während die Hyänen heulend durch die Stadt streiften. An Ausgehen war nicht zu denken, weil es einfach nichts gab wie Restaurants, Kinos, Tanzcafés oder Theater. Höchstens ein paar Kneipen am Markt, aber da gingen nur Griechen und Armenier hin. Und die Tage sahen kaum rosiger aus, zumindest für unsere Mutter.«

Eva unterbrach sich und winkte der Kellnerin. »Ich muss mir

ein wenig die Kehle ölen«, sagte sie an ihre Enkelin gewandt, »magst du auch einen Cognac?«

»Gern, aber erzähl mir doch, wieso es für euren Vater leichter war.«

»Du bist und bleibst ein Quälgeist, Kind. Wie kannst du nur so ausdauernd bohren!« Schmunzelnd schüttelte Eva den Kopf.

»Na ja«, grinste Katrina, »wenn man nicht neugierig ist, erfährt man nichts.«

»Also gut«, nachdem sie eine Verschnaufpause gemacht und an ihrem Glas genippt hatte, nahm die Großmutter den Faden wieder auf. »Für unseren Vater war es einfacher, weil er sich sofort in die Arbeit stürzen konnte. Der baulustige Kaiser ließ ihn schon drei Tage nach der Ankunft rufen, um ihm seine Erwartungen mitzuteilen – Häuser, Straßen und Brücken. Der erste Auftrag war ein repräsentatives Gebäude für die kurz zuvor gegründete Deutsche Gesandtschaft. Vater fragte, woher er denn Zement, Glas und Farben nehmen sollte, und der Kaiser sagte seelenruhig: ›Aus Europa.‹ Als wäre so ein Transport übers Meer und mit Ochsenkarren durch die Wüste die selbstverständlichste Sache von der Welt. Du kannst dir denken, wie viel da überlegt und berechnet werden musste. Er hatte also Kopf und Hände voll zu tun. Bei ihr sah es ganz anders aus.«

Eva schwieg einen Moment und glättete nachdenklich ihren Rock. »Meine Mutter«, fuhr sie dann fort, »hätte liebend gern ihre frisch erworbenen Hebammenkünste angewandt, aber natürlich bat niemand eine völlig Fremde um Hilfe. Und der Haushalt – nun, was es da für sie zu tun gab, war eher frustrierend. Putzen, Kochen, Waschen, Einkaufen, das alles erledigten die Boys. Zu Meneliks Zeiten galten die Weißen nämlich als Noble, und er verlangte von ihnen ein entsprechendes Verhalten. Sie durften nicht auf der Straße arbeiten, keine schweren Lasten tragen, und sie mussten Diener haben. Für eine Europäerin wäre es absolut unschicklich gewesen, selbst ihren Haushalt zu besorgen.«

»Ist doch toll«, platzte Katrina dazwischen, »wenn man nicht den Besen schwingen muss.«

Eva lachte amüsiert auf. »Was sind denn das für feudale Anwandlungen, Kind? Aber die würden dir schnell vergangen sein. Said und Fagadu hatten, wie die meisten Boys, keine Ahnung von ordentlicher Wirtschaft. Saubermachen erschien ihnen ziemlich überflüssig, weil ja der Dreck sowieso gleich wieder nachwuchs, sie warfen Unmengen von Pfeffer in jedes Essen, verschmierten beim Waschen Schmutz und Seife auf den Kleidern, bis alles mit einer gelblichen Schicht überzogen war, und beim Bügeln schwärzten sie reihenweise Carls Hemden oder nahmen zur Abwechslung ein kaltes Eisen. Außerdem vergaßen sie immer wieder, das Trinkwasser zu filtern. Unsere Mutter musste also unentwegt hinter ihnen her sein, um irgendwelche Katastrophen zu verhindern. Zwei-, dreimal ritt sie mit den beiden zum Einkaufen auf den Markt, aber da war kaum ein anderes weißes Gesicht zu sehen, und sie fühlte sich fehl am Platz. Außerdem mochte sie das Gedränge nicht und schon gar nicht die auf Bananenblätter getürmten Butterballen, in die jeder seinen Finger zum Probieren stecken konnte, oder die offenen Säcke mit Getreide und Gewürzen, in denen schmutzige Hände prüfend herumtasteten. Mir ging 's später übrigens genauso«, Eva schüttelte sich angewidert, »ich fand das Gewusel von Menschen zwischen Gemüsebergen, Fleisch und allen möglichen anderen auf dem Boden ausgebreiteten Lebensmitteln einfach eklig.«

»Aber Evchen«, staunte Katrina, »so ein orientalischer Markt muss doch sehr malerisch sein.«

»Nicht für mich.« Das klang äußerst entschieden. »Nicht einmal Silberschmuck, Lederzeug und bunte Tücher lockten mich an. Überhaupt machte damals fast jeder Europäer, der auf sich hielt, einen Bogen um diesen Platz. Zum Glück gab es ja auch noch ein paar armenische Läden und zwei große indische Geschäfte, ›Mohammedali‹ und ›Djivadji‹ hießen sie, wo man Stoffe kaufen konnte, die nicht nach der Nachbarschaft von Knoblauch und ranziger Butter rochen. Dahin ist meine Mutter dann oft geritten.«

»Wieso redest du eigentlich dauernd von Reiten? Lief man denn nie zu Fuß?«

Eva schien die Frage für ziemlich dumm zu halten. Verwundert zog sie die Augenbrauen hoch. »Natürlich nicht, Kind. Ein angesehener Europäer ließ sich auf keinen Fall zu Fuß in der Stadt blicken. Das hätte seinen Ruf ruiniert und obendrein seine Schuhe. Es ging ja auf buckligen Wegen immer bergauf und bergab durch Schluchten und Bäche. Und in der Regenzeit wäre man bis zu den Knien im Morast versackt. Tschikka wird dieser zähe Matsch drüben genannt.«

Katrina öffnete den Mund, um nachzuhaken, die Großmutter gab ihr jedoch keine Chance. »Komm«, sagte sie und zog sich an der marmornen Tischplatte auf die Beine, »wir haben hier lange genug herumgesessen. Ich sehe es deiner Nasenspitze an, dass du mich jetzt über den abessinischen Regen aushorchen willst, aber dabei wäre ich lieber draußen im Sonnenlicht, sonst fällt mich womöglich die Trübsal an.«

Gemächlich schlenderten sie durch den goldenen Spätnachmittag Richtung Hofgarten und ließen sich auf einer heckenumrahmten Bank nieder. Es roch intensiv nach Sommer. Der sanfte Wind trug Geigenklänge vom Pavillon herüber. Ein kleines, pummeliges Mädchen hopste dazu zwischen den Säulen.

»Mozart«, konstatierte Eva zufrieden, »wie gut das passt.« Nachdem sie ausgiebig gelauscht, den Spaziergängern auf den Kieswegen zugeschaut und auch noch einen an ihren Schuhen schnuppernden Dackel getätschelt hatte, wandte sie sich endlich wieder ihrer Enkelin zu.

Geduldig wartend rollte Katrina schimmernde Steinchen von einer Hand in die andere. Mit auf die Knie gestützten Armen saß sie da, lehnte sich aber beim ersten Wort sofort zurück und ließ ihr Spielzeug fallen.

»Weißt du«, begann die Großmutter, »gerade jetzt im Juni, wenn es hier am schönsten wird, beginnt da unten die schrecklichste Zeit. Du kannst dir nicht vorstellen, welche Fluten dann vom Himmel stürzen. Mit einem europäischen Platzregen lässt sich das nicht vergleichen. Es ist, als würden Meere über der Erde ausgeschüttet. Urplötzlich jagen schwere Wolken vor die eben noch blitzblanke Sonne, heftiger Wind setzt ein, und im nächsten Moment kann man durch die Wasserwand nicht einmal mehr das Nachbarhaus erkennen. Manchmal gießt es tage- oder nächtelang, dann wieder nur eine halbe Stunde. Zwar braucht das Land die Regenperiode, sie wird übrigens Kremt genannt, dringlichst. Die Menschen erwarten sie sehnsüchtig, weil ihr Ausbleiben zu verheerender Dürre und zu Hungerkatastrophen führt. Wenn es aber tatsächlich losgeht mit den Güssen, würden alle, die nicht daran gewöhnt sind, am liebsten Reißaus nehmen. Nur ist das leider fast unmöglich. Straßen verwandeln sich in schlammige Flüsse, und dünne Rinnsale schwellen im Nu zu tosenden Strömen an. Sogar in der Stadt. Auf dem Land gab 's damals überhaupt kein Durchkommen mehr. Als Kinder haben wir oft beobachtet, was mit dem kleinen Bach passierte, der unten am Hang unser Grundstück begrenzte. Er stieg nicht etwa langsam. Nein, wie eine riesige Walze kam er mit lautem Grollen angebraust. Das Donnern war schon von weitem zu hören. Alles schrie und rannte, um sich in Sicherheit zu bringen. Einer der Leute, die mit meinen Eltern angereist waren, soll in der ersten Regenzeit ums Leben gekommen sein. Ich glaube, er hieß Spillmann, ein halsstarriger Typ, der sich partout nichts sagen lassen wollte. Allen Warnungen zum Trotz versuchte er so ein wildes Gewässer zu durchqueren und wurde samt seinem Pferd von der Strömung weggerissen. Tage später fand man seine Leiche kilometerweit entfernt an einem Felsbrocken hängend. Bestimmt keine erheiternde Nachricht, wenn man in einer klammen Kate sitzt und sich fühlt wie unter Hausarrest.«

Eva kniff die Augen zusammen und spähte auf ihre Uhr. In der

Öffentlichkeit eine Brille zu tragen kam für sie überhaupt nicht in Frage. »Oh, schon kurz nach sechs! Ich muss los, sonst verpasse ich meinen Zug.«

Mucksmäuschenstill hatte Katrina zugehört, sich kaum gerührt, um die Großmutter nicht abzulenken. Jetzt reckte sie die Arme.

»Schade, du warst gerade so schön in Fahrt.«

»Schrecklich«, mit gespieltem Ärger schüttelte Eva den Kopf, »wenn ich einmal von damals anfange, gibt 's kein Halten mehr. Und du bringst mich immer wieder so weit.« Zielstrebig marschierte sie zum Odeonsplatz und winkte nach einem Taxi, in Gedanken schon auf dem Heimweg, den sie auf keinen Fall im Dunkeln zurücklegen wollte.

Spät am Abend klingelte das Telefon. Es war Katrina.

»Evchen, entschuldige, aber mir ist eben aufgefallen, dass du meine Frage gar nicht beantwortet hast.«

»Welche Frage?«

»Na, die, wie deine Mutter diesen schwierigen Start durchgestanden hat. Wieso ist sie nicht zurückgefahren?«

»Und das musst du jetzt wissen? Um halb zehn?«

»Ja, es geht mir nicht aus dem Kopf. Du bleibst doch sowieso immer lange auf, und da dachte ich …«

»Hör mal, Kind, ich habe gerade mein Baldrian geschluckt und bin schon halb im Bett.«

»Tut mir Leid«, Katrinas Stimme klang zerknirscht, »darf ich dich morgen wieder anrufen?«

»Lass nur«, die Schnur hinter sich herziehend, ging Eva mit dem Telefon aus der zugigen Diele in die warme Küche. »Wenn du dann besser schlafen kannst, erledigen wir 's lieber gleich.« Sie zögerte einen Moment, und Katrina hörte das leise Knarzen ihres Korbsessels. »Eigentlich weiß ich auch nicht genau, was sie zum Durchhalten bewogen hat. Darüber wurde später nie geredet. Aber bestimmt war das Hauptmotiv die Liebe. Sie hat unseren Vater wirklich geliebt, das spürte jeder, der die beiden zusammen erlebte. Und dazu kam vermutlich das Gefühl, ihn beschützen zu müssen.«

»Aber er war doch so viel älter!«

»Das spielte keine Rolle. Sie meinte, dass er mit seiner Gutmütigkeit und Sanftheit und seinem oft naiven Optimismus in Schwierigkeiten geraten könnte. Ich glaube, sie empfand sich als seine Erdung. Uns Kindern erschien unsere Mutter immer als die Stärkere von beiden. Realistisch, energisch und, wenn 's drauf ankam, auch kämpferisch. Sie hätte es nicht übers Herz gebracht, ihn allein zu lassen. Und er bemühte sich, ihr das Dortsein angenehm zu machen. Dichtete zunächst einmal die Hütte ab, sodass es sich ganz leidlich darin leben ließ, zimmerte eine Bretterbude mit Herz in der Tür und einer Kuhle in der Erde, weil es ringsherum weder Büsche noch Bananenstauden gab, und fing sofort mit dem Entwurf eines festen und stattlichen Hauses an. In Addis sprach man später vom ›Landhaus der Frau Haertel‹.«

»Klingt nicht schlecht.«

»Das will ich meinen. Ach ja, da fällt mir noch etwas ein, was sicher mit entscheidend war: ihr Stolz. Wie ein geschlagener Hund nach Hause zurückzukehren und sich spöttische oder mitleidige Kommentare über den Misserfolg ihres kühnen Auszugs anzuhören, das hätte ihr nie und nimmer gepasst. Lieber biss sie die Zähne zusammen. Und anscheinend ist es ihr ziemlich rasch gelungen, aus dem Tief herauszukommen. Schau mal im karierten Fotoalbum nach, da hat sie unter das Bild ihres windigen Häuschens ›unsere Liebeslaube‹ geschrieben. Das tut man doch nicht, wenn es einem dort nur dreckig ging, oder was meinst du?«

»Nein, wohl kaum.«

Eva gähnte herzhaft. »Lässt du mich jetzt in Frieden?«

»Nur eine Sache noch, Evchen. Kann es sein, dass sie schon bald schwanger war und auch deshalb blieb?«

»Woher hast du denn diese Idee?«, fragte die Großmutter verdutzt.

»Na ja, auf den Hochzeitsfotos ist sie immer nur halb zu sehen. Mal sitzt sie am Tisch, mal steht sie hinter einem Zaun. Auf jeden Fall gibt 's keine der üblichen Posen, du weißt schon, so mit Standbein und Spielbein.«

Durchs Telefon kam glucksendes Gelächter. »Dann müssten sie meine älteste Schwester Wilma als strammes Frühchen ausgegeben und bei der Geburtsmeldung auf der Gesandtschaft kräftig geschwindelt haben. Die offiziellen Angaben, Heirat im September und Niederkunft im folgenden Juni, waren nämlich genau termingerecht.« Wieder ein Lachen. »Aber es sähe den beiden ähnlich. Wir Kinder haben auch erst nach vielen Jahren entdeckt, dass unsere Eltern anfangs in wilder Ehe lebten. Freiwillig hätten sie das nie erzählt, um uns nicht zur Nachahmung zu animieren.«

»Verständlich bei drei solchen Hummeln.«

»Schluss jetzt«, rief Eva energisch, »einer alten Frau die Nachtruhe rauben und auch noch keck werden! Ich muss nun im Eiltempo schlafen, damit ich morgen wieder fit bin.« Und schon hatte sie aufgelegt.

3. *Kapitel*

Ende Juli wachte Anna eines Morgens auf und spürte, dass der Druck in ihrem Hals verschwunden war, dieser Kummerklumpen, der ihr seit Wochen die Luft abschnürte. Carl schien sich schon früh auf den Weg gemacht zu haben, wie immer, wenn es nicht goss. Fast geräuschlos schlüpfte er dann in seine Kleider und schlich zur Tür hinaus. Manchmal hörte Anna ihn draußen leise hantieren, aber sie rief nie nach ihm, weil er mit dem Kopf längst auf seiner Baustelle war.

Heute hatte sie ohnehin genug mit sich selbst zu tun. Sie schluckte ein paar Mal und holte tief Luft, der würgende Knoten kam tatsächlich nicht zurück. Prüfend bewegte Anna Arme und Beine und fand auch hier keine Spur mehr von der inzwischen schon gewohnten bleiernen Schwere. So frei und leicht hatte sie sich lange nicht gefühlt. Im Himmelsausschnitt des Fensters neben ihrem Bett tauchte eine regenlastige Wolke auf, gleich würde es wieder schütten, aber das störte sie an diesem Morgen nicht. Genauso wenig wie die frischen Flohstiche. Carl stellte zwar jeden Abend drei Wassernäpfe unter ihr Lager, in denen die zur Matratze hochhüpfenden Plagegeister dutzendweise ertranken, trotzdem kamen ein paar von ihnen immer ans Ziel.

Während Anna ihr Gesicht in die Waschschüssel tunkte, das Haar kräftig gegen den Strich bürstete und zu einem lockeren Tuff hochsteckte, durchlief sie in Gedanken den gestrigen Tag. Was konnte es gewesen sein, das ihren Trübsinn verscheucht hatte? Die glänzend überstandene Feuerprobe? Carls freudige Überraschung?

Das Gefühl, hier gebraucht zu werden, oder die Gewissheit, endlich einen Platz zu haben, wo sich Wurzeln schlagen ließen?

Am Vortag war Anna mittags in die Küche gegangen, um nachzusehen, weshalb sich dort nichts rührte. Kein Töpfeklappern, wie sonst zu dieser Zeit, kein flinkes Tapsen nackter Füße auf dem Lehmboden. Sie fand ein stilles Häufchen Elend neben dem kalten Herd kauernd – Fagadu, den Kopf unter einem karierten Handtuch verborgen. Als Anna näher kam, hob er einen Zipfel seiner Bedeckung und schaute sie mit verstörten, tieftraurigen Augen an.

Was ist? Anna machte eine fragende Handbewegung. Den Versuch, ihren Boys Deutsch beizubringen, hatte sie bald aufgegeben. Bis aus dem hilflosen Gestammel verständliche Worte würden, könnte sie selbst längst Amharisch gelernt haben. Carl war sowieso der Meinung, dass man als Fremder die Sprache der Einheimischen übernehmen sollte, und nicht umgekehrt. Aber noch beschränkten sich ihre Fähigkeiten auf ein paar spärliche Brocken, sie mussten also vorläufig mit der Gebärdensprache auskommen.

Seufzend stand Fagadu auf, zeichnete vor seinem Bauch eine große Wölbung in die Luft und bog sich wie unter starken Schmerzen. Dazu ächzte er laut.

Anna brauchte nur einen Moment, um zu erfassen, dass es um eine Geburt ging. Aber was bekümmerte ihn daran so sehr? Irritiert runzelte sie die Stirn.

Mit ausgespannten Armen malte der Boy einen weiten Kreis, als wollte er die Ewigkeit andeuten.

Aha, es schien schon lange zu dauern. Vermutlich eine schwierige Entbindung, die nicht vorankam. Bloß – wer und wo mochte das sein?

Plötzlich erinnerte sie sich an eine Begegnung etwa zwei Wochen zuvor. Sie war auf dem Heimweg von einem Ausritt zwischen den nachmittäglichen Wolkenbrüchen gewesen und schon fast an ihrem Hügel angelangt, als Fagadu, der wie üblich neben ihrem

Pferd hertrabte, einer jungen, hochschwangeren Frau zuwinkte und ein paar Worte rief. Die mädchenhafte Schöne stand im Eingang ihrer Hütte, lächelnd winkte sie zurück. Aus der Ähnlichkeit und Vertraulichkeit zwischen den beiden hatte Anna sofort geschlossen, dass es sich um Fagadus Schwester handeln musste. Ob sie der Grund für seine Sorge war?

Mit fragendem Blick zeigte Anna auf das Hüttengewirr unterhalb ihres Hauses.

Fagadu nickte heftig. »Ischi, ischi, Imete.«

Das immerhin verstand sie mittlerweile, es hieß »Ja, ja, Herrin«.

Anna hob beschwichtigend die Hände. Verwundert sah der Boy zu, wie sie eilig ihr Hebammenköfferchen aus dem Schrank holte, Seife und ein paar Tücher zusammenraffte.

»Komm, gehen wir!«, befahl Anna, während sie Fagadu energisch zur Tür hinausschob.

Auch ohne Deutschkenntnisse schien der Junge zu begreifen, was sie meinte, denn er lief gleich los, so schnell, dass Anna auf dem rutschigen Trampelpfad kaum mithalten konnte. Für die kurze Strecke das Pferd zu nehmen wäre albern gewesen, aber wenigstens ihre derb besohlten Galoschen hätte sie anziehen sollen. Egal, dazu war es jetzt zu spät.

Am Fuß des Hügels betrat Fagadu, gefolgt von Anna, den kleinen, mit dürren Zweigen umzäunten Hof eines Tukuls. Ein Trupp Männer hockte dort beisammen und jagte aus altmodischen Gewehren ohrenbetäubende Schüsse in die Luft. Die Knallerei war schon seit Stunden zu hören, doch Anna hätte die Lärmquelle nie bei einem Geburtshaus vermutet. Erst später erfuhr sie, dass es zur Landessitte gehörte, eine Frau während der Wehen ordentlich zu erschrecken, damit das Kind schneller auf die Welt käme.

Fagadu wandte sich an einen Burschen aus dem Kreis. Eifrig redete er auf ihn ein, dabei wies er immer wieder hinüber zu seiner Begleiterin. Der junge Mann, wahrscheinlich der werdende Vater, lauschte aufmerksam, hob sein unter der Bräune fahles Gesicht, um die Fremde zu taxieren, und sprang dann auf die Füße. Zwei-, dreimal rief er laut, bis eine runzelige, alte Frau im Türrahmen erschien. Von dem aufgeregten Palaver zwischen den beiden verstand Anna kein Wort, aber sie fing die misstrauischen Blicke der Alten auf und sah ihre abwehrenden Gesten. Kurz entschlossen kam sie näher.

»Hakim«, sagte Anna nach einer höflichen Verbeugung, dabei tippte sie sich auf die Brust. Das war zwar stark übertrieben, denn Hakim wurde hier ein Arzt genannt, ihr fiel jedoch keine andere Möglichkeit ein, sich als Sachkundige vorzustellen.

Die alte Frau stutzte, zögerte noch – endlich krauste sich ihr Gesicht unter einem Lächeln, sie nahm Anna beim Arm und führte sie in die Hütte.

Drinnen war es rauchig und stickig und so dunkel, dass sie im ersten Moment fast nichts erkennen konnte. Gackernd stoben ein paar Hühner zwischen ihren Füßen hindurch ins Freie. Anna kniff die Augen zusammen und wich erschrocken zurück, als sie das Gedränge in dem engen, fensterlosen Raum bemerkte. Um den Mittelpfosten, der das Tukuldach trug, saßen mehrere betende Frauen geschart. Ihr monotoner Singsang schien an die Muttergottes gerichtet zu sein, denn deren ortsüblicher Name »Maryam« tauchte wiederholt darin auf. Links neben ihnen stand eine magere Kuh an der runden, mit Vorratskörben behängten Wand, und rechts, nur wenige Schritte von dem Vieh entfernt, lag die Gebärende auf einem Ziegenfell am Boden. Tatsächlich die zarte Schöne, die Anna vorhin in den Sinn gekommen war. Das fein geschnittene Gesicht zeigte die Spuren langer Strapazen. Dicht bei ihr hockte eine füllige Matrone, hielt ihre Hand und murmelte tröstliche Worte. Sie neigte kurz den Kopf zum Gruß, als Anna näher kam. Wieder diese Familienähnlichkeit, bestimmt war sie die Mutter. Das Hutzelweibchen, das Anna eingelassen hatte, setzte sich zu den beiden. Mit gichtgekrümmtem Finger zeigte es auf die Leidende: »Abebetsch, Abebetsch!«

»Ischi«, Anna nickte. Der Name war ihr bekannt. Gut zu wissen, wie die junge Abessinierin hieß, dann gab es wenigstens eine kleine Brücke der Verständigung.

»Abebetsch«, Anna sprach leise und sanft, »vielleicht kann ich dir helfen.« Am Rand des Ziegenfells knieend, machte sie sich behutsam daran, den gerundeten Bauch zu betasten.

Beim Klang der fremden Stimme öffnete Abebetsch ihre von Schweiß und Tränen verklebten Augen und warf der weißen Frau einen gequälten, flehendlichen Blick zu.

Anna lächelte aufmunternd, obwohl ihr der Sinn keineswegs danach stand. Sie hatte sofort erspürt, warum die Geburt nicht vorankam, zweifelte aber an ihrer Fähigkeit, das Problem zu lösen: Das Kind lag schräg im Mutterleib. Ohne Eingriff gäbe es für beide keine Rettung. Da in diesem Land an einen Kaiserschnitt natürlich nicht zu denken war, würde man das Kind wenden müssen – von außen. Einige Male hatte sie Professor Stöckel bei einer solchen Prozedur zugesehen, sich jedoch selbst noch nie daran versucht.

Um ihre aufsteigende Panik zu kaschieren, ging Anna zur Feuerstelle nahe der Tür und steckte einen Finger in den über glimmenden Holzspänen und Dungfladen stehenden Wassertopf, als wollte sie die Temperatur prüfen. Durfte sie, die kleine, unerfahrene Hebamme sich an ein derartiges Kunststück wagen? Konnte sie sich genau genug an die Handgriffe ihres Lehrmeisters erinnern?

»Hakim!«, mahnte das alte Weiblein in ängstlichem Ton, während Abebetsch sich laut stöhnend hin und her wälzte.

Anna verwarf den Gedanken, einfach davonzulaufen. Nachdem sie sich so hochtrabend präsentiert hatte, würde sie nun wohl oder übel durchhalten müssen. Rasch wusch sie ihre Hände, nahm das hölzerne Stethoskop aus ihrem Köfferchen und kehrte – von aufmerksamen Blicken begleitet – ans Lager zurück. Die Herztöne des Kindes klangen noch kräftig, aber Abebetschs flacher Atem machte Anna Sorgen. Es war höchste Zeit einzugreifen. Zum Glück kamen die Wehen im Augenblick nur schwach und mit langen Pausen, denn für ihr Vorhaben musste der Leib entspannt sein.

Anna legte beide Hände auf die Bauchdecke: Die linke hielt das höher liegende Köpfchen des Kindes, während die rechte den Steiß sacht nach oben drückte. Anfangs schien sich nichts zu rühren, doch dann fühlte sie, wie das Kleine allmählich in die Querlage rutschte. Anna hätte jubeln mögen, wären da nicht Abebetschs Schmerzensschreie gewesen. Das Hutzelweibchen, das dem merkwürdigen Tun der Fremden mit einer Mischung aus Skepsis und Dankbarkeit zuschaute, machte sich eilig auf die Beine und holte von irgendwo aus dem Dunkel einen stark duftenden Trank herbei. Ein paar Schlucke davon genügten, um die Pein zu lindern. Abebetsch fiel in eine Art Trance.

Aufatmend setzte Anna ihre Arbeit fort, vorsichtig schob sie das Hinterteil nach oben und geleitete das Köpfchen nach unten.

Hoffentlich ging alles gut! Wenn dem Kind oder der Mutter etwas passierte, würde man gewiss ihr die Schuld geben. Vor Anspannung rann ihr der Schweiß über die Stirn, aber sie wischte ihn energisch mit dem Ärmel ab und ließ nicht locker. Ganz langsam erreichte das Kind die richtige Position, sein Kopf lag endlich über dem Becken. Erleichtert schaute Anna um sich. »Ischi«, sagte sie in die Runde und stieß überall auf dankbare, bewundernde Blicke.

Abebetsch hatte noch eine schmerzhafte Strecke zu durchstehen, aber es gab keine besonderen Schwierigkeiten mehr. Mit feuchtwarmen Umschlägen und einer kleinen Prise in Wasser aufgelöstem Mutterkorn brachte Anna die Wehen wieder in Gang, überließ jedoch dann der Alten, sie wurde »Weini« genannt, die Führung. An ihrer Geschicklichkeit erkannte Anna die bewährte Geburtshelferin. Nur zweimal mischte sie sich kurz ein, einmal, um Weinis Hände mit Arnikaöl zu desinfizieren, und dann, um die rostige Klinge, die zum Durchtrennen der Nabelschnur dienen sollte, gegen eine saubere Schere auszutauschen. Erstaunt, aber widerspruchslos nahm die alte Frau beides hin. Irgendwann, dachte Anna, werde ich ihr ein paar Grundregeln der Hygiene beibringen.

»Lililili!« Zur Begrüßung des Kindes, es war ein kräftiger Junge, brachen die wartenden Frauen in lautes Jubeltrillern aus. Draußen feuerten die Männer zehn Freudenschüsse ab.

Von Zeichen der Dankbarkeit überhäuft, stand Anna mitten im Trubel und beobachtete, wie die Nachgeburt sorgsam im Hof vergraben wurde, wie Weini ein Messer neben die erschöpfte Abebetsch legte und das Neugeborene mit einem Schleier verhüllte – vermutlich als Schutz gegen mögliches Übel gedacht. Frauen reichten ein spezielles Weizengebräu herum und gebutterten Brei, von dem die weiße Helferin unbedingt kosten musste.

Nachdem sie die primitiven, gefahrvollen Umstände miterlebt hatte, wunderte sich Anna nicht, dass man hier die Geburt eines gesunden Kindes wie ein Mirakel feierte und mit vielen Zeremonien umrankte.

Carl stand wartend unter dem Vordach, als sie, gefolgt von Fagadu, den Pfad zu ihrem Haus heraufgestapft kam.

»Wo hast du nur gesteckt, ohne Pferd?« Beunruhigt schaute er ihr entgegen.

Anna raffte ihren schlammbespritzten Rock fast bis zum Knie, um rascher laufen zu können. »Ich hab 's geschafft, ich hab 's geschafft!«, rief sie aufgeregt.

»Was denn? Wovon redest du?«

Atemlos lehnte sie sich an den Türpfosten. »Eine Entbindung, eine sehr komplizierte! Fagadus Schwester hat ein Kind bekommen, in einer Hütte gleich da unten.« Anna konnte kaum so schnell sprechen, wie sie ihm alles erzählen wollte.

Carl hörte lächelnd zu. Das war endlich wieder seine alte Anna – strahlend, tatkräftig und selbstbewusst. Keine Spur mehr von dem geknickten Pflänzchen der letzten Wochen. Doch als sie anfing, auch noch von Trillern und Brei und einem roten Hahn zu berichten, den man zum Schluss im Tukul geschlachtet hatte, unterbrach er ihren Redefluss mit einem zärtlichen Stups auf die Nase.

»Moment, mein Schatz, vielleicht kannst du den Rest für heute Abend aufsparen, ich habe nämlich ebenfalls eine Neuigkeit parat, aber die kann ich dir nur vorführen, solange es hell ist.«

Auf seinen Wink hin brachte Said die Pferde herbei, und ehe Anna Zeit hatte, zur Besinnung zu kommen oder ihre durchweichten, schmutzstarrenden Schuhe zu wechseln, saß sie schon im Sattel. Carl trieb seinen Braunen zum scharfen Trab an, die verwirrte Anna im Gefolge. Was mochte das für eine Neuigkeit sein, für die man fast die ganze Stadt durchqueren musste? Ein paar Mal schaffte sie es, auf den schmalen Wegen ihr Pferd neben seines zu bringen und ihn mit Fragen zu bedrängen. Aber Carl antwortete nicht, spitzbübisch lachend legte er einen Finger auf die Lippen. Sie würde sich in Geduld fassen müssen.

Endlich, sie waren schon länger als eine halbe Stunde geritten, machte Carl an einem öden Gelände Halt.

»Hier«, sagte er stolz, »hier ist es.«

Anna schaute sich suchend um, konnte jedoch auf dem baum- und buschlosen Terrain, das terrassenförmig zu einem Flusstal abfiel, nichts Bemerkenswertes entdecken.

»Was soll hier sein?« Ihre Stimme klang enttäuscht.

»Unser Grundstück, Liebste, eine ehemalige Karawanserei, der Platz, wo wir unser Haus bauen werden!«

Schwungvoll hob Carl sie vom Pferd, übergab Said die Zügel und führte Anna zu einem glatt geschliffenen Felsbrocken, der aus der rötlichen Erde ragte. Er selbst hatte keine Ruhe, sich neben sie auf den von vereinzelten Sonnenstrahlen erwärmten Stein zu setzen. Mit langen Schritten auf und ab marschierend, beschrieb er ihr seine Pläne. Oben am Hang sollte das Wohnhaus entstehen und unten, nahe beim Fluss, ein Brunnen, dazwischen, auf den breiten Stufen, würden sie einen Garten anlegen. »Einen Paradiesgarten«, schwärmte Carl, »voller Blumen, Erdbeeren und Mirabellen.«

Anna hielt die Augen geschlossen, um von der Kargheit ringsum und dem ärmlichen Hüttenmeer am jenseitigen Ufer nicht in ihren Visionen gestört zu werden.

»Der Platz reicht sogar für ein Eukalyptuswäldchen«, fuhr Carl begeistert fort, »erstaunliche Bäume, schon nach wenigen Jahren sind sie groß wie ausgewachsene Birken.«

Er lachte plötzlich, und Anna blickte verwundert zu ihm hoch.

»Wusstest du eigentlich«, fragte er, »dass Meneliks Staatsminister Ilg persönlich ihren Samen in seinen Schuhen aus Australien geschmuggelt haben soll?«

»Und warum?«

»Nun, den Wacholder, der früher die Gegend von Addis bedeckte, hatten die Leute restlos verfeuert. Der Kaiser dachte bereits an eine Umsiedlung, da tauchte diese geniale Idee auf. Wie du siehst, beschattet der Eukalyptus inzwischen die ganze Stadt und die Hänge des Entoto, und aus seinen Stümpfen sprießen immer neue Bäume nach.«

»Carl?« Es fiel Anna schwer, seine Euphorie mit einer ernüchternden Frage zu unterbrechen. »Carl, wie sollen wir das Grundstück bezahlen? Es ist so groß und doch sicher sehr teuer!«

Mit unverändert fröhlichem Gesichtsausdruck ging er vor ihr in die Hocke und umfasste zärtlich ihre Knie. »Mach dir darum keine Sorgen, du kleine Realistin. Der Kaiser hat es uns für einen symbolischen Preis verkauft, für fünf Maria-Theresien-Taler.«

»Aber das sind ja nur zehn Mark!«

»Und trotzdem stimmt 's. Fünf Taler, ersatzweise fünfundzwanzig Stangen Steinsalz oder fünfzig Gewehrpatronen.«

Beide brachen in übermütiges Gelächter aus. Seit sie den Geldwechslern am Marktplatz zugeschaut hatten, gehörten die eigentümlichen abessinischen Zahlungsmittel zu ihren Standardspäßen. Hier wurde weder Gold noch Papiergeld akzeptiert, sondern allein der altmodische österreichische Taler und dazu Salz- und Patronenwährung. Für Anna war es längst Gewohnheit, Carl um »Munition« oder »Salz für die Suppe« zu bitten, wenn das Haushaltsgeld zur Neige ging.

Said hatte die Laterne schon angezündet, als sie zu ihren Pferden zurückkamen. Besorgt blickte er zum Himmel hinauf, wo eine dickbauchige Wolke das letzte Dämmerlicht verschlang. Aber dieses Mal blieben die Schleusen oben geschlossen und sie hier unten vom Regen verschont.

Heute gefiel es Anna, im Dunkeln heimzureiten, so konnte sie besser ihren Träumen nachhängen. Sie sah sich durch ein behagliches Haus wandern, mit blanken Scheiben, schneeweißen Gardinen und eleganten Möbeln, vielleicht sogar mit einem Himmelbett, und durch einen duftenden Garten, in dem ihr Kind herumtollte, dieses winzige Wesen, von dem sie bislang mehr ahnte als wusste, dass es in ihr wuchs. Zur Welt kommen würde es zwar noch in der schäbigen Kate, aber Laufen lernen, da war Anna ganz sicher, auf soliden Eichenbohlen oder gepflegtem Rasen. Schließlich hatte Carl versprochen, das Familienhaus genau wie den Bau der Gesandtschaft vor Ablauf des nächsten Jahres fertig zu stellen. Und sie vertraute ihm.

Anna warf einen kurzen Kontrollblick in den Spiegel. Das Ding war viel zu klein, nur ausschnittweise konnte man sich darin betrachten, aber was sie sah, stellte sie zufrieden. Endlich schaute ihr kein Gramgesicht mehr entgegen. Konnten trübe Augen über Nacht klar und eingefallene Wangen runder werden?

Während Anna gerade überlegte, ob sich nicht in einem der Läden rund um den Markt ein anständiger, großer Spiegel auftreiben ließe, klopfte es an der Tür, und Fagadu streckte seinen Kopf herein.

»Madame!« Mit einem Wink bat er sie, ihm zu folgen.

Eng zusammengedrängt standen mehrere Leute vor dem Haus

und starrten Anna aus ernsten, erwartungsvollen Augen an. Ein älterer Mann wagte sich als Erster einen Schritt näher. Seine Worte konnte Anna nicht verstehen, aber die Hand, die er ihr hinhielt, sprach für sich. Der Mittelfinger war glühend rot und dick geschwollen, eine schlimme Nagelbettentzündung, wie auf den ersten Blick zu erkennen war. Im Nu umringten sie auch die anderen und zeigten auf schmerzende Stellen und Verletzungen. Anscheinend hatte sich die Kunde von Annas gestriger »Heldentat« schon in der Nachbarschaft verbreitet.

Schnell wies sie ihre Boys an, einen Tisch herauszutragen, und improvisierte unter dem Vordach eine bescheidene Ambulanz. Nachdem der üble Finger in Seifenlauge gebadet, vom Eiter befreit und mit einem Stöckchen geschient worden war, kam ein kleiner Junge an die Reihe, auf dessen Stirn eine tiefe, schmutzverklebte Platzwunde klaffte. Während Anna die Verletzung mit Jodtinktur auswusch und einen Druckverband anlegte, konnte sie zum ersten Mal die seltsame Frisur, die hier viele Kinderköpfe schmückte, aus der Nähe betrachten. Alle Haare waren abrasiert, nur in der Mitte ließ man eine Art Hahnenkamm stehen. Es hieß, dass die Engel ein Kind im Falle seines Todes an diesem Büschel in den Himmel zögen. Weit weniger amüsant fand sie die Haartracht einiger Frauen, die geduldig wartend auf dem Boden hockten. Nach Landessitte hatten sie ihre vielen kunstvoll geflochtenen Zöpfchen mit ranziger Butter eingerieben und verströmten einen für europäisches Empfinden fast unerträglichen Geruch. Die Schönste unter ihnen schien die Duftnote selbst nicht zu schätzen, sie trug ein Kräuterzweiglein im linken Nasenloch, um das Anna sie heftig beneidete. Seltsamerweise baten auch zwei Leute mit Bandwürmern um Hilfe, obwohl es doch ein erprobtes abessinisches Mittel gegen diese Folge reichlichen Verzehrs von rohem Fleisch gab, den Sud aus Blättern und Blüten des Kussobaumes. Jeder Einheimische, sogar der Kaiser, unterzog sich ab und zu einer Kussokur und war dann einige Tage lang für niemanden erreichbar. Vielleicht erhofften sie von der fremden Medizin eine noch stärkere purgierende Wirkung. Anna glaubte zwar nicht daran, verabreichte ihnen aber trotzdem bereitwillig ihre mitgebrachten Essenzen.

Gegen Mittag waren schließlich alle Patienten versorgt, und auf der Küchentreppe häufte sich, was manche als Entgelt zurückgelassen hatten: zwei Hühner, ein paar Eier, eine Hand voll getrocknetes Rindfleisch und sechs sonnenreife Tomaten. Anna strich zufrieden über ihre Schwesternschürze, heute Abend würde es ein erstes Essen mit selbst verdienten Zutaten geben.

»Na, fleißiger Baumeister, auf Inspektionsrunde?!«

Carl fuhr erschrocken herum. Die steile Falte über seiner Nasenwurzel verschwand, als er sah, wer da durch die frisch umgegrabene Erde näher stapfte.

»Zintgraff, mein Freund«, herzlich streckte er seine Hand aus, »Ihr Anblick bringt Licht in mein düsteres Gemüt.«

Der Ankömmling, ein junger Mann mit randloser Brille und preußischem Flair, verbeugte sich knapp. Sogar auf diesem unebenen Terrain gelang ihm noch der Ansatz eines Hackenknallens.

»Woher der Trübsinn? Gibt 's wieder einmal Ärger?«

Seufzend schob Carl einen Finger hinter seinen Kragen, um sich in der steifen, hohen Halseinfassung mehr Atemfreiheit zu verschaffen, und ließ den Blick über das unwirtliche, von dornigem Gestrüpp bedeckte Gelände ringsum schweifen. Vierzig Hektar Grund, die der Negus den Deutschen für ihre Gesandtschaft geschenkt hatte, so viel, wie er sonst nur einheimischen Fürsten zugestand.

»Berlin verlangt schlichtweg Wundertaten von mir!« In seiner Stimme bebte unterdrückter Zorn. »Termingerecht zu Kaisers fünfzigstem Geburtstag im nächsten Januar erwartet man hier eine gepflegte Parkanlage. Nicht etwa einen Eukalyptuswald, nein, Rasenflächen, exotische Pflanzen und Bäume. Wie das in kaum fünf Monaten bewerkstelligt werden soll – dazu mit äußerst begrenzten Mitteln –, interessiert niemanden. Bloß das verdammte Prestige zählt! Obwohl wir doch mit unserem Bau wahrlich schon genug Eindruck geschunden haben.«

Im Weitergehen schauten beide Männer hinüber zu dem aus massiven Steinquadern errichteten Gebäude, auf dessen behäbigem Turm die schwarz-weiß-rote Fahne wehte. Bewacht von schwarzen Askaris mit Pickelhauben und preußischen Uniformen, stand er monumental wie ein Kastell auf einer kleinen Bodenerhebung im östlichen Teil des Grundstücks. An einer Stelle übrigens, die Carl vehement abgelehnt hatte, weil er Wasseradern darunter vermutete. Aber die fernen Entscheidungsträger schlugen seine Bedenken in den Wind, eine lange, imposante Auffahrt schien ihnen wichtiger zu sein als ein stabiles Fundament.

»Mein Gott, ja. Selten habe ich so viele staunende und neidische Gesichter versammelt gesehen.« Alfred Zintgraff schmunzelte bei der Erinnerung an das glanzvolle Einweihungsfest. Neben zahlreichen einheimischen Noblen waren auch die Vertreter sämtlicher am kaiserlichen Hof akkreditierten Nationen erschienen und durch die mit schweren geschnitzten Möbeln, Kristalllüstern, Orientteppichen und Gobelins üppig ausgestatteten Räume gewandert, sichtlich bemüht, das Missfallen an dem repräsentativen Vorsprung des Neulings in ihren Reihen diplomatisch zu kaschieren. England und Italien beschlossen dann auch postwendend den Bau eigener Niederlassungen. Der deutsche Gesandte hätte hoch zufrieden sein können, wäre da nicht ein abessinischer Grande gewesen, dem mitsamt seinem dreihundertköpfigen Gefolge das bayerische, mühsam importierte Bier so gut mundete, dass sie den Vorrat bis zum letzten Tropfen leerten.

»Genug von meinen Problemen.« Nachdem er einen Trupp Leute kontrolliert hatte, die Pflanzlöcher für junge Sykomoren aushoben, nahm Carl seinen Begleiter ins Visier. Dessen rundes Gesicht wirkte an diesem Mittag ungewöhnlich ernst. »Sie sehen auch nicht unbedingt glücklich aus, mein Lieber. Was liegt Ihnen auf der Seele?«

Zintgraff ballte die Fäuste in den Taschen seines dunklen Gehrocks. »Sorgen«, sagte er mit gedämpfter Stimme, obwohl niemand in der Nähe war, der ihn hätte verstehen können. »Ich mache mir Sorgen um den Löwen.«

Unter sich pflegten die Freunde den Negus so zu nennen, jedoch keineswegs in despektierlicher Absicht. Im Gegenteil, aus tiefer Bewunderung, wenn nicht Zuneigung, hatten sie ihren privaten Titel von dem Satz abgeleitet, den Menelik jedem seiner Schriftstücke voranstellte: »Gesiegt hat der Löwe vom Stamme Juda.« In berechtigtem Stolz, wie sie fanden.

Der Herrscher seinerseits zeigte besonderes Interesse an den Aktivitäten der beiden Männer. Immer wieder erschien er überraschend auf einer von Haertels Baustellen, begutachtete sachkundig den Stand der Dinge, ließ sich handwerkliche Kniffe erklären und schulterte sogar ab und an selbst einen Stein, um dem oft mäßigen Fleiß der Arbeiter Auftrieb zu geben. Und Zintgraff, den wendigen jungen Vizekonsul, hochgeschätzt als exzellenter Jurist und Kenner der amharischen Sprache, hatte er kürzlich der Deutschen Gesandtschaft abgeworben und zum kaum verhohlenen Ärger der anderen Nationen als seinen Berater an den Hof gerufen.

Carls Verehrung für den Negus fußte nicht allein auf persönlichen Erfahrungen und den knappen Auskünften des Kommerzienrats während der Reise, sondern vor allem auf dem, was Zintgraff über ihn zu berichten wusste. Er sei zwar ein Despot, meinte der Freund, ohne dessen Einwilligung sich in diesem Land keine Reise, keine noch so geringe Unternehmung durchführen ließe, aber ein kluger, weit blickender, mit sehr menschlichen Zügen. Seinen Krönungsnamen habe der heutige Herrscher von Menelik I., dem Begründer einer, wie es hieß, gottgewollten Dynastie, übernommen, nachdem er zunächst das väterliche Königreich Shoa, aus dem er durch Kaiser Tewodros II. vertrieben worden war, wieder erobert und mit dessen Nachfolger, seinem Rivalen Yohannes IV., geschickt paktiert hatte, bis dieser starb und er schließlich den Kaiserthron besteigen konnte. Auf endlosen Kriegszügen unterwarf Menelik II. Könige und Provinzfürsten selbst in entlegensten Grenzgebieten, verzichtete jedoch anders als seine Vorgänger darauf, die Geschlagenen blenden oder ihnen Gliedmaßen abhacken zu lassen, sondern setzte sie als Statthalter ein. Die nötigen Feuerwaffen lieferten ihm die Italiener, wofür er im Gegenzug deren Kolonie Eritrea anerkannte. Fast zwei Jahrzehnte dauerte es, bis der Kaiser sein ehrgeiziges Ziel erreicht hatte, das zersplitterte, in sich verfeindete Riesenreich unter einer festen Führung zu vereinigen. Das Volk bewunderte ihn als großartigen Feldherrn. Zintgraff hielt ihn vor allem für einen genialen Staatsmann, ein politisches Naturtalent. Ohne Ausbildung, ohne Schulung auf internationalem Parkett, ohne jemals im Ausland gewesen zu sein, lavierte Menelik sein Land unbeschadet durch das Intrigengestrüpp der fremden Mächte, holte von europäischer Kultur herein, was ihm nützlich schien, und suchte sich in kluger Selbsteinschätzung für den diplomatischen Verkehr erfahrene Berater. Brillant fand Zintgraff auch die Art, wie er Kompetenzen unter den Nationen verteilte, um deren Machtgier im Zaum zu halten. Franzosen konstruierten die Bahnverbindung, Italiener waren zuständig für das Telegrafenamt in Addis Abeba, Engländer leiteten die erste Bank, der Schweizer Ilg hatte Straßen und Eukalyptuswälder angelegt und als Staatsminister fungiert. Die Deutschen wurden mit Wirtschafts- und Bauvorhaben betraut.

Und jetzt plötzlich sollte dieser starke, energiegeladene Herrscher Anlass zur Sorge geben? Beunruhigt versuchte Carl dem Freund in die Augen zu sehen, konnte sie jedoch hinter den im grellen Sonnenlicht blitzenden Brillengläsern nicht erspähen.

»Was ist mit ihm? Erzählen Sie!«

Zintgraff seufzte tief. »Er leidet unter Lähmungen, dazu kommen immer öfter auftretende Absenzen. Seit ein paar Tagen kann er nicht mehr gehen, und als ich ihn vorgestern aufsuchte, brachte er kein Wort heraus. Kraftlos wie ein Greis lag unser Löwe auf seiner Alga.«

»Kennt man den Grund für seine Krankheit? Er war doch bislang kerngesund!« Carl hatte erschüttert zugehört.

»Nun, offiziell wird von einem Schlaganfall geredet. Das wäre in seinem Alter natürlich denkbar, aber ich persönlich halte eine andere Version für wahrscheinlicher. Unser Landsmann Dr. Steinkühler, den ich zugezogen habe, nachdem der französische Leibarzt mit seiner Kunst am Ende war, teilt übrigens meine Ansicht.«

»Und was vermuten Sie?«, drängte Carl.

Zintgraff senkte die Stimme. »Abessinischen Kaffee!«

»Abessinischen Kaffee? Ich verstehe nicht.«

Trotz seiner Bedrückung lachte Zintgraff kurz auf, als er das irritierte Gesicht des Freundes sah.

»Oh, Sie Unschuldsengel, damit ist Gift gemeint, in diesem Land von alters her ein gängiges Mittel, unbequeme Leute aus dem Weg zu schaffen. Besonders gern wird anscheinend ihr Kaffee mit giftigen Essenzen versetzt. Oder man verabreicht ihnen kleingehackte Pferde- und Katzenhaare, was einen extrem schmerzhaften Tod zur Folge hat. Vielleicht auch eine Dosis pulverisierter Giftschlangenköpfe. Ich weiß nicht, welche Sorte Steinkühler beim Negus entdeckt hat, aber dass er Giftspuren in seinem Blut fand, steht fest.«

»Wer sollte so etwas tun?«, fragte Carl entsetzt. »Der Löwe wird im Palast wie ein Gott verehrt!«

»Offenbar nicht von allen. Bislang gibt es keine handfesten Beweise, doch Steinkühler und ich glauben, dass die Kaiserin hinter der Sache steckt, im Komplott mit Ras Mulugeta und Ras Mattafarya, den zwei Ministern, die ständig in seiner Nähe sind.«

Carl hatte die beiden gelegentlich bei Audienzen hinter dem Thron postiert gesehen, finster dreinblickende Gestalten, denen ein solcher Anschlag vielleicht zuzutrauen wäre. Aber Taitu, das Sonnenstäubchen? Fassungslos starrte er seinen Freund an.

»Was bringt Sie auf die Idee, dass die Kaiserin ihren Gemahl töten will? Sie …«

»Moment«, fiel Zintgraff ihm ins Wort, »von Tod muss nicht unbedingt die Rede sein, eventuell geht es ihr nur darum, ihn zu schwächen, um selbst das Heft in die Hand nehmen zu können. Wissen Sie, Taitu ist eine sehr schlaue und herrschsüchtige Person. Schon seit längerem sorgt sie durch geschickte Heiratspolitik dafür, dass ihre Verwandtschaft in einflussreiche Familien rückt, und unmittelbar nachdem der Löwe erkrankt war, wechselte sie seine verlässlichsten Provinzgouverneure gegen eigene Leute aus. Und was die Idee betrifft – herrje, die Verdachtsmomente sind einfach unübersehbar.« Wütend hämmerte er die Fäuste aneinander. »Als Steinkühler dem Kaiser leichte Speisen verordnete, um seinen Blutdruck zu senken, gab sie ihm schwere. Als die Elektrotherapie des Doktors anschlug und Meneliks Zustand sich besserte, hantierte jemand insgeheim an den Geräten, sodass die nächste Behandlung lebensbedrohlich gewesen wäre, hätte Steinkühler es nicht bemerkt. Außer Taitu und den beiden Rasen kam aber niemand an die Apparaturen heran. Und dann das Gift in dem Essen, das sie ihm persönlich bringt, nachdem der Vorkoster es geprüft hat. Vermutlich ahnt sie etwas von Steinkühlers Entdeckung, denn seit voriger Woche lässt man ihn nicht mehr zu seinem Patienten, und auch ich wurde gestern und heute abgewiesen. Wenn ich nur nicht dauernd seine Augen vor mir sähe, das Letzte, was an diesem Schattenmann noch lebt und um Hilfe zu flehen scheint.«

Tröstend legte Carl dem Freund eine Hand auf die Schulter.

»Glauben Sie, wir könnten etwas für ihn tun?«

»Ich fürchte nein«, Zintgraff schüttelte resigniert den Kopf. »Gegen den Willen der Kaiserin sind wir machtlos, und an ihr vorbei führt kein Weg. Was wir allerdings tun können und unbedingt müssen, ist, uns in Acht zu nehmen.«

»Wieso? Was meinen Sie?«

»Nun, es gab da ein paar Vorfälle, die uns warnen sollten. Sie kennen doch Kantiba Gebru?«

Carl nickte. Der ehemalige Bürgermeister von Gondar gehörte zu den wenigen Einheimischen, mit denen er engeren Kontakt pflegte. Ein gebildeter, kultivierter Mann, der in der Schweiz studiert hatte und inzwischen für die Deutsche Gesandtschaft als Dolmetscher und Verbindungsglied zum Hof tätig war.

»Er hat Steinkühler bei der Verständigung mit dem Löwen geholfen«, sagte Zintgraff, »und natürlich erfahren, was im Gibbi gespielt wird. Als er Scheller, unserem Gesandten, davon Bericht erstattete, muss ein Lauscher in der Nähe gewesen sein, der es sofort der Kaiserin hinterbrachte. Zum Glück wurde Kantiba Gebru durch einen Vertrauten gewarnt und konnte sich gerade noch rechtzeitig in die Gesandtschaft flüchten, ehe ein Soldatentrupp Taitus spät in der Nacht sein Grundstück besetzte, um ihn festzunehmen. Dort ist er vor ihrem Zugriff sicher.«

Zintgraff hatte seine Brille abgenommen. Während er sie mit einem großen Taschentuch putzte, schaute er Carl aus blassblauen, kurzsichtigen Augen sorgenvoll an.

»Ich glaube kaum«, fuhr er fort, »dass die Kaiserin bei Europäern solche direkten Attacken wagen würde, aber sie und ihre Kumpane kennen noch andere Methoden, um unliebsame Mitwisser auszuschalten. Scheller war kürzlich beim Finanzminister Mulugeta zum Diner geladen und wurde anschließend von Übelkeit und schweren Koliken befallen. Steinkühler glaubt auch in diesem Fall an Gift. Er selbst litt übrigens unter ganz ähnlichen Beschwerden, nachdem ihm ein neuer Boy sein Essen serviert hatte. Vermutlich ein Handlanger der Taitu-Clique, den unser Arzt schleunigst aus dem Haus beförderte. Ich bin gespannt, wann es mich trifft – oder Sie.«

Carl spürte Angstschweiß auf seiner Stirn und wischte schnell mit der Hand darüber.

»Wieso mich? Was habe ich mit dem Treiben der Kaiserin zu schaffen?«

»Ganz einfach, als guter Bekannter von Scheller, Steinkühler und Kantiba Gebru und als mein Freund stehen Sie selbstverständlich unter dem Verdacht, Bescheid zu wissen. Deshalb musste ich Sie informieren.«

»Aber sie wird uns doch nicht alle umbringen wollen!«

»Schwerlich, das wäre zu riskant. Ich denke, sie will uns nur einen Schuss vor den Bug geben, damit wir begreifen, wie weit ihr Arm reicht, und den Mund halten. Doch es kursieren auch ohne unser Zutun die wildesten Geschichten im Gibbi und in der Stadt.« Zintgraff packte den Freund fest beim Arm. »Ich möchte Sie dringlichst bitten, auf der Hut zu sein. Stellen Sie bewaffnete Wachen vor Ihr Tor, lassen Sie keine Unbekannten ins Haus, nehmen Sie keine Einladung an, wenn nur die geringsten Zweifel an der Gesinnung des Gastgebers bestehen.«

Zintgraff verabschiedete sich, und Carl ging eilig hinüber zu einer staubumhüllten Gruppe von Männern, die neben der bereits abgestochenen Auffahrt dicke Steine zerklopften. Mit primitiven Tragen – zwei Holzstangen, zwischen denen ein Stück Leder oder derber Stoff ausgespannt war – wurde der fertige Schotter zu Halden aufgehäuft. Hier wollte er noch nach dem Rechten schauen, dann aber möglichst rasch häusliche Sicherheitsvorkehrungen treffen.

Costas Amenides, der griechische Vorarbeiter, kam auf ihn zu. »Was ist mit der Dampfwalze, Mussié? Wir könnten sie bald gebrauchen.«

Die Dampfwalze – es gab Carl einen Stich, wenn er an die kindliche Freude des Kaisers über dieses merkwürdige Gerät dachte, in das man, wie Menelik staunend zu sagen pflegte, »oben Holz steckt, damit es unten planiert«. Vierzig Kilometer sei er dem Transport durch die Wüste entgegengeritten, hatte Kantiba Gebru erzählt, und zunächst enttäuscht gewesen, weil das Wunderding längst nicht so imposant aussah wie ein Elefant. Doch die Maschine, die einzige ihrer Art in ganz Abessinien, erwies sich als äußerst nützlich und war seitdem unentwegt im Einsatz.

Vielleicht würden die Hofchargen Meneliks Versprechen, sie auch auf dem Gesandtschaftsgelände verwenden zu dürfen, jetzt boykottieren. Carl hielt es für möglich, zeigte aber trotzdem eine zuversichtliche Miene.

»Ich werde mich darum kümmern, Costa. Sie haben übrigens ausgezeichnete Arbeit geleistet und kämen zweifellos auch ohne die Walze zurecht.«

Das Gesicht des Mannes strahlte unter der grauen, von Schweißrillen durchzogenen Staubschicht.

»Danke, Mussié, vielen Dank.«

Anscheinend war er nicht daran gewöhnt, dass ein Vorgesetzter ihn respektvoll und freundlich behandelte. Griechen, Armenier, Türken und auch Inder, Leute, deren Sachverstand als Straßenbauer, Maurer, Schmiede oder Schreiner man in diesem Land dringend benötigte, wurden von den Europäern aus nördlichen Regionen gemeinhin als Menschen zweiter Klasse angesehen, nicht viel besser als die Eingeborenen. Schon oft hatte sich Carl über diese völlig unbegründete Arroganz geärgert.

Während seines Heimritts überlegte Carl, ob er seine Frau in die Machenschaften im Gibbi einweihen sollte. Vielleicht würde sie panisch reagieren und sofort die Koffer packen, wenn er ihr von dem Gift in Meneliks Blut, von den Anschlägen auf Steinkühler und Scheller und der Bedrohung des eigenen Lebens erzählte. Andererseits – wie sonst könnte er seine plötzlichen Vorsichtsmaßnahmen begründen? Natürlich würde sie eine Erklärung verlangen.

Zu seiner Verblüffung tat Anna das Gegenteil. Als er auf dem grob gepflasterten Hof vom Pferd sprang, kam sie gerade mit geröteten Wangen aus dem Garten gelaufen, die Arme voller Blumen. Carl ging ihr entgegen.

»Anna, ich muss mit dir sprechen«, sagte er und erschrak selbst vor dem fremden Klang seiner Stimme.

Aber Anna beachtete ihn kaum. »Nicht jetzt, Schatz«, rief sie, an ihm vorbei, die Treppe zum Haus hoch eilend. »Heute Abend kommen Gäste, die Schiermeiers, die Petersens und Baron Schönborn, du weißt, der charmante österreichische Großwildjäger. Und ich bin noch längst nicht fertig!«

Carl folgte ihr in die Küche. »Anna, die Sache ist ernst. Es heißt, dass der Kaiser vergiftet wird.«

»Und du glaubst so etwas, nicht wahr?« Sie lachte kurz über die Schulter und zupfte ungerührt an ihrer Tischdekoration. »Das ist doch wieder nur eins von den üblichen albernen Gerüchten. Hinter jeder Krankheit riecht man hier einen bösen Zauber oder Gift.«

»Dieser Fall liegt anders. Auch wir könnten in Gefahr sein. Dr. Steinkühler und unser Gesandter sagen …«

»Bitte, Carl«, unterbrach Anna ihn ungeduldig, »verschon mich mit dem Gerede! Du siehst doch, ich habe alle Hände voll zu tun, und umkleiden muss ich mich auch noch. Was findest du heute hübscher an mir, das Gelbe mit den Rosen oder das Grüngestreifte?«

Carl antwortete nicht. Wenn Anna die Schotten dichtmachte, war es zwecklos, dagegen anzugehen. Resignierend hob er die Achseln, stapfte dann hinaus, um die beiden treuesten Diener mit seinen Jagdflinten auszustatten und unter den übrigen Boys nach fremden Gesichtern zu suchen.

»Killekillewänzchen, ein neues Haertelänzchen und wieder hat 's kein Schwänzchen!«

Anna lachte, als sie den leicht schräg klingenden Gesang durch das offene Fenster hörte. Typisch Emil Steininger. Welcher Mensch sonst würde es wagen, mit einem derartigen Vers auf den Lippen zur Gratulation zu erscheinen?

Eva, die dritte Tochter, war fünf Tage zuvor, am 21. Juni 1911, auf die Welt gekommen. Ohne Komplikationen, wie schon die beiden älteren. Manchmal strich Anna über ihre breiten Hüften und dankte dem Himmel für ein so gebärfreudiges Becken und natürlich auch für Frau Soyarian, die tüchtige armenische Hebamme. Wieder ein Mädchen – eigentlich eine Schande in einem Land, wo nur Männer zählten. Carl jedoch betrachtete den erneuten weiblichen Zuwachs als Glücksfall. »Wunderbar«, hatte er gestrahlt und den winzigen »Frischling« entzückt in den Arm genommen, »noch ein Anna-Imitat! Davon kann ich gar nicht genug bekommen.« Und wenn sie mit den Kleinen im Schlepptau daherkam, sprach er zärtlich von seiner »Entenfamilie«.

»Onkel Emil! Onkel Emil!«

Ehe Anna die Tür erreichte, waren die zwei vorangegangenen Kinder, die vierjährige Wilma und ihre ein Jahr jüngere Schwester Edith, schon aus dem Haus gestürmt. Steininger rangierte für die beiden an erster Stelle unter den Familienfreunden. Er konnte herrliche Gruselgeschichten erzählen, mit seinen großen Händen Schattenbilder von Vögeln und Kaninchen auf die Erde zaubern und ließ sich die Taschen nach Mitbringseln durchwühlen.

»Was ist das für ein Lied, Onkel Emil?«, schrien die Kinder, während sie auf ihn zu rannten. »Sing es nochmal!«

»Also gut, wenn ihr unbedingt wollt.«

Er hob die zwei vor sich in den Sattel und drehte fröhlich schmetternd mit ihnen ein paar Ehrenrunden durch den Hof.

Ein Glück nur, dass sie den Sinn nicht begreifen, dachte Anna, die wartend auf der Türschwelle stand, und dass niemand vom Personal Deutsch versteht.

Steininger sah wieder einmal schrecklich aus. Sein zu großer dunkelgrauer Filzhut hing ihm tief in die Stirn, allein die Ohren verhinderten ein weiteres Abrutschen. Unter dem Druck standen sie rot und fast rechtwinklig verbogen vom semmelblond behaarten Kopf ab. Seine Leinenjacke, deformiert durch eine Unzahl voll gestopfter Taschen, schmiegte sich eng um die Speckwellen an Bauch und Hüften, und der beträchtliche Abstand zwischen Sockenrand und Hosensaum gab den Blick auf zwei schlohweiße Stachelbeerbeine frei. Normalerweise hätte die modebewusste Anna vor einer so grotesken Erscheinung die Flucht ergriffen, aber bei ihrem Schweizer Freund lagen die Dinge anders. Was ihm an äußerem Glanz fehlte, machte er wett durch seinen unbändigen Humor, sein ansteckendes Lachen, seine Art, das Leben auch dann noch auf die leichte Schulter zu nehmen, wenn ihm, wie kürzlich geschehen, nach vielen anderen geschäftlichen Fehlschlägen eine Affenhorde seine frisch gepflanzte Kaffeeplantage kahl fraß. Lauter Qualitäten, durch die sie sich in ihrer Haltung bestätigt fühlte.

Anna hatte beschlossen, glücklich zu sein. Das Haus, in dem die Familie nun schon seit drei Jahren wohnte, glich aufs Haar dem ihrer Träume. Mit weiß gekalkten Mauern und einem von wildem Wein umrankten sechseckigen Seitenturm, auf dessen Spitze sich ein Wetterhahn drehte, breiter Freitreppe und schattiger Veranda stand es stolz über dem Flusstal. Carl hatte das Dach in altabessinischer Weise mit Stroh decken lassen, um nicht länger Regengeprassel auf dröhnendem Wellblech ertragen zu müssen. Und bei fast jeder Materialbestellung nach Europa orderte er zu Annas Freude auch Dinge für die häusliche Ausstattung. Ihr Speisezimmer, fand sie, konnte mit Tisch und Stühlen, Anrichte und Vitrine aus glänzend poliertem Kirschholz durchaus neben einer feinen Berliner Einrichtung bestehen. Genauso das Wohnzimmer, wo sich ein großes, goldgerahmtes Porträt Kaiser Wilhelms in Kürassier-Uniform vor dem grünweißen Rautenmuster der Tapete prächtig ausnahm und Carls Thonet-Schaukelstuhl, seine mit Klassikern gefüllten Bücherregale und eine dunkel gebeizte Pendüle Behaglichkeit verbreiteten. Sogar einen von schweren Polstersesseln umstandenen Kamin gab es, der allerdings wegen des leicht entflammbaren Daches nur als gemütliche Attrappe diente.

Wenn Anna den Kindern zusah, wie sie im flirrenden Schatten der inzwischen schon recht stattlichen Eukalyptusbäume mit ihrer zahmen Gazelle und zwei Meerkätzchen herumtollten oder unter lautem Geschrei der frechen Zwergantilope »Suse« nachjagten, die unermüdlich versuchte, an Ediths Kleid zu knabbern, ging ihr das Herz auf. Auch der Garten war geworden wie erträumt, ein Paradies nicht nur für die Kleinen. Papayas, Orangen und Pfirsiche leuchteten aus saftigem Grün, Erdbeeren reiften dreimal im Jahr, von Lilien, Calla, Ginster und Orchideen überquellende Beete verströmten betörenden Duft, und um die auf dem Gelände verstreuten Dienerhütten wucherten Rosen, Wicken und Malven. Jedes Pflänzchen gedieh hier aufs Üppigste, wenn man es ausreichend begoss. Aber Wasser hatten sie ja genug. Tagsüber liefen ständig drei Boys im Wechsel hinunter zum Brunnen und kehrten, randvolle Blechbottiche auf ihren Köpfen balancierend, zurück.

Seit die Familie dieses elegante, durch einen hohen Palisadenzaun geschützte Anwesen bewohnte, meldete sich von Annas Patienten kaum einer mehr. Ihr passte das gut ins Konzept, denn sie hatte mittlerweile den Reiz des hiesigen Gesellschaftslebens entdeckt und dachte lieber über Garderoben und Menüs nach, als Dornen aus schmutzigen Fußsohlen zu operieren.

Die alten Reisegefährten waren während der letzten viereinhalb Jahre ausnahmslos wieder abgezogen, fast alle schon sehr bald und verbittert, weil es keine Arbeit für sie gab. Allein die Schliefens hielten etwas länger durch. Heinrich fungierte noch als Trauzeuge bei ihrer Heirat auf dem Konsulat, einer äußerst schlichten Zeremonie, an die sich ein fröhliches Mahl zu viert in Carls und Annas hölzerner Kate anschloss. Doch wenig später zwang Julianes schwaches Herz, das der Höhenlage nicht gewachsen war, auch diese beiden zur Heimkehr nach Deutschland. Wenn die Haertels nicht ganz ohne Freunde dastehen wollten, mussten sie sich nach neuen Kontakten umsehen.

Niemand wusste genau, wie viele Europäer sich in der Stadt

aufhielten. Einige kamen nur kurz wie Blätter im Wind vorbeigeweht, Weltenbummler, die es schnell weitertrieb. Andere schlugen Wurzeln und holten ihre Familien nach. Manche Glücklosen kämpften einige Jahre lang als Jäger, Händler oder Konzessionäre um eine Existenzgrundlage und verschwanden plötzlich von einem Tag auf den anderen.

Carl schätzte den »ehrenwerten Stamm«, wie er ironisch zu sagen pflegte, auf ungefähr sechzig. Davon waren offensichtliche Hungerleider und Galgenvögel selbstredend ausgenommen. Aber auch bei dem Rest konnte man nicht unbedingt sicher sein. Arthur Heilmann, ein Sekretär der Deutschen Gesandtschaft, erzählte ihm mit spottfunkelnden Augen von dem allseits beliebten polnischen Grafen Bolinsky, der um die Damen charmierte und recht nett Chopin spielte und zum Entsetzen seiner Bewunderer durch einen überraschend auftauchenden Landsmann als Droschkenkutscher aus Krakau entlarvt worden war.

Natürlich hatten Carl und Anna anfangs bei der Creme der europäischen Gesellschaft Besuche gemacht, den Gesandten und Konsuln, verschiedenen Kaufleuten, bei Dottore Collani, dem Arzt der Italienischen Legation, Mr. Brody, Direktor der Abessinischen Bank, und Professor Prückner, einem ostpreußischen Ethnologen.

Dass Französisch die Umgangssprache der ortsansässigen Europäer war, störte die beiden nicht, ihre Kenntnisse erwiesen sich als durchaus zufrieden stellend. Viel schlimmer als eine hin und wieder fehlende Vokabel fand Anna die Tatsache, Gegenbesucher in ihrem ärmlichen Heim empfangen zu müssen. Umso geschäftiger stürzte sie sich im neuen, geradezu herrschaftlichen Domizil auf die Planung von Damentees und abendlichen Diners und versäumte selbst keine Einladung. Dank Carls schmunzelnd vorgetragener Mitteilung, dass man sie hinter ihrem Rücken »die reizende kleine Frau des Baumeisters« nenne, schwanden auch die Hemmungen, die Anna wegen ihrer mangelnden Übung als Gastgeberin und ihrer Unerfahrenheit auf diplomatischem Parkett geplagt hatten.

Außerdem konnte sie auf zwei vorzügliche Ratgeber zurückgreifen, das *Kochbuch für die gebildeten Stände* und *Femina*, ein Journal, das alles enthielt, was eine Frau von Welt über Mode, kultiviertes Benehmen und aktuelle Gesprächsthemen wissen musste. Im Abonnement traf die Zeitschrift regelmäßig ein, denn der abessinische Postverkehr funktionierte ausgezeichnet. Dreimal monatlich wurden Postsäcke von der Hauptstadt zur Küste und in Gegenrichtung befördert, und keiner der Wilden an der Wüstenstrecke vergriff sich je an ihnen. Genauso sicher war der Posttransport im Landesinnern. Boten liefen mit Briefen, die oben an einen gespaltenen Stock gesteckt wurden, oft in vielen Tagesmärschen von Ort zu Ort, ohne überfallen zu werden. Auf Postplünderung stand nicht nur die Todesstrafe, die Diebe hätten auch mit der Beute wenig anfangen können.

Einheimische nahmen selten an den Geselligkeiten der Europäer teil und wenn, dann nur hoch gestellte Personen. Es hieß, der Hof wünsche keine nahen Kontakte, schon gar nicht zur normalen Bevölkerung, weil man unter den Frendji viele Spione und Botschaftsagenten vermutete, allzeit auf der Pirsch nach geheimen Informationen. Zu den gesellschaftlichen Höhepunkten dagegen, zweimal im Jahr festlich inszenierten Pferderennen, fanden sich zahlreiche Abessinier ein. Selbst Menelik erschien, solange es sein Gesundheitszustand erlaubte, samt großem Gefolge, bestieg auf der eleganten, hellgrün gestrichenen Tribüne, deren Dach die hölzerne Figur eines dahinjagenden Jockeys zierte, seinen mit kostbaren Teppichen belegten Polsterthron, ließ sich das französisch gehaltene Programm übersetzen und verfolgte die *Courses d'Adis-Ababa* sichtlich vergnügt. Ein englischer Captain, Sir John Harrington, hatte die Rennen eingeführt, es gab sogar einen Totalisateur und ein Buffet, und englischer Sportsgeist sorgte für reibungslosen Ablauf.

Einen wagenradgroßen, mit Straußenfedern geschmückten Hut auf dem Kopf, saß Anna zwischen den wenigen anderen europäischen Damen der Stadt, alle ebenso dramatisch herausgeputzt – beinahe wie in Ascot. Diese Feste waren wunderbar, sie dauerten vom frühen Morgen bis zum Nachmittag, lange genug, um ausgiebig zu plaudern. Carl, der bei den Herren weiter oben auf der Tribüne seinen Favoriten anfeuerte, nannte das »Klatsch«. Aber wie sonst sollte man in diesem zeitungslosen Land interessante Neuigkeiten erfahren? Die Geschichte etwa, die Madame La Croix maliziös zum Besten gab. Ein angeblicher General Müller, tatsächlich aber österreichischer Bäckergeselle, war in einer wild zusammengewürfelten Fantasie-Uniform, die Brust übersät mit selbst gehämmerten Orden aus Konservenblech, vor Menelik erschienen, um sich ihm als Heeresinspizient anzudienen. Der kluge Kaiser, der das Spielchen des Burschen durchschaute, ließ ihn ein paar Mal im Audienzraum auf und ab paradieren und schickte ihn dann mit der Bemerkung weg, seine Schritte seien so dröhnend, dass sie womöglich ein Erdbeben auslösen würden, und damit sei man hier schon genug gesegnet.

Carl verstand nicht, wie Anna sich während der spannenden Läufe so hingebungsvoll nach links und rechts unterhalten konnte und kaum einen Blick auf die edlen abessinischen Pferde verschwendete. Carl verstand manches nicht, auch nicht ihre Sympathie für Steininger.

Als er in den Hof geritten kam und den Schweizer bei Anna auf der Veranda sitzen sah, vertiefte sich die Furche über seiner Nasenwurzel, die seit Meneliks Erkrankung wie eingegraben dort stand. Beim Getrappel der Pferdehufe hatte Steininger sofort nach seinem Hut gegriffen. Mit einer knappen Verbeugung nahm er Abschied und ging die Treppe hinunter dem Ankommenden entgegen.

»Der König der Berge entbietet Ihnen seinen untertänigsten Gruß, Herr Baumeister, und Gratulation zur wunderbaren Damenvermehrung in Ihrer Familie sowie zum unverminderten Wohlergehen der Frau Gemahlin.«

Anna seufzte kopfschüttelnd. Warum konnte dieser Kauz sich nicht einmal dann vernünftig benehmen, wenn seine Späße auf so offenkundige Ablehnung stießen?

Carls Gesicht zeigte nicht den Hauch eines Lächelns.

»Schon gut, Steininger«, sagte er über die Schulter, während er Hailu, den Pferdeboy, herbeiwinkte, um ihn auf eine verletzte Fessel seines Hengstes aufmerksam zu machen. Der Gast blieb einen Moment neben ihm stehen, dann eilte er achselzuckend zum Tor, wo Diener und Pferd ihn erwarteten.

»Wie wär 's mit einer kleinen Prise Freundlichkeit?«, fragte Anna ärgerlich, als Carl sich in den Korbsessel an ihrer Seite fallen ließ.

»Wie wär 's mit weniger albernen Bekannten?«, fragte er ebenso gereizt zurück. »Ich begreife nicht, was du an einem derart oberflächlichen Menschen findest. Hast du jemals ein ernsthaftes Wort von ihm gehört? Und das in diesen schwierigen Zeiten.« Müde strich Carl über seine Stirn. »Natürlich, er als Schweizer hat gut lachen, und du mit deinem jugendlichen Gemüt ...«

»Jung ist nicht gleich dumm!« Anna unterbrach ihn erbost. »Immer, wenn ich eine andere Ansicht vertrete als du, willst du es auf meine Jugend schieben, die mich zu falschem Denken verleitet. Dabei bin ich inzwischen siebenundzwanzig, ein Alter, in dem hier viele schon Großmütter sind. Ich kann Menschen und Situationen sehr wohl beurteilen. Gerade in diesen schwierigen Zeiten tut ein Mann wie Steininger mir gut, als Ausgleich zu den tristen Mienen, mit denen ihr anderen ständig herumlauft. Seine unerschütterliche Heiterkeit gibt mir das Gefühl, dass die momentanen Wirrnisse vorübergehen wie die Gewitter der Regenzeit.« Anna ließ ihren Blick über den Garten schweifen, der beinahe schon in der rasch hereinbrechenden Dunkelheit versunken war. »Ich will mich nicht unterkriegen lassen«, fuhr sie nach einer Weile mit leiser Stimme fort. »Ich will dieses Paradies, das wir für uns und die Kinder geschaffen haben, bewahren. Wo könnten wir denn hin?

Doch wohl kaum zurück nach Deutschland zu den Schulden, zu der Chancenlosigkeit.«

Carl ergriff ihre von der Abendfrische kühle Hand und drückte sie zärtlich an seine Wange. Wie hatte er die zur Schau gestellte Leichtlebigkeit seiner klugen Frau so missverstehen können? Würde ihn die Last der Sorgen nicht noch schwerer drücken, wenn auch sie den Kopf hängen ließe?

Natürlich wusste Anna, dass am Hof erbitterte Machtkämpfe tobten. Bei jeder Gesellschaft kam trotz allen Bemühens um scheinbare Unbeschwertheit irgendwann die Sprache darauf, und die erregten, lautstarken Diskussionen, die Carl seit geraumer Zeit fast allabendlich mit verschiedenen Landsleuten in seinem Arbeitszimmer führte, drangen unüberhörbar zu ihr durch. »Ein Gerangel wie unter Aasgeiern!«, hatte kürzlich einer von ihnen empört gerufen. Treffender kann man es nicht bezeichnen, dachte Anna, die als unfreiwillige Lauscherin nebenan im Salon saß.

Für den Negus war es schwer gewesen, einen Thronfolger zu bestimmen. Lange galt er als kinderlos, in seiner Position eine kaum zu überbietende Schmach, bis Ras Gobanna, sein enger Vertrauter, nach Jahren der Suche mit einem kaiserlichen Spross an den Hof zurückkehrte, der Tochter einer vergessenen Provinzgeliebten des Herrschers. Dank seiner Ähnlichkeit, typischer Muttermale und anderer geheimer Zeichen wurde das fünfzehnjährige Wollo-Mädchen von einer Abordnung geistlicher Würdenträger als Abkömmling Meneliks anerkannt und bald darauf mit Ras Mikael, einem frisch unterworfenen, zwangsweise zum Christentum bekehrten Mohammedanerfürsten verheiratet. Als Shawaragga, die wiedergefundene Tochter, wenig später einen Sohn gebar, hatte der Kaiser endlich seinen ersehnten männlichen Erben. Carl und Anna waren dem schönen, kräftigen Jungen oft begegnet. Selbstbewusst stand Lidj Yasu bei Audienzen neben seinem Großvater und vertrieb mit einem Wedel aus weißem Affenhaar die zudringlichen Fliegen.

Niemand wunderte sich, dass Taitu alles daransetzte, diesen »Wollo-Lümmel«, wie sie zu sagen pflegte, auszubooten. Schließlich hatte auch sie wider Erwarten dem Kaiser schon längst eine Tochter geschenkt, Zauditu, in ihren Augen die berechtigte Thronfolgerin. Je mehr Menelik in Apathie versank, desto fester und ungenierter übernahm Taitu das Regiment im Staat.

Trotz seines Dämmerzustands schien der Kaiser jedoch ihre Pläne zu durchschauen. In einem letzten Aufbäumen beorderte er im Sommer 1909 Fürsten und hohe Geistlichkeit an den Hof, um ihnen Lidj Yasu offiziell als Thronerben vorzustellen. Meneliks Hände zitterten, er war aufgedunsen, Speichel rann aus seinem Mund, aber es gelang ihm noch eine wilde Verwünschung. »Wer ihm Gehorsam verweigert«, sagte er auf den dreizehnjährigen Prinzen zeigend, »soll verflucht sein. Dem soll als Sohn ein schwarzer, räudiger Hund geboren werden.« So furchtbar war dieser Fluch, dass keiner der Vasallen gewagt hätte, den kaiserlichen Willen zu übergehen. Nur »Sonnenstäubchen« ließ sich davon nicht beeindrucken, unbeirrt setzte sie ihren Kurs fort. Den in Umnachtung zurückgefallenen Negus schirmte sie im Keller des Gibbi gegen jeden Kontakt zur Außenwelt ab, und der kleine »Wollo-Lümmel«, der zu keck nach Mitsprache verlangte, wurde kurzerhand aus dem Palast geworfen.

Mit Schrecken erinnerte sich Carl an die bedrohliche Lage während Taitus Herrschaft. Ihre Fremdenfeindlichkeit war ein offenes Geheimnis, von Kantiba Gebru wusste er, dass sie die Italiener mit lauernden Leoparden verglichen haben sollte, die Engländer mit kriechenden Schlangen, die Franzosen mit gierigen Geiern und die Deutschen mit kläffenden Schakalen. Gegenüber den Deutschen zeigte die Kaiserin allerdings besondere Ungnade, weil sie sich von ihnen diffamiert fühlte.

Geschäftsleuten wurden längst fällige Zahlungen vom Hof verweigert, Manzog, einen Wellblechimporteur, zwang die Kaiserin unter Haftandrohung, das ihm vom Kaiser zur Verfügung gestellte

Haus zu räumen. Ihn selbst, Carl, behinderten Taitus Beamte über Monate in seiner Arbeit, aber aufgeben wie seine besten Freunde konnte und wollte er nicht. Zintgraff, im Gibbi nicht mehr gelitten und von Intrigen umgarnt, war auf einen diplomatischen Posten in Ägypten gegangen, und Steinkühler verließ Hals über Kopf das Land, nachdem er seinen geliebten Jagdhund Theo an Gift elend verreckt vor der Haustür gefunden hatte.

Anna schien seine Gedanken lesen zu können.

»Für deine Freunde war es leichter«, sagte sie aus der Dunkelheit. »Ein Diplomat oder ein Arzt findet überall sein Auskommen, aber ein Baumeister, dazu mit drei Kindern?«

»Ja«, nickte Carl, »die Frage ist nur, wie es hier weitergeht mit diesem jungen Kerl an der Spitze. Mut und Entschlossenheit hat Lidj Yasu offensichtlich genug von seinem Großvater geerbt, sonst hätte er als halbes Kind wohl kaum die Feinde der Kaiserin und die Truppen seines Vaters hinter sich scharen, den Palast überfallen und Taitu samt Tochter zu Menelik in den Keller sperren können. Doch von der Klugheit des Löwen zeigt er bislang keine Spur. Seine ungebärdige Art, die frechen Streiche, mit denen er die Noblen narrt …«

»Ein Kindskopf halt«, meinte Anna lakonisch, »ein ganz normaler Lausbub, wie es seinem Alter entspricht. Eigentlich müsste man darüber lachen, dass er neulich in Diredaua ein riesiges Empfangskomitee von Würdenträgern, alten Kriegern und Musikanten am Bahnsteig hat unter der Sonne braten lassen, während er weder im Salonwagen noch sonstwo zu finden war und endlich verdreckt von der Lokomotive stieg, höchst amüsiert über die verdatterten Gesichter. Nur ist er leider kein normaler Junge.«

»Eben. Und sein für einen Prinzen ungebührliches Betragen bringt Adel und Klerus immer mehr gegen ihn auf. Das könnte fatale Folgen haben. Warum sollte sich das Blatt nicht zu Taitus Gunsten wenden, wenn Lidj Yasu die Granden weiter so brüskiert? Bestimmt hat sie ihre Pläne auch im Kellerverließ nicht aufgegeben und wartet – kaiserlicher Wille hin oder her – nur auf eine Chance zur Revolte.«

Anna fröstelte bei dem Gedanken an eine erneute Herrschaft dieser machtlüsternen Person.

»Gibt es denn keine Alternative zu den beiden?«, fragte sie mit verzagter Stimme.

»Doch, vielleicht schon«, Carls Antwort kam zögernd. »Ich denke an Tafari Makonnen.«

»Was? Dieses Elflein, diese kleine Hand voll Mensch, die uns damals im Gibbi herumgeführt hat?«

Carl lachte. »So reagieren die meisten, denen ich von meiner Idee erzähle. Tafari ist zwar nur wenig älter als Lidj Yasu, und der könnte ihn mit einem Atemzug umblasen. Aber hast du nie seine besondere Aura bemerkt? Ich halte ihn für außerordentlich klug und zielstrebig. Er würde sicher einen besseren Kaiser abgeben als sein ungestümer Spielgefährte.«

»Glaubst du das wirklich?« Anna konnte sich das zarte Kerlchen nicht recht unter der Last der Regentschaft vorstellen.

»Warten wir 's ab«, sagte Carl und zog sie aus ihrem Sessel, »aber nicht hier draußen auf der finsteren Veranda.«

4. Kapitel

An einen Holzpfosten gelehnt, stand Anna vor dem niedrigen wellblechgedeckten Stationsgebäude und wärmte sich in den letzten Strahlen der sinkenden Sonne. Um sie herum herrschte lautstarkes Getümmel. Schnatternd und drängelnd schien das ganze bunte Menschengemisch von Addis Abeba auf dem sandigen Platz neben dem Gleis vertreten zu sein, Inder mit Turban und locker geschlungenen Hosen, Araber, in deren farbigen Seidengürteln fein ziselierte Krummdolche steckten, Guragis, prallvolle Obstkörbe auf ihren Köpfen balancierend, pechschwarze Schankalla-Weiber mit Stachelschweinborsten in den Ohrläppchen, blinde Bettler, die einander an der Schulter hielten und von einem Kind durch das Gewühl geleitet wurden. Dazwischen Tropenhelme über weißen Gesichtern und – wie ein Fels in der Brandung – ein hoch aufgeschossener abessinischer Krieger im Purpurmantel, mit goldbetresstem Filzhut, langem Schwert und Büffelhautschild.

Der »Rhinozeros-Express«, wie die Europäer den schnaufenden Zug ironisch nannten, kam wieder einmal nicht pünktlich. Anna hörte das Telefon in der Amtsstube schrillen. Nach längerem, brüllend geführtem Palaver, von dem sie wegen des Lärms hier draußen kein Wort verstand, trat ein Angestellter vor die Tür.

»Ein Zwischenfall«, meldete er den nahebei Stehenden. »Es wird noch dauern.«

Seufzend suchte sich Anna eine bequemere Position an dem rauen Stützpfeiler. »Geduld«, hatte Steininger neulich gesagt, »ist in unseren Ländern eine hübsche Tugend, in Abessinien ist sie eine Notwendigkeit.«

Natürlich war es ein gewaltiger Fortschritt, dass die Bahn inzwischen bis zur Hauptstadt fuhr, aber sie brauchte für die siebenhundert Kilometer von Djibouti herauf drei Tage. Drei Tage auf Holzbänken im überfüllten Abteil, unterbrochen von zwei Nächten in spartanischen Streckenhotels, weil man den Zugverkehr vorsichtshalber während der Dunkelheit ruhen ließ, dazu quengelnde, gelangweilte Kinder. Für Nerven und Hinterteil bedeutete das eine harte Probe.

Anna erinnerte sich gut an die Ungeduld, mit der sie im November des vorigen Jahres ihrer erneuten Ankunft in Addis Abeba entgegengefiebert hatte. Endlich, nach fünfeinhalbjähriger unfreiwilliger Trennung, sollte sie ihren geliebten Mann wiedersehen, ihr behagliches Haus, den Garten, die Freunde.

Rückblickend verstand niemand mehr, wie Anna samt Töchtern und Kababusch, dem Kindermädchen, Anfang 1914 so unbekümmert zu einer Deutschlandreise hatte aufbrechen können. Vielleicht lag es daran, dass man aus der Entfernung die europäischen Konflikte falsch eingeschätzt, das sich zusammenbrauende Unwetter nicht wahrgenommen hatte. Vielleicht war man zu sehr mit den Querelen am abessinischen Hof beschäftigt gewesen. Nicht einmal von der Gesandtschaft war ein warnendes Wort gekommen. Beim fröhlichen Abschied hatte Carl versprochen, seine Lieben im Herbst heimzuholen, aber der Krieg durchkreuzte ihre Pläne. Sowohl Franzosen als auch Italiener, deren Territorien Carl hätte passieren müssen, um das Meer zu erreichen, verweigerten ihm die nötigen Visa, und seiner Familie erging es ebenso, sie durfte nicht zurückkehren. Selbst die Postverbindung mit Deutschland wurde unterbrochen, weder Briefe noch Geldsendungen kamen durch. Ab und zu gelang es Steininger, ein Lebenszeichen von Carl herauszuschmuggeln. »Ich esse keine Butter mehr und trinke keinen

Kaffee, um mit Euch zu leiden«, schrieb er in einer der kurzen Botschaften, die Anna wie Schätze hütete.

Sie kam sich rabenmütterlich, herzlos und völlig verloren vor, musste aber dennoch ihre Kinder bei Verwandten in verschiedenen Städten unterbringen und arbeitete für ein paar Mark Lohn von früh bis spät als Hilfsschwester im Berliner Westend-Krankenhaus. Bis endlich, einige Monate nach Kriegsende, die heiß ersehnte Nachricht kam, dass auf den Konsulaten in Bern italienische und französische Visa bereitlägen. Steininger, der Getreue, hatte offenbar alle Register gezogen.

Der Augenblick, als Carl hoch zu Ross neben ihrem Abteilfenster aufgetaucht war, gehörte zu Annas kostbarsten Erinnerungen. Im ersten Moment hatte sie die Gestalten draußen, die sich dunkel vom dämmrigen Himmel abhoben, für Räuber gehalten. Aber dann erkannte sie unter dem breitkrempigen Hut das vertraute Gesicht, entdeckte Steininger und Hakim Zahn, den Apotheker, in einem Trupp von Dienern. Jubelnd riss Anna die Scheibe nach unten und streckte ihrem Mann die Arme entgegen.

»Carl!« Tränen strömten über ihre Wangen.

Er lenkte sein Pferd nahe an den Waggon und berührte kurz ihre Fingerspitzen. Die Freunde johlten begeistert im Hintergrund.

»Anna! Ich habe das Warten nicht ausgehalten, ich musste sehen, ob ihr wirklich kommt!«, rief er durch das Puffen und Zischen der Maschine.

So langsam zuckelte die Bahn dahin, dass die Reiter mühelos mithalten konnten.

»Mama«, die Kinder drängten neugierig ans Fenster, »Mama, ist das unser Papa?« Nach der langen Trennung hatten sie kaum noch eine Erinnerung an ihn.

Anna schlang zärtlich ihre Arme um die drei. »Ja«, sagte sie mit bebender Stimme, »das ist euer Vater. Wir haben ihn wieder.«

»Und warum weinst du dann?«, fragte die zwölfjährige Wilma erstaunt.

»Vor Freude, mein Schatz, vor lauter Freude.«

Der Empfang daheim war überwältigend. Mit dem strahlenden Fagadu an der Spitze standen alle Diener aufgereiht neben der Tür und verneigten sich zur Begrüßung bis auf den Boden. Verlegen kichernd rannten Edith, Wilma und Eva ihrer Mutter nach, die an der Hand des Vaters langsam und andächtig durch das hell erleuchtete Haus wanderte. Überall brannten Petroleumlampen, und holzgeschnitzte Kronleuchter, mit unzähligen Kerzen bestückt, verbreiteten warmen Glanz.

Carl ging voraus ins Esszimmer und blieb erstarrt auf der Schwelle stehen.

»So ein Tölpel!«, entfuhr es ihm ärgerlich. »So ein Idiot von Koch!«

»Was ist denn?« Anna reckte sich, um über seine Schulter zu schauen.

»Sieh doch nur diesen Irrsinn an! Alle Menüs, die ich für die kommende Woche geplant habe, hat er euch zu Ehren gleichzeitig bereitet.«

Da standen drei große Tische beladen mit Suppen, Braten, Ragouts und Pasteten, mit Gemüsen, Bergen von Früchten, Kuchen und Cremes.

Anna blickte einen Moment lang sprachlos auf die Pracht und brach dann in schallendes Gelächter aus.

»Er muss wundervoll verrückt sein«, prustete sie, »und ein Genie dazu. Die warmen Gerichte dampfen sogar! Wie kann das einer schaffen auf unserem kleinen Herd?«

Eigentlich hatte er hinausrauschen wollen, um sich den Koch vorzuknöpfen, doch die Belustigung seiner Frau wirkte so ansteckend, dass Carl schließlich auch lauthals loslachte.

»Wie sehr habe ich deine Fröhlichkeit vermisst«, sagte er, als sie beide wieder Luft bekamen. »Das ist meine alte Anna, aber irgendwie kommst du mir verändert vor.«

»Meinst du meinen Bubikopf?« Anna fuhr sich kokett durch

das kurz geschnittene Haar. »Der neueste Schrei in Berlin, den musste ich einfach haben.«

»Ach ja, der Dutt ist weg. Und sonst? Komm, lass dich richtig anschauen.«

Carl zog sie näher ans Licht, nahm ihr Gesicht in die Hände und studierte es aufmerksam.

Anna schlug die Augen nieder. »Faltig bin ich geworden.«

»Unsinn«, er küsste zärtlich ihre Lider, »reifer bist du, fraulicher und noch anziehender.«

»Und dir geben die grauen Schläfen so etwas Distinguiertes.«

»Hatte ich das nicht immer?« Mit gespieltem Erstaunen schloss Carl sie in die Arme. »Oh Anna, Liebste, ich kann kaum fassen, dass wir wieder zusammen sind.«

Lautes Gezeter schreckte die beiden aus ihrer Versunkenheit. Unbemerkt von den mit sich beschäftigten Eltern, waren die Kinder über Alis Köstlichkeiten hergefallen. In bekleckerten und bekrümelten Matrosenkleidchen kämpften Eva und Edith verbissen um die letzte Orange.

Carl schaute seinen Töchtern amüsiert zu. »Wie groß sie geworden sind.«

»Und unersättlich! Wo immer wir hinkamen auf der Reise, wurden ›die armen Kleinen aus Deutschland‹ maßlos verwöhnt. Das fing an bei Herrn Lindt, dem berühmten Schokoladen-Lindt in Bern, einem Freund von Steininger. Er hat die drei mit feinsten Schokoladen und Pralinés voll gestopft. Auf dem Schiff ging 's weiter mit Extra-Rationen und Leckerbissen, und vom Hotelier in Djibouti bekamen sie kistenweise Orangen, Mandarinen und Papayas aus seinem Garten. Alles war im Nu verputzt. Du glaubst nicht, wie ich mich geniert habe!«

Edith und Eva wälzten sich brüllend am Boden, während Wilma, unbekümmert um ihre beschmierten Zöpfe, seelenruhig eine große Puddingschüssel auslöffelte.

Anna klatschte in die Hände. »Schluss jetzt! Was soll euer

Vater von so gierigen Rangen halten? Ab mit euch. Wilma, sieh mal nach, wo Kababusch steckt, und dann probiert, ob ihr noch in eure alten Betten passt.«

»Ich bin ja schon da! Ich bin ja schon da! Wollte gerade oben alles richten.« Atemlos kam das Kindermädchen angelaufen und schob die drei energisch aus dem Zimmer. »Ihr ungezogenen Gören«, hörte man sie draußen schimpfen, »uns am ersten Tag gleich so zu blamieren!«

Carl hatte den Auftritt verblüfft beobachtet.

»Das ist ja unglaublich!«, rief er, von einem erneuten Lachanfall geschüttelt, kaum dass das Quartett entschwunden war. »Ein kohlschwarzes Schankalla-Mädchen spricht waschechten Hamburger Dialekt!«

Anna legte warnend einen Finger auf die Lippen. »Pst! Lass ihr das nur nicht zu Ohren kommen. Kababusch hat fast die ganze Zeit mit Eva bei meinem Bruder Fritz in Hamburg verbracht, seitdem redet sie nur noch Platt. Gönnen wir ihr das Vergnügen. Sie spielt sich so gern als Hamburgerin auf und als Erzieherin unserer Kinder.«

»Mit Letzterem scheint sie allerdings weniger Erfolg zu haben.«

»Ja«, seufzte Anna, »die Kleinen werden sich erst wieder an ein geregeltes Familienleben gewöhnen müssen.«

Nächtelang saßen sie beisammen, um, wie sie es nannten, »die Weltgeschichte zu sortieren«. Anna erzählte von der Niedergeschlagenheit und Verzweiflung nach dem anfänglichen Hurrageschrei in Deutschland, von Kaiser Wilhelms demütigendem Abgang und der schrecklichen Not.

»Die Kinder wurden spindeldürr«, sagte sie, im breiten Kaminsessel an Carls Schulter geschmiegt, »Milch oder Fleisch war nirgends aufzutreiben. Wer Glück hatte, konnte Gemüse und ein paar Kartoffeln ergattern und auch das nur mit endlosem Schlangestehen vor den Läden. Denk dir, aus Hunger fingen die Leute sogar an, Tomaten zu essen. Die galten doch bislang als giftige Zierpflanzen für den Vorgarten.« Ihr Lächeln geriet etwas schief. »Dazu die elend kalten Winter in ungeheizten Räumen, in verschlissenen Kleidern.«

»Und ich saß hier, bequem und warm, hatte alles ...«

»Aber Carl«, Anna richtete sich auf und sah Tränen in seinen Augen, »Schatz, es gab doch keine Möglichkeit, uns zu helfen. Wie du siehst, haben wir 's ganz gut überstanden. Außerdem – selbst wenn du keinen Mangel leiden musstest, waren die Zeiten sicher nicht rosig für dich.«

»Rosig? Oh Gott, nein. Uns Deutschen blies ein scharfer Wind ins Gesicht. Wir lebten hier so isoliert wie Aussätzige, wurden überall geschnitten, kamen an kein Geld, weil die Bank in englischer Hand war und die Verbindung der Gesandtschaft mit Berlin gekappt. Man unterstützte sich gegenseitig, so gut es ging, aber die meisten konnten nur dank der Hilfe abessinischer Fürsten durchhalten. Ich habe übrigens während dieser Durststrecke Steininger, deinen und inzwischen auch meinen Freund, ganz besonders zu schätzen gelernt. Obwohl er von meiner Abneigung wusste, bot er sich als Nachrichtenübermittler an, und seine unverwüstliche Heiterkeit hat mich manches Mal davor bewahrt, den Mut zu verlieren.«

»Ja, ein Überlebenskünstler, bei dem man fleißig in die Lehre gehen sollte.«

Anna erhob sich, um die Fenster gegen die kalte Nachtluft zu schließen. Auf ihrem Rückweg blieb sie vor dem Porträt Kaiser Wilhelms stehen.

»Was machen wir jetzt mit ihm? Umdrehen? Abnehmen? Hängen lassen?«

»Aber Anna, wie despektierlich! Ich denke, wir gönnen dem armen Mann noch eine Weile seinen Ehrenplatz, oder ...« Carl schien plötzlich einen anderen Einfall zu haben, »wir ersetzen ihn durch den hiesigen Herrscher.«

»Lidj Yasu?«, fragte Anna, »Dieser Schlingel soll unsere Wand schmücken?«

Carl lachte über ihr empörtes Gesicht. »Keine Sorge, schon vor drei Jahren wurde er entmachtet. Und was glaubst du, wer nun das Ruder führt? Ras Tafari Makonnen – wie ich es prophezeit habe.« In seiner Stimme schwang eine Prise Stolz.

»Oh mein Gott, ich weiß überhaupt nichts von den Geschehnissen hier. In der deutschen Presse fand sich kein Wort darüber. Du musst mir alles erzählen, schön der Reihe nach.«

Anna setzte sich auf Carls Armlehne, verschränkte die Hände vor ihren Knien und schaute ihn erwartungsvoll an.

»Zu Befehl, Madame, aber lass mich erst noch für ein Getränk sorgen, damit mir der Hals nicht beim Reden verdorrt.«

Die Boys schliefen längst, deshalb ging Carl selbst los. Mit Gläsern und einer Flasche Sekt kehrte er in den Salon zurück.

»Ein Friedenstrunk«, staunte Anna. »Wie ich sehe, hat die abessinische Sitte, bei jeder Gelegenheit Sekt zu kredenzen, auch in unserem Haus Einzug gehalten.«

»Was tut man nicht alles, um sich anzupassen.«

Bequem in seinen Sessel gestreckt, nahm Carl den Faden da wieder auf, wo er für Anna abgerissen war.

»An Lidj Yasus Lausbubereien scheinst du dich gut zu erinnern, doch dass Menelik zur Zeit deines Aufbruchs bereits tot war, wirst du nicht wissen.«

»Dein verehrter Löwe! Wann starb er denn?«

»1913 – erbärmlich im Kellerverlies. Um den Zusammenhalt des Reiches nicht zu gefährden, wurde sein Tod drei Jahre lang verheimlicht. Ein Mann der Palastwache winkte in seinen Kleidern vom Balkon und gab mit verhülltem Gesicht sogar Audienzen. Lidj Yasu war mittlerweile zum Negus gekrönt worden, aber er hörte nicht auf, die Notablen vor den Kopf zu stoßen. Angeblich führte er ein wüstes Lotterleben, lief den Röcken nach und soll auf Empfängen manchmal sturzbetrunken erschienen sein. Solche

Eskapaden hätte man ihm vielleicht verziehen, aber Yasu beging einige Fehler, die ihn schließlich den Thron kosteten.«

»Welcher junge Bursche von siebzehn, achtzehn Jahren könnte ein so großes Reich wohl fehlerlos regieren?«

»Du hast Recht, nur seine waren besonders fatal. Während des Krieges ergriff er völlig eindeutig unsere Partei, was ihm natürlich die erbitterte Feindschaft der Entente-Mächte eintrug. Noch verheerender wirkte sich jedoch seine unverhohlene Neigung zum Islam aus. Die Engländer haben, wie es heißt, den berühmten Colonel Lawrence, ihren gerissensten Agenten, auf Yasu angesetzt, um ihn in diesem Hang zu bestärken. Er trug muslimische Kleider, heiratete ein mohammedanisches Danakil-Mädchen und nahm schließlich sogar dessen Glauben an. Zu allem Überfluss beschenkte er die Moscheen in Harar auch noch mit großen Gütern, die er der christlichen Kirche abgeknöpft hatte. Ein Wahnsinn, wenn man bedenkt, dass die Kirche in diesem Land die stärkste Macht neben dem Militär ist. Auf der Stelle wandte sich der gesamte Klerus gegen ihn. Yasu wurde exkommuniziert und mit Zustimmung der weltlichen Spitzen für abgesetzt erklärt.«

Gebannt hatte Anna zugehört. »Unglaublich, dass jemand so zielstrebig sein eigenes Grab schaufelt«, sagte sie fassungslos. »Warum nur? Aus Übermut, Trotz oder Dummheit?«

Carl zuckte die Achseln. »Wer weiß schon, was in einem jugendlichen Hitzkopf vorgeht. Jedenfalls schien sich Taitus Wunschtraum endlich doch noch zu erfüllen, ihre Tochter Zauditu wurde zur neuen Kaiserin erwählt. Allerdings mit Ras Tafari als Regenten an ihrer Seite. Der wahre Herrscher im Land ist er. Taitu spottete anfangs über den ›schmachtäugigen Zwerg‹ und glaubte, gegen ihn intrigieren zu können. Wie falsch sie mit ihrer Meinung lag, merkte die Gute ziemlich rasch. Er ließ sie kurzerhand in ein Kloster auf dem Entoto verfrachten.«

»Ein herber Irrtum«, lachte Anna.

»Ganz recht. Und Lidj Yasu erging 's nicht besser. Auch er unterschätzte die Macht des verträumt wirkenden Rivalen. Sein Versuch, den Thron mit Waffengewalt zurückzuerobern, scheiterte kläglich. Yasu floh in die Wüste, und sein Vater, der ihn unterstützt hatte, musste sich als Gefangener mit goldenen Fesseln – du kennst diese ›fürstliche‹ Variante – öffentlich vor den Granden, europäischen Gesandten und kaiserlichen Truppen zur Schau stellen lassen. Damit war Yasus Zeit endgültig vorbei, Ras Tafari saß fest im Sattel.«

Carl stand auf und reckte sich. »So, Liebste«, sagte er gähnend, »jetzt bist du wieder auf dem Laufenden.«

»Nicht ganz«, widersprach Anna, »das alles spielte sich, wenn ich recht verstanden habe, doch schon 1916 ab, vor drei Jahren also. Wie stehen die Dinge denn heute?«

»Oh, recht gut. Zauditu interessiert sich weit mehr für Religion als für Politik. Der Regent hat also freie Hand. Ganz nach dem Muster Meneliks taktiert er geschickt zwischen Kirche, inländischen Widersachern und den Vertretern ausländischer Mächte. Weißt du, Schatz«, Carl, der eine Weile im Zimmer auf und ab spaziert war, ließ sich wieder in den Kaminsessel sinken, »vom ersten Moment seiner Regentschaft an zeigte dieser junge Mann Willensstärke, Beharrlichkeit und strategische Gewandtheit, wie sie ihm niemand zugetraut hätte. Nicht nur äußerlich ist er also ein Gegenpol zu Yasu. Sein Vater, Ras Makonnen, der engste Freund des Kaisers, sorgte für eine exzellente Erziehung durch Priester und französische Lehrer. Und als Tafari nach dem Tod des Vaters mit vierzehn Jahren Page am Hof wurde, bekam er auch noch Gelegenheit, die hohe Kunst des Intrigierens und Paktierens aus nächster Nähe zu beobachten. Angeblich hat er ein untrügliches Gespür für Verschwörungen, und er weiß genau, wie man Marionetten springen lässt und selbst alle Fäden in der Hand hält. Ich glaube, er arbeitet planmäßig darauf hin, der nächste ›Löwe von Juda‹ zu werden. Es sieht so aus …«

»Moment mal«, unterbrach Anna Carls Redeschwall, »du vergisst die berühmte Salomonische Linie. Muss nicht jeder abessinische Kaiser seine Herkunft auf Salomon und die Königin von Saba zurückführen können?«

»Das ist richtig, aber kein Problem. Väterlicherseits stammt Tafari eindeutig von dieser Linie ab.«

»Und warum hat man dann nicht gleich ihn zum Kaiser ernannt statt der frommen Zauditu?«

Carl zuckte die Achseln. »Aus strategischen Gründen vermutlich. Vielleicht hatte Taitu ihre Finger im Spiel, oder man hielt ihn für zu jung und unerfahren. Doch nun, mein Schatz«, er streckte Anna die Hand entgegen, »würde ich mich lieber mit dir beschäftigen anstatt mit Fragen der Machtpolitik. Was hältst du davon?«

Lächelnd folgte ihm seine Frau die knarrende Treppe hinauf Richtung Schlafzimmer.

Immer noch am Bahnsteigspfeiler lehnend, schreckte Anna zusammen, als jemand vorsichtig ihren Arm berührte. Es war Fagadu.

»Imete«, sagte er und stellte eine brennende Laterne in den Sand, »hier ist Licht. Sonst können Sie die Dame doch nicht erkennen.«

Die Dame – das war Lucie, eine zwölf Jahre jüngere Cousine, auf die sie nun schon seit einer Ewigkeit wartete, während ihr Kreuz lahm und der Himmel immer dunkler wurde. Erst in der Kriegszeit hatten sie einander näher kennen gelernt. Lucie, früher ein unscheinbares Kind mit spitzen Knien und dunkelbraunen Affenschaukeln, entpuppte sich jetzt als gleichberechtigte Freundin, brachte manchmal Feuerholz an, Blumenkohl oder ein Stück kostbare Butter und wollte alles über Abessinien wissen. »Reiseberichte sind meine Lieblingslektüre«, sagte sie oft. »Man kann sich so herrlich wegträumen zu den Pharaonengräbern, an den Mississippi, ins ewige Eis. Du bist zu Hause in einem solchen Traum und kehrst sicher bald dahin zurück, aber ich? Wenn mein Richard aus dem Feld heimkommt, wenn ich ein Kind kriege…«

Anna war kaum zwei Monate wieder in Addis Abeba, als ein Brief von Lucie eintraf. Richard, schrieb sie, sei nach langem Leiden an den Folgen einer Kriegsverletzung gestorben. Und da ihre Eltern es nicht für angebracht hielten, dass eine junge Frau allein lebe, planten die beiden nun, sie entweder mit einem Witwer aus der Nachbarschaft zu verheiraten oder als »gute Tante« bei kinderreichen Verwandten unterzubringen. Schon die Ehe mit Richard sei von ihnen eingefädelt worden, Einwände ließen sie nicht gelten. »Ich bin verzweifelt«, stand auf dem hellblauen Bogen voller Tränenspuren, »ich will mein eigenes Leben führen. Liebste Anna, deshalb meine Frage: Wäre es möglich, nach Abessinien zu kommen? Ich würde Euch nicht zur Last fallen, da ich eine Witwenrente habe, vielleicht könnte ich auch die Kinder unterrichten. In Französisch, Sticken und Turnen bin ich recht firm. Hoffnungsvoll erwarte ich Deine Antwort.«

Unter gellenden Pfiffen schnaufte der Zug heran, und die Menge auf dem Bahnsteig schwappte ihm entgegen, umzingelte die Ankommenden mit Geschäftsangeboten, Bettelsingsang und Begrüßungsjubel, während die schwarzen Träger nach dem Gepäck schnappten. Anna kämpfte sich zum Waggon erster Klasse durch, in dem nur Weiße reisten. Mit hoch gehaltener Laterne überprüfte sie jedes der hellen Gesichter ringsum, aber das ihrer Cousine war nicht darunter.

»Anna! Hallo, Anna!« Strahlend, die Arme ausgebreitet, kam Lucie angelaufen. »Ich habe dich im Schein deiner Lampe entdeckt.«

»Lucie, Liebste, wo hast du denn gesteckt?«

»Da drüben«, Lucie zeigte auf den übernächsten Wagen.

»Wie, bist du etwa in der zweiten Klasse gefahren?«

»Natürlich! Das war nicht nur billiger, sondern auch viel amüsanter als bei den feinen Europäern. Ich habe doch ein solches Menschengemisch noch nie gesehen. Von Indern über Araber,

Griechen und Türken saß da alles beisammen. Stell dir vor, während der Fahrt rollte ein Moslem seinen Teppich auf der Plattform aus und kniete zum Gebet nieder! Am liebsten hätte ich mich ja unter die Eingeborenen in der dritten Klasse gemischt, da ging 's noch bunter zu. Aber zwischen Bündeln, Gemüsekörben und Hühnerkäfigen bekam man keinen Fuß mehr auf den Boden. Sogar im Fensterrahmen und im Gepäcknetz hockten braune Burschen mit baumelnden Beinen.«

Gerührt von Lucies Begeisterung, strich Anna ihr über die schmale blasse Wange. Woher sollte die Cousine wissen, dass so ein Gebaren völlig deplatziert war? Sie würde einiges lernen müssen.

»Hier sieht es ja aus wie in einer Dahlemer Villa!« Staunend stand Lucie in der Flügeltür zwischen Speisezimmer und Salon. »Elegante Möbel, Meißener Rosenvasen, Spitzendecken, all der Nippes, Perserteppiche!«

Anna wusste nicht recht, ob das bewundernd oder kritisch gemeint war.

»Du wirst wohl kaum erwartet haben, uns in einer Lehmhütte anzutreffen.«

»Aber nein, schließlich hast du mir von eurem Haus erzählt. Es ist alles sehr schön, sehr erlesen, nur so – so ganz und gar unafrikanisch.«

»Unafrikanisch? Selbstverständlich, Lucie!« Annas Stimme klang leicht verärgert. »Man hat uns doch ins Land gerufen, um den Eingeborenen europäischen Lebensstil zu vermitteln und nicht umgekehrt. Glaubst du etwa, ich würde einen ungeschlachten Jimma-Hocker am Kamin aufstellen oder die Wände mit den primitiven Dingen behängen, die Carl während meiner Abwesenheit zu sammeln anfing? Bitte«, sie riss die Tür seines Arbeitszimmers auf, »was hältst du von diesen Mustern einheimischer Kultur?«

Lucie trat zaghaft näher und schlug überrascht die Hände vor ihr Gesicht. »Oh, wie wundervoll!«

»Findest du wirklich?« Anna ließ sich in einen Lehnstuhl neben dem Zeichentisch fallen. »Ich kann beim besten Willen nichts damit anfangen.« Grimmig schaute sie auf ein großes Bild, das fast die gesamte Stirnseite des Raumes einnahm. »Sieh doch nur diese riesigen starren Augen an, tote dunkle Scheiben, ohne Glanz, ohne Tiefe.«

»Da bin ich ganz anderer Meinung. Ich halte sie für besonders ausdrucksvoll und lebendig. Hier«, Lucie ging ein paar Schritte zur Seite, »wenn ich mich fortbewege, scheint der durchdringende Blick mir zu folgen, wie der eines aufmerksamen Beobachters.«

Verwundert schüttelte Anna den Kopf. »Seltsam, Carl empfindet auch so. Offenbar bin bloß ich resistent dagegen.«

»Was ist denn das Entzückendes?« Lucie stand vor Carls offenem Sammlerschrank voller fremdartiger Gegenstände und zeigte auf ein schmales kleines Gebilde aus silbernem Flechtwerk, das oben mit einer Schlaufe und unten mit einer Mulde versehen war.

»Ja, es sieht hübsch aus«, sagte Anna nach kurzem Halsrecken, »aber ich mag 's trotzdem nicht.«

Ihre Cousine wandte sich erstaunt um. »Und weshalb?«

»Weil das Ding ein Ohrlöffelchen ist. Die Leute tragen es an einer Kette am Hals und kratzen sich damit die Ohren aus, um das Wort Gottes besser hören zu können. So sagt man hier jedenfalls.«

»Wie schön! Eine richtig irdische Auffassung von Gottverbundenheit. Was stört dich daran?«

Anna zog angeekelt die Nase kraus. »Das Ergebnis natürlich. Stell dir so einen gut gefüllten Löffel vor. Igitt!«

»Aber du bist doch Krankenschwester und sicher an mancherlei gewöhnt.«

»Gewiss, nur hat jeder Mensch seine Grenze …«

»Und für meine Liebste liegt sie eben beim Ohrenschmalz«, mischte sich eine Männerstimme in das Gespräch. Breit lächelnd tauchte Carl im Türrahmen auf. »Cousinchen, hast du den weiten Weg also tatsächlich geschafft und siehst dich bereits in meinem Allerheiligsten um. Ich hoffe, du nimmst keinen Anstoß daran, dass ich erst jetzt erscheine, ich hatte zu tun.« Er drückte herzlich ihre Hand.

»Und ich hoffe, du verzeihst meine Neugier, Carl. Von deinen Schätzen geht ein ganz eigenartiger Reiz aus, dem ich gleich verfallen bin. Vielleicht kannst du irgendwann eine Stunde opfern und mir das alles erklären.«

»Mit Freuden, Cousine, wenn du willst, schon morgen – falls unsere Banausin keine anderen Pläne hat.«

Anna sprang aus dem Lehnstuhl und gab ihm einen leichten Klaps auf den Arm. »So also denkst du von deiner Frau! Nun, ich will Lucie nur bei Tageslicht ihr Häuschen vorführen, dann frönt eurem Enthusiasmus, solange es euch gefällt.«

»Ein Häuschen?«, fragte Lucie fassungslos vor Glück, »ein Häuschen für mich allein?«

Anna nickte. »Im unteren Teil des Gartens. Vielleicht erfüllt sich dort dein Traum vom eigenen Leben. Diener habe ich bereits eingestellt.« Sie schien das Erschrecken ihrer Cousine zu bemerken und erklärte mit einer Stimme, die keinen Widerspruch zuließ, Personal sei unbedingt nötig, man werde sonst die Nase über ihr Verhalten rümpfen.

Beklommen senkte Lucie den Kopf. Es gab offenbar auch hier dieses schreckliche »man« – man tut, man lässt, man muss, man braucht … Selbst im hintersten Afrika ein Netz von Spielregeln, denen sich niemand ungestraft entziehen konnte.

Am nächsten Vormittag, als Carl gerade über einem komplizierten Brückenbau grübelte, klopfte es an seiner Tür, und Lucies Kastanienaugen spähten herein.

»Störe ich, Vetter?«

»Aber nein, komm nur, ich habe dich erwartet. Wie geht es dir an deinem ersten Morgen bei uns?«

In ihrem schmalen knöchellangen Rock und einer Bluse, so blau wie der Himmel draußen, ähnelte sie mehr einem Backfisch als einer kriegsgeprüften Witwe.

»Prächtig, Carl. Eben hat mir Anna das Häuschen gezeigt, ein richtiges kleines Paradies zwischen Bäumen und Blumen. Und die Kinder habe ich auch getroffen, bevor sie sich auf den Schulweg machten. Den Begrüßungssturm kannst du dir kaum vorstellen. Es tut unendlich wohl, so herzlich aufgenommen zu werden.«

»Und wir sind glücklich, dich bei uns zu haben. Mich persönlich freut besonders, dass endlich jemand im Haus Interesse an meiner Sammlung zeigt.« Um den Schreibtisch herum schlenderte er auf sie zu. »Allerdings ist längst nicht alles, was du hier siehst, museumsreif. Ich trage einfach Dinge zusammen, die mir reizvoll oder charakteristisch für die hiesige Kultur erscheinen, auch ganz schlichte Alltagsgeräte.«

Lucie wies auf das Gemälde, von dem sie sich schon am Abend zuvor besonders angezogen gefühlt hatte. Es zeigte Sankt Georg als Drachentöter. Der Heilige ritt auf einem prächtig gezäumten Schimmel und zielte mit seiner Lanze nach einem feuerspeienden Riesenwurm, der sich unter den Hufen des Pferdes ringelte und zwischen seinen Flügeln ein blauschwarzes Teufelchen trug. Das Gesicht, von einem Heiligenschein umrahmt, war dem Betrachter zugewandt und schien fast nur aus übergroßen, weit geöffneten Augen zu bestehen.

»Diese merkwürdige Art der Darstellung …«, sagte Lucie zögernd.

»Ja«, fiel Carl ihr ins Wort, »sie steht in einer typisch abessinischen Tradition, die bis ins Mittelalter zurückreicht, wahrscheinlich sogar noch viel weiter. Siehst du die etwas steife Haltung, den beherrschenden Blick, die helle Hautfarbe, die frontale Abbildung Sankt Georgs? Lauter Zeichen, die auf einen Heiligen oder zumindest einen guten Menschen hinweisen sollen. Die Bösen dagegen werden im Profil und dunkelhäutig gemalt, wie hier der Drache und das Keulen schwingende Teufelchen. Auf manchen Schlachtenbildern erscheinen sogar die europäischen Feinde mit dunkleren Gesichtern als die Abessinier.«

»Was für eine verrückte Idee«, rief Lucie amüsiert.

»Aus unserer Sicht schon«, Carl nickte schmunzelnd. »Aber den Malern hier ging es nie um eine naturgetreue Abbildung. Weißt du, viele Leute in diesem Land können nicht lesen, und die Malerei erklärt ihnen Inhalte ihrer Religion und Ereignisse ihrer Geschichte in einer unmissverständlichen anschaulichen Form. Das Wesentliche wird überbetont, auf perspektivische Genauigkeit oder den landschaftlichen Hintergrund dagegen kaum Wert gelegt. Sieh her«, er nahm ein kleines Bild von der Wand rechts neben dem Fenster. Es war auf Tierhaut gemalt und steckte in einem schiefen Holzrahmen. »Selbst bei solchen Jagdszenen, die dem vielen Grün nach im Wald spielen, sind die Bäume nur angedeutet. Sie sehen aus wie ein paar kümmerliche Strünke …«

»Oder wie Regenschirmgerippe.« Lächelnd betrachtete Lucie das Gemälde, auf dem mit Flinten, Schwertern und Speeren bewaffnete Eingeborene blutüberströmten Elefanten, schnaubenden Nashörnern und Giraffen zu Leibe rückten. »Eine richtige Bildergeschichte!«

»Ja, die sind äußerst beliebt.«

»Wie dramatisch es zugeht! Da unten wird sogar einer vom Löwen gefressen, und trotzdem verzieht niemand eine Miene. Die hölzernen Posen, die grellen Farben – mich erinnert das an Kinderzeichnungen. Glaubst du«, sie schaute Carl unsicher an, »es könnte gerade diese ungebrochene Kindlichkeit sein, die einen so stark berührt?«

»Ich denke schon, und mich freut 's, dass du empfänglich dafür bist. Viele Europäer schätzen zwar das Exotische an den Bildern, halten sie im Grunde jedoch für primitiv. Und das ist etwas anderes als die von dir berufene Kindlichkeit. Warte, du wirst sicher auch dies hier mögen.«

Aus der Vitrine holte er eine schmale Rolle, die durch ein Band zusammengehalten wurde, und strich sie auf seinem Arbeitstisch glatt. Der Pergamentstreifen war mit fremdartigen Schriftzeichen bedeckt, unterbrochen von farbigen Ornamenten und geflügelten Engelsköpfen, deren ehern blickende Augen dicht neben der Nasenwurzel standen.

»Wie eigenartig, wie zauberhaft«, staunte Lucie. »Was ist das?«

»Du hast schon das Schlüsselwort genannt – eine Zauberrolle. Bibelverse und Heiligen- oder Engelsbilder darauf sollen eine heilende Wirkung entfalten. Es gibt solche Rollen in einer Länge, die ausreicht, um einen ganzen Menschen von Kopf bis Fuß zu bedecken. Meine ist leider sehr viel kleiner, aber ich halte sie trotzdem hoch in Ehren.«

Während Carl verschiedene Gerätschaften der Priester vorführte – Handkreuze aus kunstvoll verschlungenen, fein ziselierten Metallbändern, glöckchengeschmückte Räuchergefäße, eine silberne Rassel – und ihr mehrere kleine, reich verzierte Anhängekreuze hinhielt, wie sie nach einem jahrhundertealten kaiserlichen Erlass jeder christliche Abessinier an einer blauen Schnur am Hals tragen sollte, wanderten Lucies Gedanken in eine eigene Richtung.

»Hast du 's mal ausprobiert?«, fragte sie unvermittelt.

»Ausprobiert?« Carl zog überrascht die Brauen hoch. »Was? Mir ein Kreuzchen umzubinden?«

Lucie schüttelte den Kopf. »Ich meine die Zauberrolle. Hast du versucht, ob sie wirkt?«

»Ah, da bist du hängen geblieben.« Er lehnte sich an die Tischkante und dachte, seinen Bart zwirbelnd, einen Moment lang nach. »Doch, einmal bei einer Migräneattacke habe ich mir damit die Stirn bedeckt – leider ohne Erfolg. Aber das lag sicher mehr an mir als an der Rolle. Vielleicht hätte der Zauber ja angeschlagen, wenn ich ein gläubiger Mensch wäre. Meinst du nicht auch, dass Gebete oder Heilige oder Engel nur denen helfen, die zutiefst von ihrer Kraft überzeugt sind? Und die Menschen hier haben so einen unerschütterlichen Glauben, kindlich und sinnenfroh wie ihre Bilder. Übrigens auch einen ebenso felsenfesten Aberglauben, den wirst du noch kennen lernen. Lass bloß nie eine tote Katze unter dein Bett geraten – das schwärzeste Omen!«

Carl zwinkerte verschwörerisch, dann schien ihm plötzlich etwas einzufallen, und er sprang auf die Füße. »Wie konnte ich 's nur vergessen! In drei Tagen ist Maskal, eines der schönsten und wichtigsten Kirchenfeste. Trommeln, Flöten, tanzende Priester, alles wird aufgeboten, um die Kreuzfindung durch Kaiserin Helena zu feiern und das Ende der Regenzeit. Für dich ein wunderbares Lehrstück in Sachen abessinischer Religionsausübung. Meine Familie hat es auch seit Jahren nicht mehr erlebt. Allerdings … «, er zögerte kurz, »Anna hält nicht viel von solchen Volksaufläufen.«

»Dann werde ich sie eben überreden!« Mit blitzenden Augen warf Lucie ihm einen Handkuss zu und war im nächsten Moment schon unterwegs.

Am Vorabend hatte noch ein letztes wütendes Unwetter getobt, aber der 27. September strahlte in reinstem Blau und Gold.

»Das ist fast immer so, pünktlich zum Festtag«, verkündete Carl mit einem Stolz, als wäre der blank gefegte Himmel sein persönliches Verdienst.

Menschenmassen strömten über die breite, von Eukalyptusbäumen gesäumte Schotterstraße Richtung Rennplatz, der *Janmeda*, wo gegen drei Uhr nachmittags das Fest beginnen sollte. Obwohl Fagadu und Said sich alle Mühe gaben, dem eingekeilten Familientrupp unter lautem *»Sorbai – sorbai«*-Geschrei einen Weg zu bahnen, kamen sie nur langsam vorwärts, mussten geduldig mitziehen zwischen Scharen freudig gestimmter, in bunt gesäumte Schammas gehüllter Frauen, die ihre Kleinen an der Hand führten oder im Tuch auf dem Rücken trugen, zwischen vornehmen Maultierreitern samt bewaffneter Eskorte, Kriegern mit Büffelhautschilden, Flinten und Krummsäbeln, Männern, auf deren weißen Hemden dicke Patronengurte prunkten. Unzählige blumengeschmückte Stöcke überragten die wogende Menge.

»Die Stangen«, fragte Lucie die neben ihr reitende Anna, »haben sie eine Bedeutung?«

»O ja, sie werden zum Fest frisch geschnitten. Schau dich um, jeder Mann trägt so einen Stock in der Hand. Und die kleinen gelben Blumen an der Spitze, die unseren Gänseblümchen ähneln, werden Maskalblumen genannt, weil sie um diese Zeit das ganze Land wie ein Teppich überziehen, sogar die kargsten Berghänge. Was mit den Stöcken geschieht, wirst du erleben, wenn wir nicht für alle Zeiten im Geschiebe hier stecken bleiben.«

Lucie war so versunken in den Anblick der fantastischen Gestalten rundherum, dass ihr das Gerumpel einiger von hinten herannahender hochrädriger Autos entging, vor denen sich die Leute respektvoll zur Seite drängten. Ein krächzendes Hupsignal ließ sie zusammenfahren, ihr Pferd, nicht weniger erschrocken als die Reiterin, scheute, stieg, setzte zur panischen Flucht durch die kreischend auseinander stiebende Menge an.

»Lucie!«, schrie Anna entsetzt, »mein Gott, Lucie!«

Aber Lucie behielt die Nerven, drückte sich schwer in den Sattel, rief ihrem Grauen beruhigende Laute zu und brachte ihn nach wenigen wilden Sprüngen zum Stehen.

Im Nu war Anna an ihrer Seite. »Gut gemacht, Cousine, wie eine versierte Reiterin.«

»Zum Glück habe ich zu Hause geübt!« Lucie atmete tief durch und lächelte entschuldigend in die verängstigten Gesichter ringsum. Gemeinsam klopften sie dem Pferd den noch zitternden Hals.

»Hast du nicht erzählt, hier gäbe es keine Autos, Anna? Und jetzt kommt auf einmal eine ganze Kolonne angeholpert.«

»Der Fortschritt macht eben auch vor Abessininien nicht Halt. Inzwischen dürften ’s vielleicht zehn sein, natürlich nur in Addis, sie gehören den Gesandtschaften oder einheimischen Noblen.«

»Nicht genug, um die Pferde an diese brummenden, tutenden Ungeheuer zu gewöhnen«, ergänzte Carl, der sich mit den Kindern zu ihnen durchgeschlängelt hatte und dem Grauen beschwichtigend über die Flanke strich. »Es tut mir Leid, Lucie, keiner von uns wusste, dass dein Bello so schreckhaft ist. Du hast dich jedenfalls mustergültig geschlagen.«

Lucie wurde rot vor Stolz, in Hochstimmung ließ sie sich von der nachdrängenden Menge weiterschieben.

Auf dem Festplatz ging es bereits lebhaft zu. Bunte Kirchenfahnen flatterten im Wind, Scharen von Menschen in blendend weißen Schammas trieben wie Schneeflocken über das frische Grün der Wiese, eifrig palavernde Priester, angetan mit goldbestickten Seidengewändern und Samtcapes, von denen keines dem anderen in Farbe und Muster glich, standen unter glitzernden, fransengeschmückten Brokatschirmen am Fuß der großen Renntribüne. Auf der Treppe bewegte sich eine Schlange von festlich gekleideten Europäern und abessinischen Würdenträgern langsam nach oben.

»Da müssen auch wir uns einreihen«, erklärte Anna, während sie ihren Blumenhut zurechtrückte.

»Können wir nicht …« Lucie wollte einen anderen Vorschlag machen. Aber Anna, die ahnte, was sie im Sinn hatte, fuhr ihr mit strengem Blick sofort in die Parade.

»Nein, wir können uns keineswegs unter das gewöhnliche Volk mischen, falls du an so etwas denkst. Wir würden uns bis auf die Knochen blamieren. Und bitte, meine Lieben«, der strenge Blick traf jetzt auch ihre Töchter, »schmatzt keinen dicken Kuss auf die Hand der Kaiserin. Ein Handkuss wird gehaucht, bloß angedeutet.«

»Wie geht das denn, Mama?«, krähte Edith. Drei Augenpaare starrten Anna ratlos an.

»Na, so halt«, Anna ergriff Ediths kleine, vom langen Ritt schmuddelige Hand und beugte sich darüber, bis ihre Lippen beinahe, aber eben nur beinahe, die Haut berührten.

»Hier wird wohl noch geübt«, sagte eine fröhliche Männerstimme hinter ihrem Rücken.

Anna wandte sich errötend um und schaute in das außergewöhnlich schöne, lachende Gesicht eines hoch gewachsenen Mannes. Seine fast schwarze Hautfarbe schien er durch blütenweiße Gewänder noch betonen zu wollen.

»Mesdames«, der Abessinier verneigte sich tief, ebenso ein jüngerer Begleiter, der sein Gewehr trug.

Für mehr blieb keine Zeit, denn der Zeremonienmeister hatte die beiden erspäht. Stoppelbärtig, einen gewaltigen Patronengurt um den Bauch geschnallt, kam er herbeigeeilt, um sie durch die Schar der Wartenden nach oben zu schleusen.

»Wer war das?«, fragte Lucie.

»Tafari Bellou, ein Vetter des Regenten. Ich kenne ihn nur vom Sehen. Weißt du, er gehört zum Stadtbild. Durch seine Schönheit und seine Schwärze fällt er überall auf, dazu reitet er auch noch einen kohlrabenschwarzen arabischen Hengst.«

»Und der andere?« Lucie bemühte sich, ihre Stimme beiläufig klingen zu lassen, obwohl es gerade dieser andere war, der sie interessierte. Er sah zwar längst nicht so blendend aus wie Tafari Bellou, und dennoch …

»Ach, irgendein dienstbarer Geist«, sagte Anna gleichgültig, »ich glaube, der Sekretär. Man trifft den schwarzen Adonis fast nie ohne ihn an.«

Zu gern hätte Lucie nach dem Namen gefragt, aber sie wollte Anna nicht hellhörig machen. Vielleicht bildete sie sich diesen Zaubermoment ja auch nur ein, die Sekunden, ehe der junge Mann dem Zeremonienmeister gefolgt war. Kaum erkennbar hatte er seinen Kopf vor ihr geneigt und sie mit einem eigentümlich warmen Lächeln in den Augen angeschaut. So ein Unsinn, schalt Lucie sich selbst, bestimmt ist nur ein Lichtstrahl über sein Gesicht gehuscht. Albern, das auf mich zu beziehen. Doch es nutzte nichts. Wie ein Brandzeichen empfand sie das winzige Signal auf ihrer Haut, in ihrem Innern.

Breit, behäbig, in einen schwarzen Burnus und fein gewebte Tücher gehüllt, die allein ihre Augen frei ließen, thronte Zauditu auf einem blauen Seidendiwan und reichte allen Gästen die Hand zum offiziellen Kuss. Ras Tafari an ihrer Seite empfing jeden mit einer hoheitsvollen Verbeugung.

Die Familie, Bekannten und Freunden höflich zunickend, wurde nach rechts zwischen die ausländischen Diplomaten und Mitglieder der europäischen Kolonie geführt.

»Sichst du den Mann mit dem großen Turban da drüben, von der Statur einer Litfaßsäule?«, flüsterte Anna ihrer Cousine ins Ohr. »Das ist der Etschege, Zauditus Beichtvater. Er hält sie fest unter Kuratel – vor lauter Frömmigkeit kommt unsere Negisti Negesti überhaupt nicht zum Regieren.«

Lucie warf nur einen kurzen Blick hinüber zur linken, abessinisch besetzten Seite der Tribüne. Sie fürchtete, wieder diesen irritierenden Augen zu begegnen, außerdem begannen unten auf dem Platz gerade die Feierlichkeiten.

Umhüllt von den duftenden Schwaden ihrer Weihrauchfässer, stimmten die Priester Gebete und monotone Wechselgesänge an, setzten sich dann gemessenen Schrittes in Bewegung und umkreisten zum Klang von dumpfen Trommeln, rasselnden Sistren und Silberglöckchen dreimal eine große, blumengeschmückte Holzpyramide, die im Mittelpunkt der Wiese stand. Ihnen folgten ebenso feierlich die Großen des Reiches, Ras Tafari, der kaiserliche Hofstaat, Herzöge, Generäle, Gouverneure. Von allen Seiten strömten jetzt Festteilnehmer herbei. Zunächst hielten sie sich noch an die bedächtige Gangart der Priester und Noblen, legten auch ihre mitgebrachten Stöcke gesittet neben dem Gerüst ab. Bei jeder neuen Runde aber wurde das Tempo schärfer, die Stimmung ausgelassener, bis die würdevolle Prozession schließlich in eine wilde Jagd mündete. Mit wehenden Gewändern und gellenden Schreien fegten Läufer und Reiter um die Wette im Kreis herum und schleuderten ihre Stöcke wie Speere auf den Berg der bereits niedergelegten. Festordner, die knüppelschwingend die wüste Meute bändigen wollten, zogen ihre Köpfe ein, um Augen und Ohren vor den Geschossen zu schützen.

»Nun, habe ich zu viel versprochen?«, wandte Carl sich an Lucie. Gebannt von dem Trubel da unten, schüttelte sie nur stumm den Kopf.

»Das ist etwas anderes als spröde protestantische Kirchenfeste, nicht wahr?«

»Aber Carl!« Empört fuhr Anna dazwischen. »Willst du diesen Tumult allen Ernstes über unsere zivilisierten Zeremonien stellen? Ein derartiges Spektakel zur Ehre Gottes?«

»Wer weiß, ob er es so eng sieht«, murmelte Carl achselzuckend.

Seine Frau überhörte den Einwand geflissentlich. »Ich denke, wir sollten jetzt gehen, ehe der ganze Platz verrückt spielt«, sagte sie und hob entschieden eine Hand, um das prompt einsetzende Gemaule ihrer Töchter zu beenden. »Keine Widerworte bitte!«

Auch Lucie zeigte ein enttäuschtes Gesicht. »Wie schade. Was geschieht denn hier weiter?«

»Nach Einbruch der Dunkelheit wird der Holzstoß unter Jubelgeschrei und Böllerschüssen in Brand gesteckt«, erklärte Carl. »Das Feuer soll daran erinnern, dass Helena, die Mutter des römischen Kaisers Konstantin, im vierten Jahrhundert bei ihrer Suche nach dem Kreuz Christi in Jerusalem Weihrauch entzündete und dort fündig wurde, wo der Rauch hinzog. Beim Flammenschein singen, tanzen und trinken die Leute bis zum Morgengrauen. Wie du siehst, ist es bald so weit.« Er deutete hinüber zum Hotschetscha, hinter dem eben die Sonne verschwand. Von schwarzvioletten Schatten überzogen, ragte der Berg hoch und spitzzackig in den pfirsichfarbenen Himmel. »Ich kann mir denken, dass du gern zuschauen würdest«, freundschaftlich legte Carl ihr einen Arm um die Schultern, »doch das fröhliche Fest artet nicht selten in wahre Zechgelage aus. Für Fremde kann es dabei recht ungemütlich werden. Folgen wir also Annas Befehl.«

Die Familie wollte sich gerade auf den Weg machen, als der Zeremonienmeister barfüßig gelaufen kam. Die Negisti Negesti, meldete er unter tiefen Verbeugungen, wünsche demnächst aufzubrechen, lasse aber zuvor noch die Kinder zu sich bitten. Und schon schob der diensteifrige Bote die Kleinen in einem Trupp anderer Europäer-Sprösslinge Richtung Thron.

»Vergesst nicht zu knicksen«, rief Anna ihnen nach, wohlwissend, dass die aufgeregt kichernden drei taub für mütterliche Ermahnungen waren.

Puterrot vor Freude, kehrte das Trio wenige Minuten später zurück. »Seht mal, was wir bekommen haben!«, schrie Eva schon von weitem und wäre um ein Haar über ein Paar elegant beschuhte Diplomatenfüße gestolpert, die ihrem Laufschritt im Weg standen. »Einen Rub, einen Rub! Jedem hat die Kaiserin einen geschenkt.« Auf ausgestreckter Hand präsentierte sie den Erwachsenen stolz ihre Beute.

»Was ist das, ein Rub?« Neugierig beugte Lucie sich vor.

»Ein Viertel Menelik-Taler.« Anna nahm das matt schimmernde Geldstück und reichte es ihrer Cousine. »Sieh her, pures Gold.« Auf der einen Seite prangte das Porträt des früheren Kaisers, auf der anderen der abessinische Löwe.

Menelik habe seine eigenen Münzen prägen lassen, um den alten Maria-Theresien-Taler abzulösen, erzählte Carl, aber das sei bisher nicht gelungen. »Die Leute halten stur an der gewohnten Währung fest. Wenn Zauditu allerdings weiter fleißig Rubs austeilt …«

»… werden wir ganz reich!«, rief Edith, die Faust mit dem Goldstück tief in der Tasche ihres rotweiß karierten Mantelkleidchens vergraben.

Auf dem Heimritt blieb Lucie etwas hinter dem kleinen Familienzug zurück. Ungestört vom Plappern der Kinder, wollte sie alles durchdenken, was der heutige Tag gebracht hatte, musste sich jedoch bald eingestehen, dass dieses »alles« nur auf eines hinauslief: das betörende Lächeln in den Augen des unbekannten jungen Mannes. Sie spürte es noch immer, lebendig, warm, durchdringend, als stünde er hier vor ihr. Und wenn er nur ein Verwirrspiel mit mir treibt?, dachte sie. Ich muss verrückt geworden sein, mich von einem einzigen Blick derart verzaubern zu lassen – als erwachsene Frau, als lebenserfahrene Witwe.

Der Gedanke an Richard überfiel Lucie wie ein Schatten. Seit ihrer Kindheit waren sie einander über den Zaun vertraut gewesen und irgendwann in etwas hineingeschlittert, das sie für Liebe hielten. Lucie erinnerte sich an den Mangel bei aller Geborgenheit, an die zehrende Sehnsucht, die sie in Fernweh umzudeuten versuchte. Niemals hatte Richard sie angesehen wie dieser Fremde, mit einem Blick, von dem sie sich zutiefst erkannt, im Innersten getroffen fühlte. Nicht ein einziges Mal während ihrer langen Gemeinsamkeit war sie durch seine Worte oder Berührungen in eine so süße, heftige Beunruhigung gestürzt worden, wie sie sie jetzt nach der stummen, förmlichen Begegnung empfand. Gewohnheit, freundliches Nebeneinander, befangene, beinahe kindliche Zärtlichkeiten – ohne jede Aufwallung des Herzens und der Sinne. Als sie den Irrtum bemerkt hatte, steckte der Ring an ihrem Finger und sie selbst fest im Familienverbund. Mit Richard darüber zu sprechen wäre sinnlos gewesen, denn er schien nichts zu vermissen, und sie bezweifelte, dass sich herbeireden ließe, was sie entbehrte. Dieses Sehnen, sie hätte es nicht einmal ausdrücken können. Liebe, Leidenschaft kannte sie nur aus Büchern und Kinofilmen und wusste nicht, ob so große Gefühle überhaupt Platz in ihrem unbedeutenden Dasein fänden, ihren Hunger tatsächlich stillen würden. Vielleicht waren es ja bloß Hirngespinste ausschweifender Fantasten, im wirklichen Leben unerreichbar. Bemüht, dem farblos dahinplätschernden Ehealltag den Anstrich des Normalen zu geben, hatte sie ihr Denken beharrlich in diese Richtung gesteuert. »Erwarte nichts, dann kannst du nicht enttäuscht werden.« Der Leitspruch ihrer Mutter war schon seit Jahren auch ihr eigenes Motto. Deshalb verfiel sie nach Richards Tod – mit leiser Wehmut, aber ohne Schmerz betrauert – nicht einen Moment lang auf die Idee, dass es eine neue Chance geben könnte, ein erfüllteres Zusammensein mit einem anderen Menschen. Und nun dieser Blick – wie der Anhauch eines doch möglichen Glücks …

Wahrscheinlich würde er mich bei einem nächsten Zusammentreffen nicht einmal wiedererkennen, versuchte Lucie, sich zur Raison zu bringen, lachen würde er, wenn er wüsste, was mich bewegt. Und dennoch wandte sie, zwischen Hoffen und Bangen schwankend, mehrmals den Kopf, hielt unter den in die Stadt zurückziehenden Menschen Ausschau nach dem schwarzen Adonis und seinem Gefolgsmann.

»Keine Sorge, Lucie«, rief ihr Anna, deren scharfer Beobachtung kaum etwas entging, über die Schulter zu, »jetzt kommt kein Auto mehr!«

Wie gut, dass du nichts ahnst, dachte Lucie, hob winkend die Hand und versank wieder im schmerzlich-wohligen Hin und Her ihrer Gedanken.

Schon von weitem sahen sie hoch auflodernde Flammen hinter der Umfriedung ihres Hauses. Es brennt! Panisch schrien alle durcheinander. Erst ein paar Tage zuvor hatte eine gigantische Feuerwalze die Hüttenansammlung am jenseitigen Flussufer überrollt und nur ein paar vereinzelte Pfähle stehen gelassen, die wie faulige Zahnstümpfe schwarz und geborsten aus den Aschehaufen ragten. Mit dröhnender Stimme gelang es Carl endlich, sich in der Aufregung Gehör zu verschaffen. Da brenne nicht etwa das Haus ab, sondern ein Maskalfeuer, von den Dienern als Überraschung für die Kinder und Lucie gedacht, weil sie doch noch nie eines erlebt hätten.

Homer, der erste Hausboy, stand bereits wartend beim offenen Tor, durch das flackernder Lichtschein, Gelächter und Stimmengewirr auf die Straße drangen. Unter tiefen Verbeugungen und großen, einladenden Gesten führte er seine Herrschaft zu ein paar Gartenstühlen im Kreis der um das Feuer hockenden Diener und ihrer Frauen. Doch Wilma, Edith und Eva wollten keine Ehrenplätze. Die drei hatten Kababusch auf der anderen Seite des mächtigen Holzstoßes entdeckt und schlüpften hinüber, um sich in ihre molligen Arme, ihre Schamma zu kuscheln und – außer Reichweite der Eltern – an ihrem Tedj-Fläschchen zu nippen. Im Nu waren sie umringt von einer Schar Dienerkinder. Mit weit aufgerissenen Augen musterten die kleinen Braunen die kleinen Weißen.

Kababusch versuchte sich an einer förmlichen Vorstellung. »Edith – Wilma – Eva«, jedem ihrer Schützlinge tippte sie kurz auf die Brust. »Und das hier ist Mamo«, fuhr sie fort, dem zunächst kauernden, rotznasigen Bürschchen über die Wuschelhaare streichelnd, »dann kommt Hailu, dann Abebe, das Mädchen neben ihm heißt Desta …« Die Kleinen lächelten, als ihre Namen in der fremden Sprache laut wurden.

»So heiße ich auch, so heiße ich auch!« Edith schlug begeistert die Fäuste aneinander. »Edith Desta und Eva heißt Ubit. Wir haben alle einen abessinischen Namen, bloß Wilma nicht!«

An ihren Zöpfen nagend, warf Wilma der jüngeren Schwester einen giftigen Blick zu.

Die Haertel-Kinder kannten die Dienerkinder bislang nur von Ferne. Sie wohnten mit ihren Eltern in Rundhütten unten am Fluss und huschten, wenn sie zum Tor hinaus wollten, auf Seitenwegen durch den Garten.

»Ich würde so gern mit ihnen spielen«, seufzte Edith sehnsüchtig.

Sofort verzog sich Kababuschs rundes Lachgesicht zu einer strengen Miene. »Kommt gar nicht in Frage! Du weißt genau, eure Mama erlaubt das nicht. Ihr seid feine Kinder und sollt mit feinen Kindern spielen. Wir müssten uns ja schämen, wenn ihr mit denen hier herumzieht.«

Seit dem Deutschland-Aufenthalt pflegte sie häufig »wir« zu sagen, sobald sie von ihrer Herrin und deren Ansichten sprach, damit niemand ihre Bedeutung als Hamburgerin, die in das schöne Haus gehörte, unterschätzte, die sogar mit weißer Spitzenschürze bei eleganten Einladungen die Speisen auftrug – weit erhoben über ihre ärmliche Mutter in dem löcherigen Tukul unten am Rand des Grundstücks.

»Aber sie sehen so nett aus!«

»Finde ich auch«, mischte sich Eva ein, »ich will auch mit ihnen spielen. Lass uns doch, Kababusch, bitte …«

Ungerührt vom Protest der beiden, legte Kababusch einen Finger an ihre wulstigen Lippen. »Pssst! Seid mal still, wir müssen jetzt zuhören.«

Worku, ein betagter, für das Ausmisten der Pferdeställe zuständiger Mann, hatte sich erhoben. Knorrig, schief wie ein windzerzauster Olivenbaum, trat er vor die Ehrengäste und stimmte einen kehligen Gesang an, den er mit monotonen Klängen seines einsaitigen Streichinstruments begleitete. Lachend und im Takt klatschend, fiel der Dienerkreis in den Refrain ein.

»Was ist das für ein seltsames Instrument?«, wisperte Lucie ihrer Cousine zu.

»Eine Massinko«, antwortete Anna ebenso leise, »die reinste Nervensäge. Aber sie gehört dazu.«

»Wozu?«

»Zu dieser Art von Gesang. Er improvisiert ein Lied auf uns, ein sehr nettes.«

Wieder einmal bedauerte Lucie ihre noch mangelhaften Amharischkenntnisse.

»Was singt er denn?«, flüsterte sie gespannt.

»Oh, erst wurde Carl gepriesen, der großzügige Herr, der zwei Hammel zum Maskal spendiert hat und reichlich Tedj und Talla.

Dann war ich dran als gütige Mutter für alle.« Anna zwinkerte belustigt. »Warte, jetzt kommst du gerade an die Reihe.« Sie lauschte, bis alles rundherum wieder zum Refrain anhob, und berichtete Lucie dann vom ihr gewidmeten Lobgesang. »Deine Anmut hat er gerühmt, die der einer Gazelle gleiche, und deine Schönheit, zart wie die einer Lilie im Morgentau. Das heißt schon was, meine Liebe, denn hier stehen eigentlich füllige Frauen hoch im Kurs. Selbst eine grundgütige Mutter könnte bei einer solchen Hymne eifersüchtig werden.«

»Ach, Anna, du willst mich wohl verspotten.« Lucie schüttelte abwehrend den Kopf. An Schönheit hatte sie im Zusammenhang mit ihrer Person noch nie gedacht. Zu Hause bei den Eltern war das Äußere kein Thema gewesen, solange man sich anständig gekleidet und sauber gewaschen zeigte. Und Richard – wahrscheinlich kannte er sie viel zu lange, um etwas Bemerkenswertes an ihrer Erscheinung zu entdecken. Was sollte das auch sein? Lucie betrachtete die Gesichter in der Runde, dunkle, vom Feuerschein vergoldete Gesichter, in deren glänzenden Augen sich das Flackern der Flammen spiegelte. Es gab so wunderschöne Menschen hier, mit fein gemeißelten Zügen, graziösen Bewegungen. Daneben kam sie sich vor wie eine blasse unscheinbare Made. Wieso hatte Worku nicht etwas anderes an ihr besungen, egal, was, nur nicht ausgerechnet die Schönheit? Und der Fremde, der nicht aufhörte durch ihren Kopf zu spuken, wieso hatte er sie überhaupt wahrgenommen?

»Anna …« Lucie zupfte ihre Cousine am Ärmel, doch die beachtete sie nicht. Gerade setzte das krächzende Spiel der Massinko wieder ein, begleitet von Händeklatschen und Gesang sprangen ein paar Leute auf die Füße und begannen nahe beim Feuer zu tanzen. Im Rhythmus des Liedes warfen sie ihre Schultern ruckartig vor und zurück, beugten bei jedem Zucken die Beine, streckten sich, gingen tief und tiefer in die Knie, federten wieder hoch … Immer schneller wurde der Takt, immer irrwitziger das

Tempo der Schulterstöße, das Auf und Ab unter fliegenden Gewändern.

Lucie fühlte, wie die Ekstase der Tänzer auf sie übergriff, wie ihr Körper fiebrig mitbebte im rasenden, flammenumspielten Wirbel. Eine so entrückte, hemmungslose Lust an der Bewegung hatte sie noch nie gesehen und schon gar nicht selbst gespürt. Verwirrt, mit wild pochenden Schläfen schloss sie die Augen. Was geschah hier? Dieses Land schien in ihrem Innern Schichten aufzudecken, die ihr genauso unbekannt waren wie die äußeren Eindrücke.

Allgemeines Jubelgeschrei beendete den Tanz, Körbe voller Speisen wurden herbeigeschleppt, und Lucie gelang es, sich unbemerkt zu entfernen. Langsam wanderte sie in die Stille des dunklen, nach kühler Erde duftenden Gartens. Im Häuschen zündete sie nur eine Kerze an. Selam, ihre Dienerin, die sonst ständig in der Nähe war, saß noch oben bei den Feiernden, und Lucie wusste sich unbeobachtet, als sie vor ihren Spiegel trat. Eigentlich wollte sie die von dem knorzigen Alten besungene »Schönheit« prüfen, aber unwillkürlich neigte sich ihr Kopf zu einem angedeuteten Gruß, in ihren Augen schimmerte der Hauch eines Lächelns – im eigenen Blick traf sie auf den des Fremden. Nein, das konnte keine liebenswürdige Maske gewesen sein, keine belanglose Freundlichkeit. Er hatte tatsächlich sie gemeint.

Als der Abgesandte des Regenten kam, war von den Haertels niemand zu Hause, daher nahm Homer seine Botschaft in Empfang. Ras Tafari lasse die Herrschaften zu einer Audienz bitten, und zwar am morgigen Vormittag.

Die Nachricht löste ungeheure Verwirrung aus. Seit Meneliks Tod war die enge persönliche Verbindung mit dem Hof abgebrochen, lange schon baute Carl nicht mehr im Auftrag der Regierung, sondern Häuser für Privatleute. Abgesehen von ein paar großen offiziellen Empfängen, bei denen die gesamte Creme der

Stadt vor den Hoheiten defilierte, hatte er weder Zauditu noch den Regenten je zu Gesicht bekommen. Weshalb jetzt plötzlich diese Vorladung?

Anna sah Sorgenfalten über Carls Nasenwurzel und wusste, dass er an die vielen Neider und Intriganten in Addis dachte, die vor keiner Diffamierung zurückschreckten.

»Komm«, behutsam versuchte sie, seine Stirn zu glätten, »zerbrechen wir uns nicht den Kopf über Dinge, von denen wir nichts wissen. Sag mir lieber, was ich anziehen soll.«

»Die vorschriftsmäßige Toilette natürlich – wie früher, zu Zeiten des alten Löwen.«

In feinster Schale, schwarzem Taftkostüm und Frack, und von vagen Ängsten geplagt, ritten sie gegen elf Uhr zum Gibbi. Auch hier war alles wie früher. Nur empfing Ras Tafari seine Besucher nicht nach Meneliks Art auf einem Diwan hockend, sondern kam ihnen, als der Hofmeister sie in die kleine Audienzhalle führte, mit gewinnendem Lächeln entgegen.

»Madame, Monsieur – danke, dass Sie meiner Einladung gefolgt sind.«

Hoffentlich hört er nicht, welche Felsbrocken uns vom Herzen rollen, dachte Anna, während der Regent ihr die Hand reichte. Eine kleine Hand, so feingliedrig wie die des jungen Burschen, der sie damals durch das Palastgelände geleitet hatte. Immer noch wirkte er zart, fast zerbrechlich, immer noch schienen die großen Augen in einem Meer von Tränen zu schwimmen, die Nasenflügel vor Empfindsamkeit zu beben. Aber das helle Gesicht wurde jetzt von einem strengen Bart umrahmt, und hinter der Melancholie war Wachheit zu spüren, Energie und Willenskraft.

»Werden wir einen Dolmetscher benötigen?«, fragte der Ras, nachdem sie in den altbekannten Schnörkelsesseln Platz genommen hatten. Sein Französisch klang weich, mit rollendem R.

»Ich denke nicht, Leul«, antwortete Carl auf Amharisch, »auch Ihre Landessprache ist uns inzwischen vertraut.«

Ras Tafari nickte anerkennend. »Das habe ich fast erwartet«, er fiel jetzt ebenfalls in seine Muttersprache. »Schon bei unserer ersten Begegnung zeigten Sie außergewöhnliches Interesse an abessinischer Eigenart – anders als viele Europäer, die hier nur eine Chance für schnellen Gewinn suchen.«

Ein kurzes Händeklatschen des Regenten, und wie aus dem Boden gezaubert erschienen Diener mit Gebäck und Champagner. Natürlich wieder lauwarm, dachte Anna, und um diese frühe Stunde gefährlich für den Kopf. Sie verwünschte die ausländischen Gesandten, von denen die Eingeborenen auf die naive Vorstellung gebracht worden waren, dass zu jeder Visite unter europäisch gebildeten Menschen unbedingt Sekt gehöre. Anstandshalber musste man wenigstens am Glas nippen.

»Madame«, die schwermütigen Augen wandten sich ihr zu, »hoffentlich konnten Sie und Ihre Töchter wieder bei uns Fuß fassen. Es interessiert mich sehr, wie die Bevölkerung in Deutschland den Krieg erlebt hat und wie die Lage sich weiter entwickelt. Darf ich Sie um einen Bericht bitten?«

Oft schon hatte Anna mittlerweile davon erzählen müssen, aber immer noch fiel es ihr schwer, den Umschwung von nationaler Hochstimmung in tiefstes Elend, die Verlorenheit der Hungernden, Frierenden zu beschreiben und die Hoffnungslosigkeit der Kriegsversehrten, von denen viele nur deshalb starben, weil keine Medikamente erreichbar waren.

»Ich glaube, es ist noch nicht ausgestanden«, beendete sie ihre Schilderung, »der Friedensvertrag zwingt dem Land kaum tragbare Reparationszahlungen auf, dazu die Inflation. Meine Mutter schrieb mir kürzlich, dass sie mit Taschen voller Geld losgehen muss, um ein paar Eier zu kaufen.«

Ras Tafari schaute eine Weile versonnen auf die Spitzen seiner eleganten Halbschuhe. »Wer soll das Reich aus dieser Krise führen – nach der Abdankung Kaiser Wilhelms?«, fragte er dann. »Wie ich hörte, hat das Volk selbst die Macht übernommen. Ist es umsichtig und aufgeklärt genug für eine so schwierige Aufgabe? In Abessinien wäre das undenkbar.«

»Nun«, schaltete Carl sich ein, »es verfügt immerhin über eine gewisse Erfahrung durch sein langes parlamentarisches Mitspracherecht. Der Kaiser war ja kein absoluter Souverän, sondern bei vielen wichtigen Entscheidungen auf die Zustimmung des Reichstags, eines Gremiums gewählter Volksvertreter, angewiesen.«

»Und eine starke, lenkende Hand wird nicht gebraucht?«

Carl überlegte kurz. »Vielleicht könnte der Präsident der Republik diese Funktion erfüllen.«

»Ja«, Anna nickte, »dahin scheinen sich die Dinge zu entwickeln. Ebert, der momentan das Amt innehat, gilt als kluger, richtungweisender Mann, ein Mann des Ausgleichs. Zur Zeit meiner Abreise war die Lage äußerst kritisch, es gab Putschversuche, Widerstand von verschiedenen antidemokratischen Gruppen, Streitigkeiten zwischen den deutschen Ländern, trotzdem gelang ihm bis heute ein einigermaßen stabiler Kurs. Man wird sehen, wie es weitergeht.«

Winselnd sprang plötzlich ein Hündchen hinter dem nahe der Tür stehenden Paravent hervor, schoss wie eine haarige Kugel über den Teppich und hüpfte auf die weiß behosten Knie seines Herrn.

Ras Tafari zauste dem Kleinen den Nacken. »Tinisch«, erklärte er, »muss sich immer in Szene setzen.«

Anna beobachtete das fürstliche Haustier mit einiger Skepsis. In der Stadt wurde erzählt, es hebe bisweilen ein Beinchen am Schuh hilflos erstarrter Besucher.

»Ich bin froh, dass sich die Situation bei uns hier entspannt hat.« Die Hand im Fell des keck äugenden Zwergpinschers vergraben, setzte der Regent das Gespräch fort. »Während der letzten Monate sind wieder vermehrt Landsleute von Ihnen eingereist. Tüchtige, fleißige Leute, ohne kolonialistische Hintergedanken, deren Engagement sehr nutzbringend für uns sein kann. Menschen Ihrer Couleur, Monsieur.« Er neigte den Kopf kurz in Carls Richtung. »Ich kenne viele Ihrer Bauwerke, am Hof weiß man Ihre Loyalität zu schätzen und erinnert sich an das besondere Verhältnis, das Sie mit Kaiser Menelik verband. Im Namen Kaiserin Zauditus möchte ich Sie deshalb beauftragen, ihrem Vater eine würdige Grabstätte zu errichten. Was halten Sie von dieser Bitte? Wären Sie bereit dazu?«

Was er davon hielt? Ob er bereit war? – Fassungslos starrte Carl in das ihm lächelnd zugewandte Gesicht. Dem verehrten Dschanhoi, dem alten Löwen ein Mausoleum bauen! Eine größere Freude und Auszeichnung hätte er sich nach den langen Jahren der Ausgrenzung nicht vorstellen können. Am liebsten wäre er aufgesprungen, mit Anna jubelnd durch den Raum getanzt. Doch das verbot leider die Etikette.

»Leul, ich danke Ihnen für Ihr Vertrauen«, ein leises Beben seiner Stimme verriet den Überschwang der Gefühle. »Und ich hoffe von Herzen, dem Nimbus des Kaisers und Ihren Erwartungen gerecht zu werden.«

»Gut«, sagte Ras Tafari freundlich. »Wir denken an ein steinernes Monument hier oben auf dem Hügel, nahe beim Gibbi. Ich werde Sie demnächst rufen lassen, um Näheres zu besprechen.« Das Hündchen im Arm, erhob er sich und entließ seine Gäste mit einem festen Händedruck.

Sie waren schon fast zur Tür hinaus, die ein eifriger Diener vor ihnen aufriss, als der Regent sie noch einmal zurückrief. »Monsieur, einen Moment noch, bitte! Würden Sie Madame gestatten, dass sie meine Frau einmal besucht?«

»Natürlich, Leul, sehr gern sogar«, lächelte Carl. »Nach unserer Sitte ist meine Erlaubnis zwar nicht erforderlich, aber ich weiß, es wäre ihr ein Vergnügen. Nicht wahr, Liebste?«

Zu seiner Überraschung brachte die sonst nie um ein Wort verlegene Anna keinen Ton heraus. Benommen vom Übermaß unerwarteter Ehre, gelang ihr nur ein zustimmendes Nicken.

Schon drei Tage später traf die Einladung ein. Dieses Mal nicht in Orderform, sondern als höfliche Anfrage, ob es Madame genehm sei, die Woizero Menen am übernächsten Nachmittag aufzusuchen. Zeit genug für Anna, sich bei einem indischen Banjanen den Bubikopf stutzen zu lassen und ausgiebig über die passende Garderobe nachzudenken – natürlich auch über die ihr unbekannte Gastgeberin.

Nur wenige Ausländer waren der Fürstin bislang begegnet. Sie halte sich an die Regeln ihrer streng traditionellen Erziehung, wurde erzählt, die angeblich Auftritte bei Audienzen und großen Empfängen verboten. Vielleicht kursierten gerade wegen dieser Zurückgezogenheit so viele Gerüchte über Menens blühende Schönheit und den romantischen Beginn ihrer Ehe. Wie es hieß, hatte sich der sonst wenig Neigung zu Lebensfreude und Sinnenlust zeigende Tafari als neunzehnjähriger Dedjasmatsch, Gouverneur von Harar, Hals über Kopf in die drei Jahre jüngere Enkelin des Herrschers von Wollo verliebt, eines der bezauberndsten Mädchen des Landes, und sie trotz der Proteste ihres ersten Ehemannes, dem sie kurz zuvor entlaufen war, mit dem Segen der Kirche geheiratet.

Die Familie des Regenten lebte nicht im kaiserlichen Palastbezirk, sondern in einem eigenen, am nördlichen Stadtrand gelegenen Areal, dem so genannten Kleinen Gibbi – vorsichtshalber, munkelte man, weil Ras Tafari sich und die Seinen den Anschlägen emsiger Giftmischer entziehen wollte. Als Anna am vereinbarten Mittwochnachmittag aus dem Haus trat, stach die Sonne unbarmherzig, kein erfrischendes Windchen wehte. Der zarte Strohhut, mit Bedacht zum rosenholzfarbenen Tailleur gewählt, würde auf dem langen Ritt nicht genügend Schutz bieten. Widerwillig tauschte sie ihn aus gegen den ungeliebten Tropenhelm und steckte sich im letzten Moment noch eine Orchideenblüte ans Revers.

Beim Tor in der Steinmauer standen schon Diener bereit, um die Besucherin, ihr Pferd am Zügel führend, über einen von Eukalyptusbäumen beschatteten Gartenweg zum Palais zu geleiten. Eine hoffnungslos übertriebene Bezeichnung, wie Anna fand, als sie das einfache blechgedeckte Gebäude erblickte, vor dem barfüßige Soldaten in Khaki-Uniform Wache hielten. Immerhin war der fest gestampfte Boden des Empfangsraums mit kostbaren Perserteppichen belegt, die Holzdecke als Nachthimmel voller goldener Sterne ausgemalt, und in den beiden Türöffnungen schwangen im leichten Durchzug dunkelblaue Samtvorhänge. Es gab sogar heile, blanke Fensterscheiben. Anna kannte kaum abessinische Häuser von innen, aber sie hatte gehört, dass sich selbst bei den Notablen des Landes die Einrichtung auf Teppiche, die obligatorische Alga und bestenfalls ein paar Stühle für europäische Gäste beschränke. Hier dagegen war man offenbar um das Flair eines westlichen Salons bemüht – ebenso heftig wie vergeblich. Für Annas Empfinden ein Bild der Hilflosigkeit: verloren mitten im Raum ein pompöses Ledersofa, erbsengrüne Polstersessel wahllos auf blaurotem Teppichmuster verteilt, in der einen Ecke ein ausgeblichener japanischer Papierblumenstrauß, in der anderen eine Kuckucksuhr …

»Madame?« Lautlos, auf nackten Sohlen war die Prinzessin eingetreten. Trotz ihrer Fülle bewegte sie sich leicht und anmutig wie eine schwebende Feder, reichte Anna die Hand und führte sie zu dem Kanapee.

»Kommen Sie, Madame, setzen wir uns. Geht es Ihnen gut, sind Sie gesund? Was machen Ihre Kinder? Fühlt Ihr Mann sich wohl? …«

Zeit der gegenseitigen Musterung. Was Anna sah, während sie geduldig Auskunft gab, gefiel ihr sehr. Aus Menens weichem, von dunklem Kraushaar umrahmtem Gesicht strahlten große, sanfte Augen, die Nase war schmal und gerade und betonte durch ihre Strenge den sinnlichen Schwung der vollen Lippen.

Auch die Woizero schien an ihrem Gegenüber Gefallen zu finden.

»Sie können sich nicht vorstellen, Madame«, sagte sie, als alle Fragen des Wohlergehens geklärt waren, »wie ich mich über Ihren Besuch freue. Mein Mann hat mir viel von Ihrer Klugheit und Weltgewandtheit erzählt. Er meint …«, in einem Anflug von Verlegenheit senkte sie kurz die Lider und strich ihr cremefarbenes Seidenkleid über den Knien glatt, »nun, er meint, dass ich vielleicht von Ihnen lernen könnte.«

»Aber Leelt!«, entfuhr es der erstaunten Anna. »Wieso …«

»Doch, doch«, Menen hob abwehrend eine Hand. »Wissen Sie, ich bin eine einfache Frau – ohne jede Schulbildung. Ich spreche kein Französisch, ich kenne mich nicht aus mit europäischen Sitten, ich weiß nicht, wie man sich unter den Diplomaten und ausländischen Kaufleuten verhält, mit denen mein Mann immer häufiger zu tun hat.«

Da liegt also der Hase im Pfeffer, das ist der wahre Grund für die Scheu vor öffentlichen Auftritten, dachte Anna, während Menen in ihrer Erklärung fortfuhr.

»Er hält Sie für so freundlich, sich nicht über meine Unwissenheit lustig zu machen. Und wenn ich Sie ansehe, habe ich auch diesen Eindruck. Außerdem sprechen Sie gut Amharisch, wir bräuchten also keinen Dolmetscher, der vielleicht ausplaudern würde, wie dumm die Frau des Regenten ist.«

Gerührt fing Anna ein bescheidenes bittendes Lächeln auf und unterdrückte knapp den Impuls, die mollige Hand der Prinzessin zu tätscheln.

»Von Dummheit kann wohl kaum die Rede sein«, sagte sie stattdessen tröstend, »es gab ja früher keinen Grund für Sie, sich mit fremden Kulturen zu beschäftigen. Glauben Sie mir, ich weiß sehr gut, wie Ihnen zumute ist. Als wir hierherkamen und ich plötzlich in Gesandtschaftskreisen und sogar am kaiserlichen Hof verkehren sollte, habe ich mich auch furchtbar unsicher gefühlt. Allein die abessinische Fingerfertigkeit beim Essen …«

»Und ich habe noch nie mit Messer und Gabel gegessen«, bekannte Menen, die Stirn in kummervolle Falten gelegt.

»Keine Sorge, Leelt, ich werde schon Acht geben, dass Sie sich nicht erstechen.« Bewusst schlug Anna einen kumpelhaften Ton an – und tatsächlich, die Prinzessin atmete befreit auf.

»Ich darf also mit Ihrer Hilfe rechnen, Madame?«

»Selbstverständlich, es wird mir eine Freude sein.«

Menen klatschte kurz in die Hände, das übliche Zeichen für den Sekt. Doch die warme Flasche blieb aus. Zu Annas Verwunderung kam eine Dienerin herein, setzte allerlei Gerätschaften auf einer teppichfreien, mit frisch geschnittenem Gras bestreuten Stelle des Lehmbodens ab und steckte in der Mitte des grünen Flecks einen kleinen, von drei Steinen eingefassten Stoß Holzspäne in Brand.

»Kennen Sie unsere Kaffeezeremonie, Madame?«, fragte Menen, während ihre Dienerin in einer flachen Eisenpfanne grüne Kaffeebohnen über dem Feuer zu rösten anfing.

»Bisher leider nur vom Hörensagen«, erwiderte Anna.

»Wie schön, dann kann ich Ihnen also auch etwas Neues vorführen.« Beim Lachen erschienen zwei tiefe Grübchen neben den Mundwinkeln der Prinzessin.

Köstlicher Kaffeegeruch begann, den Raum zu erfüllen, vermengt mit dem Duft aus einem zierlichen Tongefäß, in das die Dienerin ein paar glühende Späne und ein Bröckchen Weihrauch gelegt hatte.

»Wir müssen Wolette jetzt loben«, erklärte Menen, als die junge Frau sich von ihrem Hocker vor der Feuerstelle erhob. Sie trug die fertig gerösteten Bohnen auf einem Korbteller herbei und blies ihnen das Aroma mit feierlichem Ernst ins Gesicht.

»Wunderbar, Wolette.« – »Delikat!«

In einem Holzmörser wurden die Bohnen zerstoßen, danach in einer bauchigen Kanne dreimal aufgekocht. Schließlich füllte Wolette zwei bunte Porzellantässchen – so voll, dass Anna ihres nicht zum Mund balancieren konnte, ohne einige Tropfen zu verschütten. Menen, geröstete Kichererbsen knabbernd, beobachtete sie amüsiert.

»Diese abessinische Sitte scheint Ihnen ebenfalls unbekannt zu sein, Madame. Trinkgefäße füllt man bei uns bis zum Überlaufen, weniger gilt als Geiz.«

Anna nippte vorsichtig. »Ich habe auch noch niemals Kaffee mit Salz getrunken.«

»Ach, wirklich? Und wie schmeckt es Ihnen?«

»Danke, ausgezeichnet«, schwindelte Anna höflich und leerte zum Beweis noch ein zweites Tässchen. Ihr war speiübel, am liebsten hätte sie sich gleich auf den Heimweg gemacht. Doch die Prinzessin schien sie noch nicht entlassen zu wollen. Ein Händeklatschen, ein leiser Befehl in das Ohr eines untertänig herbeieilenden Dieners, dessen großes, vorstehendes Gebiss an gefletschte Raubtierzähne erinnerte.

»Ich möchte Ihnen gern meine Kinder vorstellen«, sagte Menen, behaglich in ihre Sofaecke gelehnt. Zumindest mit den europäischen Sitzgewohnheiten war sie offenbar bestens vertraut. »Da wir uns nun öfter sehen werden, könnten die Kleinen vielleicht gelegentlich mit den Ihrigen zusammentreffen. Was meinen Sie?«

Anna presste eine Hand auf ihren rebellierenden Magen und bemühte sich um ein unverkrampftes Lächeln. »Eine wunderbare Idee, Leelt.«

Zum Glück dauerte es kaum zwei Minuten, bis die Kinder von einer älteren Frau mit üppig wogendem Busen und Hinterteil in Orgelpfeifenformation hereingeführt wurden, unter dem prüfenden Blick der gewichtigen Dame, wahrscheinlich ihrer Erzieherin, Aufstellung nahmen und sich tief verbeugten. Selbst das Schlusslicht der Reihe, Anna schätzte das Alter des Kleinen auf höchstens anderthalb Jahre, probierte schon eifrig mitzuhalten.

»Kommt her, meine Lieben, Madame Haertel will euch kennen lernen«, rief Menen.

Während die Kinder näher traten, musste Anna unwillkürlich an die eigenen wilden Rangen denken. Ob irgendwer auf der Welt sie zu derart gesittetem Verhalten hätte bringen können? Diese vier hier hatten die helle Haut und die großen, ausdrucksvollen Augen ihrer Eltern geerbt, sie waren von rührender zerbrechlicher Schönheit, machten aber einen völlig unkindlichen Eindruck. Der Ernst der Gesichter, die Gemessenheit der Bewegungen, sogar die Kleidung – zumindest die drei Älteren wirkten wie vornehme Erwachsene in kleiner Ausführung. Bestimmt war das nicht Menens Werk, denn sie zog die Kinder an ihre Knie und begann eines nach dem anderen vorzustellen, warmherzig, mit mütterlichem Stolz.

»Das hier ist unsere Älteste, Tananje Work, sie wurde 1912 geboren, als wir noch in Harar lebten. Dann kommt Asfau Wossen, unser einziger Sohn und natürlich der Augapfel seines Vaters. Obwohl er erst fünf Jahre alt ist, darf er schon manchmal an Audienzen teilnehmen.«

Im Bewusstsein besonderer Würde, neigte das Prinzlein hoheitsvoll den Kopf.

»Bezaubernd«, schmunzelte Anna, »ich habe keinen Jungen, obwohl eine meiner Töchter sich gelegentlich so aufführt.«

Menen blickte sie besorgt an. »Nur Mädchen? Was sagt denn Ihr Mann dazu?«

»Oh, ihn stört es nicht. Glücklicherweise ist er keiner von den Männern, die unbedingt Söhne wollen, selbst wenn sie weder große Namen noch Machtpositionen zu vererben haben.«

»Da können Sie wirklich froh sein. Bei uns zählen Jungen in jedem Fall doppelt und sind außerordentlich wichtig für das Prestige.«

Die Prinzessin wandte sich jetzt dem nächsten Kind zu, einem elfenhaft zarten Geschöpf, aus dessen bauschigem Kraushaar ein durchscheinendes Gesichtchen lugte. »Zenebe Work hatte vorgestern ihren dritten Geburtstag«, sagte sie, der Kleinen sanft über die Schulter streichend. »Ich mache mir oft Sorgen wegen ihrer Anfälligkeit. Und zum Schluss, Madame, unsere Jüngste, Zahai Work, sie ist siebzehn Monate alt – und gottlob kerngesund.«

Natürlich konnte die fürstliche Erziehung bei der winzigen Person noch nicht recht gegriffen haben. Als ihr Name fiel, patschte Zahai Work Anna unbefangen auf die Hand und strahlte sie vertrauensvoll an.

»Ich finde Ihre Kinder entzückend, Leelt«, sagte Anna, nachdem die üppige Dame das Trüppchen wieder hinausbugsiert hatte. »Auch die Namen gefallen mir gut.«

Asfau Wossen bedeutete «Erweitere deine Grenzen«, ein passendes Motto für einen klugen, tapferen Mann. Tananje Work hieß auf Deutsch «Gefundenes Gold«, Zenebe Work «Goldregen« und Zahai Work «Sonnengold«. Liebevolle, glückverheißende Namen, fand Anna.

»Und wie heißen Ihre Töchter?«

»Wilma, eigentlich Wilhelmine, nach unserem vormaligen Kaiser, Edith und Eva.«

»Das klingt hübsch, wenn auch sehr fremd für meine Ohren.« Die Prinzessin, offenbar zum Abschied bereit, erhob sich von ihrem Sitz. »Bitte, machen Sie mir die Freude und bringen beim nächsten Mal Ihre Kinder mit.«

»Gern, Leelt, Kinder also und Übungsbesteck.«

»Oh ja, das dürfen Sie auf keinen Fall vergessen.« Menen hielt Annas Hand einen Moment länger als gewöhnlich fest. »Ich denke, Madame, wir könnten Freundinnen werden.«

»Sie scheint von innen heraus zu leuchten.« Die Arme auf den Sims gestützt, stand Carl am offenen Schlafzimmerfenster.

»Wer? Von wem sprichst du?« Vor dem Frisierspiegel kämpfte Anna gerade mit einer widerspenstigen Granatbrosche, die über dem obersten Knopf ihrer Hemdbluse nicht halten wollte. Weiter nestelnd kam sie ans Fenster und spähte neugierig in den vom Morgentau glitzernden Garten.

»Ach so, du meinst Lucie.«

Schweigend schauten beide der Cousine zu, wie sie den Sandweg entlangschlenderte, hin und wieder an einer Blüte schnupperte, gemächlich hinüber zum Vorplatz ging, sich auf den Braunen helfen ließ und, gefolgt von Selam, aus dem Hof ritt.

»Ja«, sagte Anna nachdenklich, »vier Monate haben gereicht, um einen anderen Menschen aus ihr zu machen. Erinnerst du dich an die geduckte, fast verhuschte Haltung, mit der sie anfangs oft herumlief? An ihr mangelndes Selbstvertrauen, die Mattigkeit in ihrem Gesicht? Jetzt bewegt sie sich frei und sicher und strahlt eine Lebenslust aus wie niemals, solange ich sie kenne.«

»Was kann diese Veränderung bewirkt haben?«, fragte Carl. »Glaubst du, es liegt allein am Ortswechsel?«

Anna zuckte mit den Achseln. »Ich weiß nicht recht. Sie genießt die Unabhängigkeit in ihrem Häuschen, unsere Kinder beten sie an, das fremdartige Leben hier scheint ihr ausnehmend gut zu gefallen. Aber ich habe das Gefühl, es steckt noch etwas anderes dahinter.«

»Vielleicht die Höhenluft?«, schlug Carl vor.

»Unsinn, davon werden Europäer allenfalls kurzatmig und reizbar.«

Er lachte gutmütig. »Komm, lassen wir das Ratespiel und freuen uns einfach über Lucies Erblühen.«

»Ja«, Anna nickte, »nur …«

»Was – nur?«, fragte Carl mit erstaunter Miene.

»Ach, nichts.« Sie wandte sich hastig ab, öffnete den Wäscheschrank und begann, im Schatten der Türen geschäftig zu hantieren. Er würde ihre Bedenken nicht verstehen und auf keinen Fall billigen. Wozu also darüber reden?

»Du kannst ruhig schon deinen Kaffee trinken, ich komme gleich nach«, rief sie, den Kopf zwischen Stapeln von Kissenbezügen und Laken versteckt.

Carl blieb noch einen Moment am Fenster stehen und verließ

dann, etwas über »Weiberallüren« grummelnd, das Zimmer. Während er mit schweren Schritten die Treppe hinabpolterte, kam Anna aus ihrer Deckung und setzte sich auf die Kante des Ehebettes. Sie musste endlich Klarheit in ihre widersprüchlichen Empfindungen Lucie gegenüber bringen.

Natürlich, es war schön, dass die Cousine sich hier bei ihnen zu einer fröhlichen selbstbewussten Person mauserte. Mit den Kindern ging sie so fürsorglich um, wie man es besser nicht hätte wünschen können, zeigte endlose Geduld bei gemeinsamen Spielen, brachte sogar Edith, dem halben Jungen, Kreuzstichstickerei bei, und oft klangen aus dem Garten Volkslieder und Lönslieder herüber, begleitet von Lucies Klampfe.

Der Ärger hatte sich ganz langsam eingeschlichen. Anna versuchte, ihre ersten Unmutsregungen zu orten, und stieß auf die Abendgesellschaft bei Schiermeiers zwei Monate zuvor, zu der Lucie partout nicht mitkommen wollte. Leibschmerzen und Übelkeit nannte sie zur Begründung, sah dabei aber für Annas Kennerblick verdächtig wohl aus. Das Gleiche wiederholte sich wenige Tage später, als Signore di Montauti, Attaché der italienischen Gesandtschaft, zum Diner bat. Dieses Mal wurde Lucie durch eine plötzliche Migräne-Attacke gehindert, ein Leiden, von dem bei ihr noch nie die Rede gewesen war. Unverhohlener Zweifel an den termingerechten Beschwerden brachte sie so wenig zur Raison wie die eindringliche Ermahnung, dass man – gerade als Neuling in der Stadt – die hier üblichen Gesellschaftsformen respektieren müsse, sofern man die Leute nicht vor den Kopf stoßen wolle. Konstant weigerte sich Lucie auch weiterhin unter fadenscheinigen Ausreden, an geselligen Veranstaltungen der europäischen Kolonie teilzunehmen. »Es ist weiter nichts«, sagte sie Mal für Mal, »ich fühle mich nur ein wenig unwohl. Lasst euch durch mich nicht stören.«

Lasst euch nicht stören! Erbittert zwirbelte Anna an einem Knopf des Überschlaglakens, bis er abriss, über die grüne Damastdecke auf den Boden sprang und unter der Frisierkommode verschwand. Ob Lucie sich tatsächlich nicht vorstellen konnte, wie peinlich es war, ständig gefragt zu werden, weshalb die mitgeladene Cousine nicht erschien? Wieder und wieder plausible Entschuldigungen erfinden zu müssen, denen inzwischen wohl niemand mehr Glauben schenken mochte? Die Gesichter ringsum verrieten zunehmende Skepsis, der Stadtklatsch bekam ordentlich Futter – ausgerechnet jetzt, nachdem die Verbindung zum Hof gerade wieder angeknüpft und sie selbst, Anna, häufig Gast im Haus des Regenten war. Mit Carls Schützenhilfe an der Lucie-Front durfte sie nicht rechnen. Er hatte noch nie etwas auf das Gerede der Leute gegeben und lachte unbekümmert, wenn die Cousine eine ihrer windigen Ausflüchte vorbrachte. »Tu, was du für richtig hältst, Kindchen.« Zu mehr fühlte er sich nicht bemüßigt. Auch an der zweiten Schattenseite von Lucies Verhalten nahm Carl offenbar keinen Anstoß, obwohl er wissen musste, dass der Familienruf darunter litt. Ohne Rücksicht auf hiesige Gepflogenheiten hatte Lucie kurz nach ihrer Ankunft die bereits engagierten Boys entlassen und Selam eingestellt, eine einzige Dienerin, mit der sie so vertraulich umging, wie es für ein Verhältnis zwischen Herrschaft und eingeborenem Personal völlig unpassend war. Nur von Selam begleitet, ritt sie jeden Morgen in die Stadt, und zwar – das hatten spitze Zungen verraten – fast immer zum Markt, wohin sich eine Dame der europäischen Gesellschaft, falls überhaupt, niemals ohne zwei bis drei Diener begab. Auf Vorhaltungen reagierte Lucie verständnislos. Wen könne das stören? Was solle Verwerfliches daran sein? Es sah nicht so aus, als würde sie dem Prestige zuliebe ihre Gewohnheit ändern wollen. Bei aller Dankbarkeit und Zurückhaltung war die Cousine manchmal störrisch wie ein Esel.

Anna streckte sich auf die Bettdecke und verschränkte die Arme unter dem Kopf. Vielleicht hätte ich Lucie gar nicht kommen lassen sollen, dachte sie, verscheuchte die Idee aber sofort. Nein, das wäre zu grausam gewesen. Ich muss Geduld mit ihr haben, ihr noch mehr Zeit lassen, sich einzugewöhnen. Wenn Lucie erst einmal jedes Gewürz und jeden Patronenzähler auf dem Markt kennt und genügend Butterköpfe gesehen hat, wird es ihr dort langweilig werden. Und bestimmt wird sie bald merken, wie angenehm die Inseln gepflegter europäischer Gastlichkeit im allgemeinen Chaos sind.

Plötzlich fiel Anna das Fest am kommenden Wochenende ein, und ihre milde Stimmung verflog. Ein angeblich millionenschwerer Syrer bat alles, was Rang und Namen hatte, zur großen Soiree in das elegante Hotel Terrasse. Falls Lucie plant, uns auch bei dieser glanzvollen Veranstaltung durch ihr Fehlen zu blamieren, dachte Anna mit vorgezogenem Zorn, dann gnade ihr Gott. Sie sprang auf die Füße, eilte nach unten und ließ sich von Ali frischen, stärkenden Kaffee servieren.

Lucie ahnte nicht, was in den Köpfen ihrer Verwandten vorging, während sie selbst unbeschwert durch den Morgen ritt. Die Nase hoch in die Luft gereckt, sog sie den Duft von Holzfeuern, Eukalyptus und Gewürzen ein. Hin und wieder grüßte oder winkte jemand aus einem der rauchverhangenen Tukuls. Man kannte die weiße Dame samt Dienerin vom täglichen Vorüberreiten, immer grüßten beide freundlich zurück.

»Jetzt, Imete?«, fragte Selam.

Von der breiten Ras-Makonnen-Avenue, einer der beiden Teerstraßen der Stadt, auf der sich ein paar hupende Autos zwischen hoch bepackten Eseln, seelenruhig dahintapernden Rindern, von kleinen Hütejungen gescheuchten Ziegenherden, streunenden Hunden und mitten auf der Fahrbahn wandernden Menschen durchzuschlängeln versuchten, waren sie in eine enge Seitengasse eingebogen – wohl überlegt reichlich außer Sichtweite des Haertel-Hauses.

Lucie wollte ungern als »Herrin« tituliert werden, konnte aber die Dienerin nicht davon abbringen. »Ja, ich denke, jetzt geht 's.«

Sie nahm ihren Tropenhelm vom Kopf, hängte ihn an den Sattelknauf und schlang sich eine blütenweiße, blau gesäumte Schamma, die Selam unter ihrem Gewand hervorgeholt hatte, um Haar und Schultern.

»Ist es richtig so?«

»Sehr hübsch, Imete. Hoffentlich sieht Sie nur keiner von Ihren Leuten.«

»Und wenn schon«, Lucie lachte sorglos, »niemand würde mich unter diesem Tuch vermuten.«

Auf dem schmalen Pfad, der mit vielen Windungen und steilen Abbrüchen direkt zum Markt führte, ritten sie dicht nebeneinander wie zwei Freundinnen. Vom ersten Moment an, seit Fagadu seine Verwandte in ihr Haus gebracht hatte, empfand Lucie eine tiefe Sympathie für die junge Frau.

Selam war nicht eigentlich schön. Ihre von Zöpfchen umrahmte Stirn wölbte sich etwas zu hoch, die Augen standen etwas zu nahe an der Nasenwurzel, die Wangenknochen stachen etwas zu scharf aus dem mageren Gesicht. Aber wenn sie lächelte, mit warmer, weicher Stimme sprach und selbst die kleinen Obliegenheiten des Alltags so würdevoll verrichtete, als wären es heilige Handlungen, ging ein Zauber von ihr aus, dem man sich, wie Lucie fand, nicht entziehen konnte.

Einige Wochen mussten erst verstreichen, bis Selam ihre gewohnte Dienerpose aufgab und in die Rolle einer Vertrauten, einer Freundin schlüpfte, die Lucie ihr unverhohlen anbot. Allerdings nur solange beide unter sich waren. Denn besser als Lucie wusste sie, wie sehr solche Nähe missbilligt wurde.

Mit der Verständigung gab es kaum Probleme. Selam hatte aus einem früheren Dienstverhältnis ein paar Brocken Französisch behalten, Lucie übte fleißig Amharisch, durch Gebärden und Gelächter wurden die Lücken überbrückt.

In Gesellschaft der braunen Freundin bekam Lucie allmählich das Gefühl, nicht länger nur Zaungast zu sein, sondern die fremde Welt von innen zu entdecken. Entzückt über die Wissbegier ihrer Imete, erklärte und zeigte Selam alles, was Lucie erfahren wollte.

Woher die Abessinier so strahlend weiße Gebisse hätten?

Oh, vom Holz des Endotstrauches. Man schnitt ein kleines Zweigstück zu einem Stäbchen zurecht. Wie dieses hier, Selam zog ein Musterhölzlein aus ihrer Tasche. Dann kaute man das eine Ende zum Pinsel auf und rieb sich damit die Zähne.

Weshalb wurde Butter in die Haare geschmiert?

Damit das Gehirn nicht austrocknet natürlich, und weil das Fett die Frisur schön glänzend macht.

Ob die Frauen Unterwäsche trügen?

Wie Europäerinnen? Nein, diese seltsamen Teile mochte hier niemand. Unterhosen störten doch nur, wenn man mal musste. So konnte man sich einfach irgendwo hinhocken, sein Gewand ausbreiten und – na ja …

Gab es Anstandsregeln für das Essen mit den Händen?

Sehr strenge sogar. Die Linke durfte nicht ins Spiel kommen, sie galt als unrein. Von der Rechten wurden nur Daumen, Zeige- und Mittelfinger benutzt und auf keinen Fall abgeschleckt oder mit dem Bissen in den Mund geschoben, denn man aß ja vereint aus einem Korb.

Durch das Häuschen zogen jetzt oft abessinische Küchendüfte. Obwohl ihr regelmäßig Pfeffertränen in die Augen schossen, wollte Lucie möglichst viele verschiedene Wots zum Fladenbrot kosten, Ragouts aus Hammel- oder Ziegenfleisch, Rind oder Huhn. Sie lernte manierlich mit den Fingerspitzen zu essen, ohne Hand und Mund zu besudeln und – unter Selams Anleitung – die Qualität eines Berberi, der an fast keiner Speise fehlenden, teuflisch scharfen Gewürzmischung aus Knoblauch, Peperoni, Zwiebeln und anderen Ingredienzien, durch aufmerksames Schnuppern zu erkennen. Gemeinsam mit Selam hielt sie auch die vielen, von der Kirche verordneten Fastentage ein, wöchentlich zwei, übers Jahr verteilt sollten es sogar 165 sein. Fleischlose Tage, an denen schmackhafte Gerichte aus Bohnen und Linsen, Kohl, Kürbissen und Getreide gekocht wurden.

Lautes Summen und Brummen wie aus einem riesigen Bienenkorb verriet den nahen Markt. Lucie liebte diesen Ort trotz des Geschiebes tausender Menschen, der zahllos herumstreunenden verlausten gelben Hunde, der Geier, die auf Dachfirsten danach gierten, von den unten im Straßenstaub nach grausamer Hatz geschächteten und zerhackten Ochsen einen Fetzen zu ergattern. Hier konnte sie eintauchen in das exotische Leben, hier pulsierte das Herz der Stadt.

Sonnabends, am Hauptmarkttag, ging es auf der Gebeja besonders turbulent zu. Von nah und fern strömten Kauflustige und Händler mit holzbepackten Dromedaren, Honig, Tongeschirr oder Felle schleppenden Eseln herbei, Somalis und Sudanesen, Leute aus Wollo, Tigre und Schoa. Der große Platz konnte die Menge kaum fassen.

Zu Lucies Leidwesen wurden ausgerechnet an diesen Tagen Räuber und Mörder weithin sichtbar in den düsteren Zweigen eines vom Marktgetümmel umgebenen mächtigen Feigenbaumes unterhalb der Georgskirche aufgeknüpft. Zur allgemeinen Abschreckung, wie es hieß. Aber als sie bei einem ihrer ersten sonnabendlichen Marktbesuche nichts ahnend in die Nähe des Todesbaumes geraten war und einen eben Gehenkten entdeckt hatte, der noch eine Weile zappelte, ehe er mit blutunterlaufenen Augen und hervorquellender Zunge leblos im Wind zu pendeln begann, zeigte sich auf den Gesichtern rundum mehr Neugier denn Furcht, während sie selbst, von Grauen und Übelkeit geschüttelt, davonstürzte. Danach mied sie diesen Teil des Platzes und hütete sich, auch nur einen Blick in Richtung der Sykomore zu werfen. Doch der Gebeja gänzlich fernbleiben wollte sie nicht, denn irgendwo in der wogenden Menge würde er ihr begegnen – wie jeden Sonnabend seit nun schon dreizehn Wochen. Lucie zählte genau mit.

Das erste Mal hatte sie ihn, umringt von interessierten Zuschauern, am Stand eines Tuchhändlers gesehen. Ausgiebig feilschten die beiden um einen Burnus, einen Umhang aus schwarzer Schafswolle, den alle Eingeborenen bei kühlem Wetter über ihren weißen Gewändern trugen. Und Lucie konnte endlich ihr Gedächtnisbild ergänzen. Der junge Mann war mittelgroß und breitschultrig, seinen kantigen, kurz geschorenen Kopf trug er hoch erhoben auf einem kräftigen Hals, wandte ihn aber ungewöhnlich graziös den ratgebenden Nachbarn zu, und sein eigentlich streng wirkendes Gesicht mit den von dichten Brauen überschatteten Augen, der geraden, starken Nase und dem entschlossenen Kinn nahm dabei eine Freundlichkeit an, die Lucie ans Herz ging. Sie träumte gerade seinen vollen, geschwungenen Lippen nach, Zeichen der Weichheit unter der herben Schale, überlegte, wie alt er sein mochte – neunundzwanzig oder dreißig vielleicht –, als er in ihre Richtung schaute und die heimliche Beobachterin entdeckte. Er stutzte einen Moment, verneigte sich dann wie beim Maskalfest auf kaum merkliche Weise und schenkte ihr wieder diesen unvergesslichen, zärtlich lächelnden Blick.

Lucie spürte, dass sie bis an die Haarwurzeln rot wurde. Bestimmt hatte ihr Gesichtsausdruck zu viel verraten. Glühend vor Verlegenheit nickte sie ihm kurz zu, machte hastig kehrt und suchte, Selam am Arm mitziehend, Deckung in einer nahen Menschentraube.

Seitdem tauchte der junge Mann regelmäßig im Trubel auf. Für alle Waren gab es eigene Verkaufs-Areale, doch gleichgültig, wohin Lucie ging, ob sie kunstvoll errichtete Seifenpyramiden bestaunte, sich zwischen anderen Schaulustigen vor den Buden der Silberschmiede und Schwertverkäufer drängte, die Nase voll sog mit den Düften aus hunderten von Gewürzkörben oder durch Seitengassen schlenderte, in denen langstielige, bunte Sonnenschirme feilgeboten wurden, die typischen Männerhosen, eng und weiß, reihenweise im Wind schwangen und Singer-Nähmaschinen unter freiem Himmel ratterten – er fand sie immer. Stand auf einmal da, wie aus dem Boden gewachsen, hüllte sie ein mit seinem Blick und verschwand ebenso plötzlich wieder.

Einige Wochen lang war das alles, was sich zwischen ihnen tat. Genug für Lucie, um Herz und Gedanken zu füllen. Es kam ihr nicht in den Sinn, dass jemand die verhaltenen Signale bemerken könne. Doch Selam, ihre wachsame Gefährtin, hatte bald herausgefunden, weshalb Lucie immer im Samstagsgetümmel irgendwann erstarrte, glutrot wurde und nach einem kurzen Moment mit leuchtenden Augen weiterging. Sie brauchte nur ihrer Blickrichtung zu folgen – jedes Mal entdeckte sie denselben jungen Mann, der in ganz sonderbarer Art herüberschaute.

»Er heißt Yared«, sagte Selam eines Samstags auf dem Heimweg, so beiläufig, als gehe es um einen neuen Pferdeburschen.

Lucie war mit ihren Gedanken noch bei dem gerade vergangenen fünften Zusammentreffen.

»Wer?«, fragte sie irritiert.

Selam grinste schelmisch. »Der junge Mann, Sie wissen schon …«

»Was für ein junger Mann?«

Lucie wollte die Ahnungslose spielen, aber sie fühlte wieder diese verräterische Röte in ihre Wangen steigen und gab den Versuch auf. Selam würde sich ohnehin nichts vorgaukeln lassen.

»Du hast es also bemerkt?« Die Frage kam zögernd, mit unsicherer Stimme.

»Ach, Imete«, Selam lachte voller Herzlichkeit, »wenn Sie beide da stehen, scheinen Blitze hin und her zu fliegen.«

»Yared, Yared«, wie ein glatt geschliffener Kieselstein rollte das Wort über Lucies Zunge. »Woher kennst du seinen Namen?«

Die Dienerin setzte eine verschmitzte Miene auf. »Ich habe mich ein wenig umgehört.«

»Weißt du noch mehr von ihm?« Lucie musste einfach nachhaken, obwohl sie sich für ihre Neugier schämte.

»Nicht viel, er soll aus dem Norden, aus Tigre stammen und der Sohn eines in Ungnade gefallenen Provinzschatzmeisters sein. Jetzt lebt er hier als Gewehrträger bei seinem entfernten Verwandten Tafari Bellou, dem schönsten Mann der Stadt.«

Lucie sah, wie Selam vor Begeisterung die Augen verdrehte und sich mit theatralischer Geste eine Hand aufs Herz presste.

»Ja«, sie lächelte, »ich weiß.« Für ihr Empfinden verblasste selbst die größte Schönheit neben der betörenden Aura, die Yared umgab. Yared – endlich hatte das Bild, das ihr Tag und Nacht vor Augen schwebte, einen festen Rahmen. Unhörbar murmelte sie den Namen vor sich hin, bis Selams Stimme sie aufschreckte.

»Imete«, sagte die Dienerin in sehr ernstem Ton, »Sie müssen auf der Hut sein. Lassen Sie sich nicht anmerken, dass er Ihnen mehr bedeutet als ein beliebiger anderer Mann. Die Verbindung zwischen einer europäischen Dame und einem von uns, dazu noch von niedrigem Rang, gilt als Skandal.« Selam hielt kurz inne und seufzte tief. »Niemand würde es verstehen, man würde Sie verachten.«

Während des Zuhörens war Lucie kreidebleich geworden. »Und weshalb?«, fragte sie mit brüchiger Stimme.

Selam lachte bitter. »Oh, die meisten Weißen halten sich allein wegen ihrer Hautfarbe für die bessere Sorte Mensch, auch wenn sie Gauner sind. Ist Ihnen das noch nicht aufgefallen?«

»Doch«, Lucie nickte, »ich habe schon öfter abschätziges Gerede über die Eingeborenen gehört, aber dass es so weit geht, selbst die Liebe zu verpönen …«

Sie verstummte jäh. Zum ersten Mal hatte sie im Zusammenhang mit Yared das Wort »Liebe« gebraucht, laut obendrein und vor Selam. Erschrocken starrte sie ihre Begleiterin an, traf jedoch in deren Augen auf so viel Verstehen, als sei es die natürlichste Sache der Welt, einen Menschen zu lieben, von dem man nicht mehr kannte als sein Lächeln und – seit einer halben Stunde – seinen Namen. Das Eingeständnis, zu dem sie sich in endlosen Gedankenspielen bislang nicht vorgewagt hatte, war ihr einfach entschlüpft. Ja, sie liebte ihn.

Plötzlich spürte Lucie all ihr Blut ihrem Herzen zuströmen, fühlte es groß und stark werden wie das eines Löwen. Was konnte die dünkelhafte Bagage ihr schon anhaben? Um keinen Preis würde sie sich das so lange entbehrte Glück nehmen lassen. Sie streckte den Rücken, hob selbstbewusst den Kopf und warf Selam einen entschlossenen Blick zu.

»Ich will mich nicht nach der Meinung dieser Leute richten. Mit ihrer Verachtung kann ich besser leben als ohne …«

»… ohne Liebe?«, fragte die Dienerin sanft. »Sie können es ruhig aussprechen und auch mit meiner Hilfe rechnen. Aber wir sollten trotzdem vorsichtig sein.«

»Noch etwas muss ich Ihnen sagen«, fuhr Selam fort, nachdem sie eine Weile schweigend nebeneinander geritten waren. »Ich habe viele Jahre unter Europäern verbracht und gesehen, dass bei ihnen der Umgang zwischen Männern und Frauen ganz anders ist als bei uns. Komplimente, offen gezeigte Zuneigung oder Liebeserklärungen – so etwas gibt es hier nicht. Wenn ein Mann sich für eine Frau interessiert, schickt er einen Boten, der offiziell den Kontakt aufnimmt. Er selbst darf das nicht tun. Ihr Yared«, sie zwinkerte Lucie freundschaftlich zu, »geht schon bis an die Grenze des Schicklichen, erwarten Sie nicht, dass er sich wie ein europäischer Verehrer benimmt.«

Lucie verzog enttäuscht das Gesicht. »Alles muss über einen Mittelsmann laufen? Aber Yared kann unmöglich einen offiziellen Boten schicken, da man eine Verbindung mit mir sowieso nicht dulden würde. Wie soll es denn weitergehen? Ach, vielleicht ist das Ganze doch nur ein Spiel für ihn.« Ihr eben erst gewonnener Mut drohte sie wieder zu verlassen.

Selam beugte sich hinüber und drückte mit ihrer braunen sehnigen Hand Lucies zarte, helle, die krampfhaft den Zügel hielt. »Oh nein, wenn ich jemals Liebe in den Augen eines Mannes gesehen habe, dann in seinen. Bestimmt fallen ihm eigene Wege ein, um Ihnen näher zu kommen. Was weiter daraus wird, müssen wir abwarten.«

Die Dienerin hatte sich nicht getäuscht. So als spürte er, dass es schon den Ansatz eines Brückenschlags gab, seit Lucie seinen Namen kannte, änderte Yared plötzlich sein Verhalten. Manchmal legte er eine Hand auf sein Herz, während er ihr den gewohnten Gruß zusandte, oder er verbeugte sich fast bis zur Erde.

»Ein Zeichen besonderer Ehrfurcht und Bewunderung«, erklärte Selam, besorgt umherspähend, »hoffentlich ist kein neugieriger Zuschauer in der Nähe.«

Dann eines Samstags, Lucie kaufte gerade ein paar Brocken Weihrauch für die häusliche Kaffeezeremonie, zog ein kleiner, staubbedeckter Junge mit verwildertem Schopf an ihrem Ärmel und reichte ihr wortlos ein von Bananenblättern umwickeltes Päckchen. In der grünen Hülle fand sie ein schwarzes, aus Giraffenhaar kunstvoll geflochtenes Armband.

»Sieh doch, Selam, wie wundervoll!« Lucie legte den Schmuck sofort an und hielt nach dem Spender Ausschau. Es konnte nur Yared sein, aber er ließ sich nicht blicken. Bestimmt stand er irgendwo in der Nähe, um ihre Reaktion zu beobachten. Lächelnd presste sie das geschmückte Handgelenk an die Wange, endlich war da etwas von ihm, das sie anfassen und immer bei sich tragen konnte.

Der junge Mann fand offenbar Gefallen an diesem Spiel. Eine Woche später humpelte ein Bettler, dem die Lepra den rechten Fuß abgefressen hatte, auf Lucie zu. Ihre eilig aus der Rocktasche gefischten Münzen wollte er jedoch nicht nehmen, übergab ihr stattdessen mit ehrerbietiger Verneigung wieder ein solches Blätterpäckchen und war, ehe sie ihn nach seinem Auftraggeber fragen konnte, hinter einer Wand von wehenden Stoffbahnen verschwunden. Im weichen Grün steckte dieses Mal ein kleines, ziseliertes Silberkreuz. Lucie trug es seitdem, an einem Kettchen um den Hals, ständig unter ihren Kleidern, direkt auf der Haut, ihrem Herzen ganz nahe.

Die dritte Gabe schob ihr vierzehn Tage danach ein Kornhändler zu, während Selam die Qualität seines Teffs, des grassamenfeinen Getreides für die Injera, prüfte. Das Päckchen war dicker als die vorhergehenden, es enthielt einen kleinen Beutel aus rotem, mit eingestanztem Muster verzierten Saffianleder.

»Was ist das, Selam?«, fragte Lucie überrascht.

Die Dienerin trat zu ihr und hob das Beutelchen an der schwarzen Schnur, von der es zusammengehalten wurde, in die Höhe.

»Ein Amulett, Imete, ein ausnehmend hübsches. So etwas haben alle unsere Leute bei sich, zum Schutz gegen Krankheit und Unglück und den bösen Blick.«

»Hast du auch eins?«

»Oh ja. Ich lege es niemals ab.« Selam klopfte sich auf die Brust, wo der Talisman anscheinend seinen Platz unter ihrem Gewand hatte. »Hier«, behutsam öffnete sie Lucies Amulett und zog eine kleine Pergamentrolle hervor, »sind Bibelverse oder Zaubersprüche aufgeschrieben und magische Zeichen dazugemalt. Das machen die Debteras, unsere Gelehrten, sie haben Verbindung mit der Geisterwelt.«

»Liest du mir vor, was da steht?« Lucie sprach zwar inzwischen recht gut Amharisch, doch die Schriftzeichen waren ihr immer noch fremd.

Selam schüttelte bedauernd den Kopf, und siedend heiß fiel Lucie ein – ihre Gefährtin konnte nicht lesen. Woher auch? Es gab ja in diesem Land nur ein paar Missionsschulen, zu deren Zöglingen höchstens eine Hand voll einheimischer Kinder aus reichen Familien gehörte. Immer wieder vergaß sie, dass Selams erstaunliche Klugheit einem mit offenen Augen und hellwachem Verstand gelebten Leben entstammte.

»Sicher hat er einen besonders wirksamen Segensspruch für Sie ausgewählt«, sagte die Dienerin nach einer kleinen Verlegenheitspause, natürlich war auch ihr klar, dass niemand außer Yared als geheimnisvoller Absender der Geschenke in Frage kam. Dann lachte sie plötzlich fröhlich auf.

»Was habe ich gesagt? Er findet eigene Wege über ungewöhnliche Boten. Sehen Sie, wie nahe er Ihnen schon gekommen ist? Ihre Hand hat er an sich gebunden, Ihr Herz belegt und schützt Sie mit Hilfe magischer Kräfte.«

Lucie nickte. Ja, genauso empfand sie es auch.

Heute war wieder Samstag. Vom Ende des Pfades kam ihnen Bazza entgegengelaufen, ein etwa sechsjähriger Junge, der täglich für zwei silberne Tamuns, die kleinsten abessinischen Münzen, oder ein Stück Hirsekuchen ihre Pferde bewachte. Fachmännisch griff er die Tiere beim Zügel und zog sie zum gewohnten Warteplatz unter dem schattigen Vordach eines Eckhauses direkt am Markt.

In dem niedrigen Gebäude führte Hakim Zahn seine Apotheke, die älteste der Residenz und ständig voller Menschen. Den Ehrennamen »Hakim« verdankte Walter Zahn – er war einige Jahre nach Carl und Anna aus Deutschland eingereist und schon bald zu einer stadtbekannten Figur geworden – vor allem seinem speziellen Bandwurmmittel, kleinen gelben Kapseln von derart durchschlagender Wirkung, dass sie unter der abessinischen Kundschaft als »Dihnamit« berühmt wurden.

Lucie schaute häufig bei ihm herein. Manchmal kaufte sie ein paar Pillen oder Tropfen gegen irgendwelche Alltagswehwehchen, saß aber meistens nur eine Weile auf einem klapprigen Stuhl neben dem Ladentisch, hörte sich die neuesten Stadtnachrichten an, die der liebenswürdige, humorvolle Apotheker immer parat hatte, und beobachtete amüsiert das Treiben seiner Klientel. Kaum ein Kranker kam allein, sämtliche Verwandten drängten mit ihm an die Theke, um die Wundermittel des fremden Hakims kritisch zu beäugen. Der jedoch wusste inzwischen bestens Bescheid über abessinische Vorstellungen von vertrauenswürdiger Medizin. Viel musste es sein, durfte ruhig grässlich schmecken und wirkte doppelt gut, wenn allerlei Verbote damit verbunden waren. Also beklebte der Apotheker große Flaschen mit imponierenden Warnzetteln: Kein Tedj! Kein Talla! Kein Pfeffer! Und seine selbst fabrizierten Salben färbte er um des dramatischen Effekts willen leuchtend rot.

Besonders turbulent ging es zu, sobald einer der Granden erschien. Gemäß dem hiesigen Prinzip, je höher der Rang, desto größer die Entourage, ergoss sich dann ein Schwall bis an die Zähne bewaffneter Gefolgsleute hinter dem hoch zu Maultier hereinreitenden Vornehmen durch die schmale Eingangstür. Hakim Zahns Gehilfen versuchten zwar unermüdlich, wenigstens einen Teil der neugierigen Begleiter an die Luft zu setzen und so das Medhanit *Bet*, das Arzneihaus, vor dem Bersten zu bewahren, doch die Verscheuchten schlichen auf der Stelle wieder hinein. Nur mühsam konnte sich Lucie ein Lachen verbeißen, wenn der lange, mit einer stachelförmigen Lederhülle versehene Krummsäbel eines Großen im Gedränge unsanft gegen Arme und Schultern der Nahestehenden stieß oder sich in den Kleidern einer weißen Dame verhakte, was spitze Schreie zur Folge hatte.

Der Apotheker selbst war durch den Trubel nicht aus der Ruhe zu bringen. Freundlich und geduldig, ohne einen Hauch des üblichen europäischen Hochmuts ging er auf die Wünsche jedes Ratsuchenden ein – einerlei, ob Arm oder Reich, Fürst oder Diener, dunkel- oder hellhäutig – und plauderte zwischendurch immer wieder augenzwinkernd mit seiner Besucherin.

Lucie mochte Hakim Zahn, aber an diesem Morgen, von der Schamma umhüllt, wollte sie ihm lieber nicht begegnen. Vielleicht würde er Anna und Carl, bei denen er gelegentlich zu Gast war, über ihre seltsame Aufmachung berichten. Sie zog das Tuch tiefer in die Stirn, um unerkannt an seinem Fenster vorbeizukommen. Vergebens. Lucie hörte heftiges Pochen und entdeckte, den Kopf wendend, das runde Gesicht des Apothekers hinter der Scheibe. Ein Sonnenstrahl ließ Glatze, Brille und Goldzähne um die Wette glänzen. Mit Handzeichen bat Hakim Zahn sie herein. Während sie beklommen vom Pferd stieg, fiel ihr plötzlich ein, dass er eine Halbabessinierin zur Frau hatte, also selbst ein Grenzgänger war, von dem es vermutlich nichts zu befürchten gab.

Zaghaft schlängelte sich Lucie durch die zusammengepfercht wartende Kundenschar, darunter zum Glück kein einziges weißes, vielleicht sogar bekanntes Gesicht.

»Nein, so was, Gnädigste«, rief Hakim Zahn ihr munter entgegen, »spielen Sie Karneval, oder was treibt Sie in die Schamma?«

Lucie drehte verlegen an den Zipfeln des Baumwolltuches. Unmöglich konnte sie dem väterlichen Freund sagen, dass es als Zeichen für einen eigentlich fremden Geliebten gedacht war, als Signal ihrer Bereitschaft, die Abschirmung, die strenge Trennlinie der Europäer hinter sich zu lassen.

»Ich meine – ich glaube«, stotterte sie hilflos und hielt den Blick starr auf die Stelle von Hakim Zahns weißem Kittel gerichtet, wo über dem Zenit seines Bauches ein Knopf abgeplatzt war. Dann schien ihr plötzlich eine Idee zu kommen. »Ach, die Schamma ist einfach viel praktischer als ein Tropenhelm, sie schützt vor Wind und Kälte genauso gut wie vor Sonnenhitze.«

»Ja«, der Apotheker nickte, »meine Frau sagt das auch. Und ich persönlich finde den steifen Hut an euch Damen längst nicht so hübsch wie dieses Tuch. Aber …«, warnend legte er seine breite Hand auf Lucies Arm, »Sie sollten sich damit besser nicht von Leuten unserer so genannten feinen Gesellschaft erwischen lassen. Die würden sich die Mäuler zerfransen, und wenn Ihrer Cousine der Klatsch zu Ohren käme …«

»Ich weiß.« Lucie lächelte erleichtert. Von Hakim Zahn drohte tatsächlich keine Gefahr, er war ein Gesinnungsgenosse. »Ich trage die Schamma sowieso nur auf dem Markt«, fuhr sie fort, »dahin geht doch keiner der Feinen.«

»Es gibt immer Ausnahmen. Kurz ehe Sie eintrafen, kam Frau Stolte draußen vorbei.« Der Apotheker deutete zu seinen Fenstern hinüber, durch die man einen großen Teil der Gebeja überblicken konnte.

»Ist das die Missionarsgattin mit den Schnecken auf den Ohren?«

»Richtig, eine unangenehme Person. Sie will Seelen retten, achtet aber die Menschen nicht, schon gar nicht die braunen. Angeblich begleitet sie ihre Diener wie ein Wachhund beim Einkauf, weil das ›verschlagene Pack‹ sonst sicher ein paar Münzen oder eine Hand voll Teff in den eigenen Taschen verschwinden ließe.«

»Dann wird die Gute viel zu beschäftigt sein, um mich zu bemerken.« Lucie zuckte gleichgültig mit den Achseln und warf einen Blick auf die laut tickende Pendüle neben Hakim Zahns Flaschenregal. Fast zehn Uhr – um diese Zeit kreuzte Yared meistens ihren Weg. »Oh, ich muss gehen«, sagte sie hastig, »sonst schaffe ich meine Besorgungen nicht mehr.« Ein schneller Händedruck, und sie eilte hinaus, während der Apotheker verwundert den Kopf schüttelte. Schließlich dauerte der Markt bis zum Abend.

Es fiel Lucie schwer, den Freund zu beschwindeln, nachdem er so viel Verständnis gezeigt hatte. Vielleicht würde sie ihn eines Tages ins Vertrauen ziehen, aber noch wollte sie ihr Geheimnis für sich behalten.

»Was hat der Hakim gesagt? Gab es Ärger?« Selam, die im Schatten an der Hauswand hockte, sprang auf die Füße, als Lucie neben sie trat.

»Nein, im Gegenteil, ihm gefällt die Schamma an mir. Er macht sich nur Sorgen, dass ich ins Gerede kommen könnte.«

»Sehen Sie, Imete, ich habe Sie auch gewarnt. Möchten Sie nicht doch lieber Ihren Helm …«

»Auf keinen Fall«, erklärte Lucie entschieden, »du weißt, weshalb. Man wird mir schon nicht den Kopf abreißen.«

Seufzend folgte Selam ihrer Herrin, die sich ein paar Schritte voraus scheinbar gelassen unter das Marktvolk mischte.

In Wahrheit waren Lucies Nerven fast schmerzhaft angespannt, jedoch nicht so sehr aus Furcht vor möglichen Zeugen ihrer Unbotmäßigkeit, sondern Yareds wegen. Wo mochte er heute auftauchen? Würde er das Signal wahrnehmen? Hoffentlich erschien ihm ihre ungewohnte Staffage nicht lächerlich. Sie zwang sich zu äußerer Ruhe und spielte die ganz normale Kauflustige, spazierte gemächlich herum, blieb mal hier, mal da kurz stehen oder wechselte im Vorüberschlendern ein paar Worte mit Händlern, die auf dicken Steinen hinter ihren Waren saßen.

Selam hatte Bekannte getroffen, sie stand noch bei ihnen, als Lucie, langsam weitergehend, ein malerisches Gebilde entdeckte, einen auf Eukalyptuszweigen hoch getürmten Berg von riesigen Papayas. Die fast kopfgroßen Früchte leuchteten in satten Grün-, Gold- und Rottönen unter der Sonne. Neben dem Stapel kauerte eine alte Frau zusammengesunken am Boden, hielt ein Bastschirmchen eingeklemmt zwischen Wange und Schulter und schlief, an Kundschaft offenbar wenig interessiert, seelenruhig in dessen Schatten.

Mit leisen Schritten kam Lucie heran. Eigentlich wollte sie die Früchte nur von nahem betrachten, streckte aber, in Reichweite angelangt, doch unwillkürlich ihre Hand aus, um eine der prallen Papayas zu betasten. Sanft strich sie über die warme kräftige Schale, spürte darunter weiches reifes Fleisch – und fuhr plötzlich zusammen, als ihre Fingerspitzen gegen die einer braunen Hand stießen.

Die Berührung durchzuckte sie wie ein Stromschlag. Sofort, schon ehe sie die Augen hob, wusste Lucie, wer dieses Herzflackern, dieses Vibrieren der Nerven, diese Flut heißer Wellen in ihr auslöste. Yared war geräuschlos an den Stand getreten und griff scheinbar zufällig nach derselben Frucht. Im ersten Erschrecken hatte sie ihre Hand zurückgezogen, er jedoch ließ die seine noch einen Moment länger um die Papayarundung wandern, so hingebungsvoll, als streichelte er ein lebendiges Wesen. Atemlos, erschauernd verfolgte Lucie seine Bewegungen. Und mit untrüglicher Gewissheit spürte sie, dass die Zärtlichkeit ihr galt, sie meinte, die Liebkosungen seiner schmalen langen Hand auf ihrer Haut zu fühlen, auf ihren Schultern, ihren Brüsten brennend.

Dann sprach er plötzlich. Zum ersten Mal hörte sie seine Stimme, rauchig und tief, ein Klang, der wie Samt an ihrer Seele rieb. »Wundervolle Früchte, nicht wahr, Madame?«, sagte Yared. »Möchten Sie eine kaufen?« Dabei sah er ihr in die Augen, und sein Blick verriet ganz anderes als die belanglosen Worte.

Verwirrt, mit wild pochendem Herzen starrte Lucie ihn an. Sie standen allein vor dem Papayaberg, nur die Händlerin hockte in Hörweite, leise schnarchend und taub für die Umgebung. Weshalb hielt er sich selbst jetzt so zurück? Sollten geheime, sinnbetörende Signale, durch die ihre Sehnsucht nach ihm ständig größer, jedoch nie gestillt wurde, tatsächlich alles sein, was er ihr zu geben bereit war? Lucie glaubte, das anfangs so lustvolle Versteckspiel keinen Atemzug länger ertragen zu können. Ihre Fingerspitzen glühten noch von der kurzen Berührung, ließen die Hitze eines Feuers ahnen, in dem sie verbrennen, vergehen wollte. Bebend vor Verlangen, klammerte sie sich an der Schamma fest, sonst wären ihre Hände ihm entgegengeflogen, und für einen Moment schien es, als fühlte er den gleichen Drang. Aber zwei Frauen kamen näher, Yared setzte eine höflich distanzierte Miene auf, verbeugte sich formvollendet, dann ging er davon – barfuß, geschmeidig wie ein Panther. Lucie verschlang das Bild mit den Augen.

»Ich hab 's gesehen, Imete, ich habe da drüben am Kartoffelstand gewartet und alles beobachtet«, wisperte Selam, die sofort nach Yareds Abschiedsgruß herbeigeeilt war. »Hat er wirklich mit Ihnen gesprochen?«

Lucie nickte stumm, benommen vom Aufruhr der Gefühle. Es

dauerte eine Weile, bis sie antworten konnte. Ja, geredet habe er schon, doch nur ein paar Sätze über die Papayas, kein persönliches Wort.

Anders als erwartet, teilte Selam ihr Befremden durchaus nicht, im Gegenteil, die Dienerin klatschte sich vor Freude an den Kopf und legte, obwohl sie sonst wenig zu Vertraulichkeiten neigte, einen Arm um Lucies Schultern.

»Sind Sie etwa enttäuscht? Ach, Imete, wann werden Sie 's endlich begreifen«, Selam lachte so strahlend, als ginge es um ihr eigenes Glück, »über seine Gefühle darf er nicht sprechen, dass er überhaupt etwas gesagt hat, grenzt schon an ein Wunder. Glauben Sie mir, es ist mindestens so viel wert wie drei Liebeserklärungen bei Ihren Leuten.«

Eine Liebeserklärung – egal, mit welchen Worten? Lucie spürte wieder einen Glutschwall durch ihren Körper strömen. Dann sollte er ruhig auch über Fliegen oder Staubwolken reden, sie würde allein dem Klang seiner Stimme lauschen, der noch immer samtweich in ihrem Innersten nachschwang. Dankbar schmiegte sie eine Wange an Selams Arm. Ohne ihren Beistand hätte sie die Botschaften der Liebe vielleicht nie entschlüsselt, das Muster hinter den fremdartigen Zeichen nicht erkannt.

Ihr Blick wanderte über die Papayas. »Möchten Sie eine kaufen?«, hörte sie Yared fragen. Ja, natürlich, aber nicht irgendeine. Lucie löste sich aus Selams Umarmung und griff behutsam, um den kunstvoll errichteten Hügel vor dem Einsturz zu bewahren, nach der Frucht, auf der ihre Finger den seinen begegnet waren. Nur diese wollte sie haben, wie einen kostbaren Schatz an ihr Herz drücken. Selam, die lächelnd zugeschaut hatte, steckte der Alten ein paar Münzen in die halb geöffnete Faust, doch auch das brachte keine Bewegung unter den Bastschirm.

Während des Heimwegs schwiegen beide – die eine versunken in süßen Träumereien, die andere, weil sie dabei nicht stören mochte. Erst als es für Lucie an der Zeit war, die Schamma wieder gegen den Tropenhelm auszutauschen, rief Selam ihre Herrin zurück in die Gegenwart, auf den staubigen Pfad.

»Imete«, sagte sie leise mahnend, »Imete, Sie sollten jetzt Ihren Hut nehmen.«

Erstaunt hob Lucie den Kopf. »Oh, hier sind wir schon? Wie schade!« Sie strich noch einmal über die Schamma, die Zeugin ihres Herzbebens. »Glaubst du, er hat mein Zeichen verstanden?«

»Ganz sicher«, beteuerte Selam, »sonst würde er kaum gewagt haben, Ihnen so nahe zu treten. Das war seine Antwort.«

Im Schutz des Tuches küsste Lucie ihre Fingerspitzen, dann nahm sie es ab und griff seufzend nach dem Tropenhelm.

»Lucie?«

Die beiden Frauen im Häuschen schreckten hoch, als sie von draußen Annas Rufen und ihre energischen Schritte hörten. Mit fliegenden Händen versuchte Selam, die Bündel bunt gefärbter Gräser einzusammeln, zwischen denen sie, einen Korb flechtend, am Boden saßen, und Lucie sprang, um eilends ihr Kleid zu wechseln. Das abessinische Gewand, in dem sie gerade steckte – es war ein einfacher, gerade geschnittener Baumwollkittel, am hinteren Saum mit einer Borte verziert und in der Taille von einem bestickten Gürtel zusammengefasst –, gefiel ihr selbst zwar sehr, doch die meisten Europäer bezeichneten es naserümpfend als »primitiven Sack«. Was die elegante Cousine sagen würde, wenn sie ihr in solchem Aufzug begegnete, malte sich Lucie lieber nicht aus. Heftig zerrte sie an ihrem Gürtel.

Zu spät. »Lucie?« Anna trat bereits über die Schwelle – und blieb wie versteinert stehen. Wortlos, entsetzt schaute sie sich um. Von dem hübschen europäischen Mobiliar, das einmal diesen Raum geschmückt hatte, war außer Kleiderschrank und Spiegel nichts mehr da. Lucie, in ihrem formlosen Kleid selbst ein grauenhafter Anblick, bevorzugte offenbar die elende Ausstattung der Eingeborenen, Alga, Matte und derbe Hocker.

»Was ist denn hier los? Das darf doch wohl nicht wahr sein!« Annas Stimme klang schrill, als sie endlich wieder sprechen konnte. Ein gewaltiges Donnerwetter stieg in ihr hoch, aber ehe es ausbrach, verscheuchte sie Selam mit einer barschen Handbewegung. Die Dienerin musste nicht unbedingt dabei sein, wenn Lucie der Kopf zurechtgerückt wurde.

»Cousine«, zornentbrannt, die Fäuste in die Hüften gestemmt, baute sich Anna mitten im Zimmer auf, »würdest du mir bitte erklären, was dieses Theater soll? Deine Einrichtung – wo sind überhaupt die Möbel? –, deine Aufmachung, das Zeug da auf dem Boden. Machst du jetzt etwa abessinische Handarbeiten, lässt dir vielleicht von Selam Zöpfchen flechten und vergaffst dich am Ende noch in einen Eingeborenen?«

Die letzten Worte hatten Lucie wie ein Stich getroffen, doch sie ließ sich nichts anmerken, scheinbar gleichmütig stand sie vor ihrem Schrank.

»Beruhige dich«, sagte sie in versöhnlichem Ton, als Anna Luft holte, »es gibt wirklich keinen Grund zur Aufregung. Ich bin bloß neugierig. Warum sollte man um die halbe Welt reisen und am Ziel genauso leben wie in Treptow oder Bielefeld? Mir gefällt 's, das Fremde auszuprobieren, darum diese Einrichtung – deine Möbel hat Worku sorgfältig im Stall verstaut –, darum die ›abessinische Handarbeit‹ und das Kleid hier. Aber sei unbesorgt«, sie zupfte an den verrutschten Falten über ihren Hüften, »ich trage es nur in meinen vier Wänden und würde nie …«

»So? Nur in deinen vier Wänden?«, fiel Anna ihr empört ins Wort. »Da ist mir ganz anderes zu Ohren gekommen. Heute Morgen hat mich Frau Stolte besucht und erzählt, wie du letzten Samstag auf dem Markt herumspaziert bist – mit einer Schamma! Von den Eingeborenen kaum zu unterscheiden! Ich mochte es erst nicht glauben, jetzt allerdings …« Wieder schweiften ihre Blicke missbilligend über Lucies Gewand. »Dein Benehmen ist schlichtweg unmöglich, Cousine. Keine, keine einzige weiße Dame würde sich zu einer derartigen Geschmacklosigkeit hinreißen lassen und die gepflegte europäische Staffage gegen diese simplen Stofffetzen eintauschen.«

Das kleine kantige Kinn trotzig erhoben, wollte Lucie widersprechen, doch Anna hielt sie zurück.

»Unterbrich mich nicht, hör lieber gut zu, denn meine Geduld ist am Ende. Mindestens hundert Mal habe ich dir bereits erklärt, wie sehr man hier auf die Etikette achtet. Da du dich offenbar wenig darum scherst, ich meinerseits aber nicht gewillt bin, den Ruf der Familie deinem Eigensinn zu opfern, werden wir andere Saiten aufziehen müssen. An Stelle von Bitten und Ermahnungen richte ich nun Forderungen an dich: Keinen Finger breit wirst du dich in deiner albernen Verkleidung aus dem Haus bewegen. Du wirst Fagadu und Kunsil als zusätzliche Begleiter bei deinen Marktbesuchen akzeptieren, und du wirst ab sofort nicht mehr ausschließlich mit Selam zusammenstecken. Das ist absolut unschicklich. Wahrscheinlich hat sie dir die Flausen in den Kopf gesetzt. Triff dich mit Damen der Gesellschaft, du kannst auch unsere Bibliothek benutzen und Carls neues Piano, doch diese braune Freundin …«

»Was redest du denn da, Cousine!« Lucie, die noch immer wie festgenagelt neben ihrem Schrank stand, platzte, jetzt ebenfalls zornbebend, in Annas Tirade. »Hast du nicht selbst eine braune Freundin, die Woizero Menen nämlich, mit der du fast täglich zusammensteckst?«

»Es ist unglaublich, einfach unglaublich«, ächzte Anna und strich sich über die Stirn, als müsste sie einen Schatten vertreiben. »Wie kannst du diesen Vergleich wagen? Menen entstammt einer Fürstenfamilie. Deine Dienerin dagegen kommt aus irgendeinem der erbärmlichen Tukuls drüben am Uferhang. Zwischen den beiden liegen Welten!«

Fassungslos starrte Lucie sie an. »Meinst du das ernst? Statt persönlicher Wertschätzung soll der Rang darüber entscheiden, ob jemand unserer Freundschaft würdig ist? Wenn ich dich recht verstehe, darf man zwar den Noblen die falsche Hautfarbe verzeihen, aber keinesfalls dem gewöhnlichen Volk. Wäre Menen weder reich noch von vornehmer Herkunft, würdest du dich also nicht mit ihr abgeben?«

»Bitte lass die Fürstin aus dem Spiel! Nur dein anstößiges Betragen steht hier zur Debatte.« Anna reagierte umso aufgebrachter, als sie spürte, dass Lucie Recht hatte. Wollte diese naive kleine Weltverbesserin ihr etwa die Leviten lesen? »Gleichgültig, wie du unseren Sittencodex beurteilst, Cousine, du hast dich danach zu richten. Ist das klar?«

Ermattet vom Kampf, standen die beiden einander gegenüber. Lucie hielt den Kopf gesenkt und gab sich äußerlich geschlagen, während ihr Denken fieberhaft nach Schlupflöchern zu suchen begann, durch die sie ihren Freiheitsdrang, ihre Freundschaft mit Selam, vor allem aber ihre Liebe aus den engen Grenzen der Konvention würde retten können.

»Noch etwas möchte ich klären«, unterbrach Anna das feindselige Schweigen, »es war der eigentliche Grund meines Kommens.« Sie setzte sich auf die Alga und winkte Lucie mit nicht mehr ganz so erboster Miene an ihre Seite. »Auch dieser Punkt betrifft hiesige Usancen. Seit Monaten entziehst du dich unter höchst zweifelhaften Vorwänden allen offiziellen Zusammenkünften der europäischen Gemeinde, anscheinend ohne einen Gedanken auf den Misskredit zu verschwenden, in den wir durch dein Verhalten geraten. Man tuschelt, wir würden dich für öffentliche Auftritte nicht anständig ausstaffieren, dich als Dienstmagd halten, die arbeiten müsse, während die feine Verwandtschaft feiert. Eine reizende Vorstellung, nicht wahr?« Anna lachte grimmig auf. »Ich bin es gründlich leid, Cousine, mich deinetwegen bei jedem Fest wie an den Pranger gestellt zu fühlen. Meine Nachsicht ist erschöpft. Und statt der gewohnten Schwindeleien möchte ich jetzt endlich die Wahrheit hören. Was steckt wirklich hinter deiner ablehnenden Haltung? Willst du mich brüskieren? Oder gibt es ein anderes Motiv?«

Lucie, die reglos zu Boden gestarrt hatte, hob bestürzt den Kopf. »Dich brüskieren? Das käme mir niemals in den Sinn. Du weißt doch, wie sehr ich dich bewundere – die Courage, mit der du damals hierhergezogen bist, deine Weltgewandtheit, deine Tatkraft, deine Eleganz …«

»Schon gut, schon gut. Also, was ist es dann?«

Unter Annas forschenden Blicken umklammerte Lucie ihre Knie und bemühte sich verzweifelt, passende Worte für eine Wahrheit zu finden, die der Cousine kaum weniger verletzend erscheinen würde als ein persönlicher Affront. Ob sie einfach sagen sollte, dass ihr das gesellschaftliche Brimborium zuwider sei – was sogar stimmte, allerdings nicht den Kern der Sache traf? Nein, diese strengen Augen ließen keine Teilwahrheit durchgehen.

»Nun?«

»Es ist – der Grund – ach, Anna, ich möchte dich nicht kränken«, Lucie begann stammelnd, doch allmählich gewann ihre Stimme an Festigkeit. »Ich weiß, du schätzt viele der Europäer hier, deshalb wollte ich meine Meinung verbergen. Gewiss mögen es ehrenwerte und interessante Leute sein, aber bei jedem Fest, bei jedem Diner, zu denen ich euch anfangs begleitet habe, drehte sich das Gespräch schon nach kurzer Zeit um den angeblich üblen Charakter der Abessinier. In Bausch und Bogen und mit wetteifernder Gehässigkeit wurden die Eingeborenen als stinkfaules, verlogenes, diebisches, streitsüchtiges und unverschämtes Gesindel abgeurteilt. Einen englischen Legationssekretär hörte ich sogar von ›Niggern‹ reden, ›zu primitiv für irgendeine Art von Zivilisation‹. Anscheinend hat er sich noch nie richtig umgesehen.« Lucie hielt einen Moment inne und schaute ihre Cousine fragend an. »Wie kommen Menschen, die es sich hier gut gehen lassen, zu einem so ungeheuerlichen Dünkel? Und wie könnt ihr beide, Carl und du, euch unter ihnen wohl fühlen? Ich jedenfalls habe befürchtet, dass ich demnächst einem der Schwätzer an den Kragen gehen oder sonst wie dazwischenfahren würde, was sicher einen größeren Eklat heraufbeschworen hätte als meine Abwesenheit. Das bornierte Gerede ist mir unerträglich. Ich halte es einfach nicht aus. Darum bin ich lieber zu Hause geblieben. So, jetzt kennst du den wahren Grund.«

Beschwichtigend strich Anna über Lucies eiskalte, noch immer um die Knie geklammerten Hände. »Aber Kindchen«, sagte sie, »diese Schwadroneure und Wichtigtuer darf man doch nicht ernst nehmen, die gibt es überall. Da macht man am besten seine Schotten dicht, bis ihnen die Munition ausgeht. Aber du solltest auch wissen, dass einige tatsächlich Anlass haben, wütend und enttäuscht zu sein. Die Regierung zögert versprochene Zahlungen oft monatelang hinaus, intrigante Hofchargen blockieren aussichtsreiche Geschäfte oder verkaufen gutgläubigen Fremden wertlose Konzessionen für vermeintliche Gold- und Erzminen gegen teures Geld und eine Menge Bakschisch. Es ist ein hartes Brot, das wir hier kauen, manch einer wird darüber verbittert.«

»Und fühlt sich im Recht, gleich das ganze Volk zu diffamieren?«, konterte Lucie. »Freilich, wenn man Land und Leute nur durch die Brille des Geschäftemachers betrachtet …«

Anna seufzte. Wie konnte jemand so weltfremd sein, allein von romantischen Anwandlungen geleitet? »Lucie«, sagte sie ungeduldig, »du bist noch nicht lange genug hier, um dir ein Urteil anzumaßen. Irgendwann wirst du erkennen, wie begründet die kritische Haltung gegenüber abessinischen Verhältnissen ist, obgleich man sie vielleicht in weniger scharfzüngige Worte fassen sollte. Bis dahin erwarte ich, dass du deine übertriebene Empfindlichkeit etwas drosselst und zumindest den wichtigsten Verpflichtungen nachkommst. Haben wir uns verstanden?« Anna warf einen kurzen Blick auf das abweisende Gesicht ihrer Cousine, ließ sich jedoch nicht beirren. »Am nächsten Sonnabend bereits gibt es die erste Gelegenheit, deine Einsicht unter Beweis zu stellen. Ein syrischer Kautschuk-Magnat lädt alle Honoratioren der Stadt zu einem großen Fest – Europäer wie Abessinier, weshalb du außer einer Prise Spott über den Riesentross der eingeborenen Granden sicher keine Sottisen befürchten musst.«

»Wie, sie erscheinen auch bei Festen mit Gefolge?«, fragte Lucie, plötzlich interessiert.

»Selbstverständlich, je umfangreicher, desto besser. Doch das tangiert uns nicht, denn das Fußvolk wird an Extratischen abgespeist. Also – kann ich auf dich zählen?«

Zu Annas Überraschung willigte Lucie anstandslos ein, ohne Zögern, ohne den geringsten Protestversuch, es schien sogar ein Hauch von Freude über ihr Gesicht zu huschen, während sie sich eifrig nach der gebotenen Garderobe erkundigte. Nun gut, die Strafpredigt zeigte offenbar Wirkung. Hochgemut trat Anna den Rückzug an, nicht ahnend, wie sehr ihre selbstzufriedenen Spekulationen, die widerspenstige kleine Närrin endlich gezähmt und zur Vernunft gebracht zu haben, in die Irre liefen.

Es war schon weit nach Mitternacht, und Lucie saß noch immer auf der Schwelle ihres Hauses, hinter sich den dunklen, stillen Raum, das Gesicht zum tintenschwarzen Himmel erhoben, als hoffe sie, dass der tief über den Bergen hängende Mond ihr ein Zeichen gäbe oder aus dem Meer wie Diamanten glitzernder Sterne einer sich lösen und niedersinkend in den Gegenstand ihrer hilflosen Sehnsucht verwandeln würde. Sie wartete auf ein Wunder, Nacht für Nacht. Die Kälte kroch an ihren Beinen hoch und unter die Schamma, die sie um Kopf und Schultern geschlungen hatte, doch sie rührte sich nicht, reagierte auch nicht auf Selams behutsame Mahnungen, es sei zu kühl da draußen und Zeit zum Ruhen. Manchmal, wenn die Atemzüge der Dienerin verrieten, dass sie auf ihrem Wachposten im Finstern, von Müdigkeit übermannt, eingeschlafen war, trat Lucie leise vor den Spiegel, zündete eine Kerze an und versuchte, im eigenen Blick den Yareds zu finden – wie damals, nach der Maskalfeier. Aber sie sah nur zwei traurige matte Augen, dunkle Scheiben, hinter denen kein Lächeln, kein zärtlicher Gruß aufschimmerte. Die magische Verbindung war abgerissen, nicht anders als die in der Wirklichkeit.

Seit Wochen ging es nun schon so. Schlaflose Nächte wechselten ab mit Tagen voller fiebriger Unruhe oder dumpfen Brütens. Lucie verließ kaum noch das Haus, selbst der Markt lockte sie nicht mehr.

Ein dichter, bedrohlicher Schatten hatte sich an jenem Sonnabend über sie gelegt, der doppeltes Glück zu versprechen schien. Morgens würde Yared ihr wie gewohnt auf der Gebeja begegnen und abends als Gefolgsmann seines sicher zum Bankett geladenen schwarzen Herrn unter demselben Dach mit ihr atmen, womöglich wieder mutig und einfallsreich genug für einen verschlüsselten Liebesbeweis. Doch dann, der große Tag war endlich da und Lucie wie in einem Rausch freudiger Erwartung, erschien Yared weder hier noch dort. Stundenlang, mit wachsender Anspannung durchstreifte sie das Marktgelände, ohne das Geringste seiner bekannten Zeichen zu entdecken, bis sie sich schließlich von Selams Zuspruch und der eigenen Hoffnung auf den Abend vertrösten ließ. Bestimmt, meinte die Dienerin, hätte irgendeine Pflicht ihn fern gehalten, umso weniger würde er ein Zusammentreffen bei der Soiree versäumen. Nur zu gern wollte Lucie ihr glauben.

Aus dem strahlend erleuchteten Saal schlugen ihnen Stimmengewirr, Gläserklirren, der Duft von Blumen und Parfums entgegen, als die Haertels samt Cousine eintrafen. Während sich Lucie mit sanftem Druck in die Menge geschoben fühlte, vorgestellt wurde, Handküsse und Komplimente empfing, hoffte sie, dass niemandem ihre Nervosität, ihre bebende Erwartung auffiele. Anna allerdings zog ein paar Mal erstaunt die Brauen hoch, weil diese seltsame Verwandte, offenbar völlig zerstreut, entweder überhaupt nicht oder ganz und gar unpassend auf freundliche Anreden reagierte.

Irgendwo im Hintergrund spielte eine Kapelle europäische Weisen, irgendwo dahinten musste auch der Platz der Gefolgsleute sein, die natürlich nicht zwischen die Herrschaften gehörten. Am liebsten hätte sich Lucie einen Weg durch die feinen Roben und Fräcke gepflügt, um Yared zu suchen. Stattdessen setzte sie eine höflich interessierte Maske auf, plauderte mit, so gut es ging, und nahm, als die vom Hotelchef geschwungene Glocke zum Essen rief, zwischen zwei galanten jugendlichen Herren, einem Italiener und einem Franzosen, an der opulent gedeckten Tafel Platz. Endlich saßen alle, die Sicht war frei. Unempfänglich für die Bemühungen ihrer beiden Nachbarn, sie durch ein wahres Feuerwerk von Charme und Esprit zu beeindrucken, spähte Lucie hinüber zum Ende des Raumes, wo die Gefolgsleute der Noblen um lange, niedrige, mit abessinischen Speisen beladene Korbtische nahe der Ausgangstür hockten. Angestrengt und so sichtlich erregt hielt sie Ausschau, dass die Herren hinter ihrem Rücken verwunderte Blicke tauschten. Dann sackte Lucie plötzlich in sich zusammen. Mitfühlend ergriff der Italiener ihre Hand, eine vertrauliche Geste, die er sich niemals erlaubt hätte, wäre das Gesicht der jungen Dame nicht derart traurig geworden, als stünde sie kurz vor einem Tränenausbruch.

»Fehlt Ihnen etwas, Madame?«

»Nein, danke«, versicherte Lucie mit erzwungenem Lächeln, obwohl ihr in Wirklichkeit alles fehlte.

Tafari Bellou hatte sie zwar gleich beim Hereinkommen unter der Gästeschar gesehen, seinen treuesten Begleiter aber konnte sie nirgends ausmachen. Yared war nicht da.

Der Rest des Festes verschwand hinter einer Nebelwand, durch die nur vereinzelt Wort- oder Musikfetzen zu ihr vordrangen, selbst Annas auf dem Heimweg hoch schäumender Zorn über ihre skandalöse Art, stumm und taub bei Tisch zu sitzen, im erlesenen Essen zu stochern, als handelte es sich um ein Ragout aus Küchenschaben, erreichte sie nicht. Betäubt von der Enttäuschung und gefangen in einem Netz wirrer Erklärungsversuche für Yareds Fernbleiben, nahm sie ihre Umgebung kaum wahr. Ob er Angst vor der eigenen Courage bekommen hatte, vielleicht doch das Risiko scheute? War sie zu willig auf seine Signale eingegangen, sodass er sie für ein leichtlebiges Frauenzimmer hielt, mit dem man sich besser nicht abgab? Oder zweifelte er an ihrer Bereitschaft, die Trennwand, die sie bislang nur mit Blicken und zarten Gesten durchbrochen hatten, endgültig zu überwinden? Womöglich mied er deshalb den Kontakt.

Geduldig hörte sich Selam an, was Lucie durch den Kopf wirbelte, während sie ihr aus dem rosenholzfarbenen Abendkleid half und eilig eines von Richards großen alten Taschentüchern holte, um die kostbare Seide vor Tränenschäden zu bewahren. Nein, sagte sie im Ton freundschaftlicher Autorität, als Lucie keine Vermutungen mehr einfielen, solche Hirngespinste wären völlig fehl am Platz. Am nächsten Morgen würde sie ihre Fühler ausstrecken und gewiss sehr simple, handfeste Gründe entdecken. Eventuell eine Kussokur, die sogar vor dem Kaiser als Entschuldigung galt, oder eine Erkältung …

Tatsächlich kehrte Selam gegen Mittag mit der Meldung heim, dass Yared verreist war, im Auftrag seines Herrn unterwegs Richtung Norden. In welcher Sache und wohin genau, wusste niemand, man erwartete ihn jedoch in etwa vier Tagen zurück.

Zweimal hatten sie sich danach noch aufgemacht zum Samstagsmarkt – umsonst, Yared blieb verschwunden. Es kam auch kein Bote, kein irgendwie gearteter Hinweis, er war wie vom Erdboden verschlungen. Länger ertrug Lucie die erfolglose Suche, die jedes Mal schmerzhaftere Enttäuschung nicht, sie schottete sich ab im Häuschen und sank in endlose, zwischen immer wieder aufkeimender Hoffnung und wachsenden Ängsten hin und her taumelnde Grübeleien. Selam versuchte zwar unermüdlich, der Freundin Zuversicht einzuflößen, indem sie ihr ausmalte, wie schwierig Reisen durch dieses wild zerklüftete Land seien und wie oft es dabei zu

Verzögerungen komme, aber Lucie fand darin keinen Trost. Wenn sie in sich hineinhorchte oder im Spiegel vergebens nach dem Widerschein seines Blickes forschte, spürte sie, dass es so einfach nicht war. Es musste etwas geschehen sein, etwas, das ihn auf andere Weise von ihr trennte als eine mühsame Wegstrecke.

»Imete«, die Augen noch voller Schlaf, hockte sich Selam neben Lucie, deren Kopf schwer von Müdigkeit am Türrahmen lehnte, während sie in das milchige, kalte Grau des heraufziehenden Morgens starrte.

»Imete, Sie müssen sich hinlegen, wenigstens ein Weilchen. Sobald es hell ist, werde ich zu Tafari Bellous Haus reiten. Er soll Boten auf Yareds Spur gesetzt haben, vielleicht weiß man Neues. Kommen Sie.«

Willenlos wie ein Kind, zu matt und durchfroren für jeden Widerstandsversuch, ließ sich Lucie zwischen die Felle ihrer Alga betten und fiel sofort in einen unruhigen Halbschlaf, aus dem sie erst erwachte, als Selam Stunden später von dem Erkundungsritt zurückkam. Die Sonne stand schon hoch am Himmel, Lucie konnte das Gesicht der im Gegenlicht auf der Schwelle stehenden Dienerin zunächst nicht erkennen, sie blinzelte, sprang, gierig nach einem erlösenden Wort, vom Lager.

»Warum sagst du nichts? Was ist?«

Näher kommend sah sie den bekümmerten Blick in Selams Augen, den bitteren Zug um ihren Mund und fühlte, wie eine eisige Faust nach ihrem Herzen griff und es zerquetschte.

»Er ist tot, nicht wahr?«, fragte Lucie mit brüchiger Stimme. Aschfahl, reglos stand sie da.

»Ach, Imete, Lucie«, überwältigt von Mitleid, schloss Selam sie in die Arme, nannte sie zum ersten Mal beim Namen, »wie gern hätte ich Ihnen eine andere Nachricht gebracht.«

»Ich habe es geahnt, die ganze Zeit«, flüsterte Lucie. »Wie? – Wo?…«

Die Dienerin ergriff ihre Hand, führte sie zur Alga, zwang sie mit sanftem Druck, sich hinzusetzen, und rückte selbst nahe an ihre Seite.

»Ein Überfall – oben in der Provinz Wollo«, begann Selam stockend, »Yareds Karawane war klein, zählte nur zehn Leute, sie wurden von Shiftas, Räubern, angegriffen – und alle ermordet. Es heißt, die Mörder seien aus der Danakil-Wüste gekommen, furchtbare, rohe Menschen, vor denen kein Durchreisender sicher ist. Aber Tafari Bellous Abgesandte, die die Toten fanden, haben berichtet, dass ihnen nicht auch noch ihre …«

Abrupt hielt Selam inne, als ihr bewusst wurde, dass das, was sie zu sagen im Begriff war, zu viel für die Nerven der zarten Europäerin sein müsse. Doch Lucie wollte alles wissen, nur so meinte sie, Yared bis in den Tod begleiten zu können. Schließlich gab Selam ihrem Drängen nach und fuhr, die Freundin bang beobachtend, fort:

»Bei den Danakil und anderen Wüstenstämmen ist es Sitte, Feinde zu verstümmeln, um die Wette sammeln sie Mannestrophäen. Wer die meisten dieser Beutestücke vorweisen kann, gilt als der größte Held. Dieses Mal«, sagte sie schnell, weil das blanke Entsetzen in Lucies Augen stand, »kam es anscheinend nicht dazu.«

Lucie brauchte einen Moment, um sich zu fassen. »Hat man die – die Toten hierher geschafft?« Mühsam brachte sie die Frage heraus, die ihr so wichtig war, weil sie wenigstens sein Grab in der Nähe haben wollte, einen Ort der Trauer um den Verlorenen.

»Nein, Imete, das ist unmöglich auf diesem weiten, beschwerlichen Weg. Sie wurden am Ort ihres Sterbens beerdigt – so gut es ging, denn die Geier und Hyänen waren schon vor den Boten da.«

Lucie stieß einen dünnen Schrei aus, der klang wie zerspringendes Glas, und fiel ohnmächtig auf ihr Lager.

Nach dem fatalen Bankett hatte sich Anna kaum noch um die Cousine gekümmert, sie war zu erbost, außerdem mit eigenen Angelegenheiten beschäftigt. Und dass Lucie ihrerseits fast nie im Haupthaus erschien, schob sie auf deren hoffentlich massiv schlechtes Gewissen. Sollte diese ärgerliche Person sich ruhig abkapseln, im eigenen Saft schmoren, sie selbst jedenfalls würde ihr keinen Schritt entgegenkommen. Wenn Carl oder die Kinder, an Lucies fröhliche Gesellschaft gewöhnt, nach ihr fragten, sprach Anna ausweichend von Verstimmungen, Missverständnissen, irgendwelchen Unpässlichkeiten.

So groß war die Kluft, dass sie nicht bemerkte, was mit Lucie geschah. Erst als Selam, um Hilfe bittend, zu ihr kam, entdeckte sie die Katastrophe.

Für die Dienerin war es ein schwerer Gang. Nicht nur, weil sie damit ihr eigenes Scheitern eingestand, sondern vor allem, weil sie, daran gab es keinen Zweifel, Lucies Geheimnis würde verraten müssen.

Selam hatte geglaubt, der Freundin allein über ihren Kummer hinweghelfen zu können. Unermüdlich kochte sie köstliche Speisen, von denen Lucie hin und wieder ein paar Häppchen zu sich nahm, erzählte abessinische Geschichten, bestreute den Boden des Hauses mit duftendem Gras vom Flussufer, wie man es hier sonst nur an Feiertagen tat, rückte einen Stuhl vor die Tür, in der Hoffnung, dass Blumen und Sonnenschein das verdunkelte Gemüt ihrer Imete aufhellen würden. Manchmal schenkte ihr Lucie ein dankbares Lächeln und zog sich sofort wieder zurück hinter die undurchdringliche Mauer der Trostlosigkeit.

Eines Tages brachte Selam einen Hornraben nach Hause, ein großes, storchenähnliches Tier von ernstem Wesen und würdevollem Gebaren, das, wie sie meinte, vielleicht als Gesellschafter für die in Einsamkeit Versunkene geeignet wäre, besser jedenfalls als ein albernes Äffchen. Und Lucie begann tatsächlich mit ihm zu reden, leise murmelnd, während sie sein schwarz glänzendes Gefieder streichelte und er den merkwürdig verständigen Blick seiner dunklen Augen auf sie gerichtet hielt.

Trotzdem, obwohl die Gefährtin tat, was in ihren Kräften stand, wurde Lucie zusehends schwächer. Oft musste sie sich jetzt hinlegen, weil Schwindel sie ergriff oder die Beine sie nicht tragen wollten. Als letzte Rettung fiel Selam eine Heilerin ein, Marjam, der man Verbindung zu Geistern nachsagte. Die alte Frau stand lange schweigend neben Lucies Lager, schaute die Leidende aufmerksam an und senkte dann ihr Gesicht, das wie ein schrumpeliger Apfel aus der Schamma lugte, zu Boden.

»Kannst du etwas für sie tun?«, fragte Selam ängstlich.

»Lass mich«, erwiderte die Alte, »ich muss selbst erst fragen.«

Schließlich beugte sie sich über Lucie und pustete ihr dreimal in die Nase.

»Vielleicht erweckt das ihre Lebenskraft wieder«, erklärte sie, »aber ich fürchte, die Gegenseite ist zu stark.«

Während Marjam mit wehmütigem Kopfschütteln zur Tür hinaushumpelte, hielt Selam gespannt Ausschau nach ersten Anzeichen der Zauberwirkung. Doch nichts geschah, auch nicht am nächsten Tag. Deshalb entschloss sie sich notgedrungen, die Herrschaft oben im großen Haus zu Hilfe zu rufen.

Die Nachricht von Lucies Erkrankung ließ Anna augenblicklich ihren Ingrimm vergessen, besorgt eilte sie durch den Garten und erschrak zutiefst beim Anblick der Cousine. Lucie sah aus wie ein Gespenst. Blass, ausgemergelt, die Augen in dunklen Schattenhöhlen versunken, lag sie apathisch auf der Alga, um die ein riesiger finsterer Vogel grunzend seine Kreise zog. Anna befühlte ihre Stirn, tastete nach ihrem Puls.

»Wie konntest du das zulassen? Warum hast du mich nicht früher geholt?«, herrschte sie Selam an. »Marsch! Auf der Stelle soll ihr normales Bett hergebracht werden und die Daunendecke. Und dieses grässliche Tier nimm schleunigst mit nach draußen. Meine Verwandte hat hohes Fieber, die Lage ist ernst.«

Da ihr der eigene medizinische Sachverstand nicht ausreichend erschien, schickte Anna sofort nach Dr. Seibold, dem Arzt der deutschen Gesandtschaft, und ließ auch die Woizero Menen um den Beistand ihres Leibarztes, Dr. Sauvignon, bitten. Beide trafen überraschend schnell ein, konnten jedoch trotz eingehender Untersuchung keinen Grund für Lucies Zustand finden. Es sei nichts Organisches, konstatierten die Doktoren übereinstimmend.

»Und was dann?«, fragte Anna irritiert.

Nun, eventuell eine heftige Erregung, ein Schock oder dergleichen. Ob man Genaueres über das seelische Befinden der Patientin wisse?

Anna winkte Selam herbei, die, in Türnähe hockend, beklommen dem Moment der Wahrheit entgegensah. Wenn überhaupt jemand, dachte sie, würde die Dienerin sich am ehesten auskennen.

»Ist irgendetwas passiert? Etwas, das deine Imete erschreckt oder verängstigt hat? – Bitte«, fügte sie in mildem Ton hinzu, als Selam stumm vor ihr stand und sich fahrig über den Rock strich, »du musst uns sagen, was du weißt, wir können ihr sonst nicht helfen. Also, gibt es einen Anlass?«

Hin- und hergerissen zwischen dem Wunsch, ihrer Herrin beizustehen, und der Furcht vor Annas Zorn, nickte Selam zaghaft. Vielleicht war eine ehrliche Auskunft ja wirklich nötig.

»Ich glaube, es liegt am Kummer«, sagte sie leise.

»Kummer? Was für ein Kummer? Lucie hat sich hier doch pudelwohl gefühlt.«

»Ja, Madame, bis dieses Unheil kam.«

»Ich begreife nicht, wovon du sprichst. Nun erzähl doch endlich, was geschehen ist!«

Und Selam begann, die Worte vorsichtig abwägend, zu berichten, dass ihre Imete sich verliebt habe, der Mann aber wochenlang verschollen gewesen und, wie sich dann herausgestellt habe, bei einem Shifta-Überfall im Norden ums Leben gekommen sei.

Lucie verliebt? Anna konnte es nicht fassen. Durch ihren Kopf defilierte eine Reihe junger Herren, die der Cousine den Hof gemacht hatten, ohne je auf das geringste Entgegenkommen zu stoßen.

»Wer war denn der Auserwählte? Ich müsste ihn doch kennen und von dem Mord gehört haben.«

Selam zögerte erneut, verknotete ihre Hände ineinander und schaute Anna so flehend an, als wollte sie im Voraus schon um Gnade bitten.

»Wahrscheinlich nicht, Madame«, sagte sie mit kaum hörbarer Stimme. »Er war kein Europäer und – auch kein Mitglied der vornehmen Gesellschaft.«

Auf dem Jimma-Hocker, den sie neben Lucies Bett geschoben hatte, zuckte Anna wie elektrisiert zusammen.

»So? Wer und was war er dann, bitte?«

»Ein Abessinier, der Gewehrträger von Tafari Bellou.«

Nein, das musste ein Albtraum sein. Anna ließ ihren Kopf auf die Knie sinken. Auch diesen Tort, eine Mesalliance sondergleichen, hätte ihr Lucie nach allen anderen Peinlichkeiten womöglich noch angetan, wäre das Schicksal dem nicht zuvorgekommen. Ein schwarzer Gewehrträger! Sie glaubte ins Bodenlose zu stürzen und hielt ihre Empörung nur im Zaum, weil die beiden Mediziner mit interessierten Gesichtern die Szene verfolgten.

»Bitte, Frau Haertel«, sagte Dr. Seibold so weich, als spräche er durch einen Wattebausch, »regen Sie sich nicht auf, diese Geschichte ist ja nun erledigt. Wir müssen sehen, dass alles wieder ins Lot kommt.«

»Richtig«, Selam nahm ihren ganzen Mut zusammen, um die Ehre der Freundin zu verteidigen, »außerdem war er ein wunderbarer Mensch, der es verdiente, geliebt zu werden.«

Anna überhörte den Einwand geflissentlich. Sollte sie dem dahergelaufenen Burschen etwa auch nachtrauern? Lachhaft! Mit einem tiefen Seufzer hob sie den Kopf und fragte, während ihre Augen auf der teilnahmslos zwischen den Kissen liegenden Lucie ruhten, was man denn gegen deren miserable Verfassung tun könne.

»Leider sind unsere Möglichkeiten in diesem Fall sehr begrenzt«, erklärte Dr. Sauvignon unter dem bestätigenden Nicken seines Kollegen. Zur Senkung des Fiebers verordneten die beiden kalte Stirnkompressen sowie Wadenwickeln, zur Kräftigung der Lebensgeister Kampfertropfen und aufbauende, nervenstärkende Tees aus Chinarinde oder Melisse, außerdem, meinten sie, werde Hühnerbrühe der Kranken gut tun, ebenso vitaminreicher Bananenbrei. »Aber«, sagte Dr. Seibold schließlich, wobei er sich sorgenvoll durch sein dünnes falbes Haar fuhr, »von solchen Rezepten darf man höchstens ein wenig Linderung erwarten. An das eigentliche Leiden, offenbar eine abgrundtiefe Melancholie, ist schwer heranzukommen. Probieren Sie es mit aufmunternden Gesprächen, mit Ablenkung ...«

»Das habe ich schon getan und deshalb auch den Abbagamba hergeholt«, mischte sich Selam ein. Sie wies auf den Vogel, der seinen langen gebogenen Schnabel neugierig durch die Türöffnung schob. »Wenigstens zu ihm spricht sie hin und wieder.«

Der Arzt lächelte. »Eine gute Idee. – Lassen Sie ihn ruhig in ihre Nähe«, fügte er, Annas skeptischen Blick auffangend, hinzu, »Hygiene ist im Augenblick nur ein zweitrangiges Problem. Sorgen Sie vor allem dafür, dass Ihre Verwandte sich nicht allein fühlt, am besten sollte immer jemand bei ihr sein. Vielleicht, wenn wir Glück haben, können wir sie gemeinsam dem Sog des Todes entreißen.«

Genau das schien Lucie nicht zu wollen.

Anna, deren Zorn über den ungeheuerlichen Fauxpas schon bald innigem Mitleid und der Befürchtung gewichen war, durch die eigene Strenge das Elend womöglich vertieft zu haben, wachte jetzt im Wechsel mit Selam oder auch Carl, dem das Unglück der Cousine keine Ruhe ließ, viele Stunden am Krankenbett. Je länger sie dort ausharrten, desto deutlicher spürten die drei Lucies Abneigung gegen ihre Bemühungen, sie ins Leben zurückzuholen. Daunendecke, Hühnerbrühe, Umschläge, Medizin – alles nahm sie erkennbar widerwillig hin, zu schwach, sich zu wehren. Aber man konnte sie doch nicht einfach sterben lassen, untätig ihr Dahinsiechen beobachten!

»Ich wünschte, sie würde weinen«, seufzte Dr. Seibold bei einem seiner regelmäßigen Besuche, »nichts löst tief sitzenden Kummer besser als Tränen.«

Lucie indes blieb tränenlos, eingefroren im Schmerz. Sobald sie allein mit ihr war, hielt Anna oft ihre Hände, streichelte ihre wächsernen Wangen und sprach leise auf sie ein. Worte des Bedauerns, des Versprechens, in Zukunft verständnisvoller zu sein, der Gewissheit, dass die Zeit die Wunden heilen und neues Glück bringen werde.

Wenn Lucie ihre Augen öffnete, was nur noch selten geschah, hoffte Anna jedes Mal, die Abschottung sei endlich aufgebrochen, der Trost zu ihr durchgedrungen – und wurde immer wieder enttäuscht. Lucie zeigte keinerlei Reaktion, hielt den Blick starr ins Leere gerichtet oder wandte sich mit wirren Reden an den majestätischen Vogel, in dem Anna mehr und mehr einen Todesboten zu erkennen glaubte.

Eines Abends, Mitte Juni, betrat Carl das Häuschen, als Dr. Seibold gerade seine bauchige Instrumententasche schloss. »Es tut mir Leid«, hörte er den Arzt mit resignierter Stimme sagen, »ich fürchte, hier kann ich nichts mehr tun.«

Anna, die neben ihm stand, schluchzte auf. »Vielleicht geschieht ja noch ein Wunder! Nicht wahr, Carl«, sie schaute dem Hereinkommenden tränenüberströmt entgegen, »das glaubst du doch auch. Lucie ist so jung! Mit sechsundzwanzig stirbt man nicht einfach!«

Carl umarmte seine Frau, drückte ihren Kopf in die raue Wärme seiner Jacke und blickte den Arzt fragend an.

»Wollen Sie wirklich aufgeben? Meinen Sie nicht, dass ein plötzlicher Umschwung möglich wäre, wie bei vielen schweren Krankheiten?«

»Nein, dieser Fall liegt anders. Das so genannte ›Wunder‹ könnte nur eintreten, wenn sie es zuließe. Aber sie will offenbar nicht bleiben, sie sehnt sich fort aus unserer Welt.« Seibold zuckte traurig die Achseln. »Dagegen sind wir machtlos. Ich denke, es dauert nicht mehr lange – mag sein, noch diese Nacht.«

Carl fühlte, dass Anna in seinen Armen erschauerte. »Noch diese Nacht?«

»Komm, Liebste«, sagte er sanft, nachdem die Schritte des Arztes draußen im Dunkel verklungen waren, »lass uns bei ihr wachen, bis es zu Ende geht. Wir können sie nicht aufhalten. Sie verlischt wie eine Kerze.«

5. Kapitel

Als Lucie starb, wurde ich gerade zehn Jahre alt, die Regenzeit hatte kurz zuvor angefangen – es war unendlich traurig.«

In ihrem abgewetzten Liegestuhl ruhte Eva unter den dicht belaubten, von Früchten schweren Zweigen eines Apfelbaums, durch die nur vereinzelte Strahlen der Herbstsonne drangen. Sie hielt die Augen geschlossen, um besser zurückdenken zu können. Wenige Schritte entfernt lag Katrina im Gras und folgte blinzelnd dem Zug zarter weißer Federwolken am Föhnhimmel.

»Wir Kinder haben überhaupt nicht verstanden, was sich da abspielte«, fuhr Eva nach einer Weile fort. Selbst so viele Jahrzehnte später noch verriet ihre Stimme die Wehmut von damals. »Anfangs verscheuchte uns Selam, wenn wir um Lucies Häuschen sprangen und wie gewohnt mit ihr spielen wollten. Dann übernahm unsere Mutter die Regie und befahl uns, Rücksicht zu nehmen, weil die arme Lucie sehr krank sei. Niemand mochte uns erklären, was ihr fehlte. Deshalb haben wir oft an Türen gelauscht, hinter denen sich die Erwachsenen unterhielten. Sie nannten sie jetzt immer die ›arme Lucie‹, sprachen von ›tragischen Irrwegen‹ oder ›fehlgeleiteten Gefühlen‹. Einmal geriet unsere Mutter außer sich und schrie, dieser ›elende Bastard‹ hätte Lucie ins Verderben geführt. Worauf Hakim Zahn, der gerade zu Besuch war, erwiderte, dass Liebe nicht durch Konventionen aufzuhalten sei.«

Eva hielt inne und räusperte sich, ehe sie fortfuhr. »Wir hatten keine Ahnung, was das alles mit Lucies Krankheit zu tun haben sollte. Wenn wir krank waren, was sehr selten vorkam, und meistens ging es dabei um eine Bronchitis, erschien Dr. Gabriloff, unser gemütlicher russischer Lieblingsarzt, und behandelte uns mit Schröpfköpfen. Pro Stück bekamen wir einen Rub als Belohnung, falls wir die Prozedur klaglos ertrugen. Warum tat man das bei Lucie nicht? Ich begriff auch nicht, was unser Vater meinte, als ich ihn sagen hörte, sie sei an ›gebrochenem Herzen‹ gestorben. Sogar meine große Schwester Wilma konnte sich darunter nichts vorstellen.

Weißt du, wir waren sehr viel unbedarfter als heutige Kinder. Damals glaubte man, die Kleinen vor den abgründigen Seiten des Lebens bewahren zu müssen, aber in Wahrheit ließ man sie mit ihren Fantasien und Ängsten allein. Wir durften nicht einmal an Lucies Begräbnis teilnehmen und uns richtig von ihr verabschieden – angeblich, weil das Friedhofsgelände zu matschig war. Ich weiß noch, dass ich abends oft in mein Kissen geweint habe und mir ein gebrochenes Herz auszumalen versuchte.«

»Ihr hättet doch die Dienerin fragen können.«

»Selam? Nein. Unsere Mutter wünschte keinen engen Kontakt mit ihr, darum kannten wir sie nur wenig. Außerdem verschwand sie am Morgen nach Lucies Tod und tauchte nie wieder bei uns auf. Ohne ihre Imete wollte sie anscheinend nicht bleiben. Genauso der Abbagamba. Auch von ihm fand sich plötzlich keine Spur mehr. Edith behauptete zwar, ihn mittags in einer Baumkrone gesehen zu haben. Bei dem strömenden Regen konnte man allerdings kaum etwas erkennen. Es war wohl eher einer der Geier, die ringsum lauerten, seit Lucie im Sterben lag.«

»Evchen«, Katrina stand auf, als die Großmutter schwieg, kam langsam näher und setzte sich mit untergeschlagenen Beinen neben den Liegestuhl. »Evchen, hast du dich nie in einen Einheimischen verliebt? Die Abessinier sollen doch so besonders schön und anmutig sein.«

Offenbar verdutzt über diese abwegige Idee, starrte Eva ihre Enkelin an. »Natürlich nicht, Kind! Sie sind in der Tat sehr schön – aber eben auch sehr dunkel. Und uns wurden ja von klein auf die Regeln eingeimpft. Weiße Männer konnten sich mit Eingeborenen zusammentun. Manche heirateten sogar, doch für weiße Frauen war das absolut tabu. Dergleichen wäre uns niemals eingefallen.«

Schön, nur leider zu dunkel. Verbotenes Terrain für weiße Frauen. Katrina unterdrückte den Kommentar, der ihr bereits auf der Zunge lag. Was sollte es bringen, die Einstellung einer Neunzigjährigen anzufechten, nachdem sie lebenslang daran festgehalten hatte?

Unbeirrt von Katrinas beklommenem Schweigen, überließ sich die Großmutter weiter ihren Erinnerungen. »Vielleicht«, sagte sie, »hat Lucies Leiden bei aller Trauer doch auch positive Folgen gehabt. Jahre später, wir waren schon nach Deutschland abgeschoben worden, traf ich einen Kaufmann, Gregor Simon, der damals, als unsere Mutter die Fürstin in europäischen Sitten unterwies, häufig im Palais Ras Tafaris verkehrte. Er erzählte mir von ihrem Takt, ihrer Behutsamkeit und der bemerkenswerten Klugheit, mit der sie dabei vorging. Seiner Beobachtung nach hat sie nie versucht, Menen einfach eine fremde Kultur überzustülpen, was ohnehin an deren konservativer Haltung gescheitert wäre, sondern führte nicht zu viele Veränderungen ein. Sie gab dem Leben der Fürstin eine neue Form, stattete das Palais geschmackvoll aus – Simon nannte es ›proper‹ –, sie verhalf ihr zu sicherem Auftreten und tadellosen Tischmanieren. Aber sie respektierte dabei Menens tiefe Religiosität, obwohl sie selbst nur dem Taufschein nach christlich war. Und sie ließ ihr die eigenen Traditionen – etwa was die Garderobe anbelangt. Wahrscheinlich hätte unsere Mutter die Fürstin überreden können, europäische Mode zu tragen, doch das tat sie offenbar nicht. Zum Glück, denn wie alle vornehmen Abessinierinnen war Menen, um es beim Wort zu nennen, ausgesprochen fett. In den kaum wadenlangen, die Hüften umspannenden Kleidern der damaligen Zeit oder in futteralähnlichen Roben hätte sie eine höchst lächerliche Figur gemacht. Dazu vielleicht noch ein in die Stirn gedrückter Topfhut über dem runden Gesicht – nicht auszudenken! Die angestammten weiten Gewänder dagegen ließen die Anmut unter der Fülle ahnen und gaben ihr Würde. Bestimmt fühlte sie sich darin auch viel wohler.«

Eva legte eine Pause ein. Sie runzelte die Brauen, als müsse sie ihre Gedanken sortieren. »Ach, ja, es ging um Lucie«, fuhr sie schließlich fort. »Weißt du, Gregor Simons Bericht hat mich auf die Idee gebracht. Ich glaube, dass unsere Mutter durch Lucies erbärmliches Ende weicher wurde, verständnisvoller für die Bedürfnisse und Empfindungen anderer, und dass sie deshalb so feinfühlig auf Menen eingehen konnte.«

»Habt ihr Kinder diese neue Milde auch gespürt?«, fragte Katrina, während sie einem Marienkäfer zusah, der an ihren Jeans hochkrabbelte.

»Ganz sicher nicht bewusst, dafür war zumindest ich wohl noch zu jung. Ich erinnere mich an eine strenge, aber nie unerbittliche Mutter. Sie lachte sogar mit allen anderen Anwesenden schallend, als ich im Haus des Regenten mein erstes Glas Sekt bekam und von endlosen Hicksern auf meinem Stuhl gelupft wurde.« Eva kicherte kurz beim Gedanken an die Szene, vor der sie sich damals am liebsten in ein Mauseloch geflüchtet hätte. »Wenn ich 's recht überlege, war Lucies Tod, abgesehen von den Kriegsjahren natürlich, der einzige Schatten auf einer wunderbaren Kindheit.«

Schon bald nach ihrer Rückkehr hatte der Vater seine drei »Küken«, wie er die Töchter zu nennen pflegte, mit zum Pferdemarkt genommen. Ein aufregendes Ereignis! Jede von ihnen sollte ihr eigenes Pferd bekommen. Außerdem ging es dort wild und bunt zu. Auf einem weiten freien Platz nahe dem Hauptmarkt wurden die Pferde von ihren Besitzern vorgeführt. Stöcke schwingend und nur die dicken Zehen in kleine Steigbügel gesteckt, kamen die Reiter im scharfen Galopp angeprescht, rissen ihre Tiere knapp vor den Nasen der Zuschauer und Kauflustigen in einer Staubfontäne herum und brausten zurück. Für Eva erstand der Vater einen zweijährigen braunen Hengst, den sie »Trotzkopf« taufte, wegen einer Unart, die ihm kaum abzugewöhnen war. Er scheute oft, besonders vor Kamelen und Dromedaren, und dann stieg er und überschlug sich rückwärts. »Ich lernte zwar schnell, rechtzeitig abzuspringen«, sagte Eva und ruckelte sich etwas bequemer in ihrem Stuhl zurecht, »aber dennoch bezog ich eine Menge Beulen und blauer Flecken, bis Trotzkopf die Marotte endlich aufgab.«

»Du – eine so mutige Reiterin?«, staunte Katrina. Selbst wenn sie etliche Jahrzehnte vom Alter der Großmutter abstrich, konnte sie sich dieses zerbrechliche Persönchen nicht auf dem Rücken eines widerspenstigen Gauls vorstellen.

»Natürlich!« Eva reckte stolz den Hals, als wollte sie ihre ehemalige Kraft und Kühnheit demonstrieren. »Unser Vater gab uns persönlich Reitunterricht, recht harten sogar – Traben, Galoppieren und Springen auf ungesattelten Pferden. Und dann fegten wir, von berittenen Dienern begleitet, jeden Morgen in wilder Jagd zur Schule. Eine ziemlich fade Missionsschule übrigens, wo wir aber immerhin fließend Französisch und Amharisch lernten. Eigentlich war es verboten, mit einem solchen Tempo durch die Stadt zu sprengen, dass die Leute schreiend davonstoben, doch europäischen Kindern mochte anscheinend niemand Einhalt gebieten.«

Später, nachdem die Mutter sich mit Menen angefreundet hatte, mussten sie manchmal dem Regentenpaar und dessen Kindern auf einer riesigen Wiese im Gibbi vorreiten. Wie Zirkusprinzessinnen wurden die drei bestaunt. Schließlich ritten amharische Damen und Mädchen zu der Zeit tief verschleiert auf gut gepolsterten Maultiersätteln, von beiden Seiten durch Diener gestützt.

Die Pferde waren Geschenke zum ersten Weihnachtsfest, das die Familie wieder vereint in Addis Abeba feierte. Obwohl draußen nichts an Weihnachten erinnerte – der Dezember ist der heißeste Monat des Jahres, Blumen und Bäume dürsten verstaubt unter der sengenden Sonne –, gelang es den Eltern, die typische Stimmung ins Haus zu zaubern. Überall duftete es nach Gebäck.

Und der Vater, der wenige Tage vor Heiligabend einen Lebensbaum vom Managascha, einem südwestlich von Addis gelegenen Berg geholt hatte, trug immer wieder ein glimmendes Zweiglein der »Ersatztanne« treppauf, treppab, damit es nach Weihnachten röche.

Bei einem der zahlreichen Familienbesuche im Regentenpalais mussten die Erwachsenen wohl über wechselseitige Bräuche gesprochen und die Eltern das bevorstehende Fest mit Lichterbaum, Krippe, Liedern und Geschenken erwähnt haben. Jedenfalls bat Ras Tafari um eine Einladung zu Weihnachten. Er kündigte sich für den Abend des zweiten Feiertages an.

Kurz nach sechs, es war gerade dunkel geworden, stürzte ein Bote des Torwächters ins Haus. Atemlos meldete er das Eintreffen des hohen Herrn. Während der Vater die Kerzen anzündete, stellte sich die restliche Familie neben dem Baum in Positur und sang »O, du fröhliche«, mehrstimmig sogar.

»Ich entsinne mich gut«, sagte Eva, »wie ich in meinem feinen maisgelben Voilekleid mit dem etwas zu engen Rüschenkragen geschwitzt habe, weil die vielen Kerzen das von der Tagesglut noch immer heiße Weihnachtszimmer in einen wahren Brutofen verwandelten.«

Ras Tafari, der nur mit kleinstem Gefolge, einem Hofbeamten und seinem persönlichen Diener, erschienen war, blieb stumm auf der Türschwelle des Salons stehen und schaute, offenbar tief beeindruckt, den Christbaum an, dann erst begrüßte er die Familie. Sie mussten ihm alles erklären, den Baumschmuck, den der Vater aus Deutschland hatte kommen lassen, und die Krippenfiguren, auch die Gabentische sah er sich an und die großen, mit Lebensbaumzweigen gefüllten Gombos. Und er wollte immer noch mehr Weihnachtslieder hören.

Zu ihrem traditionellen Weihnachtsessen – Gänsebraten – mochten die Eltern den Regenten nicht einladen, denn die Abessinier aßen keine Tiere, die Häute zwischen den Zehen haben, ebenso wenig Schweinefleisch und viele auch kein Wild. Deshalb hatte Ali, der Koch, verschiedene »harmlose«, aber delikate Pasteten vorbereitet. Außerdem probierte Ras Tafari tüchtig vom Gebäck – Lebkuchen, Zimtsterne, Spekulatius und Christstollen nach alten Familienrezepten, die ihm zum Champagner anscheinend fabelhaft schmeckten.

Lange saß er still im Erker, durch dessen angelehnte Fenster eine frische Abendbrise hereinwehte, und ließ alles auf sich wirken. Ehe er unter vielen Dankesbezeigungen ging, fragte er, ob Madame und Monsieur nicht auch für seine Familie Weihnachten nach deutscher Art ausrichten könnten. Die Abessinier feierten dieses Fest nämlich wohl mit Mengen von Essen und Trinken und mit einem traditionellen Ballspiel, so ähnlich wie Hockey, bei dem sich Hunderte von Menschen auf einer großen Wiese vergnügten. Selbstverständlich gehörte auch ein Kirchgang dazu, aber es war nicht im Entferntesten so stimmungsvoll wie das deutsche Weihnachten.

»Und? Haben sie 's getan?«, fragte Katrina, die den Marienkäfer inzwischen auf ihren Finger gelotst hatte und seine Abflugversuche beobachtete.

»Oh Gott, ja.« Beim Gedanken an die Folgen vergrub Eva lachend ihr Gesicht in den Händen. »Es war natürlich eine große Ehre, und wie hätten sie ahnen können, was da auf sie zukam? In Abessinien hält man sich bis heute an den Julianischen Kalender, die orthodoxen Christen dort feiern Weihnachten deshalb am 7. Januar. Zum Glück für unsere Eltern, denn so blieb ihnen Zeit genug, alles vorzubereiten. Mit einem Hilfstrupp ritt Vater bei brüllender Hitze nochmals zum Managascha, unserem erklärten Lieblingsberg übrigens, um einen riesigen, prachtvollen Lebensbaum herbeizuschaffen, der im großen Adarasch des kaiserlichen Gibbi, wo die Feier stattfinden sollte, nicht verloren wirken würde. Glücklicherweise war sein Vorrat an Lametta, Kugeln, Kerzenhaltern und dergleichen so stattlich, dass es auch für diesen Baum noch reichte. Mutter stürzte sich derweil in den Einkauf der Geschenke für die Fürstenkinder. Unermüdlich zog sie durch Geschäfte und Basare auf der Suche nach Spielsachen, wie der Regent sie bei uns gesehen und für seine Kleinen gewünscht hatte – Baukästen, Springseilchen, Stofftiere, Würfel- und Geduldspiele ... Nicht gerade einfach in Addis Abeba, wo die Kinder normalerweise nur selbst gemachte Puppen und Bälle aus Stoffresten kannten. Und dann musste das alles natürlich auch nach guter deutscher Sitte hübsch in buntes Papier verpackt und mit goldenen Fäden und Bändern verschnürt werden.«

»Habt ihr ›Küken‹ bei dem Riesentamtam geholfen?«, erkundigte sich Katrina.

Eva schüttelte den Kopf. »Anfangs noch nicht. – Mein Gott«, lachte sie, »wenn ich an das Faktotum denke, das unsere Eltern sich zur Unterstützung geholt hatten! Adolf Mayer, ein Elsässer, der sich zwar mit deutschen Weihnachtsbräuchen auskannte und nicht erst angelernt werden musste, aber im Übrigen bloß Flausen im Kopf hatte. Wir Kinder fanden ihn hinreißend!«

Während der Baum geschmückt, die Geschenke aufgebaut und die Tische dekoriert wurden, tollten zwei der kleinen Löwen, die bis zu einem gewissen Alter frei auf dem Palastgelände herumspazieren durften, ständig durch den Adarasch. Sie zupften an den Zweigen des Weihnachtsbaums, zerrten die Pakete auseinander und knabberten an den Teppichen. Wenn ein Diener sie auf Madames Befehl zur einen Tür hinausjagte, ließ Mayer sie zur anderen wieder herein. Dieser Bursche, meinte Eva, müsse die Nerven ihrer Mutter mindestens so strapaziert haben wie sämtliche Vorbereitungen.

»Als er ein paar Jahre später außer Landes ging, nannte er sich *Prince Jacques Adolf Maar, Duc d 'Entoto*«, erzählte sie lachend.

»Eine beachtliche Karriere«, schmunzelte Katrina.

»Das kann man wohl sagen – und recht typisch für manche Leute, die sich da unten tummelten.«

Trotz Mayers Albernheiten wurde das Fest ein voller Erfolg. Am Weihnachtsabend bimmelte ein Glöckchen, die Flügeltüren taten sich auf, und die Ras-Kinder und die drei kleinen Haertels durften den vom Kerzenschein warm erleuchteten Adarasch betreten. An den Wänden aufgereiht stand die Dienerschaft und verfolgte das fremdartige Schauspiel mit großen Augen. Alles lief ab wie bei Haertels zu Hause – Weihnachtslieder, Tannenduft, herumfliegende Bänder und Papierfetzen. Durch den großen Saal hallte das Jubelgeschrei von sieben Kindern. Für Wilma, Edith und Eva war es die zweite Bescherung, mit Kostbarkeiten, die hier als Kleinigkeiten galten: Perserbrücken, einem goldenen Armband, einem Tintenfass aus Perlmutt, einem intarsienverzierten kleinen Schreibpult …

Ras Tafari und seine Frau genossen den Abend so sehr, dass sie sich vornahmen, Weihnachten in Zukunft immer auf diese Weise zu feiern – unter der Regie von Madame und Monsieur natürlich.

Eine Lawine rollte an. Von Jahr zu Jahr wurden mehr Kinder eingeladen, der Nachwuchs abessinischer Würdenträger, ausländischer Diplomaten und Geschäftsleute. Und für alle musste Madame die Geschenke besorgen. Meistens kam Menens Kammerdiener, um im Namen Ihrer Hoheit die Liste der Geladenen samt Alters- und Wunschangaben zu überbringen, wenn sie gerade bis zum Kragen in eigenen Festvorbereitungen steckte. Oft standen mehr als hundert Namen darauf. Dann scholl ihr Weihnachts-Schlachtruf durchs Haus: »Wilma, Edith, Evchen! Wir fahren einkaufen!«

Die zwei größten Basare in der Stadt und auch einige kleinere indische und armenische Läden hatten sich schnell auf den jährlichen Ansturm eingestellt und hielten jede Menge Spielsachen und Geschenkartikel parat. Überall empfing man die Freundin der Regentin freudig, mit viel Geschnatter und Palaver. Die Sachen wurden auch ins Haus geschickt, doch das Verpacken und Beschriften blieb an Anna hängen. Eine Gigantenarbeit! Da konnte sie ihre »Küken« wahrlich gut gebrauchen.

»Später«, sagte Eva, »als wir alle schon beinahe erwachsen waren, verwandelte sich das Kinderfest in einen der begehrtesten Bälle für die amharische und europäische Hautevolee. Aber immer noch schmückte ein großer Lichterbaum den Saal. – Ich wüsste gern, ob der Brauch unsere Ausweisung überdauert hat.«

Katrina nickte verständnisvoll, stand auf und schüttelte ihre im Schneidersitz eingeschlafenen Beine. »Sag mal, Evchen«, fragte sie, etwas unbeholfen durch das Gras staksend, »weshalb eigentlich war der Managascha euer Lieblingsberg?«

»Habe ich das erwähnt? – Ach, weißt du, seine merkwürdige Form gefiel uns. Er sah aus wie ein Tropenhelm, deshalb tauften wir ihn auch so. Außerdem gab es in der Gegend viel dichteren Wald als rund um Addis Abeba. Wilde Olivenbäume, uralte, riesige Wacholder und natürlich unsere Weihnachtsbäume. Unser Vater ging dort regelmäßig auf Gazellenjagd, und wir durften ihn häufig begleiten. Am Abend zuvor oder ganz früh morgens wurde eine Dienerkarawane vorausgeschickt. Und wenn wir dann nach einem Ritt von ungefähr vier Stunden unseren Stammplatz in einer wildromantischen Schlucht erreichten, waren die Zelte schon aufgestellt, ein Hammel briet am Spieß und der Duft von Hühnern, in Erdlöchern auf glühender Asche gebacken, schlug uns entgegen. Manchmal blieben wir während der ganzen Oster- oder Weihnachtsferien. Mit etwas Glück konnte man Ameisenbären oder Leoparden beobachten. Vor allem aber wimmelte der Managascha von Affen, von Pavianen, putzigen Meerkätzchen und den wunderschönen schwarzweißen Gurezas, die eine so ungeheure Würde ausstrahlen, dass sie im Volksmund ›Mönche‹ hießen.«

Eva versank in Träumereien von damals, aus denen sie überraschend mit blitzenden Augen hochfuhr. »Unser Affen-Drama!«, rief sie und schlug sich vor die Stirn. »Ich hatte es schon fast vergessen! Pass auf: Mit Reitstiefeln und Breeches gegen das Dornengestrüpp gewappnet, stapften wir eines Nachmittags im Schlepptau unseres Vaters durch den Wald. Plötzlich zog eine große Pavianherde kreischend und bellend über die vor uns liegende Lichtung. Vater legte einen Finger an die Lippen – wir sollten leise sein. Aber der Leitaffe, ein riesenhaftes, graubraunes Tier, hatte uns schon bemerkt. Er fletschte die Zähne und kam unter drohendem Grunzen näher.«

Die alte Frau versuchte, das Grummeln zu imitieren, brach aber lachend ab, als sie das unterdrückte Kichern ihrer Enkelin bemerkte. »Glaub mir, es klang wirklich beängstigend. Außerdem sieht so ein wütender Pavian auch noch grässlich aus. Blitzschnell verschwanden wir Kinder hinter nahen Büschen, während unser Vater, das Gewehr im Anschlag, ganz still dastand. Der Affe blieb ebenfalls stehen und schaute grimmig. Dann, wie aufgestachelt durch die wild schimpfende Meute, setzte er mit baumelnden Armen und gebleckten Gebiss zum Sprung an. Unserem Vater blieb nichts anderes übrig, als ihn niederzuschießen.«

»Sind Paviane denn tatsächlich gefährlich?« Katrina kannte nur die matten, sich gelangweilt lausenden Zoobewohner.

»Und ob! Du müsstest einmal ihre Eckzähne sehen, mörderische Waffen! Manche Leute halten sie für die gefährlichsten Affen überhaupt, aber sie haben dabei auch etwas sehr Menschliches, wie du gleich erfahren wirst. Nachdem der Riesenkerl tödlich getroffen zusammengesackt und die Herde, von dem Schuss erschreckt, geflohen war, krochen wir aus unserem Versteck, um ihn zu betrachten. Vater wollte den Schädel präparieren lassen, an den Wänden seines Arbeitszimmers hingen schon viele Jagdtrophäen. Als wir gerade überlegten, was wir tun könnten, damit dieses Prachtexemplar nicht im Laufe der Nacht von Schakalen und Hyänen gefressen würde, kam unerwartet die Affenhorde zurück. Schleunigst verzogen wir uns wieder ins Dickicht und konnten ein Schauspiel beobachten, wie wir es weder vorher noch nachher je erlebt haben. Die Paviane zerrten ihren toten Anführer in die Mitte der Lichtung. Einige schüttelten und befühlten ihn und versuchten, ihn aufzurichten. Andere sprangen mit lautem Wehgeschrei um den Toten herum, trommelten unter menschenähnlichen Klagerufen gegen ihre Brust oder wiegten sich vor Gram hin und her. Es war, als hätten sie diese Art zu trauern der einheimischen Bevölkerung abgesehen. Das Jammern nahm kein Ende. Die Sonne begann schon zu sinken – höchste Zeit für den Heimweg zum Lager, doch wir wagten uns nicht aus der Deckung. Die aufgewühlte Horde hätte zweifellos angegriffen. Unser Vater wollte den erlegten Affen unbedingt mitnehmen und feuerte schließlich einen Schreckschuss ab. Sofort stob die Meute kreischend ins Unterholz. Ihr Anführer blieb verlassen liegen. Jetzt wussten wir also, wie unser Rückzug gedeckt werden konnte, und bauten aus Zweigen und dicken Prügeln eine Bahre. Die notwendigen Gerätschaften, Stricke, Axt und Messer, führte unser Vater für alle Fälle immer mit. Während wir arbeiteten, wagten sich die Affen, einer nach dem anderen, vorsichtig äugend wieder hervor. Von neuem stimmten sie ihr Klagegeheul an, bis zwei Schüsse sie abermals verscheuchten. Wir packten den toten Pavian eilig auf das fertige Traggestell und schleppten ihn, so schnell die Last es erlaubte, zum Lager. Niemand folgte uns. Doch spät in der Nacht, als wir nach langen, aufgeregten Palavern endlich eingeschlafen waren, wurden wir von einem Höllenspektakel geweckt. Draußen vor den Zelten tobten die Paviane. Sie waren offenbar der Spur ihres toten Führers nachgegangen und forderten ihn mit derart wütendem Gezeter und Gekreisch zurück, dass uns Schauer über den Rücken jagten. Im Nu war das ganze Lager wach. Die Diener schrien aus Leibeskräften, um die Meute zu vertreiben, die Glut des Lagerfeuers wurde zu hellen Flammen entfacht, aber erst einige Warnschüsse aus Vaters Flinte machten dem Spuk ein Ende. In der folgenden Nacht erschienen sie noch einmal, nicht mehr so zahlreich allerdings, und sie ließen sich auch leichter fortjagen.

Danach kamen sie nicht wieder. Vater meinte, sie hätten sich wohl einen neuen ›Hauptmann‹ gewählt.«

Versonnen drehte die Großmutter an einem lockeren Knopf ihres blauweiß getupften Hemdblusenkleides. »Weißt du«, sprach sie nach kurzer Pause weiter, »solche Ausflüge waren damals Höhepunkte des Unterhaltungsprogramms. Es gab ja kaum Abwechslung in der Stadt, Boulevards zum Bummeln etwa, hübsche Cafés, Eisdielen, Theater und dergleichen.«

»Auch kein Kino?«, erkundigte sich Katrina, die gern noch mehr von den verrückten Affen gehört hätte, aber den Gedankengang ihrer Großmutter nicht stören wollte.

»Doch, das erste Tonfilmkino gab 's schon fünf Jahre nach der Ankunft unserer Eltern.« Evas Nase wurde wieder einmal von Lachfältchen plissiert. »Die Leute tauften es *Saytan Bet*, Satanshaus, weil die Bilder sich bewegten, und das konnte nur vom Teufel kommen. Meistens zeigte man irgendwelche alten Schinken, Western oder Liebesschnulzen, die wir natürlich nicht anschauen durften. Stattdessen ritten wir, wie viele andere Europäer auch, fast jeden Sonntag auf unseren Hausberg Entoto. Wir machten Picknick unter Eukalyptusbäumen und Mimosen, genossen den weiten Blick über die Hügel von Addis Abeba oder besichtigten die Ruinen und die beiden noch erhaltenen Kirchen der ehemaligen kaiserlichen Residenz. Da oben lag nämlich Meneliks Hauptstadt, ehe seine Frau Taitu ihn überredete, in das mildere Klima des Tals umzusiedeln, nahe an die dort kochend heiß aus der Erde sprudelnden Heilquellen. Mit großen Ohren hörten wir zu, wenn unser Vater von seinen vielen Zusammenkünften mit dem alten weisen Kaiser erzählte. Und andächtig standen wir vor Meneliks Grab in einer Gruft der Raguel-Kirche. Von hier sollte er in das neue Mausoleum umgebettet werden, sobald Vater den Bau fertig gestellt hätte.«

Eva erinnerte sich an den Tag der Einweihung, den 13. Dezember 1927, so lebhaft, als wäre es gestern gewesen. Sie und ihre

Schwestern durften – natürlich bescheiden im Hintergrund – dabei sein.

Von weitem schon sah man die goldene Kuppel der Grabeskirche glänzen. Mächtig überragte sie das Grün im Wind rauschender Zedern, Palmen und Olivenbäume, die den Vorplatz säumten. Während der Vater Kaiserin Zauditu und Ras Tafari über eine der breiten, von riesigen Bronzelöwen flankierten Treppen hineingeleitete, stimmten drinnen Mönche ihre feierlichen Gesänge an, und das Kuppelgewölbe füllte sich mit Weihrauchschwaden und dumpfen Trommelschlägen.

Der Regent war die Jahre über immer wieder auf der Baustelle erschienen, um den Stand der Arbeiten zu begutachten – mühselige Arbeiten, wie der Vater oft beklagte, wegen der vielen Feiertage, langwierigen Materialtransporte und der ungelernten Hilfskräfte. Zauditu dagegen wünschte erst das fertige Mausoleum zu sehen. Als sie es nun betrat, berühmte Szenen der abessinischen Geschichte auf den vier Wandgemälden im Vorraum erblickte und unten in der Krypta vor den prachtvollen Marmorsarkophagen stand, die der Vater für Menelik und dessen 1918 gestorbene Frau Taitu im bayerischen Wunsiedel hatte herstellen lassen, liefen Tränen der Freude und Rührung über ihre Wangen.

»Du glaubst nicht, wie schnell das Mausoleum zu einem Wallfahrtsort wurde«, erzählte Eva mit einem Anflug von Stolz. »Scharenweise strömten die Menschen dorthin, um den ruhmreichen alten Löwen zu verehren.«

»War euer Vater eigentlich ein guter Baumeister?«, fragte Katrina in das Schweigen der Großmutter.

Eva zuckte die Achseln und lächelte ihre Enkelin entschuldigend an. »Das kann ich nicht beurteilen. Ich habe mich nie besonders um Architektur gekümmert. Am Hof wurde er jedenfalls sehr geschätzt, und es hieß, er sei der Erste gewesen, der die europäische Bauweise in Abessinien einführte. Weißt du, für mich war er einfach ein liebevoller Gefährte unserer Kindheit. Vor allem mit den gemeinsamen Touren über Land, von denen andere Europäerkinder nur träumen konnten, schenkte er uns wunderbare Erinnerungen.«

Wie aufregend war es gewesen, in den Ferien mit ihm zu einer Farm in der Nähe des Zuhai-Sees, südöstlich von Addis Abeba, zu ziehen, wo ein kleiner, spitzbärtiger Schwabe mit rotem Haar, den jedermann »Opa Götz« nannte, Straußen züchtete. Straußenfedern waren damals ein sehr begehrter Schmuck für die modischen, wagenradgroßen Hüte der europäischen Damenwelt.

Eigentlich lag die Farm nicht weit entfernt, nur rund hundertdreißig Kilometer – für europäische Verhältnisse ein Katzensprung. Aber dort ... Morgens früh bestiegen sie den Zug Richtung Diredaua und erreichten nach sechstündiger Fahrt Mojo, die Mittagsstation an der abessinischen Bahnstrecke. Hier pflegten die Reisenden eine Mahlzeit einzunehmen. Und dann ging es auf Pferden weiter – zwei Tage lang durch kniehohes Steppengras, verdorrtes stacheliges Mimosengestrüpp und steil abfallende Flussbetten. Ständig hielt der Vater sein Gewehr schussbereit, denn die Bewohner dieser Gegend galten nicht eben als fremdenfreundlich.

Die Farm – sie hieß Adami Tullu, Kakteenhügel – lag auf einem kleinen Berg, umgeben von so gewaltigen Kandelabereuphorbien, dass sich selbst ein hünenhafter Mann neben ihnen ausnahm wie ein Däumling. Nach Opa Götz' Schätzung mussten sie mehrere tausend Jahre alt sein. Vater und Töchter wurden knapp unterhalb des Gipfels in einem Steinhäuschen einquartiert, durch dessen Fenster man einen weiten Blick hatte über das flache Tal und den Zuhai-See mit seinen Inseln bis zum schneebedeckten Bergriesen Tschilalo am jenseitigen Ufer.

Eva zwinkerte ihrer Enkelin zu. »Ich sehe deiner Nasenspitze an, dass du wissen möchtest, ob wir in dem See gebadet haben. Nein«, fuhr sie fort, als Katrina zustimmend nickte, »wie in den meisten Gewässern gab es dort Krokodile und auch Nilpferde, die uns ebenfalls nicht unbedingt zum Schwimmen verlockten. Wenn wir an den See ritten, blieben wir lieber auf dem Trockenen und beobachteten die Vögel. Flamingos stelzten oft zu Tausenden durch das seichte Wasser, sodass der gesamte Uferrand aussah wie von einer rosaweißen Bordüre gesäumt. Seeadler schossen im Sturzflug vom Himmel, wir sahen schillernde Kormorane und Pelikane, die mit weit aufgerissenen Schnabelsäcken nach Fischen schnappten. Meistens strolchten wir aber oben über das Farmgelände, im Schlepptau von Seleka, dem Straußenpfleger – für uns die Hauptattraktion auf Adami Tullu. Er trug dicke hohle Kupferarmringe und klappernde Ohrgehänge und verständigte sich mit seinen Schützlingen in einer ganz eigenen Sprache. Und er konnte schnell genug rennen, um etwaige Ausreißer bald wieder einzufangen. Wir bewunderten Seleka so nachhaltig, dass dieser Vogelmensch, der seit Jahren nur unter Straußen lebte, uns schließlich um sich duldete. Er ließ uns sogar beim Ausbessern der Eukalyptusgehege helfen, obwohl das eine sehr wichtige Tätigkeit war. Denn nachts versuchten Leoparden, fette Honigdachse, Hyänen und Erdwölfe hartnäckig, durch irgendwelche Schlupflöcher den Vögeln ans Gefieder zu gehen. Unser Vater zog derweil auf die Jagd, damit wir wenigstens hin und wieder etwas anderes zu essen hatten als die gebratenen Straußeneier, die Opa Götz uns gewöhnlich vorsetzte – zäh wie Leder und kaum zu kauen.«

Eva lachte und zerkrümelte ein paar welke Blätter, die vom Baum in ihren Schoß gefallen waren. »Eine herrliche Zeit«, sprach sie nach kurzem Zurückdenken weiter, »bis etwas geschah, das uns für immer vertrieb, etwas völlig Verrücktes. Wir drei Schwestern spielten oft am unteren Hang des Berges – Verstecken, Fangen, was auch immer. Ein vorüberziehender Häuptling muss uns wohl dabei beobachtet und Gefallen an Wilma gefunden haben. Sie hatte lange blonde Zöpfe und schon recht weibliche Formen. Die wilde Edith mit ihrem kurzen Bubikopf wirkte dagegen eher wie ein Junge, und ich war noch ein flachbrüstiges Kindchen. Jedenfalls erschien eines Tages ein Trupp ehrwürdiger Greise auf der Farm und bat unseren Vater im Namen des Häuptlings, ihm Wilma zur Frau zu geben. Als Vorgeschmack der sie erwartenden Süße brachten die Alten einen Ziegenlederschlauch voll Honig mit. Außerdem stellten sie eine stattliche Anzahl von Kühen als Kaufpreis in Aussicht.«

»Ein toller Handel!«, prustete Katrina. »Den habt ihr doch sicher nicht abgeschlagen.«

Eva gab ihr einen Klaps auf den Arm. »Freches Ding! Bring mich nicht aus dem Konzept! Also: Wir lauschten natürlich an der Tür. Nein, hörten wir Vater sagen, mit ihren siebzehn Jahren sei Wilma noch zu jung für die Ehe. – Schon siebzehn?, meinten die Alten, da würde sie ja bald verwelkt sein und der Häuptling keine Freude mehr an ihr haben. – Umso besser, konterte Vater, er fände sicher etwas Frischeres. Wilma jedoch sei nicht zu haben. Energisch lehnte er die Annahme des Honigschlauchs ab, und Opa Götz' Diener komplimentierten die Liebesboten ebenso energisch zum Haus hinaus.

Wir drei amüsierten uns königlich – Wilma als Häuptlingsfrau in einem Steppentukul, mit einem Haufen Kinder am Rockzipfel! Aber Opa Götz zeigte beim Abendessen, es gab wieder einmal Straußeneier, ein ernstes Gesicht. So eine Zurückweisung werde der Stammesobere sicher nicht ohne weiteres hinnehmen, sagte er. Schon mehrfach seien europäische Mädchen von Eingeborenen entführt worden. Was wir denn tun sollten, fragte Vater. ›Abhauen natürlich!‹, schrie Opa Götz und knallte seine sommersprossige Hand auf den Tisch, dass die Teller tanzten. ›So schnell wie möglich verschwinden!‹ Er könne uns hier nicht schützen. Während des letzten Jahres habe es zwei Überfälle auf die Farm gegeben, weil rundum siedelnde Galla das Land ihrer Väter keinem Frendji zugestehen wollten. Mit knapper Not und reichlich Schaden sei man beide Male davongekommen. Dem abgewiesenen Häuptling werde es ein Leichtes sein, genügend

Leute aufzutreiben, um sich gewaltsam zu holen, was wir ihm freiwillig nicht gaben.«

Im ersten Morgengrauen waren Vater und Töchter bereits durch die Steppe gesprengt. Eva erinnerte sich, dass sie sich unentwegt umgedreht und ängstlich Ausschau gehalten hatte nach Kriegern, die Opa Götz' Beschreibung glichen – Speere schwingend, die Gesichter mit Ochsenblut bemalt und Federn im gebutterten Haar. Doch weit und breit war kein Feind in Sicht. Niemand versuchte, Wilma zu stehlen.

Auf der Bahnreise hatten sie beschlossen, dass die Mutter nichts von ihrem Abenteuer erfahren sollte. Sie hätte solche Streifzüge sonst gewiss verboten. Trotzdem kamen sie nicht wieder nach Adami Tullu, denn der Vater fürchtete, bald womöglich drei verliebte Häuptlinge auf den Fersen zu haben. Und ein paar Jahre später, als die Federhüte aus der Mode gerieten, musste Opa Götz seine Farm aufgeben.

»Sag, Evchen, seid ihr auch einmal in den Norden gezogen?«

»Wieso in den Norden? Wie kommst du auf die Idee?«, fragte die Großmutter erstaunt.

»Das wundert dich?«, fragte Katrina verblüfft zurück. »Da sind doch immerhin die berühmtesten Kulturstätten des Landes. Die alten Königsschlösser von Gondar, die Felsenkirchen in Lalibela und vor allem Axum, wo angeblich die echte Bundeslade mit den Gesetzestafeln des Moses aufbewahrt wird.«

»Ja, ja, ich kenne die Geschichte.« Evas Stimme klang leicht ungeduldig. »Menelik I. soll die Lade in Jerusalem entwendet und dorthin gebracht haben. Du hast dich also informiert.« Dann schüttelte sie den Kopf. »Davon hatten wir damals keine Ahnung. Niemand aus unserem Bekanntenkreis ist je dort gewesen. Ich habe das alles erst hier in Deutschland durch Berichte und Fotos entdeckt. Axum liegt schließlich gut tausend Kilometer von der Hauptstadt entfernt, und die beiden anderen Orte sind nicht viel näher. Wochenlang hätte man auf Maultieren durch eine Landschaft reiten müssen, die wie von Riesenpranken zerrissen war. Ohne Straßen, ohne Brücken, kaum besiedelt, dazu bei glühender Sonne und beißender Kälte des Nachts. Sicher nahmen irgendwann ein paar tollkühne Forscher diese Strapazen auf sich, aber gewöhnliche Europäer wagten solche Expeditionen nicht. Die meisten waren auch wenig interessiert an einheimischer Kultur und Geschichte. Man ging seinen Geschäften nach, pflegte gesellschaftliche Kontakte, bemühte sich um gute Beziehungen zum Hof. Na, und da lagen wir natürlich immer eine Nasenlänge vorn.«

»Komisch«, sagte Katrina, ihre allmählich kalt werdenden Füße rubbelnd, »du erwähnst deine Mutter nie, wenn du von euren Touren über Land erzählst, ist sie nicht mitgekommen?«

»Selten, Kind, äußerst selten. Sie hasste das Zeltleben und fand ebenfalls nichts Reizvolles daran, auf dem Waldboden zwischen Krabbeltieren zu picknicken, während es zu Hause einen adrett gedeckten Tisch gab und Hühnchen ohne Erd- und Aschekruste. Außerdem wurde sie immer enger in das Leben der Regentenfamilie einbezogen, das kostete sie natürlich eine Menge Zeit.«

»Und ihr bliebt euch selbst überlassen?«

»Wo denkst du hin! Wir standen unter der strengen Obhut von Tante Ille, einer alten Freundin unserer Mutter aus Berliner Tagen. Mit richtigem Namen hieß sie Ilsabe Schulz, war Lehrerin und wurde ungefähr ein Jahr nach Lucies Tod angestellt, damit wir eine solide Allgemeinbildung bekämen. Vor allem sollten wir ordentlich Deutsch lernen.«

Der Umschwung war herb gewesen. Statt morgens durch die Straßen zu preschen, mussten die drei nun, von der resoluten Tante Ille angeführt, im Gänsemarsch artig über den Gartenweg zu einem kleinen Schulhaus gehen, das der Vater auf dem Grundstück hatte bauen lassen, mussten schnörkelige Schönschrift üben und Grammatik büffeln.

Zum Ausgleich ritten sie nachmittags oft zum Gibbi, um die

Ras-Kinder zu besuchen. Immer wieder wollten die Kleinen deutsche Märchen hören, obwohl die Übersetzung nicht unbedingt perfekt war. Aber sie liebten auch Spiele wie »Der Plumpsack geht um« oder »Reise nach Jerusalem« und fingen bald an, die fremden Lieder mitzusingen – Kinderlieder, Soldatenlieder und Schlager, die Wilma, Edith und Eva von den Schellackplatten ihrer Eltern aufgeschnappt hatten.

An solchen Tagen blieben die Besucher meistens zum Abendessen im Palais. Gemeinsam mit den Regentenkindern hockten sie um einen eigenen »Katzentisch«, auf dem weniger gepfefferte Speisen serviert wurden. Einmal kam ein Gast, Eva meinte, er habe aus Dresden gestammt, nach der Mahlzeit an den Kindertisch und fragte die Prinzen und Prinzessinnen in seiner Muttersprache, ob sie schon ein wenig Deutsch reden könnten. »Natürlich«, antwortete der kaum vierjährige Makonnen prompt, »auch singen!« Und lauthals krähte er »Kannst du pfeifen, Johanna?«.

Die Mutter schaute einen Moment entsetzt um sich, weil ihre Töchter dem Kerlchen diesen Gassenhauer beigebracht hatten, stimmte aber dann in das Gelächter der übrigen Erwachsenen ein. Nicht einmal später zu Hause gab 's das befürchtete Donnerwetter. Sicher habe sie gespürt, vermutete Eva, dass es den kleinen Hoheiten nur gut tun konnte, im Zusammensein mit ihren eigenen Rangen richtige Kinder sein zu dürfen, denn normalerweise mussten sie sich würdevoll benehmen, gesittet wie Miniatur-Erwachsene.

Jedes der Ras-Kinder verfügte über mindestens zwanzig Diener, die es auf Schritt und Tritt begleiteten und unter tiefen Verbeugungen umhegten. Dazu kamen noch ihre Erzieher. Derart hofiert und ständig kontrolliert, vergingen ihnen offenbar alle Gedanken an Albernheiten und kindliches Gerangel. Umso begeisterter tollten die vier herum, wenn sie zu Gegenbesuchen bei Haertels erschienen.

Selbstverständlich durften sie sich nicht einfach auf einen

Pferderücken schwingen und losreiten, wie ihre deutschen Freundinnen es taten. Die Prinzessinnen wurden verschleiert, große Maultiere, die im Wert weit höher lagen als Pferde, mit kostbaren bunten Ledersätteln, goldbestickten Samtdecken und silberbeschlagenem Zaumzeug ausstaffiert, und umringt von einem Tross zahlloser Diener zogen sie in feierlicher Prozession heran.

Während das Gefolge auf der Veranda schnatterte und Kuchen aß, nahmen die Kinder sich kaum die Zeit, ein paar Schlucke Schokolade zu trinken, sondern sprangen sofort in den Garten. Neben dem Schulhaus hatten indische Schreiner nach Angaben des Vaters Turngeräte gebaut, Barren, Reck, Ringe, Schaukel, sogar einen Rundlauf. Im damaligen Abessinien eine unerhörte Sensation und der Lieblingsplatz der Ras-Kinder.

Manchmal, wenn einer ihrer Diener kam, um nach dem Rechten zu schauen, und sie dort hängen und schwingen sah oder beobachtete, wie die Haertel-Kinder den Hoheiten beim Fangenspiel ganz ungeniert auf den Rücken schlugen, raufte er sich bestürzt die Haare. Verständlicherweise, meinte Eva, denn jeder von ihnen haftete mit seinem Kopf für das Wohlergehen der Kleinen. Doch die Mutter – die Fürstenkinder nannten sie »Mama-Mutti«, weil ihre Töchter mal so, mal so nach ihr riefen – konnte die aufgeregten Gemüter immer rasch beruhigen. Da die Freundin der Regentin solche Spiele harmlos fand, würde man den Kopf wahrscheinlich noch eine Weile behalten dürfen.

Verträumt ließ Eva ihren Blick über die Apfelwiese schweifen, und Katrina, die ahnte, dass sie in Gedanken wieder durch den fernen exotischen Garten tollte, wartete geduldig.

Plötzlich wandte sich Eva ihr mit neu erwachter Lebhaftigkeit zu. »Habe ich dir schon von Tananjes Hochzeit erzählt?«

Katrina schüttelte stumm den Kopf.

»Gut«, sagte die Großmutter zufrieden, offensichtlich hatte sie selbst Spaß an der Geschichte. »Tananje mochte ich am liebsten unter den Ras-Kindern. Sie war nur ein Jahr jünger als ich und im

Zielspucken sogar noch besser als Edith, unser misslungener »Bruder«, die bereits das Können der geübten Diener weit in den Schatten stellte – was uns vor Neid erblassen ließ. Dabei sah Tananje aus wie eine Prinzessin aus dem Märchenland. Schmal und zierlich, mit einem zarten, milchkaffeefarbenen Gesicht, ausdrucksvollen Kastanienaugen und einer feinen, geraden Nase. Allerdings hatte sie einen ungewöhnlichen Schönheitsfehler. An ihrer rechten Hand baumelte am kleinen Finger noch ein sechstes Fingerchen, wie mit einem Zwirnsfaden befestigt.«

»Was? Ein sechster Finger?«, Katrina lachte belustigt. »Das habe ich noch nie gehört. Und ausgerechnet bei einer Prinzessin!«

»Na ja«, fuhr die Großmutter fort, »er hat sie wohl nicht besonders gestört. Ich glaube, sie fand es sogar amüsant, damit herumzuwedeln. Tananje war ein sehr quirliges Persönchen und unterstrich ihre Worte immer mit lebhaften Gebärden. Das Fingerchen führte dazu wilde Tänze auf. Wenn es ihr im Weg war, schnappte sie nach ihm, als ob sie eine Fliege fangen wollte, und hielt es in der Hand fest. Natürlich wurde ihr oft geraten, den Extrafinger abbinden zu lassen. Aber Tananje war dagegen. Sie betrachtete das eigenartige Anhängsel als Talisman. Viele Jahre später ließ sie es dann doch abnehmen, und danach begann tatsächlich ihr Unglück.«

Unten im Tal läutete die Vesperglocke. Überrascht schaute Eva um sich. »Wie – schon sechs Uhr? Haben wir etwa den ganzen Nachmittag hier draußen verplaudert?« Erst jetzt bemerkte sie die bläulichen Dunstschwaden, die den Hang heraufkrochen, und fröstelte plötzlich. »Komm, Kind«, sagte sie, eine Hand bittend ausgestreckt, »hilf mir auf die Beine. Gehen wir ins Haus, ehe der Abendnebel uns verschlingt.«

In der Küche war es dämmerig, und Katrina, die mit aufgestützten Ellbogen am Tisch saß, um den Fortgang der Geschichte zu hören, sah, dass ihre Großmutter gegenüber den Kopf an die Lehne ihres Korbsessels gelegt und die Augen geschlossen hatte.

»Wird es dir zu viel, Evchen? Bloß – die Hochzeit, du wolltest mir doch von Tananjes Hochzeit erzählen!« Sie stand auf und schaltete das Licht an.

Eva blinzelte in der unerwarteten Helligkeit.

»Keine Angst«, sagte sie liebevoll lächelnd. »Ich weiß schon, dass ich dir nicht so leicht entwische. Aber eine kleine Pause muss manchmal sein. Wenn man auf die hundert zugeht…«

»Jetzt übertreib mal nicht«, fiel Katrina ihr ins Wort, während sie die grünweiß gestreiften Vorhänge an den Fenstern zuzog. »Bis dahin fehlen dir immerhin noch zehn Jahre!«

»Zehn Jahre. – Nur ein Jahr älter war Tananje bei ihrer Hochzeit.«

Erstaunt kehrte Katrina zum Tisch zurück. »Dann war sie doch noch ein Kind!«

»Aus unserer Sicht schon«, die Großmutter nickte. »Aber in Abessinien hielt man derart frühe Heiraten für ganz normal. Überhaupt darfst du dabei nicht von deinen Vorstellungen ausgehen, mit Liebe hatte das nichts zu tun. Der Grund für Tananjes Verheiratung war schlicht politisches Kalkül. Ihr Bräutigam, Ras Desta Damtou, hatte ihren Vater im Kampf um die Macht tatkräftig unterstützt. Als »Lohn« für diesen Beistand und auch, um den einflussreichen Mann enger an sich zu binden, überließ Ras Tafari ihm seine älteste Tochter.«

»Das arme Ding«, murmelte Katrina.

Eva lachte fröhlich auf. »Um Tananje musst du dir wirklich keine Sorgen machen. Sie hat es sehr gut getroffen. Schließlich kannte sie ihren zukünftigen Ehemann schon seit Jahren – wenn auch nur als netten Onkel, der sie mit Süßigkeiten und kleinen Geschenken überhäufte. Sie war zwar erstaunt, dass sie ihn heiraten sollte, aber sie fürchtete sich nicht, wie viele andere junge Mädchen, die ihren Ehemann am Hochzeitstag zum ersten Mal zu sehen bekamen. Außerdem wusste sie, was sie erwartete. Die Fürstenkinder lebten ja nur unter Erwachsenen. Jedes Gespräch über Politik, Intrigen und natürlich auch über Liebesaffären bekamen sie mit. Tananje war ein sehr aufgewecktes Persönchen, sie kannte sich aus.«

Die Großmutter rückte das Kissen in ihrem Kreuz zurecht und lachte wieder.

»Wieso hat sie es denn sehr gut getroffen?«, hakte Katrina nach. »Bloß weil dieser Desta, oder wie er heißt, kein Fremder war? Er muss doch viel älter gewesen sein. Und dann – so ganz ohne Liebe …«

»Nur Geduld, mein Schatz, wir sind ja noch nicht am Ende. Sicher, Tananjes Zukünftiger kam uns Kindern ziemlich alt vor, immerhin war er schon um die dreißig. Aber er sah hinreißend aus und hatte eine Menge Charme. Ich glaube, die Prinzessin war sogar stolz darauf, seine Frau zu werden. Jedenfalls machte sie sich ordentlich wichtig damit. Ja, und was die Liebe betrifft …«

Sie hielt inne und lauschte. Auch Katrina hörte jetzt ein klägliches Miauen und sprang auf, um die Tür zu öffnen. »Ludwig, du armer Kerl! Dich haben wir ganz vergessen!« Mit hoch erhobenem Schwanz stolzierte der grau gesprenkelte Kater in die Küche, plinkerte kurz im Lampenschein und begann eine gemächliche Inspektionsrunde.

»Er gibt den Beleidigten, schenkt uns keinen Blick.« Amüsiert ließ Katrina sich wieder auf ihrem Stuhl nieder. »Erzählst du weiter, Evchen?«

Die Großmutter nickte. »Ja, ja, sofort.«

Ihre Augen folgten dem Kater auf seiner Wanderung – vorbei an Holzkorb und Kachelofen, über den bunten Flickenteppich zum bemalten Bauernschrank. Ein Schnuppern am Futternapf, dann kam er scheinbar zufällig näher, schlängelte sich zwischen Tisch- und Stuhlbeinen hindurch, umstrich die Füße der alten Frau und sprang schließlich mit einem Satz auf ihren Schoß. »Na, mein Freund, hast du uns verziehen?« Behaglich zusammengerollt, genoss Ludwig die kraulende Hand in seinem Fell. Und Eva nahm den Faden wieder auf.

»Die Hochzeit wurde natürlich ganz groß und prunkvoll gefeiert. Schon Wochen vor dem Termin begannen die Vorbereitungen für die Galadiners, an denen Fürsten, Diplomaten und örtliche Honoratioren teilnehmen sollten. Es durfte an nichts fehlen. Uns drei Schwestern erschien diese Prachtentfaltung damals als nebensächlich. Für uns war alles, was mit Tananje selbst zu tun hatte, viel wichtiger und aufregender.

Obwohl wir ein paar Jahre älter waren, fühlten wir uns doch noch als richtige Kinder, und bei der Vorstellung, dass eine von uns hätte heiraten sollen, platzten wir beinahe vor Lachen. Ganz plötzlich ging uns auf, wie sehr sich Tananjes Welt von der unsrigen unterschied – trotz der engen Freundschaft. Sie war eben eine Prinzessin, von klein auf zu Würde und Pflichterfüllung erzogen. Wir dagegen konnten herumalbern, lärmen und spielen und hatten noch endlos Zeit bis zum Erwachsensein. Und wir wussten, dass kein Mensch auf die Idee kommen würde, uns aus strategischen Gründen und über unseren Kopf hinweg zu verheiraten.«

Die Großmutter verstummte. Sie schien den Empfindungen von damals nachzuhängen. Erst als Katrina unruhig hin und her zu rutschen begann und sich mahnend räusperte, erwachte sie aus ihrer Versunkenheit.

»Ja«, fuhr sie schließlich seufzend fort, »uns selbst fanden wir in einer solchen Rolle zwar wahnsinnig komisch, aber über Tananje hätten wir uns nie lustig gemacht. Das war eine ganz andere Sache. Ungefähr eine Woche vor dem großen Tag fing man an, die Braut herzurichten. Nach alter Tradition wurde zuerst ihr Zahnfleisch mit Tätowierungen verziert …«

»Wie schrecklich!«, rief Katrina dazwischen. »Das muss doch fürchterlich wehtun!«

»Bestimmt eine sehr schmerzhafte Prozedur.« Eva schmunzelte über das entsetzte Gesicht ihrer Zuhörerin. »Und das war noch nicht alles, auch der Hals, die Arme und Hände wurden mit eintätowierten Ketten, Bändern und Ringen geschmückt. Aber die jungen Frauen ließen diese Torturen willig über sich ergehen. Schließlich dienten sie der Schönheit, und dafür nimmt man bekanntlich vieles in Kauf. Außerdem sollten die Ornamente den ›bösen Blick‹ abwehren.«

»Was ist denn das?«

»Oh, der ›böse Blick‹ spielte im Volksglauben eine große Rolle. Angeblich konnten Feinde und Neider damit zerstörerische Kräfte mobilisieren und jedem, den sie ins Augen fassten, Schaden zufügen. Wenn aber eine Schöne mit tätowiertem Zahnfleich lachte oder eine Reiche ihren tätowierten Arm nach dem vollen Essenskorb ausstreckte, waren Missgünstige machtlos. Übrigens glaubte auch Tananjes Mutter felsenfest an den ›bösen Blick‹. Bei öffentlichen Auftritten ließ sie sich oft von Dienern eskortieren, die große Tücher ausgespannt neben ihr hertragen mussten. Dahinter fühlte sie sich geschützt. Auf uns wirkte das ziemlich – na sagen wir, merkwürdig.«

Bei der Erinnerung krauste Eva belustigt die Nase.

»Aber zurück zur Hochzeit. Nachdem die Tätowierung überstanden war, wurden aus den Vorratskammern des Gibbis Berge von Kostbarkeiten herbeigetragen. Die herrlichsten Stoffe, feine Kopf- und Umschlagtücher, dazu Schmuck in Hülle und Fülle: Ringe, Armreifen, Kolliers und zauberhafte kleine Diademe, alles, wovon man nur träumen kann. Tananje geriet ganz aus dem Häuschen beim Anblick der vielen wundervollen Dinge, aus denen ihr Brautputz zusammengestellt werden sollte – und wir natürlich auch. Dann kam endlich der große Tag.

Eine so glanzvolle Hochzeit hatten Wilma, Edith und ich noch nie miterlebt, wir wollten uns nichts entgehen lassen und Tananje während der vielen Stunden Gesellschaft leisten. Schon frühmorgens ritten wir zum Gibbi, selbstverständlich in feinstem Aufzug. Unsere Mutter hatte uns lange rosafarbene Satinkleider nähen lassen, mit Rüschen an Halsausschnitt, Ärmeln und Saum und mit perlenbesticktem Gürtel. Dazu trugen wir Schleifen im zu Locken gedrehten Haar. Wirklich pompös. Nur mussten wir wegen der Pracht leider im Damensattel reiten, was wir überhaupt nicht schätzten.

Bei unserer Ankunft saß die Prinzessin bereits auf einem mit edlen Teppichen belegten Diwan, gestützt von Brokatkissen. Um sie herum hatten sich ihre Schwestern, nahe Freundinnen und Dienerinnen versammelt. Und die Braut wurde pausenlos ›behandelt‹ – der Körper mit duftendem Öl massiert, Handflächen und Fußsohlen mit Henna gefärbt, das dichte Haar hingebungsvoll mit Öl gekämmt und gebürstet. Zwischendurch wurde sie gefüttert. Immer und immer wieder schob ihr jemand einen Happen in den Mund. Die Ärmste konnte kaum noch schlucken. Aber das gehörte nun mal zum Zeremoniell. Sie musste gestärkt werden, um den Moment, in dem sie zur Frau würde, zu überstehen. – Apropos stärken«, die alte Frau unterbrach ihren Bericht. »Es muss noch ein Rest Suppe von heute Mittag da sein. Ich könnte ganz gut etwas zu essen vertragen. Wie steht 's mit dir?«

»Ich auch. Mein Magen knurrt schon ziemlich lange.«

»Na dann«, mit einem zärtlichen Klaps vertrieb Eva den Kater von ihren Knien. Etwas steifbeinig ging sie zum Herd und machte sich an einem großen Emailletopf zu schaffen.

Katrina lief derweil geschäftig hin und her, schnitt dicke Scheiben von einem Bauernbrot, deckte den Tisch und stellte einen Krug mit frischem Wasser bereit. »Grüne Kartoffelsuppe, mein Leibgericht!« Hungrig sog sie den Duft von Speck und Kräutern ein, der allmählich die Küche füllte.

»Bringst du die Teller her? Es kann losgehen.«

Nachdem sie eine Weile schweigend gegessen hatten, schaute Katrina plötzlich neugierig auf. »Sag, Evchen, wie schmeckte dir eigentlich das abessinische Essen? Hast du es gemocht?«

»Nun ja«, die Großmutter zögerte, »so richtig konnte ich mich nie an die teuflische Schärfe gewöhnen, bei der man sich fühlte wie ein Feuerschlucker. Da war mir die deutsche Kost, die zu Hause gekocht wurde, schon lieber. – Doch lass uns bei Tananjes Hochzeit bleiben. Wo haben wir Halt gemacht?«

»Bei den Massagen, dem Henna und den vielen Häppchen.«

»Richtig«, fiel es Eva wieder ein. »Das Pflegen und Päppeln der Braut zog sich über Stunden hin, und wir redeten und erzählten unentwegt alle durcheinander, um sie abzulenken. Tananje thronte sehr fröhlich auf ihrem Diwan, lachte über jeden Spaß und ließ alles geduldig mit sich geschehen. Während der ganzen Zeit spielten im Innenhof des Gibbis Musikanten auf ihren Schilfflöten die traditionelle monotone Hochzeitsmelodie und tanzten dazu. In meinen Ohren klangen diese Töne schaurig, aber den anderen schienen sie zu gefallen. Gegen Nachmittag wurden der Braut die Hochzeitsgewänder angelegt. Zuerst ein glänzendes Seidenkleid mit reicher, bunter Stickerei an Hals und Ärmeln, darüber die Dirrib, das festliche, von farbigen Bordüren eingefasste Umschlagtuch. Mehrere zarte Schleier verhüllten das Gesicht. Und schließlich kam noch die Capa dazu, ein an Hals und Saum kunstvoll mit Gold besticktes Cape aus schwerer Seide, kreisrund geschnitten, sodass es in üppigen Falten fiel.«

Eva schob den Teller beiseite, griff nach ihrem Wasserglas und trank es in einem Zug leer. »Reden macht durstig und Kartoffelsuppe auch.« Bequem in ihren Sessel gelehnt, erzählte sie weiter.

»Mittlerweile hatte sich auch das Regentenpaar eingefunden, begleitet von ungefähr zwanzig hohen Würdenträgern. Nach ihrer Rangfolge aufgereiht, saßen sie nahe der Tür und beobachteten, wie die Braut geschmückt wurde. Dann kam der Moment des Aufbruchs. Unvermittelt brach Tananje in Tränen aus, ging auf ihre Eltern zu und warf sich unter lautem Weinen zu Boden, um ihnen die Füße zu küssen. Dahinter steckte natürlich kein echter Kummer.« Über Evas Gesicht huschte ein spitzbübisches Lächeln. »Glaub nicht, dass Tananje wirklich traurig war! Die Tränenströme gehörten zum überlieferten Abschiedsritual, sie durften auf keinen Fall fehlen. Nachdem die Tochter genügend Schmerz und Respekt gezeigt hatte, half der Ras ihr beim Aufstehen und beide Eltern küssten ihr die Wangen. Es war so weit, sie hätte jetzt gehen können. Aber da kam plötzlich der Brautführer herein, nahm die kleine, schluchzende Person auf den Rücken und trug sie aus dem Haus.«

»Huckepack?«, staunte Katrina. »Das ist nicht dein Ernst! In einer so feierlichen Situation und mit den kostbaren Gewändern?«

»Doch, doch, es war tatsächlich so. Meine Schwestern und ich haben uns damals auch gewundert. Ich weiß noch, wie Edith bei dem seltsamen Anblick kicherte. Erst später erfuhren wir, dass die Huckepack-Aktion ein alter Hochzeitsbrauch war. Sogar ein sehr wichtiger. Die Braut wurde nämlich nur dann auf dem Rücken getragen, wenn man sicher sein konnte, dass sie noch unberührt war – wenn nicht, musste sie das Elternhaus zu Fuß verlassen. Eine ziemlich peinliche Sache. Unserer Freundin blieb das jedenfalls erspart, sie galt offensichtlich als Jungfrau.«

»Kein Wunder in dem Alter«, bemerkte Katrina trocken.

Ihre Großmutter lachte, ließ sich aber nicht aus dem Takt bringen.

»Vor dem Tor wartete ein prachtvoll gesatteltes Maultier. Es sah wirklich zauberhaft aus – bis zum Hals bedeckt von einer blauen, über und über mit goldenen Ornamenten bestickten Schabracke, dazu silbernes Zaumzeug und eine breite Silberkette, an der unzählige winzige Glöckchen bei jedem Schritt klingelten. Der Brautführer hob Tananje auf den Rücken des Tieres, schwang sich selbst hinter sie, und dann setzte sich der Brautzug in Bewegung. Voran die tanzenden Musikanten, hinter ihnen, auf einem ebenfalls reich geschmückten Maultier, der Bräutigam mit seinem Gefolge, danach die Braut samt Brautführer und zuletzt außer Tananjes alter Erzieherin auch vertraute Diener und Dienerinnen. Sie zogen mit ihr ins neue Heim.«

»Gab es denn gar nichts Offizielles dabei? Einen kirchlichen Segen oder so etwas?«, fragte Katrina irritiert.

»Nein«, Eva schüttelte den Kopf. »Als offiziell könnte man höchstens das Aushandeln des Heiratsversprechens bezeichnen. Aber eine kirchliche Trauung wurde sehr selten vorgenommen, nur für Priester war sie obligatorisch. Eigentlich merkwürdig in einem Land, in dem die Religion sonst eine so große Rolle spielte. Dafür konnte man sich umso leichter trennen und erneut heiraten.«

»Auch nicht schlecht«, fand Katrina. »Taten die beiden das?«, wollte sie wissen. »Haben sie sich getrennt?«

»Kaum sind sie verheiratet, denkst du schon ans Ende.« Die alte Frau rieb sich die Augen und unterdrückte ein Gähnen. »Also gut, ich erzähle dir, was aus ihnen wurde, sonst gibst du ja eh keine Ruhe. Zuerst einmal kamen die Freudenschüsse – sozusagen die ›Erfolgsmeldung‹, dass die Jungfrau zur Frau geworden war. Prinzessin Menen, Tananjes Mutter, hatte unruhig auf dieses Zeichen gewartet. Jetzt fiel sie uns allen um den Hals. Weißt du, sie war eine warmherzige Frau und machte sich natürlich Sorgen, dass irgendetwas schief gehen könnte. Aber alles lief gut. Sehr gut sogar, denn genau zur angemessenen Zeit nach ihrer Heirat bekam Tananje ihr erstes Kind, eine Tochter, die sie Aida nannte. Und um auf deine Frage nach der Liebe zurückzukommen – die beiden führten eine besonders glückliche Ehe, sie liebten sich aufrichtig.«

»Und lebten herrlich und in Freuden – wie im Märchen.«

»Leider nicht viel länger als zehn Jahre. Dann begann der Krieg mit Italien, und Tananjes Mann musste in den Kampf ziehen. Es war ein verzweifelter Abschied. Tananje weinte tagelang. ›Mama-Mutti‹, sagte sie zu unserer Mutter, ›ich fühle, dass ich ihn nie wiedersehen werde.‹ Und so kam es schließlich auch. Ras Desta Damtou wurde von den Italienern als angeblicher Partisanenführer erschossen.«

»Ein trauriger Schluss.« Katrina streckte ihre Beine aus, verschränkte die Arme unter der Brust und schaute sinnend vor sich hin. »Und Tananje?«, fragte sie nach einer Weile. »Was passierte mit ihr?«

»Ach, Kind, das ist eine lange Geschichte. Erst ging sie mit ihren Eltern und Geschwistern ins Exil, hatte eine Affäre mit einem Chauffeur, heiratete nach ihrer Rückkehr ein zweites Mal und entwickelte sich, wie man erzählte, zu einer ausgesprochen herrschsüchtigen und geldgierigen Person. So richtig glücklich ist sie wohl nie mehr geworden. Der Sturz des Kaisers brachte sie sogar ins Gefängnis. Aber das steht auf einem anderen Blatt.«

Mit diesen Worten war Eva aufgestanden, um das Ende der Küchensitzung anzudeuten. Ächzend drückte sie ihr Kreuz durch. »Ich glaube, für heute reicht es, meine alten Knochen wollen ins Bett. Morgen können wir weiterreden.«

»Versprochen?«

»Versprochen.«

Bei schönem Wetter machte Eva immer den gleichen Sonntagsspaziergang. »Eines meiner Altersrituale« nannte sie ihre Gewohnheit, und auch Katrina liebte inzwischen den Weg, der sanft ansteigend zunächst durch den unmittelbar hinter dem Haus beginnenden lichten Mischwald führte, oben auf der Kuppe des Buchbergs durch fette Almwiesen weiterlief und bei einem Sonnenbänkchen im Windschatten einer Holzhütte endete.

Bald nach dem Frühstück, als der Föhn die Regenwolken der vergangenen Nacht vom Himmel gewischt hatte, waren sie aufgebrochen. Nun saßen sie hier. In der Luft hing das Geläut der Kuhglocken, der Duft von feuchter Erde und dem letzten Heuschnitt, ein goldbrauner Schimmer lag über den Bäumen im Tal und am Horizont stand gestochen scharf die Silhouette der Zillertaler Alpen.

»Dieser Ort«, seufzte Eva beinahe andächtig, »ist tausendmal mehr wert als ein Platz auf den vordersten Kirchenbänken. – Aber ich weiß natürlich«, fügte sie hinzu, nachdem sie sich ausgiebig umgeschaut hatte, »dass dich meine oberbayerischen Sonntagsgefühle nicht so sehr interessieren wie die abessinische Vergangenheit. Also – was möchtest du hören?«

Katrina brauchte nicht lange zu überlegen. »Mehr von euren Freunden, den Kaiserkindern. Wie ging es weiter mit ihnen?«

»Ach, mein Schatz, wenn du Bilderbuchgeschichten erwartest, muss ich dich enttäuschen. Über allen hing ein Hauch von Tragik, wie schon bei Tananje. Zu ihr riss übrigens der Kontakt nach ihrer Hochzeit fast ganz ab. Wir besuchten sie zwar hin und wieder in ihrem Haus, das in der Nähe des Regentenpalais' lag, aber ihr Leben als Ehefrau und Mutter war uns zu fremd. Angeblich lebt sie heute in England. Dort verbrachte auch ihr Bruder Asfau Wossen, der damalige Kronprinz, seine letzten Jahre, ehe er vor kurzem in Amerika starb. Für ihn habe ich immer tiefes Mitleid empfunden. Er sollte stark sein und mutig und seinen Vater schon früh bei offiziellen Anlässen vertreten, was ihm unendlich schwer fiel.«

Eva erinnerte sich gesehen zu haben, wie er als Vierzehnjähriger in goldbetresster Uniform die zur Krönung anreisenden Ehrengäste am Bahnhof empfangen musste – unverkennbar eine Qual für den armen Jungen. Von Natur aus war er schüchtern und zusätzlich verschreckt durch seinen Erzieher und seinen Beichtvater, zwei überstrenge Männer. Auch vor seinem Vater, den die Ängstlichkeit des Sohnes wütend machte, fürchtete er sich. Im engsten Kreis löste sich manchmal seine Verkrampfung, doch sowie der Regent erschien, wurde er auf der Stelle linkisch und stocksteif.

Zur »Besserung« schickte man Asfau Wossen auf eine Europareise, und dann, nachdem er unverändert heimgekehrt war, als Gouverneur in die Provinz Wollo, was einer Verbannung gleichkam. Zuvor wurde er noch mit knapp siebzehn Jahren an eine ältere Witwe vom Lande verheiratet. Ungebildet sei sie gewesen, meinte Eva, klein und hässlich. Die Ehe habe nicht gut gehen können. Geschieden, begleitete der Kronprinz seine kaiserlichen Verwandten 1936 ins Exil nach England.

»Sein weiteres Schicksal«, sagte die Großmutter, »kenne ich nur vom Hörensagen. Nach seiner Rückkehr soll er Prinzessin Jemmabetsch geheiratet haben, eine anscheinend sehr geschäftstüchtige, vor allem aber eifersüchtige Frau. Sogar Briefe alter Jugendfreunde, wie meiner Schwester Edith, ließ sie zurückgehen. Sie hat wohl kaum aus gutem Haus gestammt, denn es hieß, dass ihre Schwester persönlich Eier an den Haustüren von Addis Abeba verkaufte.« Evas in die Luft gerecktes Kinn verriet, was sie davon hielt.

Für mehrere Jahre gelang es Asfau Wossen, mit seiner Frau und drei Kindern bescheiden und ohne jedes Aufsehen zu leben, so anonym, wie er schon immer liebend gern geblieben wäre. Aber dann geriet er unter höchst unerfreulichen Umständen doch noch einmal auf die politische Bühne.

Eines Tages – Eva sagte, es müsse im März 1960 gewesen sein, während der Kaiser zum Staatsbesuch in Brasilien weilte – erschien ein Bote bei ihm und bat ihn samt Frau und Kindern eilig ins Palais seiner Mutter, da die Etege Menen im Sterben liege. Kaum hatten sie den Empfangssaal betreten, als die Flügeltüren geschlossen wurden, wie aus dem Boden gestampft standen bewaffnete Posten davor. Und sie sahen sich zusammen mit der zwar gesunden, aber völlig verängstigten Kaiserin und der restlichen Familie umringt von einer Schar wild gestikulierender, hämisch grinsender Männer. Sie waren in eine Falle getappt.

Man sagte später, die Initiatoren des Anschlags seien junge Leute gewesen, denen der Kaiser die Möglichkeit gegeben hatte, in Europa und Amerika zu studieren. Seine Abwesenheit wollten sie anscheinend für eine schon länger geplante Revolte nutzen. Einer der Rebellen führte den Kronprinzen an ein Mikrofon und forderte ihn mit vorgehaltener Pistole auf, eine Radioansprache zu verlesen, andernfalls würden vor seinen Augen alle seine Angehörigen erschossen. Asfau Wossen blieb keine Wahl. Mit zitternder Stimme verlas er den Text, in dem es hieß, sein Vater, Haile Selassie I., sei abgesetzt, und er, der Kronprinz, übernehme an seiner statt die Regierung. Er tat es, um das Leben der Familie zu retten, wusste aber genau, dass man ihn, sobald er auf dem Kaiserthron säße, ebenfalls beseitigen würde. Bei dem Aufstand waren Schüsse gefallen und einige Getreue umgebracht worden, darunter auch Abba Hanna, der Beichtvater der kaiserlichen Familie.

Die Erinnerung an diesen Mann jagte Eva noch jetzt, so viele Jahre später, Schauer über den Rücken. »Ein schrecklicher Mensch«, sagte sie und schüttelte sich. »Ich bin ihm ein paarmal im Palast begegnet. Mit struppigem, dreckigem Bart und tückischen Rattenaugen schlich er herum wie ein lauerndes Gespenst. Überall war er verhasst und gefürchtet. Wegen seines Einflusses am Hof und seiner angeblichen Zauberkräfte, vor allem aber wegen seiner Raffgier nannten ihn manche den ›abessinischen Rasputin‹. Unsere Mutter hegte eine innige Abneigung gegen diesen Widerling. Sie begriff nicht, weshalb der Kaiser ihm vertraute, obwohl, daran glaubte sie unerschütterlich, der Mönch ›die Glocken geläutet‹ hatte.«

»Wieso?«, fragte Katrina erstaunt. »Das ist doch nichts Verwerfliches.«

Die alte Frau lachte. »Eigentlich nicht, Kind, aber in Abessinien bedeutete es, dass er ein Mörder war. Wenn dort jemand nach einem Mord in eine Kirche floh, ehe mögliche Verfolger ihn erwischten, und die Glocke läutete, stand er unter dem Schutz der Priester, und niemand konnte ihm etwas anhaben. Nun, Abba Hanna scheint einer der Ersten gewesen zu sein, die bei dem Aufstand erschossen wurden. Danach stopften sie ihm noch eine Hand voll Geldscheine in den Mund, was hieß: Ersticken sollst du an deinen gestohlenen Reichtümern.«

Eva wusste noch, dass es über die Jahrzehnte verschiedentlich Putschversuche gegeben hatte. Doch der Herrscher, egal, ob als

Regent oder Kaiser, war seinen Gegnern meistens eine Nasenlänge voraus. Er witterte, was sie planten, hatte natürlich auch Informanten, dazu gute Nerven und so viel persönliche Ausstrahlung, dass er die Rebellen meistens ohne blutige Kämpfe bändigen konnte. Bei dieser Palastrevolte aber nutzten ihm die Schüsse, denn sie riefen das kaisertreue Heer auf den Plan, und nach ein paar unruhigen Tagen war die Meuterei niedergeschlagen.

Die Nachricht von dem Aufruhr erreichte ihn angeblich während eines brasilianischen Galadiners. Er trat sofort die Heimreise an, fuhr jedoch erst in einem VW-Käfer zu seiner Familie, als die kaiserliche Limousine mit einem Double an Bord unter dem jubelnden »Lilili«-Geschrei der Bevölkerung unbehelligt vom Flugplatz zum Gibbi gerollt war.

Zwar sah der Kaiser ein, dass Asfau Wossen nicht anders hatte handeln können, trotzdem verzieh er ihm niemals und vertraute ihm auch nicht mehr. Von da an musste ihn der Kronprinz auf fast allen längeren Reisen begleiten – ein Schachzug, den Haile Selassie schon 1924 als Regent bei seiner ersten Europareise angewandt hatte. Damals nahm er einen Pulk von rund zwanzig unsicheren Kandidaten mit nach Paris, London, Berlin und Rom. Es störte ihn nicht, dass die Provinzherren ihn öfters blamierten, auf Knopfdruck Zimmermädchen springen ließen, begeistert an Wasserhähnen drehten, endlos Paternoster fuhren oder durch Geschäfte und Nachtlokale zogen, wenn sie nur zu Hause keine Unruhen anstiften konnten. Er selbst studierte währenddessen die Wirtschafts- und Bildungssysteme der verschiedenen Länder. Seitdem behielt er diese Taktik bei, und nun wurde auch der Kronprinz zu so einem unfreiwilligen Reisegenossen.

Eva rief sich wieder das Bild von Vater und Sohn vor Augen. »Um die Kühle zwischen den beiden rankten sich natürlich die üblichen Gerüchte. Man munkelte, der Kronprinz sei kein Kind des Kaisers, sondern ein Sprössling seines Rivalen Lidj Yasu.«

»Glaubst du, das könnte stimmen?«, warf Katrina ein. Neugierig hob sie den Blick von den Löchern, die sie mit ihren Turnschuhen in das weiche Gras gebohrt hatte.

»Unmöglich ist es sicher nicht. Da unten waren verworrene Familienverhältnisse keine Seltenheit, die Kinder stammten häufig aus verschiedenen Verbindungen. Doch dass Menen einen Seitensprung beging, kann ich mir schwer vorstellen. Fast zwei Jahrzehnte lang haben wir das Herrscherpaar in allen möglichen Situationen erlebt, immer begegneten sie einander mit unverhohlener Zuneigung. Ich weiß noch, wie der Negus seine Frau einmal nach einer Reise vom Bahnhof abholte und sie zur Begrüßung in die Arme schloss und küsste, nicht anders als ein ganz normaler liebender Ehemann. Den einzigen Unterschied machten ein paar Diener, die eilig ihre Schammas vor die zärtliche Szene hielten. Und unsere Mutter erzählte uns oft von Menens Gabe, ihm durch Nähe und Teilnahme über schwierige politische Etappen hinwegzuhelfen, obwohl sie sich mit Staatsgeschäften wenig auskannte. Nein, ich glaube nicht, dass sie ihm ein Kuckucksei ins Nest gelegt hätte.«

»Was für ein Mensch war er eigentlich?«

»Der Negus? – Oh, da wird man sicher zwischen dem Herrscher und dem Familienvater unterscheiden müssen, als den ich ihn kannte. Über den Herrscher gab es so widersprüchliche Meinungen wie bei den meisten Mächtigen. Die einen sagten, er sei ein rücksichtsloser Despot, der seine Gegner eiskalt ausgeschaltet und sich zu Unrecht auf den Thron geschwungen habe, der seine Schoßhündchen in Hungerszeiten mit Pralinen und bestem Fleisch füttere und die Bauern bis aufs Blut ausquetsche, um seine Privatschatulle zu füllen. Nun – es ist kaum anzunehmen, dass ihm der Aufstieg zur Macht ohne eine satte Portion Kaltblütigkeit gelungen wäre. Wahrscheinlich wird er dabei auch vor unlauteren Maßnahmen wie Intrigen oder Bestechung nicht zurückgeschreckt sein.«

Eva schwieg und runzelte die Stirn, um sich auf die Eindrücke von früher zu besinnen. »Er war gewiss kein Heiliger«, fuhr sie zögernd fort. »Aber unterm Strich halte ich doch den Standpunkt der anderen für richtiger. Vielen erschien er nämlich keineswegs als machtbesessener Tyrann, sondern als ein weitblickender Landesvater. Sie sahen, dass er mit Klugheit und Autorität den von seinem Vorgänger Menelik begonnenen Weg fortsetzte. Gegen den Widerstand der konservativen Geistlichkeit und der auf ihren angestammten Vorrechten beharrenden Fürsten. ›Das Volk gescheit machen‹, hat einmal ein Ras im Beisein unserer Mutter geäußert, als von neuen Schulen und der ersten Verfassung geredet wurde, die der Negus dem Land gegeben hatte, ›damit es alles lernt, was uns allein zusteht, und dann mitbestimmen will, ist doch blanke Dummheit.‹ Der Negus kannte die Einstellung dieser Leute, aber er nahm keine Notiz davon, solange sie ihm nicht in die Quere kamen. Falls doch, sagten seine Anhänger, habe er mit List auf List und mit Gewalt auf Gewalt reagiert.«

Eva hielt wieder inne und blickte gedankenverloren auf die ferne Bergkette. »Hartes Durchgreifen scheint ihm nicht leicht gefallen zu sein«, sprach sie nach einer Weile weiter. »Ich weiß noch, wie unsere Mutter von den Gerichtstagen erzählte, bei denen er als oberster Richter fungieren und eigenhändig Todesurteile unterschreiben musste. An solchen Tagen esse er nicht, spreche kaum und beende seine Arbeit frühzeitig, um in der Kirche Trost zu suchen. Sie meinte, dass er ohne seine tiefe Religiosität vielleicht in Melancholie versunken wäre.«

Zu Katrinas Überraschung schlug die Großmutter plötzlich lachend beide Hände auf ihre Knie.

»Oh, da fällt mir eine verrückte Episode ein«, sagte sie vergnügt. »Am Morgen nach einem dieser Gerichtstage brachte ein Bote vom Hof unserer Mutter ein Paket, aus dem jämmerliches Winseln ertönte. Eilig wurde der Karton geöffnet, und mit einem Satz sprang ein Zwergpinscher heraus – ›Perle‹, der Liebling des Negus. Mutter verstand nicht, weshalb man ihr das hoch geschätzte Schoßhündchen schenken wollte. Doch der Bote erklärte, dass der Winzling sich einen schandbaren Übergriff geleistet habe. Er war versehentlich im Arbeitszimmer des Gibbi eingeschlossen worden und hatte ein bereits unterschriebenes Todesurteil zerbissen. Damals glaubte man in Abessinien an ›Gottesurteile‹. Wenn etwa bei einer Hinrichtung durch den Strang der Strick riss, galt das nach uralter Sitte als Fingerzeig des Himmels. Der Delinquent kam sofort auf freien Fuß. In diesem Fall hatte der Zwergpinscher den göttlichen Willen kundgetan, wurde aber dennoch vom Hof verbannt – zu uns. Er übernahm die Rolle eines vierbeinigen Spielzeugs und hüpfte seinem früheren Herrn bei jedem Besuch ohne Groll um die Füße.«

Eva war wieder ernst geworden.

»Bestimmt«, fuhr sie nach längerem Überlegen fort, »hat sich der Herrscher oft sehr einsam gefühlt.« Vom Bildungswesen bis zum Ackerbau seien sämtliche Initiativen von ihm gekommen, sagte sie, und ohne seinen persönlichen Druck habe sich nichts gerührt. Im Gegenteil, die mächtige Clique seiner Widersacher habe ihm bei allen Vorhaben wie ein Bremsklotz am Bein gehangen. Wellen der Empörung schwappten damals hoch, als er eine Schule für Mädchen einrichtete. Weiblichen Wesen Lesen und Schreiben, Englisch und Französisch beibringen – eine abwegige Idee. So etwas wäre im alten System undenkbar gewesen!

»Manche, die ihm auf der politischen Bühne begegnet sind, wollen in seinen Augen Härte und eiserne Entschlossenheit gesehen haben«, erzählte die alte Frau mit skeptischem Unterton. »Das mag stimmen, aber wir kannten ihn so nicht. Wir erlebten einen Menschen, von dem ein ganz eigenartiger Zauber ausging. Selbstverständliche Würde gepaart mit Rücksichtnahme, Herzlichkeit, Güte und Interesse an allem, was um ihn herum geschah. Und er war ausgesprochen kinderlieb. Oft, wenn wir bis zum Abend im Palais blieben, klopfte er nach dem Essen auf die Polster an seiner Seite, das Zeichen, uns neben ihn unter den Baldachin zu setzen. Dann wollte er hören, wie es uns ging, was wir gelernt hatten und ob wir ihm neue Lieder vorsingen könnten. Am besten gefielen ihm Lönslieder. In ihnen fand er wohl die eigene Melancholie wieder.«

»Lönslieder?«, wiederholte Katrina erstaunt. »Muss man die kennen?«

Eva tätschelte beruhigend ihren Arm. »Deine Generation ganz sicher nicht mehr, Kind. Hermann Löns, der ›Heidedichter‹. In meiner Jugend waren seine Lieder sehr populär – hinreißend traurig.« Mit dünner, etwas zittriger Stimme summte sie eine wehmütige Melodie vor sich hin. »Das ging mir immer besonders unter die Haut, ›Die Wegewarte‹. Den Anfang weiss ich noch, hör zu:

Es steht eine Blume,
wo der Wind weht den Staub,
blau ist ihre Blüte,
aber grau ist ihr Laub.«

»Und der Kaiser mochte das?«, fragte Katrina zweifelnd, als die Großmutter verstummte.

»Ich merke schon, du findest es schmalzig«, schmunzelte Eva, ohne gekränkt zu sein. »Aber damals fühlte man so, und der Kaiser war ein sehr weichherziger Mann. An einem unserer gemeinsamen Abende erzählte ihm Wilma zum Beispiel, dass nur sie von uns drei Schwestern keinen amharischen Namen habe. Bei unserem nächsten Besuch, wenige Tage später, rief der Regent Wilma zu sich und gab ihr feierlich den Namen Amaridj, das heißt die Auserwählte. Er hatte sie nämlich ganz besonders ins Herz geschlossen. Und seine Frau hängte ihr als ›Taufgeschenk‹ eine lange Kette aus weichem abessinischem Gold um den Hals.«

Genauso lebhaft erinnerte sich Eva an eine andere Episode, die ihr typisch für ihn erschien. Es müsse Anfang der zwanziger Jahre gewesen sein, meinte sie. Eine Rebellion irgendwo im Landesinnern zwang Ras Tafari zu einem Feldzug, und Eva ritt am

Morgen des Aufbruchs mit ihrem Vater und den Schwestern weit vor die Tore der Stadt hinaus, wo sie sich verabschieden wollten. Da draußen wehte ein eiskalter Wind. Sie rieben ihre Hände und Ohren, bis der Zug sich endlich näherte – eine unübersehbare Menschenmenge, zu Fuß, zu Pferd, zu Maultier, schon staubbedeckt. Die Kolonne hielt, man winkte sie heran, und Ras Tafari schien sehr gerührt über ihr Kommen, vor allem als Wilma ihm ein vierblätteriges Kleeblatt reichte. Es solle ihm Glück bringen, sagte sie, gesund solle er heimkehren. Lächelnd steckte er das Kleeblatt oben in die Tasche seiner Uniform. Offenbar trug er es den ganzen Kriegszug über bei sich, denn nachdem er erfolgreich zurückgekehrt war, zeigte er ihnen das inzwischen schlappe, welke Blättchen und erklärte, es sei ein vorzüglicher Glücksbringer gewesen.

Nachdenklich strich Eva sich eine Haarsträhne aus der Stirn. »Dass ein Mann wie er, umgeben von brüllenden Wappentieren, Diademen und Seidengewändern, von Dienern, die sich vor ihm zu Boden warfen, von einem untertänigst beflissenen Hofstaat und ausländischen Diplomaten, die um seine Gunst buhlten, dass so ein Mann die Sprache der kleinen Gesten und Zeichen nicht vergaß, halte ich für etwas Außerordentliches. Wer immer persönlich mit ihm zusammentraf, hatte das Gefühl, im Mittelpunkt seiner Aufmerksamkeit zu stehen. Er konnte zuhören, die richtigen Fragen stellen und Anteilnahme zeigen. Nur in Notfällen kehrte er die Hoheit heraus. Deshalb schätzten wir ihn so sehr – und mehr noch natürlich seine eigenen Kinder.«

»Bis auf Asfau Wossen vermutlich, das ›schwarze Schaf‹«, wandte Katrina ein.

Die Sonne stand inzwischen hoch am Himmel, Eva griff nach dem zerknautschten Allwetterhütchen, das neben ihr bereitlag, und stülpte es sich auf den Kopf, ehe sie antwortete.

»Ich denke, auch er hat seinen Vater bewundert, und wäre da nicht diese Vision vom kühnen Kronprinzen gewesen, die der eine verwirklicht sehen wollte und der andere nicht erfüllen konnte, hätte es sicher einen innigeren Kontakt zwischen ihnen gegeben. Bei Zahai Work zum Beispiel lagen die Dinge völlig anders.«

Mit eineinhalb Jahren, fast noch als Baby, war die Prinzessin ins Haertel-Haus gekommen. Nur von einer Dienerin begleitet. Sie sollte eine vollkommen europäische Erziehung erhalten. Sie wurde geliebt wie eine kleine Schwester, gewöhnte sich rasch an den veränderten Tagesrhythmus, lernte als erste Sprache Deutsch und fand es wundervoll, ihre Puppe an- und auszuziehen oder auf einem Eselchen, natürlich sorgsam behütet, durch den Garten reiten zu dürfen. In der Abenddämmerung, wenn der Vater sich ans Klavier setzte, hockte Zahai auf der Stufe des Erkers und hörte zu. Manchmal nahm er sie auf den Schoß, ließ sie mitklimpern und brachte ihr deutsche Kinderlieder bei.

Fast vier Jahre lebte die Kleine in der Familie. Während dieser Zeit erschien Ras Tafari häufig, ohne Anmeldung und ohne Eskorte. Er duldete nicht, dass man seinetwegen den Alltag unterbrach und irgendwelchen Aufwand um ihn trieb, sondern wollte sich nur an seiner Tochter freuen, die ihm jedes Mal mit ausgebreiteten Armen entgegenlief, um ihm begeistert zu erzählen, was sie gespielt und erlebt hatte. Strahlend, zärtlich drückte er die Kleine an sich.

Später wurde Zahai in die Schweiz zu einer Missionarsfamilie geschickt und nach ihrer Rückkehr liebevoll als »Propagandakind« bezeichnet. Ihre Eltern waren sehr stolz auf sie, denn sie besaß eine vorzügliche Allgemeinbildung, sprach neben Deutsch auch fließend Englisch und Französisch und konnte reizend Konversation machen. Außerdem entwickelte sie sich zu einer auffallenden Schönheit. Wegen ihrer Ähnlichkeit mit der berühmten ägyptischen Königin nannten viele sie Nofretete.

Eigentlich, meinte Eva, hätte Zahai die besten Voraussetzungen gehabt, glücklich zu sein. Doch litt sie darunter, dass sie Afrikanerin war, was sich trotz ihrer hellen Haut, der europäischen

Kleider und der modischen Hüte, die sie auf ihren Wuschelkopf drückte, nicht übersehen ließ.

Mit sechzehn oder siebzehn Jahren verliebte sie sich in den damaligen abessinischen Konsul in Djibouti, durfte ihn aber nicht heiraten, weil er nicht ebenbürtig war. Zu der Zeit traf sie fast täglich mit ihren Pflegeschwestern zusammen und verwünschte unter Tränenströmen die Zwänge ihres Standes. Man konnte nicht viel mehr für sie tun, als Berge von Taschentüchern bereitzuhalten.

»Den Rest ihres kurzen Lebens«, sagte die Großmutter, »kenne ich wieder nur aus zweiter Hand. Angeblich machte sie während des Exils in England ein Staatsexamen als Krankenschwester und widmete sich, nach Addis Abeba zurückgekehrt, karitativen Aufgaben. Sie soll einen Mann ihrer Wahl, Colonel Abiye, geheiratet haben und mit ihm ins Innere des Landes gegangen sein. Wenige Monate später starb diese bezaubernde Frau an einer Fehlgeburt – erst vierundzwanzig Jahre alt.«

Eva brach ab. Starr hielt sie die Augen auf den jenseits des Flusstales liegenden Klosterhügel von Reuthberg gerichtet, der im klaren Föhnlicht zum Greifen nahe schien, doch sie nahm das malerische Panorama offenbar nicht wahr. Ihr Blick blieb rückwärts gewandt.

»Wie oft habe ich überlegt«, fuhr sie schließlich fort, »ob unsere Mutter als erfahrene Krankenpflegerin und Hebamme ihr vielleicht hätte helfen können, wenn Zahai nicht so weit weg gewesen wäre.«

»Hat deine Mutter ihren Beruf denn weiter ausgeübt? Ich dachte, sie sei völlig im Gesellschaftsleben aufgegangen.«

Die Großmutter nickte lächelnd. »Ja, ja, Soireen, Diners, Soupers, wie immer du es nennen willst, waren ihre ganze Leidenschaft. Nicht zu vergessen die feinen Damentees am Nachmittag, von denen sie immer brandheiße Neuigkeiten heimbrachte. Aber bei Krankheitsfällen und Geburten im Bekanntenkreis, vor allem natürlich am Hof, gewann ihre resolute Art sofort die Oberhand.

Dann war sie oft Tag und Nacht unterwegs. Auch Menens beiden jüngsten Kindern, Makonnen und seinem acht Jahre jüngeren Bruder, hat sie auf die Welt geholfen.«

Als Makonnen 1923 geboren wurde, konnte Ras Tafari sein Glück kaum fassen – endlich ein zweiter Sohn! Von Anfang an liebte er ihn abgöttisch. Für dieses Kind ließ man damals die gesamte Babyausstattung aus Deutschland kommen, vom Kinderwagen bis zu den Windeln. Solche Dinge seien da unten eine Sensation gewesen, erinnerte sich Eva, denn nach alter Sitte wurden die Kleinen in Schammas gehüllt auf dem Rücken herumgetragen. Zur »Abdichtung« benutzte man Stofffetzen oder steckte sie in schafslederne Säcke, die an kreuzweise über der Brust ihrer Mütter verlaufenden Stricken hingen. Und statt Babywäsche gab es nur einfache Kittelchen.

Ras Tafari verbrachte jede freie Stunde bei dem Prinzen, er hielt sogar über längere Zeit Unterredungen im Kinderzimmer ab, bis gewisse Leute anfingen, das außerordentlich helle und früh verständige Bürschchen durch Geschenke zu becircen, damit es über die Besprechungen plauderte. Auf diese Weise kam zum Entsetzen des Regenten irgendwann eine streng geheime Sache an die Öffentlichkeit. Seitdem hütete er sich, Staatsgeschäfte in Hörweite des geschwätzigen Kleinen zu regeln.

Als Makonnen etwa eineinhalb Jahre alt war, erkrankte er an einer schweren Angina, und in übergroßer Sorge bat das Regentenpaar Madame, seine Pflege zu übernehmen, da das Kind sie gut kannte und sich die notwendige Behandlung am ehesten von ihr gefallen lassen würde.

Nach zwei Tagen ununterbrochener Wache an seinem Bett fühlte sie sich erschöpft, gab genaue Anweisungen und ritt nach Hause, um ein Bad zu nehmen und sich umzuziehen. Bei ihrer Rückkehr fand sie zwei Priester im Krankenzimmer vor, die Gebete murmelten und Weihrauchfässer schwangen, sodass es schon einem gesunden Menschen den Atem verschlug, erst recht aber dem kleinen kranken Wesen. Keuchend, die angstvollen Augen weit aufgerissen, lag Makonnen da. In seinen Haaren klebte etwas Blutiges. Nur durch hartnäckiges Fragen kam heraus, was geschehen war. Während Madames Abwesenheit hatten die Priester dem Jungen die Gaumenzäpfchen mit einem gewöhnlichen Messer abgeschnitten und ins Haar geknotet.

Eva wusste noch, wie empört ihre Mutter über diesen sinnlosen, gefährlichen »Zauber« gewesen war. Mit der mächtigen Priesterschaft legte man sich jedoch besser nicht an, vor allem nicht im Haus der streng gläubigen Regentin.

»Einige Tage lang stand es sehr schlecht um den Kleinen«, sagte sie, »aber er kam durch – das Schicksal hatte anderes mit ihm vor.«

Offenbar war ihr etwas Amüsantes eingefallen. Unvermutet zog Eva wieder einmal die Nase kraus und lachte. »Auch in die ernstesten Situationen des Lebens mischt sich manchmal ein Schuss Komik. Hör zu: Eines Nachts wurde Ras Tafari gerufen, weil man glaubte, dass es mit dem Kind zu Ende gehe. Tief beunruhigt kam er herbeigeeilt – in einen kostbaren, viel zu großen Zobel gehüllt, und hinten am Kragen schwang bei jedem Schritt das Preisschild von ›Harrods‹ hin und her. Trotz ihrer Angst um den Prinzen hat sich unsere Mutter bei dem Anblick kaum das Lachen verbeißen können. – Nun«, fuhr Eva fort, während Katrina noch kicherte, »Makonnen überlebte. Er wuchs zu einem fröhlichen, selbstbewussten, intelligenten Jungen heran. Viele hielten ihn für einen verzogenen Bengel, weil er vom Vater alles bekam, was er wollte. Aber er war auch sehr gutmütig und nutzte seine Chancen nicht nur im eigenen Interesse, sondern ebenso zu Gunsten zahlreicher Bittsteller, die ihn um Fürsprache baten.«

Ein französischer Offizier übernahm seine Erziehung. Mit strengem Regiment gab er ihm den nötigen fürstlichen Schliff, denn immerhin trug Makonnen schon als Zwölfjähriger den Titel eines Herzogs von Harar und besaß dort einen eigenen Palast. »Von unserem Vater erbaut«, betonte die alte Frau stolz. Sein Auftreten wurde tatsächlich würdevoller, er konnte sich tadellos benehmen. Sobald der Zuchtmeister jedoch außer Sicht war, verwandelte sich der Musterknabe auf der Stelle wieder in einen ausgelassenen Schlingel.

In den Zeitungen konnte man damals öfter lesen, dass Makonnen der Kronprinz sei oder dass der Kaiser ihn an Stelle des »untauglichen« Asfau Wossen als Nachfolger aufbaue. Aber Eva bestritt solche angeblichen Ambitionen. Er habe immer nur das sein wollen, was er war: Prinz Makonnen, Herzog von Harar, reich genug, um sich jeden Wunsch zu erfüllen, bereits in jungen Jahren ein erfolgreicher Kaufmann, dem kein Geschäft misslang.

»Wenigstens er blieb also von dem tragischen Hauch verschont?«, fragte Katrina hoffnungsvoll. Sie zog eine Tüte Studentenfutter aus der Tasche ihrer Leinenjacke und bot der Großmutter davon an.

Eva hob ablehnend eine Hand. »Beides nein. Dein Knabberzeug vertragen leider meine Zähne nicht, und was Makonnen anbelangt – auch ihn erreichte der Schatten, allerdings erst später, als wir längst außer Landes waren. Weißt du«, fuhr sie ungestört durch das Knistern und Knuspern an ihrer Seite fort, »er hatte ein weites Herz, offen für die Nöte der Bedürftigen, aber noch mehr für weibliche Reize. Seine zauberhafte Frau Sara und seine vier Söhne, die er zärtlich liebte, hielten ihn anscheinend nicht davon ab, vielen jungen Schönen nachzusteigen. Selten stieß er auf Ablehnung. Schließlich war er ein kaiserlicher Prinz, außerdem charmant und großzügig mit Geschenken, und so wurde die Liebe ihm zum Verhängnis.«

Sie hielt kurz inne, um zu überlegen. »Ich denke, es muss 1957 gewesen sein, als er die attraktive Frau eines Oberst kennen lernte und lebhaftes Interesse für sie zeigte. Deren Mann witterte, dass da etwas im Busch war, und drohte Makonnen an, ihn umzubringen, falls er seine Frau verführe. Die Folgen für ihn selbst seien ihm gleichgültig. Doch der Playboy ließ sich nicht beeindrucken. Er soll Ras Mesfen, den damaligen Kriegsminister, überredet haben, in seinem Haus am Bishoftusee ein Tête-à-tête mit der Offiziersfrau zu arrangieren. Selbstverständlich unter strengsten Vorsichtsmaßnahmen. Tags darauf wurde bekannt gegeben, dass der Prinz auf dem Weg ins Landesinnere mit dem Auto tödlich verunglückt sei. – Ach, dieser Windhund, dieser Luftikus!«

Katrina hatte vornübergebeugt dagesessen, die Arme auf ihre Knie gestützt. Jetzt streckte sie den Rücken und sah die Großmutter neugierig an. »Wieso? Stimmte das etwa nicht?«

»Natürlich nicht!« Eva schüttelte energisch den Kopf. »Das war nur die offizielle Version, die Wahrheit sah ganz anders aus. Das Liebespaar hatte sich tatsächlich im kleinen Palais des Ras getroffen, gut bewacht von angeblich zuverlässigen Dienern. Plötzlich krachten drei Schüsse. Ras Mesfen stürzte in das Zimmer, wo die beiden turtelten, und fand Makonnen und die junge Frau durch Genickschüsse getötet. Die dritte Kugel hatte der Oberst sich selbst gegeben. Wie er in das Haus eindringen konnte, ob Verrat oder Bestechung dahinter steckte, blieb ungeklärt.«

Umgehend benachrichtigte man das Kaiserpaar, das sich gerade in Jimma aufhielt, von dem »Unfall« – so lautete auch weiterhin die öffentliche Lesart –, und wenige Stunden später fuhr der kaiserliche Konvoi langsam vom Flugplatz zum Gibbi hinauf. Rechts und links der Straße stand dicht gedrängt die Volksmenge – schweigend, während sie sonst dem Herrscherpaar zuzujubeln pflegte. Grün-gelb-rote Nationalflaggen wehten auf Halbmast. Am nächsten Morgen wurde Prinz Makonnen in der Dreifaltigkeitskirche beigesetzt.

Ein Bekannter, Erwin Riester, der um die Zeit am Hof beschäftigt gewesen war, erzählte später davon und sagte, dass über der gewöhnlich so lauten, lebendigen Stadt eine fast unheimliche Stille gelegen habe. Die Trauer müsse wirklich tief und aufrichtig gewesen sein.

Seufzend schob Eva ihr Hütchen aus der Stirn und räusperte sich gründlich. Ein paar Minuten lang hing sie ihren Gedanken nach.

»Vielleicht«, nahm sie den Faden wieder auf, »hätte der dritte Sohn, Sahle Selassie, der als einziges Kind unter der Kaiserkrone auf die Welt kam, nun zum Hoffnungsträger werden können. Aber nach allem, was ich über ihn erfuhr, glaube ich es nicht. Bei seiner Ankunft sorgte dieser Jüngste zunächst einmal für einige Aufregung. Im Januar 1931 erschien eines Nachmittags unerwartet eine kaiserliche Limousine vor unserem Haus. ›Madame, Madame‹, hieß es, ›bitte kommen Sie schnell, die Etege braucht Ihre Freundschaft!‹ Unsere Mutter ahnte Schlimmes, denn die Kaiserin war hochschwanger und immerhin schon Ende vierzig. Trotz größter Eile kam sie zu spät. Menen hatte inzwischen, umringt von hilflosen Dienerinnen, eine Sturzgeburt erlitten. Und es blieb nur noch festzustellen, dass ihr und dem Kind dabei nichts Besorgniserregendes geschehen war. Allerdings nahmen einige andere Menschen Schaden. Palastdiener hatten nämlich die für einen neugeborenen Kaiserspross üblichen Salutschüsse zu einer gewaltigen Knallerei ausgedehnt, und viele Leute in der Stadt glaubten, im Gibbi sei eine Revolution ausgebrochen. Es gab Unruhen, überall wurde plötzlich geschossen. Weil aber die Abessinier selten in die Luft feuerten, sondern blindlings, so wie sie das Gewehr gerade in der Armbeuge hielten, mussten etliche ihr Leben lassen. Bis die Nachricht umging, man habe den kaiserlichen Prinzen mit Freudenschüssen begrüßt.«

»Evchen«, schaltete Katrina sich mit einer Frage ein, die ihr schon länger im Kopf herumging, »weil du gerade von einer Geburt redest – als Hebamme hat deine Mutter doch sicher bemerkt, dass die Frauen beschnitten waren, furchtbar verstümmelt, nicht wahr?«

Ihre Großmutter nickte. »Ja, natürlich. Sofort bei ihren ersten Einsätzen fielen ihr die Verstümmelungen auf. Anfangs glaubte sie, das seien Folgen individueller Verletzungen, bis sie das Prinzip dahinter erkannte. Die meisten Europäer hatten keine Ahnung davon oder kümmerten sich nicht um die Sitten der Eingeborenen. Aber wie hätte es ihr entgehen können? Und es ließ sie auch nicht kalt. Eines Tages erzählte sie uns bestürzt von einem Mädchen etwa in meinem Alter zu der Zeit, zehn Jahre, das an dem Eingriff mit einer schmutzigen Glasscherbe gestorben war. Unten auf unserem Grundstück.«

Eva meinte, die Mutter sei trotzdem dem Grundsatz treu geblieben, den das Gros der Fremden dort schon im eigenen Interesse hochhielt: sich nicht in religiöses Brauchtum und althergebrachte Traditionen einzumischen. Man kannte das sehr ausgeprägte Selbstbewusstsein der Einheimischen, die stolz darauf waren, ihren Glauben jahrhundertelang gegen islamische Invasoren und katholische Missionare verteidigt zu haben und als einziges Land Afrikas nie Kolonie geworden zu sein. Ausländische Fachleute durften zwar kommen, weil sie der technischen Entwicklung nutzten, aber auf keinen Fall wurde geduldet, dass solche Frendji die überlieferte Wertordnung kritisierten. Wer das versucht hätte, wäre schnell isoliert gewesen. Und ohne Beziehungen, vor allem zum Hof, bekam niemand ein Bein auf den Boden. Obwohl ihre Mutter eine wirklich echte Freundschaft mit Menen verbunden habe, da war sich Eva sicher, war ein so heikles Thema wie die Beschneidung zwischen ihnen bestimmt niemals zur Sprache gekommen.

»Zurück zu Sahle Selassie«, sagte Eva, nachdem sie eine Weile mit offenen Augen vor sich hingeträumt hatte. »Der Kleine wurde allgemein *Manu*, Bübchen, genannt. Ein liebes, zartes Kind mit großen Sternenaugen und strahlendem Lächeln und als Nachzügler natürlich auch sehr verwöhnt. Er besaß sogar ein knallblaues, batteriebetriebenes Spielzeugauto, in dem er stundenlang über die breiten Wege rund um das elterliche Palais kurvte. Und einen kleinen ausgestopften Löwen auf Kufen, nach Art unserer Schaukelpferde. Mit kaum vier Jahren musste Manu sein Kinderparadies verlassen, um ins Exil zu gehen, und ich sah ihn nie wieder.«

Was ihr später über ihn zu Ohren gekommen war, fand Eva ziemlich deprimierend. Manche behaupteten, er sei aus Kummer darüber, keine sinnvolle Lebensaufgabe zu haben, zum Trinker geworden. Andere hielten ihn für geistig minderbemittelt, was ihn angeblich sehr amüsierte, weil er so, unter dem Deckmantel der Narrenfreiheit, alles tun und sagen konnte, wonach ihm der Sinn stand. Aber Ansehen ließ sich damit natürlich nicht gewinnen. Auch den Verdacht der Homosexualität hängte man ihm an, obwohl er verheiratet war und eine kleine Tochter hatte.

»Gerüchte über Gerüchte«, seufzte Eva, »wie in Abessinien üblich. Ich weiß nicht, ob irgendeines die Wahrheit traf. Jedenfalls scheint sein kurzes Leben nicht gerade unbeschwert gewesen zu sein. 1962 erkrankte Sahle Selassie, fiel in tagelange Bewusstlosigkeit und lag eines Morgens tot auf seinem Bett. Menen war wenige Monate zuvor an Diabetes gestorben – ein schrecklicher Verlust für den Kaiser, nach über fünfzig Jahren enger Gemeinsamkeit. Einsam, gebrochen begleitete er nun den jüngsten Sohn zum Grab. Vier seiner sechs Kinder hatte ihm der Tod genommen.«

Katrina runzelte die Stirn. »Von sechsen?«, hakte sie nach. »Aber du hast nur fünf erwähnt.«

Irritiert wandte die Großmutter sich ihr zu. »Tatsächlich?« In Gedanken schien sie die Reihe der Geschwister noch einmal durchzugehen. »Ach Gott, ich habe Zenebe Work vergessen!«

Es kostete sie offenbar einige Mühe, sich an die Prinzessin zu erinnern. Minuten verstrichen, während sie angestrengt zurückdachte.

Zenebe, erzählte sie schließlich, sei als drittes Kind geboren worden, ein gebrechliches, ständig kränkelndes Wesen, das nur selten sein Lager verlassen und an lebhaften Spielen teilnehmen durfte. Trotzdem verheiratete der Kaiser sie mit dreizehn Jahren aus taktischen Gründen an Haile Selassie Gugsa, einen ungehobelten, brutalen Provinzgouverneur, der sie schikanierte und demütigte. Das Leben unter der Fuchtel dieses rüden Trunkenbolds müsse Zenebe unerträglich erschienen sein, wurde damals gemunkelt, sie starb bald nach ihrer Hochzeit an einer Lungenentzündung. Seitdem hatte kaum jemand mehr von ihr gesprochen.

»Mag sein«, Eva zuckte ratlos die Schultern, »dass die Eltern sich hinter einer Mauer aus Schweigen gegen den Schmerz abschotten wollten. Und gegen das tiefe Bedauern, Zenebe einem Mann überlassen zu haben, der ihr den Lebensmut nahm und dann auch noch zum Hochverräter, zum wichtigsten Kollaborateur der italienischen Besatzer wurde.«

»Eine schreckliche Familiengeschichte«, sagte Katrina leise, als die Großmutter verstummt war. »Sie erinnert beinahe an antike Tragödien.«

»Ja, und in dieser Art tuschelte man wohl auch darüber. Es hieß, Haile Selassie sei vom Fluch des alten Kaisers eingeholt worden, weil er statt dessen designiertem Thronerben Lidj Yasu die Macht übernommen habe.«

»Hältst du das für möglich?«

»Boshaftes Geschwätz, Kind, dummes Gerede, sonst nichts. Denn Menelik selbst wäre schwerlich mit einem Nachfolger einverstanden gewesen, der zum islamischen Glauben übertrat und nur Flausen im Kopf hatte.«

Eva schaute besorgt zum Himmel auf, an dem sich schwarzblaue Wolkenknäuel vor die Sonne zu schieben begannen – Zeit für den Heimweg. Schweigend gingen sie durch die schattigen Wiesen, und Katrina nahm, als sie den glitschigen Waldpfad erreichten, fürsorglich den Arm der Großmutter, die aus Gründen der Eitelkeit einen Stock genauso wenig schätzte wie ihre Brille.

»Ich spüre, dass du noch etwas wissen willst«, unterbrach Eva plötzlich die Stille, »komm, raus damit.«

»Ach, es sind Nebensächlichkeiten, aber sie interessieren mich trotzdem. Anfangs hast du immer erzählt, alle Welt sei dort geritten, weil es keine Fahrzeuge und keine Straßen gab. Wieso sprichst du in deinem Bericht über die Kaiserkinder plötzlich von Autos und sogar Flugzeugen?«

Lachend lehnte die alte Frau ihren Kopf an Katrinas Schulter. »Ich bin eben ein bisschen durch die Zeiten gehüpft, und tatsächlich kam der Verkehr auch ziemlich rasch ins Rollen. Allerdings nur in der Hauptstadt. Noch 1920 rumpelten da außer den beiden Autos, die Kaiser Menelik von einem Deutschen, Arnold Holtz, und einem Engländer namens Bentley geschenkt bekommen hatte, höchstens eine Hand voll Diplomatenwagen herum. Gegen Ende des Jahrzehnts waren es schon Hunderte, darunter viele Taxis. Denn jetzt galt es nicht mehr als comme il faut, in Frack und Zylinder auf Maultieren oder Pferden zu Empfängen zu reiten. Leute von Stand, egal, ob Abessinier oder Europäer, nahmen sich, sofern sie keinen eigenen Wagen besaßen, eine Droschke. Man hatte zahlreiche Straßen verbreitert und geschottert, einige sogar geteert, und Verkehrspolizisten, uniformiert, aber barfuß, sollten für Ordnung sorgen.«

»Dann ging es also zu wie in einer westlichen Metropole?«

Eva lachte wieder. »I wo, Kind, beileibe nicht. Das waren nur europäische Tupfen im bunten afrikanischen Stadtbild. Und was den Flugverkehr betrifft, der lief wesentlich langsamer an. Zwar hatte Hakim Zahn dem Negus 1929 ein erstes Flugzeug aus Deutschland beschafft, eine Junkersmaschine, die unter tobendem Beifall tausender Zuschauer auf dem Rennplatz landete. Und kurz darauf folgten ein paar kampftaugliche französische Doppeldecker. Doch bis zum Bau eines Flughafens, an dem unser Vater übrigens beteiligt war, vergingen drei oder vier Jahre. Ein regulärer Luftverkehr kam erst nach dem Krieg in die Gänge, als wir das Land längst verlassen hatten.«

»Ich wüsste gern, Evchen, wie es heute dort aussieht, ob noch Spuren von euch zu finden sind.«

»Ich auch, Katrina. Mit deiner Neugier hast du so viele Erinnerungen geweckt. Ich rieche wieder Eukalyptus und Berberi, sehe unsere behagliche Villa vor mir, das Gequirle und Gewusel von Händlern, Bettlern, Eselstreibern und Vornehmen unter ihren zweietagigen Schirmen – aber in meinem Alter ist es zu spät für eine Reise in die Vergangenheit.«

Bei Evas Häuschen angelangt, trennten sich die beiden bald. Die eine wollte ihre Mittagsruhe halten, die andere Freunde in der Stadt treffen.

»Meldest du dich, wenn du heil übergekommen bist?«

»Wie immer, Evchen, und ich fahre auch vorsichtig.« Katrina lachte und drückte ihrer Großmutter einen liebevollen Abschiedskuss auf die Wange.

Als sie knapp anderthalb Stunden später anrief, wurde der Hörer beim ersten Läuten abgenommen.

»Bist du es, Kind?« Evas Stimme klang aufgeregt. »Ich habe nicht eine Minute geschlafen, sondern nur nachgedacht und Pläne geschmiedet und schließlich einen Beschluss gefasst. Pass auf, ich möchte dir eine Äthiopienreise zu Weihnachten schenken. Was hältst du von der Idee?«

Im Telefon blieb es stumm.

»Hallo! Bist du noch dran?«

»Ja.« Vor Überraschung konnte Katrina kaum sprechen. »Evchen, das wäre wundervoll! Seit Monaten träume ich davon. Aber –«, sie zögerte plötzlich, »so eine Reise ist sicher furchtbar teuer und …«

»Keine Sorge«, fiel die Großmutter ihr munter zwitschernd ins Wort, »du nimmst mir schon nicht die Butter vom Brot. Gerechnet habe ich nämlich auch und meinen Sparstrumpf für dick genug befunden. Also?«

»Dann mache ich 's natürlich! Und wie gern!«

»Nun gut. Vielleicht kannst du Mitte Januar starten, das ist eine ausgezeichnete Reisezeit, und du würdest Timkat miterleben.«

»Timkat – was soll das sein?«

»Das höchste und eindrucksvollste Kirchenfest dort, Kind, am 19. Januar. Zur Erinnerung an die Taufe Jesu im Jordan werden die Tabots, Nachbildungen der Bundeslade mit Moses' Gesetzestafeln, die sich im Allerheiligsten jeder äthiopischen Kirche befinden, in feierlicher Prozession zu einem nahen Gewässer getragen. Ein großartiges, farbenprächtiges Schauspiel, mit zeremoniellen Priestergesängen, Tänzen, Weihrauchwolken und einem nassen Segen für die Gläubigen. Natürlich gibt 's auch große Gelage …«

»Schade – ohne mich«, unterbrach Katrina den begeisterten Redestrom. »Ich kann frühestens im März fahren, nach meinem letzten Examen. Ach, Evchen«, seufzte sie, »wie soll ich dir nur danken?«

»Selbst das habe ich mir überlegt. Du fährst für uns beide, und wenn du zurückkommst, meine Liebe, werde ich dich genauso erbarmungslos ausquetschen, wie du es mit mir seit langem tust. Jedes Detail will ich wissen, stell dich drauf ein!«

Leider konnte Eva die wilden Freudentänze nicht sehen, die ihre Enkelin vollführte, bis der Mieter in der unteren Wohnung einen Besen an die Decke stieß.

6. *Kapitel*

»Imete! Imete! Ich habe Sie überall gesucht!« Atemlos kam Homer über den Rasen gelaufen. »Der Oberhofmeister war da, Sie sollen heute Nachmittag um vier Uhr vor dem Negus erscheinen.«

Anna, die gerade zwischen den alten Turngeräten ihrer Kinder stand und überlegte, ob sich an dieser längst verwaisten Stelle vielleicht ein kleiner Pavillon hübsch ausnehmen würde, schaute den Diener ungläubig an.

»Du hast dich wohl verhört, Homer. Gewiss will die Prinzessin mich sehen.«

»Nein«, beharrte der Diener gekränkt, »ich bin ganz sicher, Sie sollen in den Großen Gibbi kommen.«

»Und weswegen? Hat er einen Grund genannt?«

Homer schüttelte den Kopf. »Nur, dass es etwas sehr Wichtiges ist.«

Während Anna zum Haus hinüberging, spürte sie ein leises Unbehagen. Etwas sehr Wichtiges – was mochte das sein? Ob dem Negus ihr Einfluss auf seine Frau missfiel? Ob es wieder einen Todesfall in der Familie gab wie beim letzten Mal, als man sie offiziell in den Gibbi bitten ließ?

Zwei Monate lag dieses eigentümliche Erlebnis jetzt zurück. Am Morgen des ersten April war ein Hofgesandter mit der Bestellung erschienen, Madame möge sofort zum Palast kommen, und er hatte ihr unter dem Siegel der Verschwiegenheit ins Ohr geflüstert, dass die Etege Zauditu über Nacht gestorben sei, was aber, um eventuelle Unruhen zu vermeiden, noch nicht publik werden dürfe.

Zwar kannte Anna Zauditus bedenklichen Gesundheitszustand, der sich durch strengstens eingehaltene Fastentage ständig verschlechterte, erschrak jedoch trotzdem bei der Nachricht von ihrem plötzlichen Tod. Tiefschwarz gekleidet und mit angemessen betrübter Miene eilte sie zum Kondolenzbesuch – und kam sich vor wie auf der falschen Bühne, denn im Gibbi herrschte statt Trauer unverhohlener Jubel. Menen streckte ihr freudig erregt die Hände entgegen, rief strahlend, dass der Weg zum Thron nun endlich frei sei. Es kostete Anna einige Mühe, von der Trauerpose umzuschwenken auf überschwängliche Begeisterung, doch der Champagner floss in Strömen und tat seine Wirkung, man lachte, schmiedete Zukunftspläne.

Am nächsten Tag – der Tod der Kaiserin war inzwischen offiziell bekannt gegeben worden – kam sie Menens Wunsch entsprechend wieder zum Gibbi, dieses Mal im hellen Kleid, mit heiterer Miene – und hörte schon von weitem markerschütterndes Weinen und Schreien. Dicht gedrängt standen Klageweiber in den Vorhöfen, schlugen sich jammernd an die Brust, zerrissen ihre Kleider, rauften sich die Haare und krümmten sich vor Schmerz. Im Innern des Palastes traf sie auf düsteren Pomp. Der Negus nahm die Beileidsbezeugungen nobler Landsleute und des diplomatischen Corps entgegen, während seine Gemahlin, schwarz verhüllt wie alle Damen um sie her, die Trauerbesuche vornehmer Amharenfrauen empfing. In endlosen Klageliedern wurden die guten Eigenschaften der Verstorbenen besungen, Weinen, Schluchzen erfüllte den Raum und schwoll beim Eintritt jeder neuen Besucherin zu lautem Wehklagen an. Drei Tage lang würde man solche Lieder singen. Anna zog sich bald zurück, weil ihr nicht wohl war, weder in der Rolle einer irritierten Beobachterin noch in ihrer völlig unpassenden Aufmachung.

Wie nur sollte sie sich heute kleiden? Was für ein Gesicht zeigen?

»Neutral«, entschied Wilma, die sie zu Hilfe gerufen hatte, »beides neutral. Nimm dein graues Leinenkostüm mit dem Nadelstreifen und setz ein dezentes Lächeln auf, Mama. Das passt immer, selbst wenn tatsächlich jemand gestorben sein sollte.«

Wilma erbot sich auch, ihre Mutter, die vor Nervosität flatterte, zur Audienz zu chauffieren. Nicht ganz selbstlos allerdings, denn Annas feuerroter, dreisitziger Citroen, ein Geschenk der Woizero Menen, war mit Abstand das spektakulärste Auto im Stadtbild, und die Töchter übernahmen liebend gern das Steuer.

Offenbar hatten die Wachtposten Ausschau gehalten nach dem kleinen roten Wagen. Die Tore wurden aufgerissen, als er sich näherte, ungehindert ließ man ihn bis zum Adarasch, dem offiziellen Empfangssaal, fahren, neben dessen Portal links und rechts mächtige Löwen knurrend an ihren Ketten zerrten. Daran waren beide Damen gewöhnt, und es erschien auch sofort der Oberhofmeister, um sie rückwärts gehend mit ausgestreckten Händen hineinzugeleiten. In einer Atmosphäre von fast bedrückender Feierlichkeit stand der Negus vor dem Thron, ihm zur Seite Blatin Geta Heruy, der grauhaarige Außenminister, und eine lange Reihe amharischer Würdenträger.

Anna konnte sich diesen formellen Auftritt nicht erklären und fühlte ihre Knie zittern, während sie im Hofknicks versank, den das Protokoll vorschrieb, seit Ras Tafari zwei Jahre zuvor nach seinem grandiosen Sieg über eine erneute Palastrevolte zum Negus, zum König, berufen worden war. Sie wagte kaum die Augen zu heben und glaubte zunächst nicht richtig zu hören, als keine der befürchteten Hiobsbotschaften folgte, sondern eine kleine, würdevolle Ansprache.

»In Anbetracht unserer langjährigen Freundschaft«, sagte der Negus, »bin ich gewillt, Sie, Madame, an der Gnade, die Gott mir erwiesen hat, teilnehmen zu lassen. Ich ernenne Sie hiermit offiziell zur Hofdame Ihrer Königlichen Hoheit, Prinzessin Menen.«

Vor Freude und Überraschung stockte Anna der Atem, auf eine solche Auszeichnung war sie nicht im Geringsten eingestellt. Stumm ließ sie sich den Orden »Königin von Saba« ans Revers heften, nahm die ehrerbietigen Verbeugungen der Würdenträger entgegen und fand erst beim unvermeidlichen Champagner ihre Sprache wieder. Nach kurzer allgemeiner Unterhaltung verabschiedete der Negus seine Gäste mit herzlichem Händedruck.

Das Haertel-Haus erbebte unter einem Ansturm der Aufregung, als Wilma die Neuigkeit durch alle Räume posaunte.

»Ihr hättet Mama sehen sollen – sie war tatsächlich einmal sprachlos!«, rief sie treppauf, treppab springend. »Und die Grandseigneurs mussten sich vor ihr bis zum Boden verneigen!«

Noch immer leicht benommen, saß Anna im Salon und schaute ihren Töchtern zu, die kichernd und schnatternd sofort anfingen, den perfekten Hofknicks einzuüben. Der tadellosen Haltung wegen jede mit einem Kissen auf dem Kopf. Natürlich würde man die Etikette in Zukunft noch strenger einhalten müssen, und in allen Fragen des höfischen Protokolls sollte man sich, besonders im Hinblick auf die demnächst anstehende Kaiserkrönung, bestens auskennen. Sie hatte zwar den alten »Knigge« aus Deutschland mitgebracht, aber nützlicher als ein Manierenbuch für gewöhnliche Bürger wäre jetzt sicher der Rat einer Dame wie der Gräfin Leontieff, die kurze Zeit bei der letzten Zarin Hofdame gewesen war. Gleich morgen wollte sie die erfahrene Russin um Unterstützung bitten.

Carl, der gegen sieben Uhr ahnungslos nach Hause kam, fand statt des gewohnten appetitlichen Abendbrots seine »Entenfamilie« an einem Esszimmertisch voller Notizzettel vor. Schneider- und Friseuradressen, Kleiderentwürfe, Punkte, die mit der Gräfin geklärt werden sollten …

»Stell dir vor, Mama ist Hofdame geworden! Offiziell vom Negus ernannt!«, riefen ihm seine Töchter entgegen, ehe er fragen konnte, was los sei.

»Hofdame? Ist das wahr?« Liebevoll schlang er die Arme um Annas Schultern und küsste ihren Scheitel. »Ein kleines Mädchen aus Berlin – ich bin stolz auf dich. Hoffentlich lässt dir dein Amt noch etwas Zeit für uns.«

Auch in der Stadt schlug die Nachricht Wellen. Bereits am nächsten Tag meldete der *Courier d'Ethiopie*, die einzige Zeitung von Addis Abeba, Annas Ernennung, und das Auswärtige Amt teilte allen Gesandtschaften schriftlich mit, dass Madame Haertel diesen Posten ab sofort bekleide und sämtliche Audienzen bei Ihrer Königlichen Hoheit von nun an über sie zu laufen hätten.

Anna absolvierte die fälligen Antrittsbesuche bei den Damen des diplomatischen Corps und empfing deren Gegenbesuche. Alle erschienen – bis auf Lady Burrington. Lady Burrington, bekannt für ihre erlesene Arroganz und ihren von etlichen britischen Landsleuten geteilten Widerwillen, einem Eingeborenen die Hand zu reichen, hatte vorgeschlagen, dass die Gesandtschaftsdamen im Acht-Wochen-Turnus reihum den Ehrenposten der Hofdame übernehmen sollten. Doch der Hof lehnte ihr Ersuchen ab, da die Woizero Menen nur Amharisch spreche, was kaum eine der Damen konnte, und eine Unterhaltung per Dolmetscher nicht wünschenswert sei. Lady Burrington war beleidigt. Emsig streute sie Sottisen aus über die »parvenuhafte« Deutsche, die sich Menen mit Schmeicheleien angedient habe. Anna nahm keine Notiz von dem Gerede, denn jedermann musste sofort das Motiv, schiere Eifersucht, erkennen. Schlimmer traf sie die »Strudelaffäre«, ein Vorfall, der ihr schlagartig klar machte, dass auch im Palast Gegenspieler tätig waren und sie womöglich um Kopf und Kragen bringen konnten.

Kurz nach ihrem Amtsantritt hatte der Negus sie gebeten, ihm einen Strudel zu backen. Er liebte diesen mit Bananen an Stelle hierzulande unerreichbarer Äpfel gefüllten Kuchen seit einem seiner ersten Besuche im Haertel-Haus. Anna beeilte sich, den Wunsch zu erfüllen, servierte ihm das noch warme Gebäck in seinem Arbeitszimmer und beobachtete lächelnd, wie er herzhaft zulangte, ohne die sonst üblichen Dienste des Vorkosters zu beanspruchen. Schließlich stammte die Köstlichkeit von Madame persönlich, in deren Loyalität er vollstes Vertrauen setzte. Ein Umstand, den offenbar irgendein Finsterling zu nutzen gewusst hatte, denn als Anna tags darauf im Palais erschien, stieß sie auf argwöhnische Blicke und die Nachricht, dass der Negus über Nacht von Atemnot und Übelkeit befallen worden sei. Man vermute einen Giftanschlag, hieß es, obwohl der Vorkoster sämtliche Speisen geprüft habe – mit Ausnahme ihres Strudels. Anna stand wie vom Donner gerührt. Höchstens einen Wimpernschlag lang hatte sie den Kuchen aus den Augen gelassen, einen Wimpernschlag, der ihr eigenes und das Leben ihrer Familie völlig aus der Bahn werfen könnte, falls der Negus an ihrer Ergebenheit zweifeln und sie einer solchen Tat für fähig halten sollte. Sie spürte das Misstrauen in ihrem Rücken, während sie blass und mit bebenden Knien Menens Salon betrat.

»Madame!«, die Woizero erhob sich so eilig, wie ihre Fülle es zuließ, und streckte Anna die Hände entgegen. »Sicher haben Sie schon von dem Vorfall gehört. Die Nacht war nicht angenehm für meinen Mann, aber, wie sein Arzt feststellte, auch nicht wirklich bedrohlich.« Sie zog die Freundin neben sich auf das Kanapee. »Wenn ihm jemand tatsächlich ans Leben wollte, hätte er entschieden mehr oder stärkeres Gift nehmen müssen. Wissen Sie, wir denken, dass der Anschlag in Wahrheit nicht dem Negus galt, sondern Ihnen, Madame. Ohne ihm ernsthaft zu schaden, sollten Sie in Misskredit gebracht und durch den furchtbaren Verdacht aus unserem Umkreis vertrieben werden. Ein ausgesprochen dummer Plan, der natürlich nicht aufgehen konnte.«

Anna hielt den Kopf gesenkt, knetete ihr Taschentuch und kämpfte mit den hochsteigenden Tränen der Erleichterung.

»Sie glauben also nicht, dass ich …«

»… dass Sie uns Gift ins Essen mischen? Aber ich bitte Sie, meine Liebe!« Herzlich drückte Menen ihren Arm. »Hätten wir Ihnen unsere Kinder anvertraut und Sie als Freundin und Beraterin zu uns geholt, wenn nur der geringste Argwohn bestünde? Außerdem – weshalb plötzlich eine derartige Attacke nach so langer enger Freundschaft? Das ergibt doch keinen Sinn. Nein, Ihre Berufung zur Hofdame hat für böses Blut gesorgt, Neider, vielleicht auch Europäerfeinde wollen Sie aus dem Feld schlagen.«

»Wer könnte das sein?«

Neben dem gespenstischen Abba Hanna kam Anna noch Hadir in den Sinn, ein auffallend stolzer Palastdiener, den sie schon mehrfach erwischt hatte, wie er ihr selbst oder anderen Weißen hämische Blicke nachwarf. Womöglich war er Handlanger eines hoch gestellten Intriganten.

»Diese Leute werden sich schwerlich zu erkennen geben«, unterbrach Menen ihre Überlegungen, »sie sind fast immer Meister der Heuchelei. Um sie von weiteren Versuchen abzuhalten, spielen wir die Sache am besten herunter zu einer kleinen Magenverstimmung, die mit Ihrem Strudel nichts zu tun hatte, und zeigen uns zusammen in offensichtlich ungetrübter Verbundenheit. Einverstanden, Madame?«

In Annas Stimme bebte noch die überstandene Panik nach, als sie Menen für den Vertrauensbeweis dankte. Und obwohl niemand, wie sie nun wusste, ihre Stellung bei Hof mit den üblichen Perfidien würde unterminieren können, nahm sie sich vor, in Zukunft verstärkt auf der Hut zu sein.

Auch sonst forderte das neue Amt ihre ungeteilte Aufmerksamkeit, denn die Kaiserkrönung rückte unaufhaltsam näher. Tafari, der schon am Tag nach Zauditus Tod als deren Erbe angetreten war, hatte den Termin für die feierliche Inthronisation auf den 2. November 1930 gelegt, nicht nur aus Respekt vor der vierzigtägigen Hoftrauer und wegen der leidigen Regenzeit, sondern vor allem, um den Festlichkeiten einen so glanzvollen Rahmen zu geben, dass die distinguierten Geladenen überzeugt würden, es nicht mit einem unwichtigen afrikanischen Herrscher zu tun zu haben.

Im Eiltempo musste eine großartige Schau vorbereitet werden, und Anna fühlte sich manchmal wie im Zentrum eines Wirbelsturms. Menen, die vor den erwarteten hohen Gästen aus aller Welt um keinen Preis als unkultivierte »Wilde« dastehen wollte, drängte die Hofdame, ihre noch vorhandenen Wissenslücken mit Informationen über westliche Etagenhäuser, Trambahnen, Badezimmer und Konzertsäle aufzufüllen und ihr das Bild einer Monarchin zu vermitteln, an dem sie sich würde hochranken können.

Selbst geschichtlich nicht allzu beschlagen, durchkämmte Anna die Bibliotheken sämtlicher Bekannten, las nächtelang in Wälzern über bedeutende Frauengestalten wie Katharina die Große, Maria Theresia oder Königin Victoria, um der angehenden Kaiserin anderntags lebhaft davon zu berichten. Obwohl die Queen seinerzeit Theodoros, den drittletzten Vorgänger des jetzigen Negus, durch ihre gnadenlose Missachtung in den Selbstmord getrieben hatte, fand Menen ausgerechnet an Victoria das meiste Gefallen. Auf die erstaunte Frage nach dem Grund zuckte sie hilflos die Schultern. Vielleicht wegen ihrer moralischen Strenge, vielleicht – bei diesem Geständnis überflog selbst nach so langen Ehejahren ein Hauch von Röte Menens weiches Gesicht – wegen ihrer romantischen Liebesgeschichte. Musste man Sympathien begründen? Es war einfach so, die Queen schien das Ideal zu sein.

Fast wichtiger noch als die innere war die äußere Vorbereitung auf das große Ereignis: die Auswahl der Garderobe. Keine leichte Aufgabe, denn die Kleider sollten einen Anklang an die europäische Mode zeigen, während Menens quellende Formen, zumal sie hochschwanger war, in ihren üblichen weiten Gewändern entschieden vorteilhafter wirken müssten. Ganze Ballen kostbarster Brokate, edelster Seidenstoffe und Chiffons wurden aus dem Gimscha Bet, dem kaiserlichen Vorratshaus, herbeigeschafft und ausgebreitet. Abwechselnd drapierten die Ratgeberinnen – die Prinzessinnen, Anna samt ihren drei Töchtern und auch Frau Garabedian, eine armenische Schneiderin, die die Pracht nähen und besticken sollte – verschiedene Stoffbahnen um sich, und jedes Mal rief Menen begeistert: »Ja, genau so will ich es haben!« Wobei sie vergaß, dass ihr Körperumfang beinahe das Dreifache von dem der Übrigen betrug. Dennoch kam vor allem dank Frau Garabedians Einfallsreichtum und Geschicklichkeit eine wundervolle Ausstattung zustande – ein imposanter Krönungsornat, ebenso elegante wie vorteilhafte Roben für die großen diplomatischen Empfänge, dazu Capas aus schwerem Satin in allen Farben des Regenbogens und mit Goldstickerei verziert.

Wo immer sie ging und stand, wurde Anna von Palastchargen umlagert, die auf ihre Kompetenz bauten und wissen wollten, wie eine standesgemäße Unterkunft der ausländischen Gäste auszusehen habe, welche Speisen sie bevorzugen könnten, und was man ihnen an Unterhaltung anbieten solle – Jagden, Ausflüge, Pferderennen? Keiner von der Dienerschaft war je in Europa gewesen, es gab auch niemanden am Hof, der schon einmal ein Krönungszeremoniell im europäischen Stil, wie Tafari es wünschte, miterlebt hatte. Natürlich bemerkte Anna selbst den dünnen Firnis westlicher Lebensart und hoffte inständig, dass unter den Gästen – und sei es nur aus Höflichkeit – keine Klagen oder höhnischen Bemerkungen laut würden. Diese Hoffnung bezog sich auch auf das Stadtbild von Addis Abeba, dem man kurzfristig eine ansehnliche Fassade zu geben versuchte, mit eilig zugeschütteten Schlaglöchern und Rinnsalen, ein paar neuen Asphaltstraßen, uniformierten Polizisten und stoffbespannten hölzernen Triumphbögen, gekrönt von abessinischen Löwen aus Blech. Der erste Guss der nächsten Regenzeit würde diese Monumente kaiserlicher Größe zerfallen lassen.

»Potemkinsche Straßen«, sagte Carl, der an einem Anbau der Georgskirche mitgewirkt hatte, in dem während des Zeremoniells die Throne stehen sollten. »Warum tut er das? Wozu diese Kulissenpolitur? Jeder kluge Europäer wird doch begreifen, mit welchen Schwierigkeiten dieses Land, diese Kapitale zu kämpfen hat.«

»Aber nicht jeder Europäer ist klug«, wandte Anna ein, »viele begreifen überhaupt nichts und wollen es auch gar nicht. Ich denke, der Negus möchte damit ein Signal setzen, aller Welt zeigen, dass er begonnen hat, sein Land aus der Rückständigkeit herauszuführen, und diesen Weg weitergehen will.«

Endlich war es so weit. Der Krönungstag brach an, und der Himmel warf strahlenden Frühlingsglanz über die festlich geschmückte Stadt.

Schon für sieben Uhr morgens wurde Anna zur Georgskirche bestellt, um Menen, die dort gemeinsam mit ihrem Gatten, dem Kronprinzen und der ältesten Tochter die ganze Nacht im Gebet verharrt hatte, beim Anlegen des Krönungsgewandes behilflich zu sein. Gegen neun, als der purpurn ausgeschlagene Kirchenraum bereits gesteckt voller Menschen war, nahm das Herrscherpaar auf üppig vergoldeten Thronsesseln unter einem rotgoldenen Baldachin Platz, und die in prunkvolle Ornate gekleidete hohe Priesterschaft begann mit dem kirchlichen Ritual.

Anna stand, ihrem Amt entsprechend, an Menens Seite. Während Gesänge und dichte Weihrauchschwaden den Raum durchzogen, warf sie unter halb geschlossenen Lidern neugierige Blicke in die Runde. Wie üblich hatte man die amharischen Würdenträger – prächtig anzusehen in goldbestickten, ordengeschmückten Samtumhängen – links von den Hoheiten platziert. Rechts erspähte sie zwischen dem diplomatischen Corps hochrangige Abgesandte europäischer Mächte: den Herzog von Gloucester, den

Prinzen von Savoyen, den Marschall Franchet d'Espérey als Vertreter der französischen Regierung und als deutsche Abordnung Baron Plessen und den Freiherrn von Waldhausen. Angetan mit Frack oder Galauniform, bewiesen diese erlesenen Gäste durch ihr Kommen augenfällig, welches Ansehen der Negus bereits für sich und sein Land errungen hatte. Genauso die opulenten Geschenke, die aus aller Welt nach Addis Abeba gesandt worden waren, darunter eine kostbare Spitzenschleppe der Königin von Italien und viele Kisten exquisiter Rheinweine – von Hindenburg geschickt.

Anna wandte ein wenig den Kopf, um den Herrscher besser ins Auge fassen zu können. Klein, zart, aber voller Würde saß er da, wenige Stunden noch, und er würde am Ziel sein – Negus Negesti, der nächste Löwe von Juda. Während die Priester zu dumpfen Trommelschlägen beharrlich in Ge'ez, der uralten, für Laien unverständlichen Kirchensprache psalmodierten, fiel ihr die Entschlossenheit ein, mit der dieser zerbrechliche Mann durchgesetzt hatte, dass sein Land als erster afrikanischer Staat in den Völkerbund aufgenommen wurde, und die Geschicklichkeit, mit der er gegen Zauditu taktiert hatte, bis er vom Rang eines Regenten in den des Königs erhoben wurde. Damals feierten ihn nur Volk und Honoratioren der Stadt, jetzt, zwei Jahre später, huldigten ihm Vertreter der größten und mächtigsten Nationen.

Als Krönungsnamen wollte er den Namen annehmen, den ihm der Priester bei seiner Taufe gegeben hatte: Haile Selassie. Das bedeutete »Macht der Dreifaltigkeit« und erschien ihm offenbar passender für die Art, in der er sein Volk zu führen beabsichtigte, als Tafari, der »Gefürchtete«. Mit Hilfe Gottes und mit Klugheit will er regieren, anstatt Angst und Schrecken zu verbreiten, dachte Anna, während sie sein ernstes Gesicht betrachtete.

Sie empfand tiefe Bewunderung für den neuen Kaiser – aber mehr noch spürte sie höllischen Schmerz an ihren Füßen, die in den neuen, perfekt zu ihrem weißen Atlaskleid passenden Spangenschuhen vom stundenlangen Stehen wie Feuer brannten. Die

Folterinstrumente abzustreifen kam nicht in Frage, denn sie würde auf keinen Fall wieder hineinschlüpfen können, wenn der feierliche Auszug begann.

Endlich, es war schon früher Nachmittag, neigte sich die Zeremonie ihrem Abschluss zu. Der Abuna Kyrillos setzte dem Negus unter priesterlichen Segenswünschen die hohe Krone aufs Haupt und reichte ihm Zepter und Reichsapfel aus reinem abessinischem Gold, dann krönte er auch Menen und zuletzt den Kronprinzen Asfau Wossen. Alle einheimischen Würdenträger verneigten sich vor dem Kaiserpaar bis zur Erde – für Asfau Wossen, der gleichfalls den Boden mit der Stirn berühren musste, eine schwierige Aufgabe, da er ja seine Krone trug. Kurz entschlossen nahm er sie ab wie einen Hut, hielt sie weit weggestreckt in der rechten Hand und drückte sie sich nach formvollendeter Verbeugung wieder auf das wollige Haar. Alles rundum schmunzelte und tuschelte amüsiert über den jungen Prinzen.

Schallend läuteten die Kirchenglocken, als Kaiser und Kaiserin in Purpurmänteln, die schweren Goldkronen auf dem Haupt, durch das Portal ins Freie traten. Kanonenschüsse donnerten, und das Volk, das sich die Wartezeit draußen mit kicherndem Staunen über die auf dem sandigen Vorplatz ausgelegten roten Läufer, hauptsächlich aber über die gläserne goldgerahmte, von sechs feurigen ungarischen Falben gezogene Galakutsche vertrieben hatte, brach in seinen tirillierenden Jubelruf aus.

»Wenn das nur kein böses Omen ist«, hörte die Hofdame einen amharischen Granden flüstern, während sie, um ein heiteres Lächeln bemüht, hinter den Majestäten aus der Kirche humpelte, »die Karosse gehörte früher Kaiser Wilhelm in Berlin, und das Gespann stammt aus den ehemaligen Hofstallungen der Habsburger in Wien. Beide Kaiserhäuser sind gestürzt und entmachtet. Hoffentlich …«

Anna drängte eilig aus der Reichweite dieser unkenden Stimme. Sie fürchtete inzwischen die Zeichen und finsteren Andeutungen, von denen man sich hier überall umgeben fand, weil gar nicht so selten eintraf, was sie verkündeten.

Zehn Tage lang dauerten die Festlichkeiten, eine nicht endende Kette von glanzvollen Empfängen, Bällen, Diners und Soupers. Anna, die als »Schatten« Ihrer Majestät fast überall dabei sein musste, erlebte diese Zeit in einem Zustand permanenter Übermüdung, gegen den selbst ihre Fertigkeit, aus dem Stand in Tiefschlaf zu verfallen und nach einer Stunde erquickt wieder aufzuwachen, nichts mehr ausrichten konnte. In ihrer Erinnerung verschwammen die Eindrücke zu einem einzigen pomphaften Bild von gleißendem Kristall und Goldbesteck, funkelnden Diamanten und Diademen, ordenübersäten Frackfronten, schwellender Musik, Courtoisien, opulenten Speisefolgen und süßem Champagner.

Zwei Ereignisse allerdings setzten sich dagegen ab: Zunächst die zum Auftakt der Feiern vorgenommene Enthüllung des Menelik-Denkmals, eines Reiterstandbildes, das Carl nach eigenen Entwürfen in Deutschland hatte anfertigen lassen. Auf steinernem Postament war der bronzene Kaiser mit Blickrichtung nach Adua, dem Ort seines größten Triumphes, an der Stelle vor der Georgskirche errichtet worden, die bislang der unheimliche Todesbaum einnahm. Hinrichtungen fanden inzwischen nicht mehr hier, sondern im speziell erbauten »Haus des Todes« per Gewehrschuss statt. Anna glaubte Tränen der Rührung und des Stolzes in den Augen ihres Mannes zu sehen, als Haile Selassie im Beisein erlauchter Vertreter vieler Nationen und zahlreicher Presseleute die Statue seines Vorgängers zum neuen Wahrzeichen der Residenz erklärte, das ihm selbst als Mahnung dienen solle, sich der Erbschaft dieses großen Herrschers würdig zu erweisen und dessen Politik der Einigung und Modernisierung fortzuführen.

Weniger ergreifend, dafür aber umso erschreckender war die zweite aus dem Erinnerungsnebel herausragende Begebenheit –

ein als überraschender Abschluss des Krönungstages gedachtes Feuerwerk, das erste seiner Art in Addis Abeba. Es ging auf Mitternacht zu, im schwülwarmen Adarasch spielten nach Huldigungscercle und Galadiner zwei internationale Kapellen unermüdlich zum Tanz auf, der frisch gekrönte Kaiser stand mit dem Duke of Gloucester plaudernd am kalten Buffet, wobei er keinen seiner hohen Gäste übersah, die von Pagen in blütenweißer abendländischer Livree mit Erfrischungen versorgt wurden, als der Hofmeister zu ihm trat, flüsternd seine Einwilligung erbat und dann unter dreimaligem Aufstoßen des Zeremonienstabes verkündete, der Dschanhoi lasse seine verehrten Gäste und Freunde auf die Terrasse bitten.

Dschanhoi – Anna spürte, wie ihr Herz sich freudig zusammenzog beim Klang dieser amharischen Bezeichnung für den Kaiser, die sie zuletzt zur Zeit des alten Löwen Menelik gehört hatte. Jetzt trat ein neuer Dschanhoi an, ein neuer Löwe, sicherlich der zarteste und schwermütigste, vielleicht aber auch der hellsichtigste unter allen Löwen von Juda. Sie lächelte Menen zu und führte sie, nachdem ihr Blick auf ein wohlwollendes Nicken des Kaisers gestoßen war, ins Freie. Die Gäste strömten aus der weiten Festhalle, Diener eilten lautlos hin und her, und draußen zischten bereits die ersten Raketen in die dunkle Frühlingsnacht, begleitet vom »Ah!« und »Oh!« der Geladenen und dem staunenden Jubel einheimischer Zuschauer über die seltsamen Einfälle der Europäer. Und dann plötzlich: Wwuuumm – Peng!Peng! –, es krachte, knatterte und spritzte Funken sprühend nach allen Seiten, der Park glühte, strahlte, phosphorizierte in tausend Farben, Millionen Lichtgarben schienen vom Himmel niederzuregnen. Die Menschen nahe der Abschussstelle stoben schreiend und lachend davon, die auf der Terrasse zogen sich zum Portal des Adarasch zurück, und Anna ergriff ihre Kaiserin, um sie möglichst rasch hineinzugeleiten. Das hier war kein Lustfeuerwerk mehr, keine fantastische Illumination, sondern eine offenbar außer Kontrolle geratene wüste Explosion.

Die gesamte Munition musste gleichzeitig und durchaus nicht ungefährlich losgegangen sein.

»Eine etwas beängstigende Pracht«, meinte die Etege, während sie sich von ihrer Hofdame auf einem der zunächststehenden vergoldeten Taburetts platzieren ließ.

Anna winkte einen Diener mit Getränken herbei und warf Menen einen prüfenden Blick zu. Ob auch an ihre Ohren die Stimme gedrungen war, die nach Art des Karossen-Defätisten im verschreckten Getümmel bei der Eingangstür geäußert hatte, dass ein solches Höllenspektakel kein gutes Vorzeichen für die Ägide des neuen Kaisers sei? Wie fast jeder Mensch hier glaubte die Kaiserin fest an die zukunftsentschleiernde Bedeutung aller möglichen Dinge und Ereignisse.

»Irgendwer muss einen dummen Fehler gemacht haben, Germanit«, sagte Anna beschwichtigend – sie zog wieder die einfache amharische Anrede Ihrer Majestät der komplizierten französischen Titulierung vor. »Aber da offenbar niemand zu Schaden gekommen ist, sollten wir die Sache von der komischen Seite betrachten. So ein Getöse erlebt man tatsächlich selten.«

Menen lächelte dankbar und nickte tapfer bemüht, die Visionen von Gewalt und Krieg, die die Knallerei anscheinend ausgelöst hatte, aus ihrem Kopf zu vertreiben.

Die Besucher waren wieder abgereist nach einem Spezialplan, einem strategischen Bravourstück von Monsieur Pasteau, dem Beauftragten der französischen Eisenbahngesellschaft, der auch schon die Anfahrt der riesigen Gästeschar mit wenigen kleinen weißen Waggons auf eingleisiger Strecke von Djibouti her organisiert hatte, und gespannt erwartete man am Hof das Echo der internationalen Journaille. Strahlend überreichte Anna den Hoheiten einen reich bebilderten Artikel aus *Hackebeils Illustrierter Zeitung*, zugeschickt von einer alten Berliner Freundin. »Vertreter aller Herrscher und Staatspräsidenten bringen dem einzigen unabhängigen Monarchen in Afrika die Huldigungsgrüße der Welt«, stand da mit Datum vom 20. November unter dem Titel »Kaiserkrönung – Weltsensation in Abessinien«. Doch begeisterte Stimmen wie diese vermochten Haile Selassie nicht darüber hinwegzutrösten, dass ein gewisser Evelyn Waugh, Sonderkorrespondent der *Times*, auf deren Stimme er höchsten Wert legte, seinem Land in spöttisch herablassender Weise die Fähigkeit zur zivilisatorischen Entwicklung abgesprochen hatte, anstatt es mit klugen Ratschlägen wohlwollend zu unterstützen.

Carl zog ärgerlich die Stirn kraus, während seine Frau ihm beim Zubettgehen erzählte, wie sehr sich der Kaiser von dem überheblichen, bösartigen Kommentar verletzt fühlte.

»Jedes finstere Detail musste dieser Mensch lustvoll auffädeln«, sagte Anna, »mangelhafte Verkehrswege, Bestechlichkeit, barbarische Manieren und brutale Strafen, die vielen Leprakranken, selbst der traditionelle Pomp wird von ihm als oberflächliche Tünche abgetan. So als gäbe es keine alte Kultur und als würde der Kaiser nicht immer wieder um Verständnis dafür bitten, dass sich das Land unmöglich über Nacht wandeln kann.«

»Wenn man ihm doch nur Zeit ließe«, Carl seufzte und schob das Kissen in seinem Nacken zurecht, »zehn Jahre vielleicht, ohne Querelen im Innern, ohne Attacken von außen, um sein Programm durchzusetzen …«

Anna blies die Kerze auf ihrem Nachttisch aus. »Hast du den leidenden Zug um seinen Mund gesehen?«, sagte sie in die Dunkelheit. »Er ist erst siebenunddreißig Jahre alt, aber schon gezeichnet von der Bürde, die er sich mit den Fortschrittsplänen aufgeladen hat.«

»Nun hören Sie doch endlich auf zu unken, Köller!« Ärgerlich hob Anna den Blick von der Gästeliste, einem schier endlosen Register mit beinahe dreihundert Namen, und schaute dem kaiserlichen Leibkoch entgegen, der die goldgeprägten Menükarten hereinbrachte – persönlich, wie er es immer tat, um gleich erstes Lob für die fantasievollen Kompositionen einzuheimsen. Seine Schritte waren unhörbar auf dem mit schweren Teppichen ausgelegten Boden des Adarasch, dafür klang seine Stimme umso durchdringender.

»Aber wenn ich 's Ihnen sage, Madame, wir sitzen in einer Mausefalle, die jeden Moment zuschnappen kann!«

Nur ihre Contenance bewahrte Anna davor, sich die Ohren zuzuhalten oder den lästigen Burschen lauthals zum Teufel zu wünschen. Sie schätzte ihn als begnadeten Küchenmeister, der sogar Ordnung in seine reichlich verwilderte Hilfsmannschaft zu bringen verstand, aber die permanente Schwarzseherei, zu der er sich berufen fühlte, seit er bei seiner Anreise im Zug »Eingeweihte« darüber hatte spekulieren hören, dass es wohl nur eine Frage der Zeit sei, bis die europäischen Großmächte abessinisches Land und Gold unter sich aufteilen würden, zerrte gewaltig an ihren ohnehin strapazierten Nerven.

Der Schweizer war vor gut einem halben Jahr, Ende 1933, als Hofkoch eingesetzt worden, während sie sich mit Menen auf einer großen Palästinareise befand. Nach wochenlangen, vom organisatorischen Talent des Oberhofmeisters geleiteten Packarbeiten hatte man mehrere Eisenbahnwaggons mit Kleiderkoffern, gefüllt aus dem unerschöpflichen Trousseau Ihrer Majestät, und Kisten voller kaiserlichen Hausrats, angefangen bei Bestecken und Tafelgeschirr bis zum Champagner für geplante elegante Diners, beladen, ehe Menen begleitet von ihrer Hofdame und ihren Kindern Zahai und Makonnen den gläsernen Salonwagen bestieg, in dem es neben einem kleinen Gesellschaftsraum ein Speiseabteil, eine Küche und Schlafkabinen gab. Zum Gefolge gehörten ferner der Außenminister Balatin Geta Heroy, der griechische Leibarzt Dr. Zervos, mehrere Dolmetscher, ein Sekretär und eine fünfundzwanzigköpfige Dienerschaft, Köche und Köchinnen eingeschlossen.

Es war eine märchenhafte Reise voller orientalischer Prachtentfaltung bei Empfängen im Gouverneurspalast von Djibouti, im königlichen Palais von Port Said, wohin der Jubel einer unübersehbaren Menschenmenge und ein Riesentross Pressefotografen sie vom Hafen aus geleitete, und in Jerusalem, dem eigentlichen Ziel der Reise, wo die Kaiserin sich neben prunkvoller Hofhaltung langen Gebeten in der Grabkirche widmete und an der Einweihung einer vor den Toren der Stadt gelegenen, von ihr gestifteten Kirche teilnahm. Nach Stationen in Damaskus, Beirut und Haifa hatte man schließlich die Heimfahrt angetreten.

Anna empfand es durchaus als Ehre, die Kaiserin bei einer so großartigen Unternehmung in der Rolle der engsten Vertrauten begleiten zu dürfen, aber sie fühlte auch eine bis zur Grenze der Erschöpfung reichende Anstrengung. Unentwegt waren ihr Rat und ihre Entscheidungen gefragt, ihr blieben die Termine für Audienzen und die Vorbereitung von Revanche-Einladungen der Kaiserlichen Hoheit überlassen, endlose Stunden hindurch musste sie ohne eigene religiöse Impulse neben der in tiefer Andacht versunkenen Menen im Dämmerlicht kirchlicher Gemäuer ausharren und außerdem der nicht einfachen Aufgabe nachkommen, die Kinder unter Kuratel zu halten. Zahai, mit ihren kaum fünfzehn Jahren bereits eine auffallende Schönheit, verdrehte, wie Anna meinte, der Männerwelt allzu ungeniert den Kopf, indessen der zehnjährige Makonnen jede Gelegenheit nutzte, um seinen technischen Forscherdrang zu befriedigen, und damit nicht selten für helle Aufregung sorgte. Schaudernd erinnerte sie sich an den Nachmittag auf dem Dampfer, der die kaiserliche Gesellschaft nach Ägypten transportierte, als plötzlich Großalarm gegeben wurde, weil Makonnen verschwunden war – spurlos verschwunden. Der Kapitän machte die gesamte Besatzung mobil, ließ die gute *André Lebon* von oben nach unten kehren – ohne Erfolg. Erst bei Einbruch der Dunkelheit erschien der Kleine im Salon seiner völlig aufgelösten Mutter und gestand, von allen Seiten unter Beschuss genommen, mit breitem Grinsen, dass er im Speiseaufzug spazieren gefahren sei, immer auf und ab und – was Spuren an seinem weißen Anzug belegten – gut versorgt durch einen Schokoladenkuchen, einen vergessenen Rest des Mittagessens. Das wunderbare Gefährt hatte er entdeckt, während der Kapitän seiner Mutter, die zum ersten Mal ein »schwimmendes Haus« betrat, und ihm an deren Seite das Schiff von der Kommandobrücke bis zur Maschine vorführte. Er schlich im ersten unbewachten Augenblick zurück, studierte kurz die simple Mechanik, und los ging die Fahrt hinter geschlossenen Schiebetüren, derweil draußen die Sucher ausschwärmten. Anna fand ihren Dienst strapaziös genug und hätte auf Intermezzi dieser Art gut verzichten können.

Trotz aller fantastischen Eindrücke freute sie sich auf ihre Heimkehr und ersehnte eine Ruhepause. Vergeblich, wie sich schnell herausstellte, denn der Hof schien große Empfänge und Galadiners wenn irgend möglich auf die Zeit nach Madames sechswöchiger Abwesenheit verschoben zu haben, damit sie in gewohnter Art die Leitung übernähme. Ein Ereignis jagte das nächste, alle Welt drängte plötzlich nach Abessinien und setzte sie unter Druck.

Auch in den seltenen Stunden zu Hause gab es kaum eine Chance zur Entspannung, da Carl ähnlichen Pressionen ausgesetzt war – wegen des schwedischen Kronprinzenpaares, das sich für den Januar 1935 zum Staatsbesuch angemeldet hatte, woraufhin Haile Selassie den bewährten Architekten, an dem er die Zuverlässigkeit ebenso schätzte wie den Stil, mit dem Bau eines neuen Palastes beauftragte. Dieses Gebäude sollte auf dem Terrain des kleinen Gibbi entstehen und den erlauchten Gästen nicht allein durch seinen repräsentativen Charakter den Glanz des kaiserlichen Hauses vor Augen führen, sondern auch in seiner Inneneinrichtung modernsten europäischen Ansprüchen und Gepflogenheiten genügen. Eine höchst reizvolle Aufgabe – wäre da nicht der immense Zeitdruck gewesen. Denn für die Arbeiten stand nur ein knappes Jahr zur Verfügung, und der sonst so gelassene Carl wurde von der Vorstellung, was in kürzester Frist geleistet und aus Europa herbeigeschafft werden musste, oft wie ein Wiedergänger umgetrieben.

Zwischen bereits arrangierten Tischen und Stühlen hindurch war der Koch näher gekommen und baute sich, die Hände in die Hüften gestemmt, am Büfett, das Anna als Arbeitsplatz diente, neben ihr auf. »Wissen Sie etwa nicht, was die Madonna Arussi prophezeit?«

Anna rieb sich den schmerzenden Nacken und seufzte ergeben. »Die Madonna Arussi? – Wer ist denn das, bitte?«

Köllers kantiges Nussknackergesicht unter der hohen weißen Mütze schnellte eifrig vor. »Na – die berühmteste Wahrsagerin weit und breit. Sie stammt aus der Provinz Arussi und soll in Weihrauchfahnen und gewürfelten Knochen gelesen haben, dass der Negus sich nicht mehr lange auf dem Thron halten kann und dass Gift vom Himmel regnen wird.«

»Wer erzählt Ihnen solche Geschichten, Köller? Wie kommen Sie dazu?«

»Durch einen Freund, einen Italiener, der mit einer Eingeborenen zusammenlebt. Eigentlich sind wir beide nicht abergläubisch«, in einem Anfall plötzlicher Verlegenheit fingerte er an seinem locker umgeschlungenen Halstuch, »aber hier auf afrikanischem Boden erscheinen einem Zeichen und Zauberdinge gar nicht mehr unglaubwürdig.«

»So?«, fragte Anna spitz. Sie nahm eine der von Köller hingelegten Karten und studierte gespannt die Speisenfolge.

»Fabelhaft«, sagte sie, ohne aufzuschauen, »und wie es aussieht, haben Sie sich zum Dessert wieder eine Extravaganz einfallen lassen. Was darf man unter dem Namen ›Zuckermühle‹ denn erwarten?«

Geschmeichelt verschränkte Köller die Arme über der blütenweißen Kochjacke. »Eine Windmühle komplett aus Zucker«, erklärte er stolz, »in ihrem Innern steckt ein winziger, von Taschenlampenbatterien angetriebener Motor, der die Flügel kreisen lässt und automatisch drei kleine Türen öffnet, aus denen grünes, gelbes und rotes Speiseeis rinnt. Ich weiss, der Negus liebt solche Spielereien, und hoffe nur, er betrachtet es nicht als böses Omen, wenn fremde Diplomaten und womöglich auch Kontrahenten sich die abessinischen Landesfarben einverleiben.«

Anna fixierte den Küchenchef mit strengen Augen. »Aber ich bitte Sie! Zu einer solchen Albernheit würde Seine Majestät sich schwerlich versteigen. Und nun wollen wir uns beide wieder an die Arbeit machen, bis zum Abend bleibt noch viel zu tun.«

Nach Köllers Abgang nahm sie sich erneut die Liste der Geladenen vor und dazu eine andere, auf der das massiv goldene Besteck, das beim heutigen Diner neben edlem Sèvres-Porzellan die Tafel schmücken sollte, unter dem Namen des jeweiligen Gastes eingetragen werden musste. Eine seit geraumer Zeit übliche Maßnahme, die als geschickt lanciertes Gerücht flugs die Runde gemacht hatte und dafür sorgte, dass sich nur vereinzelt noch jemand an einem kostbaren »Souvenir« vergriff. Außerdem waren die an die Küche ausgegebenen goldenen Servierplatten zu registrieren, die Blumenarrangements und der Aufbau repräsentativer Prunkgeschenke aus der Krönungszeit zu überwachen, die Sitzordnung der Gäste und der makellose Aufzug des Personals in weißen Eskarpins, weißen Strümpfen und weißer Livree zu kontrollieren und dafür Sorge zu tragen, dass nur gut gekühlter Champagner kredenzt würde …

Anna wusste aus Erfahrung, wie sehr sich selbst Leute, die den Glanz und Reichtum europäischer Dynastien kannten, vom Pomp des abessinischen Herrscherhauses beeindruckt zeigten. »Nun beginne ich zu verstehen«, hatte der Freiherr von Waldhausen als ihr Tischherr bei der Krönungsgala geäußert, »warum das sagenhafte Goldland Ophir hier vermutet wird.« Aber sie kannte ebenso gut die jederzeit bereite Häme, wenn irgendein Detail nicht perfekt wirkte und »der Neger zum Vorschein kam«. Das Protokoll am hiesigen Hof sollte peinlichst genau dem europäischer Muster entsprechen, und es zählte zu Annas Aufgaben, dem Wunschbild geschliffene Konturen zu geben.

Während sie versuchte, sich auf die diversen Pflichten zu konzentrieren, schweiften ihre Gedanken immer wieder ab und kreisten um Köllers dunkle Andeutungen. Zwar widerwillig, aber dennoch musste sie sich eingestehen, dass sie den Koch nur deshalb so barsch behandelt hatte, weil er aussprach, was sie insgeheim ängstigte – vage Befürchtungen, die den ganzen Kopf besetzten, wenn man ihnen nicht gleich beim ersten Auftauchen Einhalt gebot. Wieso erwähnten die Abessinier neuerdings unentwegt ihren glorreichen Sieg über die Italiener bei Adua in einer Art, als müssten sie sich stark machen für eine erneute Abwehr europäischer Angreifer? Und ob es stimmte, dass die ausländischen Diplomaten und Geschäftsleute, die derzeit scharenweise einreisten und auch an diesem Abend wieder schmausend und tanzend den Festsaal bevölkern würden, in Wahrheit gar nicht zu Höflichkeitsbesuchen erschienen, sondern, wie man munkelte, als Handlanger intriganter Geld- und Machtpolitiker, denen es nur um Baumwolle ging, um Konzessionen für Straßenbau und Ölsuche, oder darum, mit dem Tanasee das Fruchtbarkeit spendende Wasser des Nils in den Griff zu bekommen?

Bei gesellschaftlichen Anlässen gab sich der Kaiser ruhig und heiter, so als ahnte er nicht, dass hinter seinem Rücken um sein Reich gepokert wurde. Manchmal, wenn Anna mit einer Botschaft Menens nach ihm suchte, fand sie ihn im Glaspavillon, den er auf dem höchsten Punkt des Gibbi hatte bauen lassen, vom Sonnenlicht umspielt, sein weißes Hündchen auf den Knien, neben sich ein Zeissfernglas, durch das er die Menschen unten im Straßengewirr der Stadt beobachten konnte. Doch meistens hielt er den Blick in die Ferne gerichtet, schien die Nachbarn an den

Landesgrenzen vor sich zu sehen und wirkte wie verloren in einem Meer von Melancholie. England, Frankreich, vor allem jedoch Italien, das war ihm klar, würden nichts unversucht lassen, um auch dieses letzte unabhängige Terrain Afrikas unter koloniale Obrigkeit zu bringen.

»Über Italiens Pläne«, hörte sie im Sommer 1934 einen Vertrauten des Kaisers sagen, »gibt sich der Negus keinen Illusionen mehr hin. Das Land verlangt nach Rohstoffen, nach Raum für seine wachsende Bevölkerung, nach Ausgleich für die zu kurz gekommenen Kolonien-Ansprüche, abgesehen von der Revanche für die Demütigung bei Adua. Und Mussolini scheint der rechte Mann zur richtigen Zeit zu sein.«

Am liebsten hätte Anna die Gerüchte und Spekulationen, die Vorzeichen und Visionen ignoriert, aber das war nicht möglich. Spürbar verdichtete sich das Gefühl drohenden Unheils, die Atmosphäre vibrierte von Nervosität.

Währenddessen wurde fieberhaft am neuen Palais gearbeitet, jeder verfügbare Europäer mit etwas Sachverstand wurde engagiert, um die eingeborenen Handlanger anzuleiten, und die kleine, völlig überlastete Bahn schaffte pausenlos dringlichst erwartete Materialien aus Djiboutis Hafen heran – Glas, Stahl und Farben, Marmor, Solnhofener Platten, Lampen, Beschläge und Armaturen … Carl war nur noch auf der Baustelle anzutreffen, behielt selbst das kleinste Detail im Auge, trieb die Leute zur Eile an, wenn er nicht gerade dem Kaiser über den Fortgang der Arbeiten Bericht erstatten musste. Es gebe keinen Grund zur Sorge, versicherte er ihm jedes Mal, der Palast werde pünktlich fertig sein, mit allem Luxus, um ein verwöhntes Prinzenpaar zufrieden zu stellen und die Größe des Herrscherhauses zu demonstrieren.

Grund zur Sorge kam von ganz anderer Seite. Am 5. Dezember 1934 – wenige Tage zuvor waren feudale, in England bestellte Stilmöbel für den Neubau eingetroffen, französische Tapeten und Ballen orientalischer Teppiche – versetzte ein Telegramm die Residenz in helles Entsetzen. Bei Ual-Ual, einem im Südosten des Landes gelegenen unwirtlichen Wüstenort, hatte es ein Grenzgefecht zwischen Abessiniern und italienischen Soldaten gegeben mit Toten auf beiden Seiten und kaum Aussicht auf eine friedliche Bereinigung des Konflikts.

Der Negus wollte seiner Frau persönlich die schlimme Nachricht überbringen und traf sie, als er ihren Salon betrat, im lebhaften Gespräch mit der Hofdame an. Offenbar ging es um den neuen Gibbi, den die kaiserliche Familie nach der Abreise der schwedischen Gäste selbst zu beziehen plante, denn Anna schwärmte gerade von vergoldetem Stuck, von baldachinüberspannten Prunkbetten. Lächelnd wandten sich die beiden Frauen dem Eintretenden zu, Anna erhob sich zum Hofknicks, und Menen streckte ihm herzlich eine Hand entgegen – doch dann erstarrten sie in der Bewegung, ihr Lächeln gefror. Das Gesicht des Kaisers glich einer Totenmaske – bleich, eingefallen, mit tief liegenden erloschenen Augen.

»Was ist geschehen?«, brachte Menen mühsam hervor.

Wortlos kam er näher, setzte sich neben sie auf das Kanapee und fuhr, nachdem er Anna bedeutet hatte wieder in ihrem Sessel Platz zu nehmen, mit resignierter Geste durch sein Haar. Seine Stimme war kaum hörbar, als er schließlich den Zwischenfall schilderte. »Ich denke«, schloss er seinen Bericht, »dass man die Sache geschickt eingefädelt hat, um uns zu provozieren, mit Zustimmung Englands und Frankreichs vermutlich. Als Satisfaktion verlangt Italien 200 000 Maria-Theresia-Taler, die Bestrafung der beteiligten abessinischen Truppen und Ehrensalut vor der italienischen Fahne. Eine völlig unannehmbare Forderung natürlich, doch wenn wir ihr nicht nachkommen, könnte das – nun, es könnte Krieg bedeuten.«

»Aber warum denn gleich Krieg?«, rief Menen, den Tränen nahe, und schlug mit beiden Händen auf ihre Knie. »Vor ein paar Wochen, als es hieß, die abessinische Stadtpolizei von Gondar habe das dortige italienische Konsulat überfallen, konnte man die Geschichte ja auch auf diplomatischem Weg beilegen!«

»Richtig.« Der Kaiser nickte. »Wir haben uns um des Friedens willen zähneknirschend entschuldigt. Ich bezweifle allerdings, dass wir damit auch jetzt wieder durchkämen. Mir scheint, da will jemand einen Krieg vom Zaun brechen.«

»Und was ist mit dem italienisch-abessinischen Freundschaftsvertrag?«, fragte Menen. »Er sollte über zwanzig Jahre gelten, von denen gerade sechs abgelaufen sind …«

»Und erst im September wurde er in Rom noch einmal großartig bestätigt«, mischte sich Anna ein. »War das etwa nur Theater?«

Der Negus zuckte die Schultern. »Womöglich hat man damit unseren Argwohn zerstreuen wollen. Was die italienische Presse schreibt, klingt jedenfalls nicht nach Freundschaft. Banalste Grenzstreitigkeiten um ein paar Hammel oder ausgetrocknete Wasserstellen werden zu dramatischen Zwischenfällen aufgebauscht, die nach militärischen Aktionen verlangen.« Er schaute eine Weile stumm vor sich hin, dann streckte er plötzlich den Rücken unter seinem beigefarbenen Cape. »Aber noch herrscht Frieden, noch gibt es eine Chance, ihn zu bewahren, wenn wir uns ruhig verhalten. Ich vertraue auf den Völkerbund als Schiedsrichter in diesem Konflikt, und außerdem«, ein lächelnder Blick traf die beiden Frauen, »könnten die schwedischen Gäste uns eine Hilfe sein. Die Grandezza, mit der wir sie empfangen, wird der Welt zeigen, dass hier durchaus nicht eine Horde ungehobelter Räuber lebt, ein Haufen Barbaren, wie die Italiener neuerdings wieder behaupten, und dass wir keineswegs unter die Kuratel einer angeblich zivilisierteren Nation gestellt werden müssen.«

Aus dem Gibbi kamen strikte Befehle: Bei schärfster Strafandrohung war es verboten, Wut und Hass an Weißen auszulassen, die man auf gut Glück für Italiener hielt, kein Sich-Brüsten mehr mit Adua, kein Gerede über Ual-Ual. Der Negus wollte den Frieden um jeden Preis sichern, und zumindest für die Dauer des hohen Besuches sah es so aus, als könne es ihm gelingen.

Carl hatte es tatsächlich geschafft, das Palais rechtzeitig fertig zu stellen, dermaßen knapp allerdings, dass, als der Konvoi des Prinzenpaares die Zufahrt hochrollte, die hinteren Gartenwege noch mit Kies bestreut wurden. Und während Anna an Menens Seite in der nach frischer Farbe und Leim riechenden Halle zur Begrüßung der Gäste Aufstellung nahm, wirbelte auf dem Dach eine »Zaubertruppe« unter Leitung ihres angehenden Schwiegersohnes, Hans Bernbacher. Die Warmwasser-Boiler waren nämlich vergessen worden und wurden nun – nach dem Motto: »Tout s'arrange en Ethiopie« – durch wassergefüllte, auf Steine gestellte Fässer ersetzt, unter denen man Tag und Nacht ein Feuer unterhalten wollte. So tadellos funktionierte dieses System, dass die Besucher ihrem Erstaunen und Entzücken über die komfortable Hofhaltung des Negus Negesti Ausdruck gaben und kaum zu fassen vermochten, wie man in dieser kurzen Zeit die europäische Kultur derart hatte einholen können. Eine halbe Stunde später machte der »Installateur« unten zwischen anderen Diplomaten seine Honneurs, im ordenbestückten Frack, als türkischer Konsul.

Demselben jungen Mann war auch zu verdanken, dass es im neuen Palast ein privates, mit modernster Technik ausgerüstetes Tonfilm-Kino gab. Sogar das luxusgewohnte Gästepaar zeigte sich begeistert von dieser Einrichtung, erst recht aber die Kaiserin, die natürlich noch nie ein »Satanshaus« betreten hatte und nun in den eigenen Wänden, wo sie sich vor teuflischen Attacken sicher fühlte, endlich ihre Neugier stillen konnte. Zwischen Bällen, Empfängen, Landpartien und Banketten, für deren Komposition Köller, wie er Anna halb amüsiert, halb verärgert erzählte, die Verwendung von Makkaroni, Ravioli oder anderen italienischen Spezialitäten durch den Oberhofmeister ausdrücklich untersagt worden war, setzte man während des zehntägigen Besuchs einen Kinoabend aufs Programm, um die großartige Errungenschaft im Beisein der schwedischen Hoheiten einzuweihen.

Unter den verschiedenen, zusammen mit dem Klangfilm-Gerät aus Deutschland angelieferten Streifen fiel die Wahl auf »Der Kongress tanzt«, in deutscher Fassung, weshalb Anna als Dolmetscherin für das Kaiserpaar fungieren musste. Mehr schlecht als recht versuchte sie, den Gefühlen und Gedanken von Lilian Harvey, Willy Fritsch und Conrad Veidt amharisch zu folgen, summte manchmal unwillkürlich eine der eingängigen Filmmelodien mit und bemühte sich daneben, auf Menens staunende Bemerkungen und Fragen einzugehen.

»Nein so was!«, rief die Kaiserin immer wieder, wenn die Diva, zart und schmal, ins Bild kam, »sie sieht ja aus wie ein verhungertes Kind! Das soll eine berühmte Schönheit sein? Und der Zar verliebt sich in sie?«

Trotzdem gefiel ihr die Vorführung ausnehmend gut, und mit der stammelnden Übersetzerin schien sie ebenfalls zufrieden, denn Anna wurde sofort fest für den Posten engagiert. »Nicht wahr, Madame, das werden Sie in Zukunft immer tun. Und mir die Dinge erklären, die ich nicht verstehe.«

»Sei froh, dass du nicht auch noch Klavier spielen musst wie in Stummfilmzeiten«, spottete Carl, als er bei Annas Heimkehr davon erfuhr. »Die Palette deiner Aufgaben hat mittlerweile recht stattliche Ausmaße angenommen – Benimmlehrerin, Kulturvermittlerin, Modeberaterin, Vorleserin und Reisebegleitung, Betschwester, Hebamme, Kinderfrau, Krankenpflegerin, Besteckzählerin oder, vornehmer ausgedrückt, Assortimentsverwalterin, Festarrangeurin und jetzt obendrein Filminterpretin.«

»Schlicht Mädchen für alles.« Nach dem langen Tag war Anna froh, aus ihren Schuhen zu kommen. »Ob das nach Lady Burringtons Geschmack wäre?«

Lachend tapste sie die Treppe hinauf, er hörte sie im Bad hantieren, wo sie vermutlich ihre amtswunden Füße kühlte, und dazu munteres Trällern: »Das gibt 's nur einmal, das kommt nie wieder…« Lilian Harveys Filmlied, in Deutschland, wie Hans Bernbacher erzählte, von allen Dächern gepfiffen, begann offenbar auch Abessinien zu erobern.

Acht Monate schon bewohnte die Kaiserfamilie das neue prachtvolle Gebäude umgeben von ungewohntem Luxus – pastellfarbenen, lichtdurchfluteten Bädern, eigener Schwimmhalle und Telefonanlage, Bibliothek und hoch elegantem Speisesaal, in dem Köller weiterhin illustre Gäste verwöhnte und Anna für höfisches Ambiente sorgte, während die Residenz mehr und mehr zu einem Heerlager wurde.

Immer schärfer exerzierten auf Straßen und Plätzen jenseits der Gibbi-Mauern mit Khaki-Uniformen und Schnellfeuerwaffen ausgerüstete Truppen unter Führung belgischer und schwedischer Instrukteure. Hunderttausende irregulärer Soldaten, in Schammas gewandet, Stöcke oder Speere schwingend, strömten samt ihrem Tross aus Frauen und Kindern in die Stadt, es wimmelte von Journalisten, die begierig darauf lauerten, was sich an dieser Nahtstelle weltpolitischer Verwicklungen ereignen würde. Trotz strenger Zensur sprach man überall von den gewaltigen italienischen Truppentransporten, die den Suezkanal Richtung Somalia und Eritrea passierten, mehr noch aber sprach man vom eigenen Löwenmut, vom seit Adua ungebrochenen Kampfgeist, an dem sich die Italiener erneut die Zähne ausbeißen würden.

»Es sind tapfere Krieger«, hörte Anna den Kaiser bei einer Soiree zu General Virgin, seinem schwedischen Militärberater, sagen, »nur überschätzen viele ihre Fähigkeiten. Sie glauben tatsächlich, moderne Waffentechnik mit persönlicher Kühnheit besiegen zu können, und wollen Kanonen mit Keulen oder bloßen Fäusten vernichten.«

Er selbst wusste nur zu gut, wie schlecht die Chancen seiner Armee standen. Was sollte eine Hand voll kampfuntauglicher Flugzeuge gegen Hunderte von feindlichen Bombern und Jägern ausrichten, eine überschaubare Zahl leichter Geschütze gegen ein Riesenaufgebot an Panzern und schwerer Artillerie? Und ihm war auch klar, dass sich die militärische Szene seit Adua zu sehr verändert hatte, um die Glanztat von damals zu wiederholen. Hinter den Kulissen des scheinbar ungetrübten Gesellschaftslebens suchte der Negus deshalb weiter verzweifelt nach einer Möglichkeit, den Krieg doch noch zu verhindern.

Zunächst, hieß es, habe er sich direkt an Mussolini gewandt und ihm zur Beschwichtigung ein Stück des umstrittenen Somalilandes offeriert. Die schnöde Antwort des Duce lautete angeblich: »Ich bin kein Wüstensammler!« Vom Völkerbund, auf den er seine größte Hoffnung gesetzt hatte, wurde er schmerzlich enttäuscht. Alle Bitten um Vermittlung, alle Proteste gegen die Ansammlung italienischer Soldaten und Munition in Eritrea und Somaliland blieben erfolglos, während man dem Kaiser die Aufstockung des eigenen Waffenarsenals nach Kräften erschwerte. Es sah so aus, als schacherten die Kolonialmächte um sein Land, ohne dabei von ihm Notiz zu nehmen. Trotzdem gab er nicht auf, bot England die lang ersehnte Herrschaft über den Tanasee an, bemühte sich bei Ibn Saud um arabische Nachbarschaftshilfe, erhoffte von Amerika finanzielle und militärische Unterstützung im Austausch gegen umfassende Ölkonzessionen – doch wohin er sich wandte und wie weit seine Zugeständnisse auch gingen, er wurde überall abgewiesen. Offenbar wollte niemand um seiner Interessen willen einen Konflikt mit Italien riskieren.

Anna, die auf Grund ihrer Stellung am Hof auch in Diplomatenkreisen erhebliches Ansehen genoss, versuchte den Negus im Alleingang zu unterstützen, warf sich daher an einem regenverhangenen Morgen ins Auto – aus Vorsicht nahm sie schon seit längerem nicht mehr den roten Flitzer, sondern einen unauffälligen grauen Ford – und fuhr zur Deutschen Gesandtschaft. Wie bei jedem ihrer Besuche hier erschien es ihr grotesk, die dunkelhäutigen, mit schwarz-weiß-roten Gürteln geschmückten Askaris ihre Arme zum »Deutschen Gruß« erheben zu sehen. Aber das war inzwischen üblich, auch unter manchen Landsleuten, denen man in der Stadt begegnete.

Der Gesandte, Dr. Kirchholtes, ein kultivierter, bisweilen zwar reichlich zackiger Mann, den sie vom gesellschaftlichen Umgang bestens kannte, hörte ihr aufmerksam zu, als sie fragte, ob die alte Freundschaft zwischen beiden Ländern das Deutsche Reich nicht doch bewegen könne, seine Zurückhaltung aufzugeben und sich für Abessinien einzusetzen. Mit bedauerndem Lächeln strich der Gesandte über sein tadellos nach hinten gebürstetes blondes Haar und erklärte, dass Reichskanzler Hitler über das Auswärtige Amt Anweisung gegeben habe, strikteste Neutralität zu bewahren, man wolle die Achse Berlin–Rom nicht gefährden. Gefasst, aber innerlich schäumend über eine so kühle Reaktion bei jemandem, der ständiger genießerischer Gast im Gibbi war, trat Anna den Heimweg an und beschloss, niemandem von ihrem einsamen Vorstoß zu erzählen.

»Wir müssen zur Kenntnis nehmen«, sagte der Kaiser zu einem aus dem Schwarm der Zeitungsleute, deren Berichte über die ausweglose Situation in Abessinien zwar die Herzen vieler Leser anrühren, aber bei den politischen Führern keinen Meinungsumschwung hervorrufen konnten, »dass dieses Land nun vollständig allein ist – ohne Hilfe von irgendwelchen Freunden.«

Nie zuvor hatte man hier so sehnlich eine Verlängerung der großen Regenzeit herbeigewünscht, jeder weitere Tag mit Wolkenbrüchen, überfluteten Straßen, reißenden Flüssen und zähem Schlamm bedeutete einen Aufschub der erwarteten Attacke. Doch der Kremt endete pünktlich. Unter gnadenlos blauem Himmel wurde das Maskalfest am 27. September 1935 auf dem Platz vor der St. Georgskirche, zu Füßen des Menelik-Denkmals gefeiert, aus praktischen Gründen, denn den Rennplatz, wo es üblicherweise stattfand, hielt das Militär belegt. Trotzdem entging kaum einem der Anwesenden das Symbolhafte dieses Ortes – im Schatten der Kathedrale und des ruhmreichen Siegers von Adua. Viele Weiße indes schienen weder dem Segen des Himmels noch dem Geist des alten Löwen zu trauen und verließen – wie zuvor schon sämtliche Italiener und Amerikaner – unter Tränen und Kummer eiligst das Land. Auch Eva stieg am Morgen nach dem Maskalfest mit ihrem Verlobten, der sein florierendes Geschäft zugunsten einer verlockenderen Position als Leiter eines Sanatoriums in Dresden aufgab, in den Zug Richtung Djibouti. Inständig hatte sie zuvor Eltern und Schwestern angefleht, ebenfalls nach Deutschland zu reisen, um nicht italienischen Granaten oder abessinischem Hass zum Opfer zu fallen.

»Was soll aus euch werden, wenn hier der Teufelstanz losgeht? Meint ihr, die Bomber schlagen Bögen um europäische Häuser und die Eingeborenen verschonen euch, weil ihr keine echten ›Makkaroni‹ seid? Ob der Negus euch schützen kann, ist auch fraglich, denn überall wird gegen ihn Stimmung gemacht. Ein paar Monate nur, bis zur nächsten Regenzeit, dann werden wir weitersehen – bitte!«

Carl zögerte nicht einen Augenblick. Nein, erklärte er entschieden, seit fast dreißig Jahren sei dieses Land ihre Heimat, sie hätten hier schon andere harte Zeiten durchgestanden und würden auch jetzt nicht klein beigeben. »Für alle Fälle«, fügte er hinzu, »verteile ich Waffen an die Diener. Fagadu ist außerdem in der Stadt unterwegs und verbreitet, dass wir zwei Maschinengewehre im Haus haben. So ein Gerücht wirkt Wunder, niemand wird wagen, unser Tor zu sprengen.«

Anna nickte, vertrauensvoll legte sie ihm ihre Hand auf den Arm. »Dein Vater kann gut für unsere Sicherheit sorgen, Kind, brenzlige Situationen sind ihm nicht neu. Doch abgesehen von persönlichen Belangen, würde ich es schändlich finden, mein Amt als Hofdame ausgerechnet in dieser brisanten Lage aufzukündigen. Gewiss hat mich die Kaiserin nie so sehr gebraucht wie jetzt. Welche Frau aus ihrem Umfeld könnte ihr erklären, was in den Köpfen der Europäer vorgeht? Wer vermöchte so sehr ihren Mut zu stärken wie eine Vertraute, die von der Gegenseite kommt und dennoch zu ihr steht?«

»Und ihr?«, wandte sich Eva an ihre beiden Schwestern, »wollt nicht wenigstens ihr mitkommen?«

Doch Edith lehnte ab unter einem Vorwand, den Eva nicht ernst nahm, da sie von ihrer erst kürzlich entbrannten Liebe zu einem vor Ort ansässigen jungen Schweizer wusste, und Wilma, die nach kurzer misslungener Ehe nach Hause zurückgekehrt war, mochte die Eltern nicht verlassen. »Du musst das verstehen«, hörte Anna, die nach einem Abendgang durch den Garten ins Haus zurückkehrte, sie sagen, »Mama wird aufgefressen von ihren Pflichten bei Hof, und Papa ist sicher mutig und erfahren, aber immerhin schon zweiundsiebzig. Ich denke, sie brauchen jemanden, der sie tatkräftig unterstützt, und sei es nur am Steuer des Autos. Vielleicht wird die Sache auch gar nicht so schlimm wie befürchtet, schließlich hat sich das Diplomatische Corps an Mussolini mit der Bitte gewandt, den sechstausend hier lebenden Nicht-Abessiniern zuliebe keine Bomben auf Addis Abeba zu werfen.«

»Ja, ja, ich weiß«, Eva strich nervös ihre Locken hinter die Ohren, »aber seine Antwort, er werde die ›rosafarbenen Häute‹ unversehrt lassen, klingt eher zynisch als vertrauenerweckend. Findest du nicht?«

Wilma stützte die Ellbogen auf den Esszimmertisch, an dem sie ein letztes Mal alle gemeinsam gegessen hatten, und schaute ihrer Schwester entschlossen in die Augen. »Mir ist die Formulierung gleichgültig, wenn wir nur seine Zusage haben. Er wird schwerlich Wert darauf legen, sich rund um die Welt Feinde zu machen. Wie auch immer – ich will bei den Eltern und unserem Besitz bleiben, und du kannst deinem Hans beruhigt nach Europa folgen.«

Die Nachricht überraschte niemanden, dennoch rief sie überall tiefes Entsetzen hervor. Mit der Sonne war tatsächlich der Krieg gekommen. Wenige Tage nach dem Maskalfest, dem pünktlichen Ende der Regenzeit, hatten italienische Truppen unter Führung General de Bonos im Norden, von Eritrea aus, die abessinische Grenze überschritten und Adua eingenommen, den Ort ihrer unvergessenen nationalen Schande und das Symbol vermeintlicher abessinischer Überlegenheit. Man munkelte, dass neben dem vernichtenden Einsatz von Bomben und Mitrailleusen besonders Ras Haile Selassie Gugsa, ein treuloser kaiserlicher Schwiegersohn, der mit zwanzigtausend Mann übergelaufen war, den Italienern diese Revanche für die Niederlage von vor vierzig Jahren leicht gemacht habe. Im Süden, an der Grenze des Somalilandes, leitete General Graziani gleichzeitig einen Vorstoß auf die Bahnlinie Addis-Abeba-Djibouti ein, auf Abessiniens einzige Verbindung zum Meer und zur Welt.

Die ersten Kriegswochen über blieb der Negus in der Hauptstadt. Wider alle Vernunft hoffte er, während bei der Mobilmachung kampfbereite Truppen mit dröhnenden Trommeln vor seinem roten Prunkzelt paradierten, immer noch auf Hilfe von außen und versuchte, den Soldaten unermüdlich einzuschärfen, dass sie Schutz vor Bomben suchen und sich nicht in breiter Formation tollkühn den feindlichen Kanonen entgegenwerfen sollten. Doch die abessinischen Feldherren, die das Kommando führten, seit sämtliche europäischen Berater sofort nach Kriegsausbruch abgezogen worden waren, setzten auf die traditionelle Art des Kampfes – mit wildem Mut und Todesverachtung. Die Abschiedsworte, die Ras Mulugeta, der Kriegsminister und oberste Befehlshaber, bei seinem Auszug zur nördlichen Front mit aufgestütztem Schwert und ordenblitzender Brust an den Negus gerichtet hatte, kursierten überall in der Stadt: »Dschanhoi, wir töten Löwen mit dem Speer, erst recht werden wir die Italiener besiegen und sie aus dem Land werfen, wie wir es schon einmal getan haben. Ihr Blut wird wie Gewitterregen niederprasseln, dazu brauchen wir keinen fremden Rat!« Offenbar teilte der Negus diese Ansicht nicht. »Die beiden schlimmsten Fehler meines Volkes«, hörte Anna ihn eines Abends sagen, »sind grenzenlose Tapferkeit und ebenso unbeschränkte Arroganz. Niemand scheint begreifen zu wollen, dass Mussolinis Italien nicht mehr das von 1896 ist. Ich verstehe selbst wenig vom Kriegshandwerk, aber ich sehe doch, wie gering die Chancen althergebrachten Kampfgeistes gegenüber modernsten Waffen sind.« Und er äußerte seine Hoffnung, die Italiener zumindest bis zur nächsten Regenzeit hinhalten zu können, bis Morast und gurgelnde Gewässer den Vormarsch bremsen würden.

Aber der Feind kalkulierte anders. Mussolini forderte ein verschärftes Tempo, um den Sanktionen, zu denen sich der Völkerbund schließlich doch noch aufgerafft hatte, zuvorzukommen. General de Bono, ein wenig martialischer Mann, wurde durch Marschall Badoglio abgelöst, der keinerlei Hemmungen kannte, den Willen des Duce mit allen Mitteln durchzusetzen. Von diesem Moment an änderte der Krieg sein Gesicht. Wahllos hagelten Bomben auf Städte, Dörfer, Straßen und selbst auf deutlich gekennzeichnete Hospitäler des Roten Kreuzes nieder. Und als ob das Entsetzen noch nicht reichte, das diese völlig ungewohnten Luftangriffe unter Kämpfern und Zivilisten verbreiteten, überzog Badoglio weite Landstriche mit einem mörderischen Regen. Senfgas wurde von Flugzeugen aus zerstäubt, es vergiftete Brunnen, Weiden und Felder und hinterließ auf der Haut der Menschen furchtbare Verbrennungen. Dagegen half kein Löwenmut, es gab auch keinen Schutz. In der bislang noch nicht betroffenen Hauptstadt kursierten immer neue Gerüchte über eine von Panik zermürbte, im Chaos versinkende Armee und schürten auch hier die Angst. Kriegserfahrene Europäer hoben Erdlöcher neben ihren Häusern aus, das Gouvernement ließ an Hügeln und Abhängen Unterstände graben …

Der Negus war inzwischen an die nördliche Front gezogen, um die Streitkräfte unter seinem Oberkommando zu sammeln. Am Abend vor dem Aufbruch hatte er Anna beiseite genommen und inständig ihre Hilfe erbeten. »Sie wissen, Madame«, sagte er mit gepresster Stimme, »wie sehr meine Frau sich sorgen wird, während ich da draußen im Feld bin, und ich fürchte zu Recht, denn der Gegner ist grausam und hoffnungslos überlegen. Es wäre mir ein großer Trost, wenn Sie ihr möglichst viel Zeit widmeten, sodass sie nicht allein ist mit ihren Ängsten. Bei Ihnen fühlt sie sich aufgehoben, und ich werde jede Gelegenheit nutzen mitzuteilen, wie es um mich und die Sache steht.«

Anna schaute in die dunklen Augen, hinter denen Tränen zu stehen schienen, und nickte. »Ja, Germani, ich bleibe an ihrer Seite, Sie können sich auf mich verlassen.«

Alle paar Tage trafen seitdem aus Dessie, dem kaiserlichen Hauptqartier, und später von anderen Kriegsschauplätzen mittels eines mobilen Feldsenders persönliche Botschaften ein, in denen er seiner Frau über Truppenstärken, Angriffspläne, Schlachtergebnisse und eigene Einsätze als Maschinengewehrschütze berichtete. Unterschwellig verrieten viele dieser kurzen Meldungen, wie gefährlich die Lage für ihn selbst war und wie verloren die Position seiner Leute. Am meisten allerdings fühlte sich Anna, die zusammen mit Menen jede Nachricht wieder und wieder las, durch sein zum Himmel gerichtetes Flehen alarmiert. »Im Glauben an unseren Schöpfer und in der Hoffnung auf Seine Hilfe«, funkte er Anfang April vom Ashangisee, »haben wir beschlossen anzugreifen und in ihre Stellungen einzudringen. Denke daran, dass unsere einzige Hilfe Gott ist.« Während sie der Kaiserin gegenüber Zuversicht zeigte und Menen in der Ansicht bestärkte, dass inbrünstige Gebete alles zum Guten wenden könnten, besprach sie mit Carl ihre wachsenden Befürchtungen.

»Ich glaube, er will die Bodenlosigkeit seiner Verzweiflung durch eine Prise Hoffnung verschleiern«, sagte sie. »Wenn man die frommen Beschwörungsformeln und das trotzige Lob für die Soldaten weglässt, tut sich ein Abgrund auf.«

Nervös wanderte Carl im Kaminzimmer auf und ab. »Du hast sicher Recht. Auch in der Stadt wird inzwischen nicht mehr so viel über angebliche abessinische Triumphe und höchstens den einen oder anderen geordneten Rückzug geredet. Die Nachrichtenzensur verliert offenbar an Wirkung. Man hört plötzlich von Ras Mulugetas schrecklicher Niederlage, auch die Truppen von Ras Kassa und Ras Imru sollen vernichtend geschlagen worden sein. Angeblich ist ein Großteil der Armee auf wilder Flucht.« Er blieb vor Anna, die erschöpft in einem Sessel lehnte, stehen und schaute sie besorgt an. »Es könnte gut sein, dass der Negus selbst zu dem Debakel beigetragen hat.«

»Wie meinst du das?«

»Nun, durch seine Funkmeldungen mit genauen strategischen Angaben. Natürlich sind sie codiert, aber die Italiener haben ein hervorragendes Spitzelsystem und gewiss keine Schwierigkeiten, solche Botschaften zu dechiffrieren. Man kann sich also bestens auf jede Attacke einstellen.«

»Und die Abessinier ahnen davon nichts?«, fragte Anna entsetzt.

Carl zuckte die Achseln. »Derartige Finessen«, sagte er und nahm seine Wanderung wieder auf, »sind ihnen wohl genauso fremd wie ausgeklügelte Waffentechnik.«

Tief seufzend ließ Anna den Kopf sinken. »Eine grässliche Vorstellung, dass er durch die Verbundenheit mit seiner Frau dem Gegner in die Hände gespielt haben sollte. Hoffentlich kommt den beiden diese Möglichkeit nie zu Ohren, ich jedenfalls werde meinen Mund halten.«

Der Kontakt brach plötzlich ab, fast drei Wochen lang kam kein Funkspruch mehr, stattdessen füllte sich die Residenz mit heimkehrenden Kriegern, deren Wunden, Verbrennungen und Schreckensberichte kopflose Furcht hervorriefen. Jede Stunde erwartete man den Einfall der Italiener, hinter jedem Motorengebrumm vermutete man einen nahenden Bomber.

Am 29. April 1936 in aller Herrgottsfrühe schrillte Annas Telefon, die Kaiserin selbst war am Apparat. »Madame«, sagte sie aufgeregt, »der Kaiser ist heute Nacht aus dem Feld zurückgekehrt, Gott sei Dank gesund. Aber …«, Anna hörte ein kurzes Schluchzen, »es steht sehr schlecht, wir sollen fort. Kommen Sie gleich!«

Der Palast brodelte vor Unruhe, als sie wenig später eskortiert von drei Dienern, auf deren Geleitschutz Carl bestanden hatte, dort eintraf. Bedienstete hasteten an ihr vorbei, beladen mit Reise-Utensilien, Türen schlugen, Rufe hallten durch Zimmer und Flure, der Oberhofmeister stürmte mit Riesenschritten treppauf und treppab und trieb die Leute zur Eile an.

»Wie gut, dass Sie da sind!«, sagte Menen, als Anna zu ihr in den kleinen Salon trat. Sie saß auf einem der zierlichen französischen Armsessel, das Gesicht vom Weinen gerötet, und betupfte ihre Augen, aus denen beim Anblick der Hofdame ein neuer Tränenstrom quoll. »Ich brauche Ihren Beistand, Madame, so dringlich wie selten.« Und sie erzählte, von Schluchzern unterbrochen, während Anna sich in einem Fauteuil an ihrer Seite niederließ, dass der Kaiser die Ausreise seiner Familie vorbereitet habe, man sei schon dabei zu packen, aber er selbst wolle zurückbleiben. »Stellen Sie sich das vor, ich soll ohne ihn ins Exil gehen! Er denkt sogar daran, den Kampf fortzusetzen, obwohl er völlig erschöpft ist und seine Mitstreiter sagen, dass es zwecklos wäre. Ach, Madame, wenn er hierbleibt, werden die Italiener ihn fangen, vielleicht sogar töten!«

Anna beugte sich vor und ergriff tröstend Menens Hand. »Und wo ist der Negus jetzt?«, fragte sie.

»In einer Besprechung mit verschiedenen Fürsten, kirchlichen Würdenträgern und Ministern. Soviel ich weiß, raten die meisten ihm zur Flucht, aber er glaubt, sein Volk nicht verlassen zu dürfen.

Nur – was hat das Volk von einem toten Monarchen?« Verzweifelt schluchzte die Kaiserin in ihr Taschentuch. »Bitte, Madame, bleiben Sie bei mir, bis die Entscheidung gefallen ist, ich verliere sonst noch den Verstand.«

Obwohl Anna selbst der Kopf wirbelte von den düsteren Perspektiven – die kaiserliche Familie irgendwo weit weg im Ausland, der Negus womöglich in Lebensgefahr –, sprach sie beruhigend auf Menen ein und versuchte schließlich, deren Stimmung mit einem Gerücht zu erhellen, das Carl ein paar Tage zuvor aufgefangen hatte. »Man muss sich klar machen, Majestät«, sagte sie, »dass die Italiener – wenigstens manchmal – genauso viel Angst vor den Abessiniern haben wie umgekehrt. Ras Imru hat ihnen kürzlich in der Provinz Gojam einen gewaltigen Schrecken eingejagt. Er ließ per Flüsterpropaganda verbreiten, dass er mit Menschenfressern aus dem Süden gekommen sei, dann verteilte er an einen Trupp Schankallas, baumlange, kohlschwarze und halb nackte Leute, Ledertaschen mit rohem Fleisch. Dazu bekamen sie den Befehl, sich sofort, wenn sie im Kampf einen Italiener erschossen hätten, auf die Leiche zu setzen und das bluttriefende Fleisch aus ihrer Tasche gut sichtbar zu verschlingen. Die Schankallas begriffen zwar nicht, was das sollte, aber sie gehorchten. Aus den gegnerischen Reihen wurden sie durch Ferngläser beobachtet, und als die Italiener sahen, dass diese hünenhaften Kannibalen tatsächlich ihre Kameraden verzehrten, ließen sie alles stehen und liegen und rannten in wilder Panik davon. Ras Imru erbeutete Waffen en masse und konnte sich eines schnellen Sieges rühmen – obwohl der Glanz leider nicht von Dauer war.«

Erleichtert bemerkte Anna, wie sich Menens Mundwinkel zu einem Lächeln hoben. »Bestimmt«, fügte sie voller Zuversicht hinzu, »sind auch die Invasoren weniger schlimm als die Geschichten, die man über sie hört. Ich glaube kaum, dass sie den Kaiser umbringen würden, trotzdem wäre es sicher besser, wenn er mit Ihnen das Land verließe.«

Endlich, gegen Nachmittag, betrat Haile Selassie den kleinen Salon. Er schien nur von seiner khakifarbenen Generalsuniform aufrecht gehalten zu werden, das Gesicht war starr und kreidebleich, seine Bewegungen wirkten so mechanisch wie die einer Marionette. Mit einem Handzeichen bedeutete er Anna sitzen zu bleiben, verschränkte die Arme hinter seinem Rücken und stellte sich vor eines der beiden hohen Kassettenfenster.

»Nun, wie sieht die Entscheidung aus?« Mühsam versuchte Menen, ihre Erregung zu unterdrücken.

Der Negus drehte sich nicht um, als er antwortete. »Die Mehrheit hat beschlossen, dass ich ins Exil nach England ziehen soll, noch heute wird man die britische Gesandtschaft informieren. Ich werde als erster Herrscher dieses Landes in die Geschichte eingehen, der sein Volk in einer so brisanten Lage sich selbst überließ. Andererseits …«, mit einer müden Geste bedeckte er seine Augen, »vielleicht haben die Granden ja wirklich Recht, wenn sie meinen, es sei meine heilige Pflicht, persönlich vor dem Völkerbund das Unrecht dieser Annexion anzuprangern. Ich reise also mit euch.«

Anna sah das Aufleuchten in den Augen der Kaiserin und zwinkerte ihr vertraulich zu, ehe sie sich vom Negus unbemerkt aus dem Raum stahl.

Die folgenden Tage vergingen unter hektischer Betriebsamkeit. Händeringend lief Menen hin und her zwischen Bergen von Gewändern und Schleiern, Capas, Schmuck und Silber, die sich auf den Teppichen häuften, und fragte ihre Hofdame unablässig um Rat. Was würde man in Europa brauchen? Welche Kostbarkeiten sollte man auf keinen Fall zurücklassen? Ob nicht die diversen Diademe nötig wären für eventuelle Empfänge bei König Edward? Zwar hatte Anna selbst kaum Ahnung vom Leben in England und erst recht von der dortigen höfischen Etikette, doch sie riet, so gut sie konnte, überwachte das Packen der Koffer und verstaute persönlich die ausgewählten Preziosen in samtgepolsterten Schatullen. Als gegen Abend des zweiten turbulenten Tages ein durchdringender Schmerz in ihrem Hinterkopf zu bohren begann, hielt sie das für eine vorübergehende Folge der Hetze und Anstrengung, vielleicht auch der Sorge die eigene ungewisse Zukunft betreffend. Ausreichende Nachtruhe würde sicher alles wieder ins Lot bringen. Die Kaiserin mochte allerdings erst zu später Stunde auf ihre Dienste verzichten. Betäubt vom inzwischen dröhnenden Schmerz, schleppte sich Anna daheim die Stufen zur Veranda hoch und stürzte, ehe der dort im Dunkeln wartende Carl sie auffangen konnte, ohnmächtig zu Boden.

»Mama? Mama, bist du wach?«

Anna hatte kurz geblinzelt, die Augen aber schnell wieder vor dem grellen Licht verschlossen, das durch die Ritzen der zugezogenen Vorhänge fiel. Mühsam versuchte sie noch einmal die Lider zu heben und entdeckte Wilma auf der Bettkante hockend.

»Ja«, sie wollte nicken, doch ein rasender Schmerz fuhr dabei in ihren Kopf. »Wie spät ist es?«, fragte sie, nachdem die Attacke abgeklungen war, und spürte plötzlich ihren trockenen Mund und die rissigen Lippen. »Ich hätte längst aufstehen müssen, die Kaiserin erwartet mich zeitig.«

Wilma wendete fürsorglich das feuchte Tuch auf der Stirn ihrer Mutter. »Nein, Mama, nicht mehr.«

»Wieso nicht mehr? Was soll das heißen?«

»Du bist sehr krank, Mama«, erklärte Wilma mit leiser Stimme, »wahrscheinlich eine Virusinfektion, meint der Arzt. Drei Tage lang hast du bewusstlos mit hohem Fieber hier gelegen, und in dieser Zeit ist einiges passiert. Gestern«, sagte sie nach kurzem Stocken, »hat die kaiserliche Familie, begleitet von etlichen Würdenträgern, um vier Uhr morgens einen Sonderzug nach Djibouti bestiegen, von wo aus, wie es heißt, die Fahrt mit einem britischen Kreuzer weitergehen soll. Sie sind abgereist.«

Anna starrte sie entgeistert an. »Abgereist? Einfach so – ohne Abschied?«

»Oh nein, das nicht. Am Nachmittag vor ihrem Aufbruch schickte die Kaiserin Prinzessin Zahai her, um dich zu besuchen und dir mitzuteilen, dass du dich für die Reise bereitmachen solltest. Hast du das geplant, Mama? Wolltest du tatsächlich der Kaiserfamilie ins Exil folgen – ohne uns?«

Anna schüttelte energisch den Kopf, obwohl er dabei fast zersprang. »Das hätte ich nie getan!«

»Gut«, sagte Wilma, »Papa war derselben Meinung. Er empfing Zahai, da du es nicht konntest, und teilte ihr mit, dass du dich selbst im Falle einer plötzlichen Gesundung schwerlich von deiner Familie trennen würdest – bei aller Liebe und Verehrung für die Hoheiten.«

Anna drehte das Gesicht zur Seite, um ihre Tränen zu verbergen. »Die arme Menen«, seufzte sie, »das hat sie sicher nicht bedacht. Wie soll sie zurechtkommen ohne ihre gewohnte Vermittlerin zwischen zwei Welten?«

»Leider sind die Hiobsbotschaften damit noch nicht erschöpft«, nahm Wilma nach einigen Minuten des Schweigens das Gespräch wieder auf, »der Kaiser ist kaum außer Landes, und schon herrscht hier das schiere Chaos. Man sagt, es sei eine typische Reaktion abessinischer Soldaten, dass sie, wenn ihr Führer fällt, in Panik geraten und eine Orgie des Plünderns und Mordens beginnen. Anscheinend stimmt 's, denn gestern stürmten sie zunächst scharenweise zum Gibbi, um alle zurückgelassenen Schätze an sich zu bringen, und durchstreifen seitdem auf der Suche nach Beute in bewaffneten, betrunkenen Banden die Stadt, fallen über Geschäfte und Privathäuser her und legen Feuer, wenn der Fang sie nicht zufrieden stellt. Ganze Straßenzüge brennen schon. Und aus allen Ecken der Stadt schallt ihr Schlachtgeschrei: *saraf gaddai*, ›plündern und töten wir!‹« Wilma hatte sich so sehr in Rage geredet, dass sie ihren Vater nicht hereinkommen hörte.

»Wie kannst du deiner Mutter diese Horrorgeschichten erzählen! Der Arzt hat jede Aufregung verboten!« Mit zwei schnellen

Schritten war er an Annas Bett, kniete daneben nieder und ergriff zärtlich ihre Hand. »Gott sei Dank, bist du wieder bei Bewusstsein, Liebes, das Fieber scheint zu sinken. Achte nur nicht auf Wilmas Worte, sonst ...«

»Aber Papa, ich bitte dich!«, unterbrach ihn Wilma in beleidigtem Ton. »Sie wird doch ohnehin mitbekommen, was sich in der Stadt abspielt, sobald wir auf die Gesandtschaft fahren. Der Schock müsste noch viel größer sein, wenn sie den marodierenden Mob völlig unvorbereitet entdeckte.«

Unruhig blickte Anna vom einen zum anderen. »Wovon ist hier eigentlich die Rede? Was sollen wir auf der Gesandtschaft?«

»Nun ...«, begann Carl zögernd, er wollte ihr die Lage möglichst behutsam erklären. »Da niemand vor den wild gewordenen Horden sicher sein kann, wurden die Ausländer von den Gesandtschaften aufgefordert, sich in ihren Schutz zu begeben. Wir scheinen zu den Letzten zu gehören, die noch draußen sind. Erst vor zwei Stunden kam ein Bote mit der Anweisung, uns sofort auf den Weg zu machen, doch deine Ohnmacht hielt uns zurück. Glaubst du, wir könnten es jetzt wagen?«

Anna deutete ein Nicken an, Tränen rollten aus ihren Augenwinkeln. »Aber unser Haus«, flüsterte sie, »unser schöner Besitz, was wird damit?«

»Wir haben bestens vorgesorgt.« Carl sprach mit betont zuversichtlicher Stimme. »Die letzte Nacht hindurch wurden Teppiche und Wertgegenstände im Keller verstaut, am Tor stehen zur Verstärkung und als Kugelfang mit Erde gefüllte Fässer, und unsere Diener sind mit allen Waffen ausgerüstet, die sich auftreiben ließen, vom Gewehr bis zum Kricketschläger. Sie wollen unser Hab und Gut verteidigen unter der Bedingung, dass wir ihre Frauen mit in die Obhut der Gesandtschaft nehmen. Ein akzeptabler Handel, nicht wahr?«

Während Carl noch redete, hatte Wilma Wäsche und Kleider geholt. Gemeinsam zogen sie die vor Schwäche Zitternde an und führten sie aus dem Haus zum wartenden Wagen, in dem vier verschreckte Dienerfrauen saßen. Die Übrigen waren bereits mit Edith vorausgefahren. Anna konnte kaum ihren Kopf aufrecht halten. Sie lehnte im Fond und versuchte, trotz der dunklen Schwaden, die sich immer wieder vor ihre Augen schoben, zu beobachten, was draußen geschah. Menschenmassen drängten die Hauptstraße entlang, auf der das Auto im Schritttempo Richtung Gesandtschaft fuhr, johlende, betrunkene, wahllos um sich schießende Eingeborene, beladen mit Hüten, Töpfen, Konserven, Nähmaschinen, willkürlich zusammengeraffter Beute. Dazwischen Verwundete, zerlumpte, schmutzstarrende Frauen – in die Stadt zurückgeworfenes Strandgut des Krieges.

Plötzlich versperrte ein Trupp finsterer Gesellen dem Wagen den Weg. Obwohl Wilma heftig hupte, machten sie keinerlei Anstalten, die Straße freizugeben. Im Gegenteil, mit drohenden Gebärden umzingelten sie das Auto, vollführten wilde Kriegstänze, einer schwang eine Handgranate durch die Luft, ein anderer legte sein Gewehr auf Wilma an, die krampfhaft das Lenkrad hielt. Anna kannte den Mut ihrer Tochter, doch sie spürte auch deren Todesangst, als Wilma sich aus dem Fenster beugte und den wie wahnsinnig tobenden Burschen mit scheinbar fröhlicher, etwas zu schriller Stimme auf Amharisch zurief, dass sie alle Helden seien, aber jetzt bitte Platz machen sollten, damit die Frauen ihrer Landsleute in Sicherheit gebracht werden könnten. Die Kerle stutzten, spähten misstrauisch durch die Scheiben und bildeten dann lachend und schreiend eine Gasse zur Durchfahrt. »Macht Platz, das ist eine von uns, sie spricht unsere Sprache!« Der Ruf setzte sich fort, bis der Wagen das Tor zur Gesandtschaft passierte. Aufatmend drehten sich Carl und Wilma zu Anna um: »Geschafft! Wir haben 's tatsächlich geschafft!« Doch sie reagierte nicht. Mit fieberglühenden Wangen und flatternden Lidern kauerte sie auf dem hinteren Sitz, wieder in Ohnmacht versunken.

»Diese Schreckensfahrt war zu viel für ihre Nerven«, konstatierte Dr. Bruns, der Gesandtschaftsarzt, der half, die Kranke ins Haus zu tragen.

Fast vierhundert Menschen hatten sich dorthin gerettet, außer Deutschen auch Österreicher, Schweizer, Armenier, Ungarn und Griechen. Der große Saal, sonst fröhlichen Festen und offiziellen Empfängen vorbehalten, glich, wie jemand im Getümmel spottete, dem Nachtlager von Granada, die übrigen Zimmer und Amtsräume waren ebenso dicht mit Matratzen und Matten belegt. Anna wurde etwas abseits neben einen Aktenschrank gebettet, wo sie, von Carl bewacht, apathisch vor sich hindämmerte, während die Töchter, wie alle einsatzfähigen Frauen, beim Kochen, Saubermachen und Kinderhüten halfen. In ihren wachen Momenten fasste sie unruhig nach seiner Hand und bat ihn zu erzählen, was es an Neuigkeiten gab. Das Menelik-Monument sei eiligst bei der Georgskirche vergraben worden, berichtete Carl, damit die Italiener es nicht entehren könnten; in Hakim Zahns Apotheke habe es elf Tote gegeben – Plünderer, die flaschenweise Strychnin, Strophantin und Belladonna getrunken hätten, weil sie die Tinkturen für Alkohol hielten; David Nadel, dieser freundliche polnische Jude, sei auf einer wagemutigen Inspektionsrunde durch die Stadt auch an ihrem Anwesen vorbeigefahren, obwohl einige Deutsche ihm mit schandbarer Verachtung begegneten, das Haus stehe noch, alles scheine in Ordnung; man sehe seit einer Weile schon italienische Truppen oben auf den Hügeln des Entoto und rätsele, wieso sie angesichts der Schießereien und Brände in der Stadt nicht eingriffen.

Am 5. Mai, Anna fühlte sich zum ersten Mal kräftig genug, ihr Frühstück zwischen anderen Flüchtlingen an einem der langen Behelfstische einzunehmen, schrie gegen Mittag plötzlich alles durcheinander: »Sie kommen! Der Einmarsch beginnt!«

Von hoch gelegenen Fenstern und den Mauerkronen der Gesandtschaft aus konnte man sie unter einem leicht verhangenen Himmel anrollen sehen, endlose Schlangen großer Camions, deren bedrohliches Brummen das einzige Geräusch in der jählings totenstillen Stadt zu sein schien.

»Viel Freude wird ihnen diese verwüstete Eroberung nicht machen«, sagte einer unter den Zuschauern.

»Aber wir müssen nicht mehr um unsere Hälse besorgt sein«, meinte ein anderer.

Die meisten blieben noch einige Tage auf dem sicheren Terrain, um die Entwicklung der Lage abzuwarten. Man hörte, dass der König von Italien den Titel des Kaisers von Abessinien angenommen habe und Marschall Badoglio zum Generalgouverneur ernannt worden sei. Und es hieß, die Besatzer griffen scharf durch, Plünderer, Diebe und Bewaffnete würden auf der Stelle erschossen.

Anna nutzte die Wartezeit, um Kräfte zu sammeln und Pläne zu schmieden. Mit dem Abzug der Kaisersfamilie waren ihre sämtlichen Einnahmen weggefallen, auch Carl hatte während der letzten Jahre nur noch für den Hof gearbeitet, es musste also eine neue Existenzgrundlage gefunden werden. Die zündende Idee kam ihr, als sie mit Frau Kirchholtes, der Gattin des Gesandten, die Kaffeetische abräumte. Warum dergleichen nicht professionell betreiben? Ihr Haus mit allen Nebengebäuden war geräumig genug, um darin eine Pension einzurichten.

Es fehlte nicht viel und sie hätten sich vor Stolz auf die Brust getrommelt, so begeistert erzählten die Diener bei der Heimkehr der Familie von ihren Großtaten. Vorplatz und Veranda standen noch immer voller Möbelstücke aus dem Salon – ein fabelhafter Trick, prahlten die Helden, denn sobald raublustige Horden anrückten, stürzten sie mit ihren merkwürdigen Waffen fuchtelnd zum Tor und brüllten: »Verschwindet! Das hier ist unsere Fang!« Anstandslos zogen dann die gierigen Banden weiter und verschonten das Haus. Aber sie selbst waren natürlich auch nicht untätig geblieben, sondern abwechselnd auf Beutezug durch die Stadt gestreift. Einen förmlichen Plünderungsdienst hatten sie eingerichtet, dem gemäß jeweils zwei oder drei der gesamten Dienerschaft im Turnus losziehen durften, während die anderen auf ihren Posten bleiben mussten. Und die Sache war ihrer Ansicht nach äußerst lohnend gewesen, da ihnen die Räubereien ein üppiges Leben bescherten und auch die Herrschaft, ihre Getotsch, auf Wochen bestens versorgt sein würde. Die Speisekammer quoll über von gehorteten Delikatessen, darunter ein paar Schnitzel, die sie in einem Haus am oberen Ende der Straße aus der Pfanne geschnappt hatten, und im Keller stapelten sich Wolldecken, Geschirr, sogar Matratzen passend zu einem riesigen Messingdoppelbett.

Eine heikle Situation, denn einerseits musste man die Leute für ihre Treue und Umsicht loben, ihnen andererseits aber klar machen, dass die entwendeten Dinge schleunigst wieder zu verschwinden hätten, weil man sonst sein Leben riskierte. Murrend, mit hängenden Köpfen schleppten die Diener ihre schönen Beutestücke zum Tor hinaus auf die Straße.

Wie angebracht es tatsächlich war, die Verfügungen der Invasoren ernst zu nehmen, begriff jeder im Haus wenige Tage später. Bei Gabre Mariam, dem Nachtwächter, fanden Carabinieri ein vergrabenes Gewehr, obwohl für alle Eingeborenen ein strenges Verbot von Waffen und Munition galt – ohne viel Federlesens wurde er erschossen. Genauso erging es Urge, einem anderen Diener, der mit vom Schlachten beschmiertem Hemd zum Fluss hinunterrannte, als er dort jemanden um Hilfe rufen hörte. Ein italienischer Soldat war niedergestochen worden. Die Besatzungspolizei sah das Blut auf seinen Kleidern und exekutierte den vermeintlichen Attentäter an Ort und Stelle.

Auch den Hausherren blies ein scharfer Wind ins Gesicht. Ihre enge Verbindung zum kaiserlichen Hof war bekannt und Grund genug für ständige Hausdurchsuchungen. Wieder und wieder erschienen Carabinieri mitten in der Nacht, um das ganze Anwesen samt Garagen, Ställen und Dienerhütten wegen völlig aberwitziger

Verdächtigungen zu durchstöbern. Die Familie halte einen Kaiserspross verborgen, der zum Herrscher ausgerufen werden solle, behaupteten sie, oder sie suchten nach einem Roulette, da sich hier angeblich eine Spielhölle befinde, ein anderes Mal hieß es, aus den Fenstern würden Lichtsignale gegeben, obwohl jeder Ortskundige wusste, dass man in einem Haus ohne Elektrizität Petroleumlampen oder Kerzenleuchter von Zimmer zu Zimmer trug. Anna atmete auf, als die ersten Pensionsgäste einzogen, zwölf ranghohe italienische Offiziere, die leicht von der Albernheit solcher Aktionen zu überzeugen waren und mit ein oder anderem Machtwort bei den Ämtern dem Spuk ein Ende machten.

Langsam, ganz allmählich pendelte sich der Alltag in der Hauptstadt wieder ein, wenn auch die nächtlichen Schießereien noch eine Weile andauerten und Eingeborene wie alteingesessene Europäer die fieberhafte italienische Bürokratie grauenvoll fanden. Fast noch schlimmer erschien den meisten allerdings das Treiben der zahllosen Spitzel, vor denen sich niemand je sicher fühlen konnte. Immerhin begann man die neuen Herren einzuladen, und als auf dem Rennplatz die erste italienische Militärparade stattfand, füllten, wie zu Haile Selassies Zeiten, das Diplomatische Corps und die europäische Hautevolee die Ränge der Tribüne. Auch Haertels waren der Aufforderung ihrer Hausgäste gefolgt, saßen fein herausgeputzt zwischen freundlich grüßenden Bekannten, als hätte es keinen Erdrutsch gegeben, als könnte man unter anderer Flagge einfach weitermachen wie bisher.

Anna warf Carl einen Seitenblick zu. Ob ihm ebenfalls diese Bilder durch den Kopf gingen? Barfüßige, siegesgewisse Soldaten, die unter Trommelwirbeln vor dem Negus Negesti aufmarschierten? Erst wenige Monate lag das zurück, doch schon schien man Haile Selassie abgehakt zu haben, und das Gros der Weißen feierte die Eroberer trotz aller Ärgernisse und Unannehmlichkeiten als Befreier.

»Hat Mussolini etwa nicht Recht, wenn er von einem ›Barbarenstaat‹ spricht?«, hörte sie eine Stimme hinter sich sagen. »Kaum ist der Kaiser weg, geht es hier zu wie bei den Njam-Njam.«

»Njam-Njam? Ich verstehe nicht«, erwiderte eine andere Stimme.

»Menschenfresser vom nördlichen Kongo, verrückte Wilde«, erklärte die erste Stimme. »Sehen Sie dagegen die Italiener an, nach den Strapazen immer noch fabelhaft diszipliniert.«

»Aber muss man nicht«, wandte die zweite Stimme ein, »die Verweiflung der Geschlagenen in Rechnung stellen und ihre begreifliche Wut auf alle Europäer?«

Eine Formation knatternder Motorräder fuhr unten vorbei und verschluckte die Antwort.

Abends besuchte Carl jetzt häufig Köllers Bar »Astoria«. Der ehemalige Hofkoch hatte das von Plünderern niedergebrannte Etablissement nahe der Makonnen-Brücke notdürftig wieder hergerichtet, bewirtete die Besatzungssoldaten mit Chianti, den er auf wunderbare Weise ergattert hatte, und bot den ortsansässigen Europäern Gelegenheit, im Schutz eines laut dudelnden Grammofons neueste Nachrichten auszutauschen. Es hieß, der Kaiser sei über Haifa nach Jerusalem gereist und habe schon von dort, ehe er nach England weiterfuhr, einen telegrafischen Appell an den Völkerbund gerichtet, die unrechtmäßige, gewaltsam errungene Herrschaft Italiens über sein Land nicht hinzunehmen. Anfang Juli erzählte ein Korrespondent des *Manchester Guardian* von dem wenige Tage zurückliegenden, äußerst anrührenden Auftritt Haile Selassies vor der Völkerbundversammlung in Genf. Unbeeindruckt vom beleidigenden Gezeter italienischer Journalisten habe er in seiner Rede festen Glauben an internationale Moral und Gerechtigkeit geäußert und mit dem Hinweis geendet, dass Gott und die Geschichte sich an das Urteil der zweiundfünfzig Staaten erinnern würden. Ansonsten lebe der Negus zurückgezogen in der gemieteten Villa »Fairfield House« am Stadtrand von Bath, ein Privatmann, der häufig spazieren gehe und Stunden in der kleinen Kapelle, die er auf dem Grundstück habe errichten lassen, verbringe. Viel Hoffnung gebe es wohl nicht für ihn. Weiter hörte man, dass Ras Imru, der als Vizekönig und Stellvertreter Haile Selassies die Regierungsgeschäfte führte, in Gojam gefangen und mitsamt den wertvollen kaiserlichen Archiven nach Italien transportiert worden sei. Und aus Axum, der ältesten und heiligsten Stadt des Landes, hätten die Eroberer eine der jahrtausendealten mystischen Granitstelen verschleppt, um sie als Wahrzeichen ihres Triumphes in Rom aufzustellen. Im Sommer hieß es plötzlich, der Völkerbund habe die gegen Italien verhängten Sanktionen aufgehoben, wenig später begann ein Mitglied nach dem anderen die italienische Hoheitsgewalt über Abessinien anzuerkennen, und die neuen Herren machten sich daran, das Land nach eigenen Vorstellungen zu gestalten. Sie investierten enorme Summen, verbesserten das Straßennetz, verlegten neue Telefonkabel, bauten Häuser, Plätze und ganze Villenviertel nicht nur in Addis Abeba, sondern auch in Städten wie Diredaua, Harar oder Gondar.

Inzwischen war General Badoglio, nachdem er seine militärischen Aufgaben erfüllt hatte, abberufen und durch General Graziani ersetzt worden, der als Vizekönig im kaiserlichen Palais residierte, Feste und Empfänge gab und offenbar nicht damit rechnete, dass sich noch ernsthafter Widerstand rühren könnte. Hingerissen von seiner Machtvollkommenheit, ließ er Anfang 1937 ankündigen, er werde am 19. Februar, einem hohen Feiertag, nach Art der einheimischen Herrscher milde Gaben an die Bevölkerung verteilen.

Gabre, Bultscha und Mikael, drei aus Haertels Dienerschaft, drängten sich mit Hunderten anderer Neugieriger vor dem Palast und lauschten einer Ansprache, die der Wohltäter auf den Stufen der Freitreppe hielt, als vom Balkon über ihm ein Hagel von Handgranaten herabprasselte. Graziani und mehrere seiner Begleiter brachen verwundet zusammen, während italienische Soldaten sofort das Feuer eröffneten und wütend nach allen Seiten schossen.

In Panik stoben die Leute auseinander. So schnell es ging, rannten die drei Diener nach Hause und berichteten atemlos von vielen Toten und Verletzten. Bald darauf hörte man, die Attentäter, Abraham Debotch und Moges Asgedom, zwei aus dem Norden stammende Männer, die zwar in italienischen Diensten standen, aber die Faschisten hassten, seien bei einer Armenierin aufgestöbert und im Handumdrehen hingerichtet worden. Außerdem hieß es, der tief gekränkte, entnervte Vizekönig habe seinen Soldaten und Schwarzhemden für drei Tage freie Hand gegeben, alles, was dunkelhäutig war, zu töten. Niemand mochte einem so finsteren Gerücht Glauben schenken, aber Carl fand auf einer kurzen Erkundungsfahrt in die Stadt heraus, dass es tatsächlich stimmte. Wo immer sich Abessinier blicken ließen, wurden sie eingefangen und umgebracht – mit Hacken, Spaten und Gewehrkolben erschlagen, mit Messern und Bajonetten erstochen und, wenn sie schreiend durch die Straßen flohen, unter Gejohle erschossen. »Entsetzlich«, sagte er, »wie schnell die Rachsucht zivilisierte Menschen in blutrünstige Bestien verwandeln kann.«

Am nächsten Morgen kam Homer ins Esszimmer, legte, obwohl alle Gäste bereits außer Haus waren, warnend einen Finger an die Lippen und erklärte im Flüsterton, dass einige abessinische Nachbarn mit der Bitte um Hilfe erschienen seien.

Carl erstarrte für einen Moment, wechselte einen schnellen Blick mit Anna, sah, dass sie blass wurde, und sprang auf die Füße.

»Wo sind sie?«

»Im Stall, wir haben sie vorläufig dort versteckt. Aber Wolde Mariam, ihr Sprecher, ist hier, um mit Ihnen zu reden.« Homer wies hinter sich auf die Tür.

»Lass ihn hereinkommen.«

Ein älterer Mann mit grauem Schopf und schweren Lidern trat

zögernd über die Schwelle. Sein Kopf berührte fast den Boden, als er sich zur Begrüßung verneigte.

»Verzeihung«, sagte er sehr ernst und verbeugte sich noch einmal, »Madame, Mussié, wir wissen, dass unsere Anwesenheit gefährlich für Sie sein kann. Aber ich gehörte früher zur Palastwache und kenne Ihre enge Verbindung mit der kaiserlichen Familie. Das hat uns Mut gemacht, Sie um Ihren Schutz zu bitten.«

Carl ging ihm entgegen. »Steht es so schlimm?«

»Wie in der Hölle.« Wolde Mariam nickte. »Letzte Nacht haben die Italiener Granaten und ölgetränkte brennende Lappen in die Hütten geschleudert, und sobald die Bewohner herausliefen, stach man sie ab wie Schweine. Kinder wurden geprügelt und ins Feuer geworfen, auf den Straßen liegen Tote und Sterbende herum. ›Jetzt zeigen wir euch Negern endlich mal, was ihr wert seid!‹, brüllten die Soldaten. Bis zu uns sind sie noch nicht gekommen, aber heute Nacht werden wir an der Reihe sein. Deshalb …« Er schaute Carl mit verzweifeltem Flehen an und senkte dann ergeben wartend den Kopf.

Wieder flog ein Blick zwischen Carl und Anna hin und her, doch auch ohne diese Rückversicherung stand die Entscheidung außer Zweifel. Die Hilfsaktion war zwar wegen der Pensionsgäste eine höchst riskante Sache. Aber man konnte schließlich nicht zusehen, wie Nachbarn – selbst wenn es gewöhnlich keinen Kontakt mit ihnen gab – auf grauenvolle Weise abgeschlachtet wurden.

»Gut«, sagte Carl zuversichtlicher, als er sich fühlte, »wir finden gewiss einen sicheren Unterschlupf. Bis dahin sollen die Leute nur möglichst Ruhe bewahren.« Er schob die beiden Männer zur Tür hinaus und bat Homer, seine Töchter zu suchen, die schon seit einiger Zeit das Familienunternehmen leiteten und irgendwo im Haus unterwegs waren.

Nach kurzer Beratung führten Wilma und Edith die Schutzsuchenden, ungefähr zwanzig verängstigte Männer, Frauen und

Kinder, zu einem hinter dichtem Grün versteckten Schuppen im unteren Teil des Gartens, ließen sie mit Decken und Nahrung versorgen und schärften ihnen ein, sich zu benehmen wie ganz normale Diener. Den italienischen Hausgästen dürfte nichts auffallen.

Carl setzte sich, sobald es dunkel wurde, mit seinem besten Gewehr und einer Flasche Whisky auf die Veranda, um Wache zu halten. Und als die Offiziere beim Nachhausekommen darüber staunten, erklärte er freundlich lächelnd, dass er jeden erschießen werde, der ungebeten sein Grundstück betrete. Schließlich solle der Pensionsbetrieb störungsfrei weitergehen. Ohne Zweifel wussten sie, was in Wahrheit gemeint war, doch die Militärs verbeugten sich nur mit undurchsichtigen Mienen und betraten schweigend die Halle. Der jüngste und arroganteste murmelte allerdings etwas, das klang wie: »Dumme weiße Neger!« So pflegten sie Europäer zu nennen, die für Eingeborene Partei ergriffen. Carl hatte davon gehört, aber er gab sich ahnungslos. »Si, si«, nickte er eifrig und fügte noch ein heiteres »Dussel« hinzu – ein Berliner Schimpfwort, das der Offizier ganz sicher nicht verstand. Und dann schämte er sich ein bisschen für das kindische Gehabe auf seine alten Tage.

Fast eine Woche lang hing Leichengeruch in der Luft, die Eukalyptusbäume waren geschwärzt von Flammen, und allmählich stellte sich heraus, dass sechs-, vielleicht sogar zehntausend Bürger der Stadt bei dem Massaker ihr Leben verloren hatten. Als Dank für Schutz und Nahrung und Unterkunft schickte Wolde Mariam ein kleines braunes Ferkel. Das Schweinchen lief im Garten umher und kam wie ein Hund angelaufen, wenn man »Assama«, Schwein, rief. Es wurde groß und größer, da aber niemand es in den Topf befördern mochte, musste es schließlich weggegeben werden.

Auch dieses Mal verebbte der Aufruhr, und das Leben normalisierte sich. Die neuen Herren fuhren mit ihren Bauarbeiten fort, sogar durch das Landesinnere wurden Autostraßen geführt, Mimosenwälder entstanden und Gartenanlagen. Niemand konnte leugnen, dass sie aus dem unerschlossenen Land etwas Wunderschönes machten.

»In zwei, drei Jahren bringen sie Dinge auf den Weg, die hier sonst hundert gedauert hätten«, sagte Carl mit widerstrebender Bewunderung.

Er hatte seine Nachrichtenbörse wechseln müssen, nachdem Köller als Spion denunziert worden und nur knapp über die Grenze entkommen war. Statt in die nun von einem Armenier betriebene Bar, ging er zunächst einige Male zu den wöchentlichen Parteiversammlungen im »Deutschen Heim«, fühlte sich jedoch zwischen nationalsozialistischen Parolen, Sieg-Heil-Rufen und den zotigen Liedern besonders unangenehmer Zeitgenossen mit seiner konservativen Gesinnung so fehl am Platz, dass er lieber die Hermannsburger Mission besuchte, ein vor zehn Jahren gegründetes religiöses und kulturelles Zentrum am nördlichen Stadtrand. Hier trafen fromme deutsche Landsleute sonntags zum Zehn-Uhr-Gottesdienst und anschließenden Mittagessen zusammen, wovon sich Carl – wie auch vom Kurzwellenempfänger der Mission – einen schnelleren Nachschub an Neuigkeiten erhoffte, als die mit wochenlanger Verspätung eintreffenden Zeitungen liefern konnten.

Die Kaiserin sei, da sie das englische Klima nicht vertrug, in Begleitung ihres jüngsten Sohnes nach Jerusalem umgezogen, erzählte er seiner Frau Anfang 1938, und Leute mit Kontakten ins Landesinnere wüssten von Aufruhr und wachsendem Groll gegen die Besatzer, der Guerillakrieg nehme immer bedrohlichere Formen an. Aus dem Radio erfuhr man außerdem, dass sich der Kaiser in einer zweiten Rede an den Völkerbund in Genf gewandt hatte, um die Weltöffentlichkeit auf den entschiedenen Widerstand in seinem Land aufmerksam zu machen, der so lange andauern würde, bis die Italiener das Territorium geräumt hätten oder die Äthiopier ausgerottet wären.

Carl versuchte die Nachrichten zu filtern, ehe er sie an Anna weitergab. Aufregungen, Sorgen und Ängste der letzten Monate hatten ihre Nerven derart angegriffen, dass schon Nichtigkeiten heftige Kopfschmerzattacken oder einen neuen Fieberschub auslösen konnten. Deshalb – und wegen der veränderten Verhältnisse – wurden auch Wilmas und Ediths wenige Wochen auseinander liegende Hochzeitsfeste im engsten Rahmen, nur mit einer Hand voll Gästen, gefeiert. Wilma heiratete den älteren Bernbacher, den Bruder ihres Schwagers Hans, und Edith ihren seit langem geliebten Welschschweizer, den Sohn eines reichen Fellhändlers. Anna fand es beruhigend, zwei weitere verlässliche Männer in der Familie zu haben. Aber sie las Carl vom Gesicht ab, wenn es außerhalb ihrer kleinen Welt dramatische Vorfälle gab, und ließ nicht locker, bis er mit der Wahrheit herausrückte.

Schlimmer noch als Hitlers Angriff auf Polen, der, wie man selbst hier, weitab vom Schuss, ahnte, wahrscheinlich einen Krieg provozieren würde, traf sie im Herbst 1939 die Meldung von Frau Ehms Tod. Fast zwei Jahrzehnte hindurch hatte Frau Ehm ihr zur Seite gestanden, jederzeit bereit, aus dem sechzig Kilometer entfernten Modjo, wo sie mit ihrem Mann eine Farm betrieb, anzureisen, wenn Anna tatkräftige Unterstützung brauchte. Seit der Zeit, als das Regentenpaar die ersten Diners für Diplomaten und europäische Privatleute gab und Menen westliche Tischmanieren übte, war Frau Ehm immer wieder mit ihrer unvergleichlichen Kochkunst eingesprungen, hatte in einer Mischung aus Amharisch, Kisuaheli, Englisch und Gebärdensprache das Küchenkommando übernommen und – während ein raffiniertes mehrgängiges Menü entstand – so spannende Geschichten aus ihrem Farmerleben erzählt, dass Ras Tafari und Prinzessin Menen sich oft an einem eilends gedeckten Teetisch im Küchenvorraum niederließen, um sowohl die Herstellung der Köstlichkeiten als auch Frau Ehms Abenteuer mitzubekommen.

Anna sah sie noch vor sich, wie sie mit einer riesigen Schüssel im Arm, Mayonnaise rührend, auf der Türschwelle stand und von dem Leoparden erzählte, der Nacht für Nacht Lämmer oder Schafe aus dem Stall holte und schließlich auch das Bett umschlich, in dem sie mit ihrem neugeborenen Baby lag. Sie hörte ein leises Tappen, sah zwei im Dunkeln leuchtende Augen, griff nach einem derben Gartenstiefel, der zufällig in Reichweite stand und warf ihn dem Räuber mit lautem Geschrei entgegen. Der Leopard jagte davon. Sein Entsetzen, behauptete Frau Ehm, sei mit Sicherheit größer gewesen als ihres. Ein anderes Mal war eine trächtige Eselin von einer Hyäne gerissen worden. Kurz entschlossen hatte Frau Ehm Nadel und Zwirn genommen und die klaffende Bauchwunde zugenäht. Nach angemessener Zeit, sagte sie, habe ein nettes kleines Eselchen das Licht der Welt erblickt. Manchmal blieb sie mit ihrem wilden Kauderwelsch stecken. Wenn ihr die Worte ausgingen und sie ihre Hände zur Unterstützung brauchte, bekam der nächststehende Diener die Schüssel in den Arm gedrückt und rührte eifrig weiter. Frau Ehm hatte bernsteinfarbene Augen und bei der Arbeit immer ein kariertes Tuch um ihre breite Stirn geschlungen, sie und ihr Mann lieferten Butter, die nicht ranzig oder nach Blech schmeckte, sie räucherten Schinken und machten luftgetrocknete Würste – Dinge, die es in Addis Abeba nie zuvor gab. Im Umkreis von Tagesritten war sie den Leuten Tag und Nacht bei Krankheiten und schweren Geburten zu Hilfe geeilt, und jetzt sollte diese starke, tapfere Frau plötzlich tot sein.

»Woran ist sie gestorben?«, wollte Anna wissen.

Carl gab sich ahnungslos. »An irgendeinem Infekt vermutlich«, sagte er mit abgewandtem Gesicht.

»Unsinn, eine Frau wie sie stirbt nicht einfach so. Ich sehe dir an, dass etwas im Busch ist. Bitte, ich möchte die Wahrheit hören.«

»Aber wozu? – Es wird dich aufregen und macht sie nicht wieder lebendig.«

»Carl, du weißt, dass ich nicht lockerlasse. Sie stand mir zu nahe, ich muss ihr Ende kennen.«

Er zuckte resigniert die Achseln und begann mit leiser Stimme zu erzählen. Frau Ehm war ermordet worden. Während ihr Mann nach dem Vieh sah und die Diener die Mittagszeit nur wenige Meter vom Wohnhaus entfernt in ihren Hütten verbrachten, kamen zwei Italiener und töteten sie. Sie fesselten Frau Ehm und ließen sie mit dem Kopf voran an einem langen Seil in den Brunnen hinunter – ausgerechnet in den Brunnen, der in der dürren Ebene ihr ganzer Stolz war. Den Spuren nach musste es einen verzweifelten Kampf gegeben haben. Herr Ehm sah die beiden Männer bei seiner Heimkehr von ferne, aber er dachte an nichts Böses, und als man ihre Tat entdeckte, waren sie längst im hohen Steppengras verschwunden.

»Und warum?«, fragte Anna, nachdem sie ein paarmal krampfhaft geschluckt hatte. »Warum sollte jemand eine so liebenswürdige Frau umbringen?«

Carl hob wieder die Schultern. »Ein Raubmord war es nicht. Wahrscheinlich glaubten die Italiener, dass sie Guerillakämpfer unterstützte.«

»Wie absurd! Frau Ehm war ein völlig unpolitischer Mensch, sie hat sich immer aus allem herausgehalten.«

»Vielleicht kann man das heute nicht mehr«, sagte Carl. Er setzte sich auf Annas Sessellehne und tupfte ihr die Tränen von den Augen. »Bestimmt«, fuhr er, nach Trost suchend, fort, »wäre Frau Ehm stolz gewesen, wenn sie ihr Begräbnis gesehen hätte. Von weither sollen Menschen gekommen sein, um sie zu betrauern und ihrer ›Mamaje‹ Dank zu sagen.«

»Ja, ›meine Mutter‹ wurde sie von den Leuten da draußen genannt.« Anna nickte. Ihre Tränen strömten weiter, Tränen, die sie nicht nur um ihre alte Küchenfreundin weinte, sondern um die unaufhaltsam zerbröckelnden Eckpfeiler ihres bisherigen Lebens.

Zunächst war in Addis Abeba nicht viel mehr vom Krieg zu spüren, als dass der Sprit knapp wurde. Maultiere und Araberpferde kamen wieder zu Ehren, Gari, kleine, zweirädrige Pferdewägelchen, flitzten durch die Stadt, und der Vizekönig ließ sich in einer von Lipizzanern gezogenen Karosse kutschieren. Viele Europäer deckten sich in Massaua mit Vorräten ein, die von heimfahrenden deutschen Schiffen verkauft wurden. An Stelle der verramschten Ladung kamen junge Männer an Bord, begeisterte Verteidiger des fernen Vaterlandes.

Mit ihrem einzigen weiblichen Pensionsgast, einer jungen Mailänderin, die, während ihr Mann irgenwo im Landesinnern auf einer Baustelle arbeitete, in der Hauptstadt ihre Entbindung abwarten wollte, hatte Anna schnell Freundschaft geschlossen. Silvana Rossis grünblaue Augen und murmelgroße Grübchen erinnerten sie an Eva, und der sich rundende Bauch weckte Großmuttergelüste in ihr. Am 10. Juni 1940 jedoch kam es zum Eklat. An diesem Tag hatte Mussolini als Bundesgenosse Deutschlands den Alliierten den Krieg erklärt, was der Italienerin bei aller Schwerfälligkeit Anlass gab, eine Art Irokesentanz aufzuführen. »Fantastisch«, jubelte sie, »jetzt treiben wir die Sache hier gemeinsam voran. Ihr habt als Pioniere Großartiges geleistet, doch nun erst kann Abessinien richtig europäisch werden. Alle Gegner schlagen wir aus dem Feld!«

»So ein Blödsinn«, blaffte Anna empört, »die ganze Welt wird sich gegen diesen Pakt erheben. Allein die Briten sind viel zu nah und viel zu stark, um Mussolinis Dreistigkeiten hinzunehmen. Ehe wir uns umdrehen, ist es vorbei mit unserer afrikanischen Idylle. Weshalb nur musste eure Raffgier ausgerechnet auf dieses Land verfallen!«

Danach beschränkten sie ihren Kontakt auf kühle Floskeln. Aber als Ende September der kleine Francesco geboren wurde, schwand Annas Groll, und zu seinem ersten Weihnachtsfest strickte sie dem Winzling sogar ein Mützchen und ein Paar Strümpfe, obwohl Wolle inzwischen nur schwer zu ergattern war und sie außerdem wegen ihrer stechenden Kopfschmerzen oft im verdunkelten Zimmer ruhen musste.

Einen Christbaum gab es nicht in diesem Jahr. Rebellen und auch ganz gewöhnliche Shiftas, die die Gunst der Stunde nutzen wollten, machten Straßen und Wege bis an die Grenzen der Stadt unsicher. Schon in nächster Umgebung wäre die Suche nach einem schönen Baum höchst riskant gewesen. Carl füllte einen großen Gombo mit Palmwedeln aus dem Garten und behängte sie mit Lametta und Kugeln. Es wirkte hübsch, doch im Verhältnis zu den strahlend strotzenden Lichterbäumen früherer Jahre so dürftig, dass keine rechte Festatmosphäre aufkam. Allerdings war die Stimmung ohnehin gedrückt, denn niemand der zum Weihnachtsessen im Salon Versammelten konnte mit einer gesicherten Zukunft rechnen. Man wusste, dass der Negus inzwischen von den Briten nach Khartum geflogen worden war, eine Schar kaisertreuer Patrioten hatte ihn bereits zu Gesicht bekommen. Und es sickerte die Nachricht durch, britisches Militär wolle die Besatzer gleichzeitig von Kairo, Khartum und Nairobi aus angreifen, um, unterstützt von äthiopischen Freiwilligen, die in einem Lager bei Soba geschult würden, Haile Selassies Heimkehr einzuleiten. Signora Rossi und vier noch im Haus verbliebene Offiziere sprachen besorgt über allzu laxe Gegenwehr der italienischen Truppen, während die Deutschen spekulierten, wie viel an Mitschuld und Strafmaßnahmen man ihnen im Fall einer gelungenen Rückeroberung aufbürden könnte.

Im neuen Jahr überschlugen sich die Nachrichten. Briten und kaiserliche Soldaten rückten mit einem derartigen Tempo vor und stießen auf so wenig Widerstand, dass bald spöttische Gerüchte kursierten. Die Italiener räumten kampflos das Gelände, wurde gemunkelt, damit sie nur ja keinen Kratzer abbekämen, das sei ihnen der Duce nicht wert. Schon am 6. April 1941 marschierten britische Streitkräfte in Addis Abeba ein – zur Enttäuschung der Einheimischen ohne großes Siegesgetöse. Erst als der Kaiser einen Monat später, fast auf den Tag genau fünf Jahre nachdem faschistisches Militär die Residenz besetzt hatte, mit Glanz und Pathos an der Spitze einer imposanten Autokolonne, von Tausenden begeisterter Anhänger umjubelt, zum Palast fuhr, schien die Stadt wirklich aus dem Albtraum zu erwachen. Krieg und Demütigung waren vorbei. Carl hörte von Bekannten, dass die wahllos abgefeuerten Freudenschüsse der Befreiten entschieden gefährlicher gewesen seien als die Salven italienischer Maschinengewehre.

Silvana Rossi saß auf gepackten Koffern. Sie kannte natürlich den Aufruf des Negus, keine Rache an noch greifbaren Italienern zu nehmen, aber sie traute dem Frieden nicht. Außerdem vermutete sie, dass ihr Mann auf einem Lazarettschiff unterwegs Richtung Italien sein könne. Mit dem nächsten Trupp von Landsleuten wollte sie den Heimweg antreten.

»Für uns«, sagte Anna, als sie der Signora samt Baby am Tor nachgewinkt hatten und zum Haus zurückgingen, »für uns sieht die Lage ganz anders aus. Bestimmt wird man uns bald wieder an den Hof rufen. Sie wissen doch, dass wir keine Faschistenfreunde sind, und sie brauchen uns.«

Carl wiegte bedächtig den Kopf. »Warten wir 's ab. In fünf Jahren können neue Hilfskräfte nachgewachsen sein, die mehr geschätzt werden als wir. Ich weiß nur eines – um keinen Preis will ich zurück nach Deutschland, als alter Mann, den keiner dort kennt, ohne Einfluss, ohne Vermögen, ohne Freunde und zu betagt, um noch einmal neu anzufangen.«

»Was redest du denn da?« Anna hängte sich fest bei ihm unter. »Glaub mir, man wird uns nicht vertreiben. Der Negus hält selbstverständlich seine Hand über uns.«

Vorläufig war davon allerdings nichts zu spüren. Wie ganz gewöhnliche Bürger mussten sie, die früher kaiserliche Erwägungen und Beschlüsse aus nächster Nähe mitbekommen hatten, sich jetzt am Radio, das inzwischen jeder Europäer besaß, und an Gerüchten orientieren. Sie kannten den Inhalt seiner bewegenden Begrüßungsansprache – der »goldenen Erklärung zur Befreiung« – vor den Würdenträgern des Landes, sie wussten von immer noch schwelenden Unruheherden, vom vielerorts herrschenden Mangel am Nötigsten und den Schwierigkeiten bei der Organisation einer neuen Verwaltung, aber zumindest Anna rechnete trotz der Vielzahl seiner Aufgaben doch mit einem persönlichen Zeichen Haile Selassies. Und je mehr Zeit ohne Gruß, ohne Brief, ohne Einladung aus dem Gibbi verstrich, desto quälender wurde ihre nervöse Spannung. Unwirsch wies sie Carls Beschwichtigungsversuche zurück. »Schon gut, schon gut, natürlich hat er tausend Dinge zu regeln, für ein kleines Signal der Verbundenheit sollte es dennoch reichen.«

Mittlerweile waren auf Anordnung der englischen Militärbehörden deutsche Parteifunktionäre aus ihren Häusern geholt und in Haft gesetzt worden, und es hieß, dass sich alle Deutschen, die Nichtarier ausgenommen, zum Abtransport in Internierungslager bereitzuhalten hätten. Täglich erfuhr man per Rundfunk, welche Familien mit höchstens fünfzig Kilo Gepäck am Bahnhof erscheinen sollten. Der Kreis schrumpfte merklich, während die Unruhe wuchs, weil niemand wusste, wann das Los auf ihn fiele, und jeder insgeheim hoffte, durch ein Wunder verschont zu bleiben.

Als Homer an einem Morgen Mitte Juni die Ankunft des kaiserlichen Leibdieners meldete, glaubte Anna, tatsächlich vom Glück getroffen zu sein. Endlich eine Nachricht des Negus, nun würde sich alles zum Guten wenden. Achtlos ließ sie die Blumen fallen, die sie gerade in eine Vase stellen wollte, und eilte dem Besucher entgegen. Doch ihr Lächeln gerann bei seinem Anblick. Asfaus kühl distanzierter Gesichtsausdruck und die Steifheit seiner Bewegungen verrieten, noch ehe er den Mund öffnete, dass er keine Freudenbotschaft brachte.

Der Negus Negesti lasse herzlich grüßen, sagte er nach den üblichen Höflichkeitsfloskeln, und bedaure aufrichtig, die Internierung der Familie nicht verhindern zu können. »Sie müssen das verstehen, Madame, die Briten haben einen entscheidenden Beitrag zur Befreiung unseres Landes geleistet, bislang steht es unter strenger Kontrolle ihrer Militärbehörden, und der Kaiser sieht sich außerstande, deren Entscheidungen anzufechten. Er hat momentan einfach nicht die Macht dazu. Außerdem muss er sehr vorsichtig taktieren, um möglichst bald wieder Herr im eigenen Haus zu werden.«

Anna starrte ihn entgeistert an. Der Negus eine Marionette britischer Militärs? Nicht in der Lage, Freunde zu schützen? Sie wollte etwas sagen, brachte aber nur ein dünnes Krächzen zustande.

»Kommen Sie.« Homer, der neben der Tür gewartet hatte, nahm den Besucher beim Arm und führte ihn nach draußen. »Es ist nicht Ihre Schuld, doch solche Nachrichten können unsere Imete töten.«

In ihre Pelerine gehüllt, saß Anna auf einem Koffer vor dem Stationsgebäude. Ab und zu hob sie den Kopf und lehnte ihn mit geschlossenen Augen an die Mauer, dann ließ sie ihn wieder sinken und stierte regungslos in die wachsenden Pfützen. Regen troff von ihrer Kapuze, ihren Schultern und Knien und sammelte sich in den Galoschen an ihren Füßen. Aber sie schien es nicht zu bemerken, so wenig wie den Trubel um sie her. Überall auf dem Bahnhofsvorplatz standen Gruppen von durchnässten, gepäckbeladenen Leuten beieinander, redeten, weinten, riefen nach Bekannten. Einige versuchten, in die Schalterhalle zu drängen, wurden jedoch vom Bahnpersonal unerbittlich abgewiesen. »Da drinnen haben die Briten requirierte Maschinen und Rohstoffe aus italienischen Fabriken gelagert. Das Zeug soll schön trocken bleiben, während wir hier draußen ersaufen«, schimpfte jemand lauthals.

Ob sie drinnen oder draußen hockte, interessierte Anna nicht. Seit die Namen ihrer Familie am Vorabend von einer kühlen Rundfunkstimme aufgerufen worden waren, hatte sie das Gefühl, neben sich zu stehen. Außer qualvollen Kopfschmerzen, die bei jedem Versuch, die Lage zu durchdenken oder bewusst Abschied zu nehmen, ihren Schädel zu sprengen drohten, empfand sie nichts.

Wie ein Automat stopfte sie einige Kleidungsstücke und Schuhe in ihren Koffer und würde, wenn nicht Carl im letzten Moment die wertvollsten Teile dazugepackt hätte, sämtlichen Schmuck zurückgelassen haben. So als wollte sie demonstrieren, dass bei der Auflösung einer ganzen Existenz ein paar Preziosen nicht mehr ins Gewicht fielen. Einmal schaute sie zufällig in den Frisierspiegel und glaubte eine Fremde zu sehen, eine Frau mit bitteren Linien um die Lippen und matten Augen, die in keiner Weise einer stolzen kaiserlichen Hofdame glich.

Es war nicht einfach, Licht in die Erinnerung zu bringen.

»Haben wir uns überhaupt richtig von den Dienern verabschiedet und Haus und Garten geordnet zurückgelassen?«, fragte Anna, als sie nach endloser Bahnfahrt im Lager von Diredaua neben Carl auf einer Pritsche lag. »Vielleicht sind wir ja bald wieder da.«

Er tätschelte beruhigend ihre Hand. »Doch, doch, Liebes, es ist alles geregelt. Du warst ein wenig überanstrengt und hast nicht mitbekommen, dass sie wieder einmal als Wächter für uns fungieren wollen.«

Wand an Wand lebten sie in kleinen Behausungen neben Leuten, denen sie bislang tunlichst aus dem Weg gegangen waren. Die Gemeinschaftsküche wurde von Frau Siebert beherrscht, einer grobschlächtigen Person, die, seit sich ihr Mann zu niemandes Erstaunen in den Sudan abgesetzt hatte, mit einer Flickschneiderei zu reüssieren versuchte. Und durch die engen Gassen strichen Gestalten, über deren unfreiwillige Heimkehr jeder Haftrichter erfreut sein würde. Rundherum war Stacheldraht.

Es stimmte vermutlich, was einige Insassen behaupteten, dass die Zustände hier paradiesisch seien im Vergleich zu denen in deutschen Lagern. Anfangs durfte man sich sogar stundenweise frei in der Stadt bewegen und Einkäufe machen. Aber für einen alten Mann von achtundsiebzig Jahren stellten die spartanischen Lebensbedingungen eine zu harte Probe dar. Nach fünf Wochen brach bei Carl die Amöbenruhr wieder aus, die er sich auf einer früheren Reise im Landesinnern geholt hatte, und obwohl der Lagerkommandant, Colonel Brookman, ihn sofort ins Militärhospital einweisen und bestens versorgen ließ, starb er am 14. September 1941 an Herzversagen, einen Tag vor seiner geplanten Entlassung.

Anna lächelte unter Tränen, als ihre Töchter ihr die Nachricht brachten. »Hat er 's also tatsächlich geschafft«, sagte sie, »niemand wird ihn gegen seinen Willen aus dem Land befördern.«

Wahrscheinlich wäre es ihr leichter gefallen, seinen Wunsch zu akzeptieren, wenn es eine nicht ganz so triste Beisetzung gegeben hätte. Auf der offenen Ladefläche eines Lieferwagens wurde der schmucklose Sarg zum Europäer-Friedhof, einem kahlen, mit halbhohen Mauern umfriedeten Sandplatz gefahren und von dem farbigen Chauffeur samt Gehilfen ans Grab geschleppt.

Nur ein kleines Häuflein Trauergäste stand neben der offenen Grube, weil viele Bekannte und Freunde, darunter Hakim Zahn, Opa Goetz, das gesamte Gesandtschaftspersonal und – allen flehentlichen Bitten zum Trotz – auch die beiden Schwiegersöhne schon vor Wochen in ein Camp nach Kenia transportiert worden waren. Und der Pfarrer, ein völlig fremder, aber der einzig verfügbare, sprach in seinem Bemühen, den Verstorbenen zu einem frommen Christen und glühenden Patrioten zu stilisieren, so sehr an Carls Charakter vorbei, dass Anna fürchtete, entweder von einem Wein- oder einem Lachkrampf überwältigt zu werden. »Amen«, sagte sie ein paarmal laut in die Rede, »Amen.« Doch der Pfarrer nickte nur milde lächelnd, anstatt endlich aufzuhören, und ihre Töchter stießen ihr von links und rechts die Ellbogen in die Rippen, um sie zur Ordnung zu rufen.

An Silvester 1941 wurde bekannt gegeben, dass man sich für den Weitertransport in ein anderes Lager bereithalten solle. Die Männer fuhren voraus, Frauen und Kinder folgten in gesteckt vollen Lastwagen auf harten Holzbänken, zwischen Stapeln von

Gepäck sitzend. Bergauf und bergab ging es über holprige Kurvenstraßen, bei flirrender Hitze, von Staubwolken umhüllt. Nachts schlief man irgenwo in Zelten, die Tage zählte keiner mehr. »Wenn es ihm nicht gelungen wäre, seinen Herzschlag zu stoppen«, dachte Anna, »diese Tortur hätte Carl schwerlich überstanden.« Sie selbst fühlte sich, als habe er ihr seine letzten Kraftreserven vererbt, denn sobald die inzwischen schon gewohnten Kopfschmerzen nachließen, hatte sie genügend Energie, um brüllende Kinder zu beruhigen und allein gelassenen Frauen Mut zu machen.

Es hieß, die Fahrt gehe nach Mandera, an der Grenze zwischen Britisch- und Italienisch-Somaliland, und alle hofften, dort vertraute Gesichter wiederzusehen. Stattdessen trafen sie auf nichts als stacheldrahtumzäunten Sand, 48 Grad im Schatten und Leitungsrohre, aus denen kochend heißes Wasser floss. Die »Hölle von Mandera« nannten die Internierten diese Barackenansammlung, in der man sie fast ein ganzes Jahr lang schmoren ließ. Als im Dezember 1942 zur Weiterfahrt nach Berbera am Golf von Aden aufgefordert wurde, glaubte niemand, dass es, wie die Kommandantur behauptete, in die Freiheit ginge. Aber nach einer letzten qualvollen Camionfahrt wartete dort im Hafen tatsächlich ein Schiff auf die Ausgewiesenen, der Dampfer »Vulcania«, vom Vatikan entsandt, mit weißem Anstrich, Rotem Kreuz und strahlend heller Beleuchtung zum Schutz gegen Kriegsschiffe kenntlich gemacht, um sie in Triest auf europäischen Boden zu setzen.

Das Schiff lief erst spätabends aus, nachdem die Knäuel von Menschen und Gepäck, die sich auf Decks und Treppen gestaut hatten, entwirrt worden waren. Als die Maschinen zu dröhnen begannen, verließ Anna noch einmal ihr Notlager in einer stickigen, mit überreizten Passagieren voll gestopften Kajüte. Draußen wehte ein erster kühler Hauch, sie trat an die Reling, wo zwei Fremde ihr bereitwillig Platz machten, und schaute zum Land hinüber, sah die Hafenlichter kleiner werden und schließlich im aufsteigenden Dunst versinken. Wenn jetzt eine Sternschnuppe vom Himmel fiele, könnte sie sich ihre baldige Rückkehr wünschen, und der Wunsch müsste in Erfüllung gehen. Sie wollte daran glauben wie zu Kinderzeiten. Aber die Sterne standen fest, keiner gab ihr ein Hoffnungszeichen. Und dann legte sich plötzlich tonnenschwer die Erinnerung an Gifti Mummi auf ihr Herz. Die berühmte Wahrsagerin, eine Frau aus Jimma, hatte dem Negus schon in seinen Jugendjahren prophezeit, dass er einst Kaiser werde, sie nannte den Tag seiner Krönung, sagte den Einfall »weißer Teufel« voraus und hatte vor vielen Jahren auch einmal ihren durchdringenden Blick auf ihr, Anna, ruhen lassen.

Ja, dachte sie, das hier ist es, was Gifti Mummi damals ankündigte: »Es wird eine Zeit kommen, da gehst du über Berge, durch Täler und Flüsse. Nirgends sind Bäume, du lebst in der Wüste. Und später dann betrittst du ein Haus, und dieses Haus wird dich in ein anderes Land bringen, weit, weit weg von hier. Ich sehe viel Wasser, großes Wasser! Und du wirst niemals zu uns zurückkehren.«

7. Kapitel

Er schlief seit der Zwischenlandung in Athen. Katrina hatte das Rollo an ihrem Kabinenfenster hochgeschoben, als das erste fahle Morgenlicht durch die Ritzen drang, eigentlich, weil sie versuchen wollte, etwas von der Landschaft zu erspähen. Die endlose gelbe Fläche, die da unten durch den Dunst schimmerte, musste der Sudan sein, und irgendwo hier im Wüstensand sollte der Blaue in den Weißen Nil münden, eine fantastische Vorstellung für einen Afrika-Neuling wie sie. Aber dann fiel ihr Blick auf Hennock und blieb an ihm hängen.

Noch nie hatte sie Gelegenheit gehabt, ihn so ungestört zu mustern. Das dunkle Profil hob sich scharf von dem schneeweißen Kissen ab, an dem sein Kopf lehnte. Eine Farbe wie starker Kaffee mit einem ordentlichen Schuss Sahne, dachte Katrina, sie betrachtete die schmale, leicht gebogene Nase, den Schwung der vollen Lippen, den kräftig sprießenden Zwei-Tage-Bart und bemerkte, dass das Haar offenbar kurz vor dem Abflug noch gestutzt worden war. Sie kannte ihn erst annähernd sechs Wochen und hatte ihn in dieser Zeit nur zweimal gesehen, aber sie erinnerte sich an die typische Geste, mit der Hennock über seinen Schopf strich, wenn er nachdachte oder in Verlegenheit geriet.

»Du willst also nach Äthiopien und brauchst Begleitschutz?«, fragte er, als sie einander zum ersten Mal im »Blue Nile« gegenübersaßen, und dabei wuschelte er durch sein dichtes Haar.

Die Idee stammte von Girma, dem Wirt. Ihm war die junge Frau aufgefallen, die seit einiger Zeit immer wieder in die Fenster seines Lokals linste und eines Mittags etwas unsicher hereinkam, umhüllt von einem Schwall feuchtkalter Februarluft.

»Na, endlich«, sagte er mit breitem Lächeln. »Ich habe Sie schon erwartet. Neugierig auf äthiopisches Essen, hm? Ist es Ihr erster Versuch?«

Katrina nickte, sie folgte ihm zu einem Tisch nahe der Theke. »Ja«, sagte sie, während sie sich aus Mantel und Mütze schälte, »ich hab 's noch nie gegessen, nur eine Menge darüber gehört.«

»Und wer erzählt Ihnen von unserem Essen, anstatt Sie damit zu füttern?«

»Meine Großmutter, sie ist in Ihrem Land geboren worden und aufgewachsen und kennt sich bestens aus.«

»Tatsächlich? Dann könnten wir ja fast verwandt sein!«, rief der Wirt, der gerade ihren Mantel an einen Garderobenhaken hängte.

Einen Moment lang glaubte Katrina, er wolle sich über sie lustig machen, aber dann sah sie sein offenes Lachen und lachte mit. »Schon möglich, auch wenn man 's auf den ersten Blick nicht sieht.«

Um diese Zeit saßen nur wenige Gäste in dem kleinen Restaurant, wie es schien, ausschließlich Landsleute des Wirts, junge Männer, die das Gespräch mit wohlwollendem Interesse verfolgten und sich lebhaft einmischten, als es darum ging, das Menü für Katrina zusammenzustellen. Schließlich servierte ihr Girma, so wurde der Wirt von den Übrigen gerufen, einen Korbteller gefüllt mit Beyainetu, einem Gericht aus verschiedenen Fleisch- und Gemüsesorten, in dem Katrina Lamm, Linsen, Karotten und Kohl schmeckte. Dann setzte er sich, da momentan niemand seine Dienste in Anspruch nahm, wie ein alter Freund an ihren Tisch und half ihr durch verschwenderisches Lob für ihre Geschicklichkeit über die schwierige Premiere als Drei-Finger-Esserin hinweg. Dank Evas theoretischer Schulung konnte sie zumindest die schlimmsten Pannen vermeiden.

»Wieso sind Sie eigentlich nicht früher schon gekommen?«, fragte Girma nach einer Weile. »Was treibt Sie jetzt plötzlich an äthiopische Töpfe?«

»Reisepläne«, krächzte Katrina. Sie musste erst ein großes Glas Wasser leeren, ehe ihre Stimme wieder den gewohnten Klang bekam. Girma hatte zwar behauptet, dass das Essen kaum geschärft sei, aber es reichte immer noch, ihr die Kehle zuzuschnüren. »Reisepläne«, wiederholte sie, »ich fahre demnächst nach Äthiopien und dachte, ein Vorgeschmack könnte nicht schaden.«

»Hoffentlich sind Sie nun nicht anderer Meinung«, schmunzelte der Wirt. Und während Katrina den Kopf schüttelte und noch mehr Wasser trank, erkundigte er sich, wann sie fahren wolle und mit welcher Reiseorganisation.

Mitte März, erklärte sie, ohne Gruppe.

»Wie – ganz allein, auf sich gestellt? Sagen Sie, wann ist Ihre Großmutter zuletzt dort gewesen, dass sie Sie nicht von solchen Ideen abhält?«

Katrina zog erstaunt die Brauen hoch. »1935 – was soll die Frage?«

»Großer Gott«, sagte Girma, »hat sie seit damals nichts mehr mitbekommen?« Er winkte zwei junge Männer herbei, die vorne neben der Tür am Fenster saßen, und redete in einer fremden Sprache auf sie ein.

»Ich verstehe diesen Zirkus nicht«, rief Katrina dazwischen, ohne dass jemand sie zu beachten schien, »ich kann doch wohl reisen, wie und mit wem ich will!«

Girma palaverte noch einen Moment weiter und hob dann beschwichtigend die Hände in ihre Richtung. »Schon gut, schon gut, natürlich können Sie das. Bloß sollten Sie wissen, dass eine Reise im Alleingang ein ziemliches Risiko wäre. Ich sag 's nicht gern, aber in Addis treiben sich Scharen von armen Schluckern herum, Bettler und Diebe, vor denen Sie keinen Augenblick Ruhe hätten. Außerdem existieren Straßennamen nur auf dem Stadtplan, und selbst da oft in verschiedenen Varianten, und Hausnummern sind völlig unbekannt. Ohne ortskundigen Führer kämen Sie überhaupt nicht zurecht. Gabru«, er wies mit dem Kopf auf einen der jungen Männer, der an der Theke stand und telefonierte, »versucht einen Freund von uns zu erreichen. Er hat sein Studium beendet und fährt demnächst zurück, er kann Ihnen weiterhelfen – falls Sie einverstanden sind, selbstverständlich.«

Gabru legte den Hörer auf. Mit hochgerecktem Daumen gab er ein Erfolgszeichen, ehe er sich wieder ans Fenster setzte.

»Es scheint zu klappen«, sagte der Wirt und drehte seinen Stuhl erwartungsvoll Richtung Tür. »Hennock muss jeden Moment da sein, er wohnt gleich um die Ecke, an der Münchner Freiheit.«

Katrina wusste nicht recht, was tun. Einerseits hatte sie keine Lust, sich ihre Freude auf diese Reise ganz allein mit sich selbst von wahrscheinlich überbesorgten Leuten verderben zu lassen, andererseits – wenn es nun stimmte, dass sie unentwegt belästigt würde und die Relikte der Familiengeschichte im Straßenchaos vielleicht gar nicht fände? Sie zögerte, überlegte gerade, einfach aufzustehen und zu gehen, als Hennock hereinkam. Er musste es sein, denn Girma sprang auf und führte ihn unter vielen Worten und Gesten an Katrinas Tisch, einen Mann von etwa achtundzwanzig Jahren, mit endlosen Jeansbeinen und einer dicken abgeschabten Jacke, die so gemütlich aussah wie seine breitgetretenen Turnschuhe.

»Weshalb fährst du mit keiner Reisegruppe?«, fragte er, nachdem sie sich förmlich vorgestellt und ein paar Einleitungssätze gewechselt hatten. »Darunter gibt 's sehr gut geführte.«

»Ich weiß.« Katrina konnte den leisen Hauch Trotz in ihrer Stimme nicht verhindern. »Aber sie haben andere Ziele als ich. Mir geht es nicht um irgendwelche Touristenattraktionen, sondern um Orte mit ganz persönlicher Bedeutung. Dafür hätte kaum ein Reiseleiter Verständnis.«

»Orte mit persönlicher Bedeutung?«

»Ja, ein Teil meiner Familie hat früher dort gelebt.«

»Als Elefantenjäger oder Goldsucher?«

Der spöttische Unterton ärgerte sie. »Unsinn, nicht alle Europäer waren schräge Vögel. Mein Urgroßvater musste hart arbeiten, er war Baumeister, angeblich der erste Architekt im Land.« Vielleicht würde dieser Trumpf den Hochmut dämpfen, mit dem Hennock ihr gegenüber auf seinem Stuhl wippte und sie aus schwarzen, ironisch funkelnden Augen musterte.

»Nein!« Er hielt abrupt in der Bewegung inne, starrte sie verblüfft an.

»Was heißt nein? Natürlich war er das, ich könnte es beweisen, aber …«

Katrina griff nach ihrer Tasche und wollte aufstehen, um dieses alberne Verhör zu beenden, doch Hennock legte seine Hand auf ihren Arm und hielt sie zurück.

»Entschuldige«, sagte er mit plötzlich warmem Lächeln, »so habe ich es nicht gemeint. – Haertel, nicht wahr, dein Urgroßvater hieß Carl Haertel.«

Zwischen Ärger und Erstaunen schwankend, entzog sie ihm ihren Arm. »Du kennst ihn?«

»Und ob! Mein Großvater hat als ganz junger Mann bei ihm gearbeitet, er war Steinmetz und bis an sein Lebensende stolz auf diese Zeit. Weißt du, dass er mich mit seiner Begeisterung dazu gebracht hat, Architektur zu studieren – in Deutschland? Und jetzt treffen wir beide hier zusammen. Ich fasse es nicht!«

Katrina nickte verwirrt. »Deine Spurensuche«, fuhr Hennock fort und erschien ihr, nachdem er seine arrogante Pose abgeschüttelt hatte, überraschend liebenswürdig, »interessiert mich auch. Eigentlich wollte ich dir in Addis Abeba einen Guide vermitteln, aber ich denke, ich begleite dich selbst. Einverstanden?«

Girma machte sofort die Runde mit der verrückten Großvätergeschichte, außerdem spendierte er Tedj, weil, wie er fand, die »Familienzusammenführung« gebührend gefeiert werden müsse. Danach hatten sie sich nur noch einmal im »Coffee Fellows« auf der Leopoldstraße getroffen, um Einzelheiten der Reise zu besprechen.

Er würde gleich aufwachen. Unruhig drehte Hennock den Kopf hin und her, seufzte tief, streckte die Beine in den Mittelgang. Katrina wollte sich nicht als heimliche Beobachterin ertappen lassen und zog eilig das Buch hervor, das griffbereit neben ihr im Sitz steckte. Es hatte einen blauschwarz marmorierten Einband und hundert leere Seiten, dazu gedacht, für Evchen alle wichtigen Erlebnisse festzuhalten. Sollte sie den Eindruck notieren, dass der alte Carl ihr einen äußerst anziehenden Gefährten über den Weg geschickt hatte, für den sie sogar den Nil rechts liegen ließ, oder lieber die Pastelltöne des Morgenhimmels beschreiben, hinter deren zartem orangegrauem Schleier sich die Sonne noch verborgen hielt? Das offene Buch auf den Knien, stippte sie den Kugelschreiber an ihre Lippen, als Hennock die Augen aufschlug und sich reckte. »In etwa einer Stunde werden wir da sein«, gähnte er.

Hast du nicht gesagt, ganz Addis Abeba röche nach Eukalyptus und Gewürzen, Evchen? Duft vergangener Zeiten. Heute schlägt dir bei der Ankunft eine Wolke von Kerosin und Autoabgasen entgegen. Daran können die hohen, mit dicken lila Dolden blühenden Bäume rund um den Flughafen-Parkplatz – Hennock nennt sie Jacarandas – nichts ändern. Die Stadt sieht auch nicht mehr aus, wie du sie geschildert hast. Ich erinnere mich genau, »ein riesiges Dorf, versteckt in einem dichten Eukalyptuswald«, sagtest du. Den Wald haben sie offenbar inzwischen verfeuert, wir fuhren über breite Straßen zu meinem Hotel – dem »Taitu«, wie du weißt –, eingekeilt zwischen tollkühn herumkurvenden, drängelnden, unentwegt hupenden Autos, vorbei an einer Reihe repräsentativer Gebäude und moderner Hochhäuser. Allerdings traben die holzbepackten Eselchen noch immer scharenweise am Straßenrand entlang, begleitet von Ziegen und Schafen, und Rinder suchen auf dem sandigen Mittelstreifen nach Futter. Doch das wirkt nicht dörflich, genauso wenig wie die Ketten von verwitterten Flachbauten und not-

dürftig zusammengeflickten Hütten aus Blech, Holz und Lumpen, sondern nur armselig.

Das Hotel kann sich seit eurer Zeit kaum verändert haben, es gibt zwar einen frischen weißen Anstrich, eine neue Terrasse mit weitem Blick über die Stadt, die umlaufenden Galerien werden gerade stabilisiert, und im Aufenthaltsraum dröhnen gleich mehrere Fernseher – Fußball, Evchen, Kamerun gegen Nigeria und Ähnliches! Aber Taitu, das »Sonnenstäubchen«, begrüßt wie eh und je die Gäste aus schwarz gelacktem Rahmen neben der Eingangstür, und die Möbel und knarzenden Bohlen habt ihr bestimmt schon persönlich kennen gelernt. Hier traf man sich damals doch manchmal zum Tee, richtig? Hennock ist fast gestorben vor Lachen, als er mir die Reisetasche nach oben trug und meine Zimmereinrichtung sah: ein breites Bett mit reichlich Rost am Eisenrahmen, zwei verwitterte Sessel, aber recht bequem – in einem von ihnen sitze ich augenblicklich –, ein Nachtkästchen, das aussieht »wie ein fauler Backenzahn« (sagt Hennock), ein verkratztes Waschbecken mit quietschendem Hahn. »Abenteuerlich schlicht« findet er das Interieur, das mir gerade deshalb gefällt, weil ich mich darin in eure Ära zurückversetzt fühle. Im »Hilton« wäre ich ja wie auf einem falschen Planeten, außerdem ist es zu teuer.

Durch die Balustrade sehe ich eben den roten Toyota in den Hof fahren. Unter seinem äthiopischen Kennzeichen lugt ein halbes NL hervor, eher schick als ungewöhnlich hier, wie man sofort im Straßenbild erkennt. Tassama, Hennocks Cousin, hat uns mit dem Wagen vom Flugplatz abgeholt und leiht ihn uns für die Dauer meines Aufenthalts. Evchen, es geht los.

Mittlerweile habe ich schon einiges von der Stadt gesehen – und anderes nicht, weil es unmöglich ist. Die Regierenden dulden nichts Ungebetenes in ihrer Nähe. Beim Jubilee-Palast, den Haile Selassie, wie ich hörte, 1955 zu seinem 25. Regierungsjubiläum errichten ließ und in dem heute der Ministerpräsident wohnt, wäre mir das ja ziemlich gleichgültig, weil es nicht euch betrifft, aber dass man den Gibbi, in dem alles begann, als Residenz des Premierministers, nur weiträumig umrunden darf, nervt mich gewaltig, denn ich will ja gar nichts von dem Mann, sondern nur sehen, wo damals die unglaublichen Gelage stattfanden und Urgroßmutter Anna zur Hofdame ernannt wurde. Immerhin erlaubte uns ein bewaffneter Posten, der den Zugangsweg versperrte, nach zähen Verhandlungen und Hennocks Hinweis auf meine weite Anreise die Besichtigung des Mausoleums. Wir hatten kaum den Vorraum betreten, wo alte Mönche und ernste, in weiße Schammas gehüllte Priesterschüler auf schiefen Gartenstühlen saßen und zur Begrüßung feierlich den Kopf senkten, als sich ein junger Führer auf uns stürzte. Weder fromme Priestergesänge noch unsere Bremsversuche konnten ihn davon abhalten, wortreich jedes Detail vorzuführen – den gelben Sandstein der Wände, die bemalten Friese an den Rundbögen, grünrote Fußbodenkacheln, Psalmbücher, Priesterkronen und Weihrauchgefäße in einer Glasvitrine. Porträts der hier Bestatteten auf blauem Hintergrund und goldgerahmt, die kunstvolle Arbeit der Sarkophage … Zum Schluss, wir standen schon auf der Freitreppe zwischen den Bronzelöwen, behauptete er doch tatsächlich, das Mausoleum sei von einem Griechen gebaut worden. Stell dir das vor! Ich wollte protestieren, aber Hennock machte mir ein Zeichen zu schweigen. »Es ist zwecklos«, sagte er, während wir um den Bau herumgingen, »ob Grieche oder Deutscher oder sonstwer interessiert die Leute im Grunde nicht.« Er behauptet, dass Handwerker, zu denen auch Architekten gezählt wurden, hier nie viel galten. Deshalb wüsste bestimmt kaum jemand etwas über meinen Urgroßvater und wollte es auch nicht wissen.

Ich habe mehrmals den Hals gereckt, um vielleicht doch ein Stückchen vom früheren Kaiserpalast durch das dichte Grün der Bäume zu entdecken, doch sofort kamen mir Soldaten oder zivile Wächter in die Quere, nicht gerade freundliche Gestalten. Also gut. Dafür hat mir Hennock das »Teufelshaus« gezeigt – das ehemalige Kino, in dem heute irgendwelche Kreativen tätig sind, und Hakim Zahns alte Apotheke, und stundenlang sind wir auf dem Markt herumgezogen. Wusstest du, dass er seit der italienischen Besatzungszeit »Mercato« heißt und der größte offene Markt in ganz Afrika ist? Er wurde mittlerweile aus dem Zentrum etwas mehr nach Westen verlegt, und fast 20 000 Menschen sollen von ihm und auf ihm leben – eine wimmelnde, lärmende, heftig riechende Kleinstadt!

Vielleicht liegt es an meiner langen Flohmarkterfahrung, Evchen, oder daran, dass ich in Jeans herumspaziere statt in feinen Kleidern wie ihr damals, vielleicht habe ich weniger Berührungsängste als du oder bin – entschuldige – einfach nicht so etepetete, jedenfalls kann ich deinen Abscheu nicht nachempfinden, im Gegenteil, ich kann gar nicht in dem Tempo sehen und riechen, wie ich alles wahrnehmen möchte. Und unter Hennocks Geleitschutz fühle ich mich auch nicht so touristisch. Heute Nachmittag rief ihm eine Butterverkäuferin etwas zu, sie hockte in einem apfelgrünen Kleid mit passendem Turban auf der zweiten Etage eines Bretterverschlags und schaute lachend zwischen uns hin und her. Natürlich wollte ich wissen, um was es ging. »Eine schöne Frau, hat sie gerufen«, erklärte Hennock, »wo hast du sie gefunden? Halte sie nur gut fest.« Ich fürchte, ich bin knallrot geworden.

Irgendwann hatte er angefangen, sie leicht beim Ellbogen zu nehmen und durch das Marktgedränge zu führen. In Engpässen ergriff er manchmal ihre Hand und zog sie hinter sich her, oder er legte schützend seinen Arm um ihre Schultern.

Katrina war nicht ängstlich, normalerweise kam sie ganz gut allein zurecht, und sie wusste, dass er es wusste. Aber das Spiel gefiel ihnen beiden, ganz selbstverständlich so zu tun, als gebe es eine Notwendigkeit für diese Berührungen.

Immer wieder musste sie jetzt an die arme Lucie denken, von der, wie in ihrem Reiseführer stand, eine Namensverwandte im Nationalmuseum ausgestellt war – als Gipsabdruck ihres rund drei Millionen Jahre alten Skeletts. Dieser berühmten »Lucy« verdankte Äthiopien seinen Ruf, die Wiege der Menschheit zu sein, trotzdem drängte es Katrina mehr an das Grab auf dem Europäer-Friedhof, das sicher jahrzehntelang kein Mensch besucht hatte.

Hennocks Gesicht wurde sehr nachdenklich, als sie ihm während der Fahrt über eine staubige, von zerfledderten Hütten und ärmlichen Märkten gesäumte Ausfallstraße Lucies Geschichte erzählte. Ein Feldweg rechts der Straße führte bergauf zu einer hohen Mauer, die grün gestrichene Eisenpforte war verschlossen. »Birr! Birr! – You, you, give money! – Madame, Madame! – Hunger! Hunger!« Bettelkinder und Hütejungen kamen sofort aus dem kargen Schatten einiger Eukalyptusbäume gestürzt und streckten ihre Hände in die offenen Fenster. Zwei rannten, um den Wächter zu holen, der mit einem an langer Kette hängenden Schlüssel das Tor öffnete. Gravitätisch winkte er den Wagen unter das kühle Grün von Zedern, Wacholder und Mimosen, und er wusste auch, wo die Deutschen lagen, zum Glück, denn mit Evchens vager Beschreibung wären sie auf dem großen Gelände verloren gewesen. »Der Stein zeigt einen Engelskopf«, hatte sie gesagt, »und neben dem Grab steht ein trauriger Baum.« Etwa fünfzig Meter weit stapfte der Mann voraus, dann wies er ihnen die Richtung und ließ sie allein.

Auffallend viele Italiener ruhten hier, oft in weißen, üppig dekorierten Grabstätten. Wie Sahnetorten für die Ewigkeit, dachte Katrina. Und da drüben, BROUSSALIAN, KARIBIAN, TERZIAN, KENADIAN …, das mussten Armenier sein. Deutsche Gräber gab es nur wenige, die meisten waren zugewuchert, halb zerfallen, Namen und Daten von Flechten überzogen.

Suchend gingen sie durch welkes Laub, durch fast kniehohes Unkraut. Katrina schrie, als etwas unter ihrem Turnschuh knackte, etwas Weißes, Kahles. Ein Schädel!

»Ach, die Hyänen«, sagte Hennock gelassen nach einem Blick auf die Knochensplitter.

»Machen die sich etwa auch über Friedhöfe her?« Ihr wurde leicht übel bei der Vorstellung.

»Natürlich, wenn man die Gräber nicht tief genug schaufelt. Aber das hier sind Überreste von irgendeinem Tier. Mach dir um die Toten keine Sorgen.«

Sie schritten weiter die Gräberreihen ab, hoben Ranken und verfaulte Zweige, schabten an unleserlichen Inschriften …

»Ich glaube, ich hab 's.«

Katrina war mit einem Sprung bei ihm, als sie Hennocks Worte hörte. Tatsächlich, ein ernstes Engelsgesicht, umrahmt von ausgespannten Flügeln. LUCIE … ließ sich gerade noch entziffern, alles andere war verwittert, die Umrandung fast versunken. Und der Baum? Der traurige Baum? Katrina kannte seinen Namen nicht, sie schaute hoch zu ihm, der daneben wuchs, und sah seine Zweige wie Tränenströme herabfluten auf das im tiefen Schatten liegende Grab. Ja, hier musste es sein, ein anrührender Ort. Sie hockte sich auf die rissige Einfassung, tief unten dröhnte der Verkehr der Ausfallstraße.

»Wir hätten Blumen mitbringen sollen.«

»Die findest du hier weit und breit nicht«, sagte Hennock, »höchstens Gestecke aus grellbuntem Papier.« Er saß am Rand des Nachbargrabes, bei einem GUSTAV MERSMANN, der erst vor fünfzehn Jahren gestorben war. Jetzt bückte er sich, bog die vertrockneten Grasbüschel neben seinen Schuhen auseinander, hob zwei Steine auf und reichte ihr einen. »Da, nimm. Halten wir uns an den jüdischen Brauch und legen Steine hin. Mir kommt das viel sinnvoller vor als Blumen – wenn du zurückdenken kannst und immer weißt, da ist ein Zeichen von dir, eines, das nicht verwelkt.«

Katrina nickte. Sie rieb das rundliche Stück Sandstein, bis es sich warm und lebendig anfühlte, dann legte sie es auf die Einfassung. Hennock schob seines dazu. Er war neben sie gerückt, nahm ihre geöffnete Hand und begann mit zarten Strichen deren Linien nachzuzeichnen.

»Was tust du? Willst du mein Schicksal erforschen?« Ein Kloß im Hals, Katrina spürte es deutlich, drückte ihr beinahe die Stimme ab.

Hennock lachte leise. »Ach, mir ist gerade etwas eingefallen. Als ich klein war, ungefähr zehn Jahre alt, hat mich meine Mutter einmal mitgeschleppt zu einer Handleserin. Meine Mutter ist eine sehr abergläubische Frau und hängt an jeder Art von Hokuspokus, aber ich blieb gewöhnlich von ihren Mysterien verschont – bis auf dieses eine Mal. Ich musste mit, und die Handleserin, in meiner Erinnerung sieht sie aus wie eine schielende, von Schwefeldämpfen umhüllte Hexe, ließ mich nicht entwischen. Sie stellte den Stock weg, den ich als Junge, der auf sich hält, immer bei mir trug, und griff nach meiner Hand. ›Ich sehe einen hellen Stern‹, sagte sie. ›Er kommt von Norden. Und er bringt dir Glück.‹ Natürlich zitterte ich vor Schreck und habe die Sache ganz schnell vergessen, bis sie jetzt eben wieder hochkam. Merkwürdig …«

Während des Sprechens hatte er Katrinas Hand an seinen Mund gezogen. Sie wusste nicht, was ihr heftigere Gänsehaut eintrug, die hingehauchten Küsse, das Kratzen der Bartstoppeln oder Hennocks Anspielungen.

»Komm«, sagte sie schnell, »lass uns gehen. Wenn die arme Lucie uns so sieht, bricht ihr womöglich noch einmal das Herz.«

»Ich glaube eher, dass sie sich freut.«

Schweigend, dicht nebeneinander gingen sie den kiesbestreuten Weg entlang. »Wie gut es hier riecht!« Katrina atmete tief ein. »Sonnenwarmes Zedernholz, irgendetwas Zitroniges. Wunderbar!« Mit geschlossenen Augen blieb sie stehen – und fühlte sich plötzlich stürmisch umarmt, fühlte seine Lippen auf ihrer Stirn, ihren Lidern und endlich, so als hätte sie nie anderes ersehnt, auf ihrem Mund.

Der Friedhofswärter musste sich mehrfach räuspern, bis die beiden ihn wahrnahmen. Er sagte etwas, wies zum Himmel, von dem durch die dichten, im Wind schwankenden Baumkronen nur vereinzelte Fetzen zu sehen waren, und zum Ausgang.

»Es wird bald dunkel«, übersetzte Hennock, einen Arm um Katrinas Hüften gelegt, »wir sollen gehen, damit er abschließen kann.«

Alle wollten ihren Obulus – der Wächter, die Hütejungen, die Bettelkinder, ein kleines Mädchen in himbeerrotem Kleid, das mit breiten Zahnlücken zum Fenster herein sang. Und der Toyota rumpelte über das von den letzten Sonnenstrahlen golden und ockergelb gefärbte Feld den Hügel hinab Richtung Straße, schob sich ins Verkehrsgewühl.

»Die alte Geschichte geht mir nicht aus dem Kopf.« Völlig ungerührt vom Drängeln, Hupen und den röhrenden Motoren der Stärkeren ringsum, steuerte Hennock das Auto über eine verstopfte Kreuzung. Der Strom war wieder einmal ausgefallen, jede Ampel tot. »Wie grausam die Leute damals waren, wie vernagelt!« Er musste scharf bremsen, weil ein paar Kinder über die Straße rannten, ohne einen Blick nach links oder rechts zu werfen, und dann folgte auch noch eine ebenso blinde Schafherde.

»Glaubst du, dass es heute anders ist«, wandte Katrina ein, »– ich meine, im Prinzip anders? Wir können zusammen durch die Stadt spazieren, sogar Hand in Hand, aber wenn es weiterginge …?«

Er zuckte die Schultern. »Sicher, bei euch gibt es Leute, die einem eine Wohnung verweigern wegen der dunklen Hautfarbe, oder Eltern, die ihr Kind verstoßen, weil es ›so jemanden‹ liebt, und bei uns sind sie auch nicht begeistert vom gemischten Sortiment. Aus Sorge, ihre Kinder zu verlieren, hätten sie am liebsten, dass jeder sich in der Nachbarschaft verheiratet, nicht in anderen Provinzen, schon gar nicht im Ausland und erst recht nicht mit einem Weißen. Trotzdem – man wird nicht mehr unerbittlich geächtet und ausgegrenzt, vielleicht findet man sogar Gleichgesinnte, die einem den Rücken stärken. Ich denke, in unserer Zeit kommt es mehr auf die Kraft des Gefühls, auf die Tragfähigkeit der eigenen Überzeugung an als auf sture Regeln wie früher.«

»Wenn Lucie jetzt lebte, hätte sie also eine Chance?«

»Bestimmt. Nur dürften die Shiftas nicht wieder dazwischenfunken.« Es sollte ein Scherz sein, aber Hennock fand ihn selbst nicht besonders gelungen. Er sah Katrinas versonnenes Gesicht, auf dem sich keine Spur eines Lächelns zeigte, und strich ihr zärtlich übers Haar. »Komm«, sagte er, »lassen wir die düsteren Gedanken bei den Steinen am Grab.«

Katrina nickte. Schweigend blickte sie zum Fenster hinaus und spürte, wie eine Welle von Zärtlichkeit Lucies Schatten vertrieb. Noch nie hatte sie sich einem Menschen so nahe gefühlt, niemals ein solches Verlangen nach seiner Berührung empfunden. Sie glaubte wieder Hennocks Lippen zu schmecken und den Duft seiner Haut zu riechen, vermischt mit dem von Zedern und Mimosen, und erschauernd erinnerte sie sich an seine Finger, die sanft den Nacken hoch in ihr Haar wanderten.

Die Dunkelheit draußen wurde schnell dichter, am Straßenrand flackerten vereinzelte Feuer, aber auch bei Helligkeit hätte Katrina nicht sagen können, wo sie sich befanden oder welche Richtung Hennock einschlug. Trotz tagelanger Streifzüge war ihr die Topografie dieser wild wuchernden Riesenstadt immer noch ein Rätsel. Erst als der Wagen hielt, erkannte sie im Schein eines in einer Tonne lodernden Feuers den Hof des »Taitu«.

Wortlos nahm Hennock sie bei der Hand, führte sie durch die dunkle, ohne Fußballfans und dröhnende Fernseher wie eine vergessene Gruft wirkende Halle zum Portier, der kaum den Blick hob, während er mit Hilfe einer Taschenlampe Katrinas Schlüssel vom Brett angelte, und zog sie hinter sich her die knarrende Treppe hoch.

»Endlich!« Er schlug die Zimmertür zu und lehnte sich von innen dagegen.

»Endlich was?«, fragte sie scheinbar ahnungslos, dabei ging sie durch den finsteren stickigen Raum, um die Balkontür zu öffnen.

Hennock folgte ihr auf die Galerie und blieb dicht hinter ihr stehen, als sie den Kopf zum Himmel hob. »Endlich allein«, sagte er, »ohne Totengeister, ohne Bettler, Hirten, Wächter oder wen auch immer. Wie ich mir das gewünscht habe! Aber du – was suchst du denn hier draußen?«

»Oh – deinen Stern.« Katrina, mit dem Rücken an ihn gelehnt, erkannte den Klang ihrer Stimme kaum wieder. »Du weißt doch, den, der dir Glück bringen soll.«

Sanft drehte er sie zu sich herum. »Glaubst du, es gibt in diesem Etablissement einen Spiegel? Darin könntest du ihn sehen, meinen Stern, den hellen Glücksbringer.« Er schloss sie in die Arme, so fest, dass ihr fast die Luft wegblieb. »Komm …«

Er erwartete sie im Lichtschein einer Kerze, die er neben dem Bett angezündet hatte. »Deine Haut schimmert wie Perlmutt«, sagte er, als sie langsam näher kam und zu ihm unter das Laken schlüpfte.

»Und deine wie dunkle Seide!«

Auf einen Ellbogen gestützt, hob er die Hand und strich weich über ihre Wange, seine Fingerspitzen zeichneten die Linie ihrer Brauen nach, ihrer Nasenflügel und Lippen, folgten dem Schwung von Hals und Schultern und umkreisten ihre Brüste.

Katrina zitterte, sie nahm nichts mehr wahr als die Glut dieser Finger und das Dröhnen ihres Herzschlags. Durch halb gesenkte Wimpern sah sie Hennocks zärtliches Lächeln und hielt die Spannung plötzlich nicht mehr aus. Wie von einem Sturm getrieben, drängte sie ihm entgegen, umschlang ihn mit den Beinen und zog sein Gesicht in ihre Halsgrube.

»Du wirst so sehr geliebt«, murmelte er, als er sich über sie beugte, »so sehr.«

Hast du den Kirchplatz von St. Georg auch besonders gern gehabt, Evchen? Hinter der Umfriedung beginnt eine Welt für sich, sehr still, sehr weihevoll, ein Andachtsraum unter freiem Himmel. Die Kirche – Hennock behauptet, dass unser Carl an dem Bau mitgearbeitet hat und dass sie hier seinerzeit die einzige Kathedrale in europäischem Stil war –, die Kirche ist verschlossen, aber die Frommen scheint das nicht zu stören, sie knien betend außen vor den Wänden, manche mit erhobenen Händen. Überall, auf Stufen, entlang der Umfassungsmauer und unter Bäumen sitzen in sich versunkene Gestalten, während draußen das Leben tobt. Sobald man aus dem Tor tritt, kommen sie wie die Heuschrecken angeschwirrt – Scharen von Bettlern, Schuhputzern, Händlern, Neugierigen … Nie wieder will ich hören, dass Geld nicht stinkt, Evchen! Jeden Morgen stopfe ich mir die Taschen voll mit – mühsam eingetauschten! – kleinen Scheinen, und jeder einzelne verströmt so grässlichen Geruch, dass ich am liebsten der erstbesten Jammergestalt alles überlassen würde. Hennock hat ein System, nach dem er manchen gibt und anderen nicht, ganz ruhig, ganz bestimmt, aber er grinst nur, wenn ich danach frage. Ich soll meinen eigenen Weg finden, mich durchzuschlängeln, sagt er. Ohne so ein System kommt hier wohl keiner zurecht.

Vom Kirchenhügel, das weißt du sicher noch, blickt man über das Reiterstandbild hinweg auf die Berge am nördlichen Horizont. Im Moment sehen sie kahl aus, dunstig, gelbbraun. Den bronzenen Menelik dazwischen finde ich nicht gerade überwältigend. Jedenfalls nicht so, wie du seine Wirkung geschildert hast. Sicher meinst du jetzt, dass die Jugend von heute zu viel in der Welt herumflattert und durch nichts mehr zu beeindrucken ist, aber es stimmt doch: Heroenmonumente dieser Art findest du in jeder europäischen Metropole. Denk nur an Ludwig I. hoch zu Ross in München, an Herzog Wenzel in Prag oder Prinz Eugen am Wiener Heldenplatz. Immerhin haben sie Menelik sofort aus seinem Versteck geholt, als die italienische Phase überstanden war, und ihn wieder aufgestellt.

Zum Entoto sind wir mittlerweile auch gefahren. Die Straße dort hinauf wird von einer japanischen Firma ausgebaut. Eukalyptusbäume, an den Hängen gefällt, liegen quer über der Fahrbahn und knacken und duften beim Drüberrollen. Wie zu eurer Zeit hasten mit Reisigbündeln bepackte Esel und ebenso schwer beladene Frauen in endloser

Reihe Richtung Stadt, grau vom Staub, den Laster und berstend volle Überlandbusse auf der Schotterpiste hochwirbeln. Oben gibt es noch dichten Eukalyptuswald. Wir sind über warme wellige Erde und blank gewaschenen Stein gelaufen und haben an einer Stelle gerastet, die vielleicht einmal euer Picknickplatz war, mit weitem Blick auf die zerfließenden Konturen der Stadt. Ich lege ein Eukalyptusblatt zwischen die Seiten, Evchen, damit du wieder weißt, wie gut es dort riecht.

Hennock hat mir die beiden Entoto-Kirchen gezeigt – die von Raguel innerhalb einer Mauer aus dicken rauen Feldsteinen und, weiter bergauf, die mit hellblauen Pfosten, bunt bemalten Schnitzereien und Blumenmotiven geschmückte Mariam-Kirche. Ich hatte keine Ahnung, dass die Aufteilung des Kirchenraums hier so anders ist als bei uns. Mit drei kreisförmig angelegten Bereichen gleicht sie alttestamentarischen Tempelbauten. Es gibt eine Vorhalle, in der sich das Volk aufhalten darf, dann den inneren »heiligen« Bezirk, wo der Gottesdienst zelebriert und die Kommunion ausgeteilt wird, und noch ein »Allerheiligstes«, nur für Priester zugänglich und Aufbewahrungsort des »Tabots«, einer Imitation der Bundeslade. Ich wusste auch nicht, dass die ausgeblasenen Straußeneier, die an den Kreuzen auf fast allen Kirchendächern stecken, ein frühchristliches Schutzsymbol sein sollen. Aber ich hatte ja Hennock an meiner Seite, nicht nur bewandert in Architektur, sondern, wie es scheint, auch sehr mit der Religion seines Landes verbunden. Du liebe Güte, Evchen, für die kleinen Unterschiede haben sie früher gekämpft und sind gestorben! Dass der eine glaubt, Christus sei nur Gott gewesen, und der andere ihn nach römischer Lehre als Gott und Mensch zugleich ansieht.

Als wir die Raguel-Kirche betraten – ohne Schuhe, wie es sich gehört –, gerieten unsere Füße zufällig nebeneinander auf die Türschwelle. Ein Sonnenstrahl, der genau in diesem Moment dorthin fiel, ließ den einen beinahe schwarz und den anderen schlohweiß erscheinen. Und plötzlich schoss mir deine Bemerkung durch den Kopf, dass die Menschen hier zwar »sehr schön, aber doch sehr dunkel« seien. Mir waren sie nie so anders vorgekommen, eher vertraut, wie Leute aus meinem Umfeld, die nur etwas zu lange in der Sonne gelegen hatten. Überall glaubte ich jemanden aus der Schule, der Uni oder der Nachbarschaft zu erkennen. Erst dieses Schwarz-Weiß-Bild brachte mich auf die Idee, dass ich vielleicht ein bisschen zu gleichmacherisch herumgeschaut haben könnte und mehr auf Verschiedenheiten achten sollte. Nicht, um mich abzugrenzen, sondern um besser zu verstehen.

Die Suche nach dem alten Familienhaus habe ich noch gar nicht erwähnt. Eine ziemlich schwierige Angelegenheit, denn kein Mensch kennt die Straßennamen, die du genannt hast, Evchen, und niemand erinnert sich an die weiße Villa mit dem imposanten Turm und dem großen Garten. Aber Hennocks detektivischer Spürsinn hat uns schließlich doch an den Ort geführt, wo es gestanden haben muss. Dir würden sicher die Tränen kommen, wenn du das Gewirr von Häusern und armseligen Quartieren sähest, die sich jetzt auf dem Gelände drängen. Dicht an dicht wie Fischschuppen bedecken die Blechdächer unzähliger Hütten die Hänge diesseits und jenseits »eures« Flusses. Außer ein paar vereinzelten hohen, knorrigen Bäumen gibt es nichts, was vielleicht noch von früher stammen könnte, keine Spur mehr von eurem Leben hier.

Ganz vergessen seid ihr jedoch nicht. Als Hennock in der Gegend herumfragte, erwähnte jemand einen Armenier, der steinalt und eine lebende Chronik des Landes sei und mit Sicherheit etwas über die Familie wisse. Der Mann heißt Leon Odabassian, ist siebenundneunzig Jahre alt. Gestern Nachmittag haben wir ihn besucht, es war ein Besuch in einer anderen Welt, einer anderen Zeit und für mich sehr bewegend.

Wie üblich bei einigermaßen gut situierten Leuten, schließt eine Eisenpforte, dieses Mal schlammfarben angestrichen, das Haus von der Straße ab. Den Weg dahinter säumen Rosen und Efeuranken, ein Quittenbaum wächst im Hof neben einer riesigen Palme. Hinten rechts, unter einem Wacholder, brannte ein offenes Feuer. Und ein Diener ging in langem Gewand, mit weißer Kappe durch das abgeschabte

Treppenhaus voraus zu seinem Herrn. Hennock hatte uns telefonisch angemeldet. Empfangsbereit saß Leon Odabassian an der Längsseite eines großen, fast leeren Zimmers auf einem rostroten Plüschsofa. Zusammengesunken hockte er da, ärmlich gekleidet, mit eingefallenem zahnlosem Mund – trotzdem ein bezaubernder alter Mann. Ich glaube, es sind seine Augen, von denen man sich sofort angezogen fühlt, braune ausdrucksvolle Augen, die viel Humor und Menschenkenntnis verraten. Er reichte uns beiden die Hand und klopfte auf das Polster an seiner Seite. Ich sollte mich neben ihn setzen, weil er – das machte er mit einem Zeichen Richtung Ohr klar – nicht mehr gut hörte. Hennock zog sich einen Stuhl heran. Leon, so wollte er angesprochen werden, schlug vor, Englisch zu reden, und kam sofort zur Sache. Ich sei also eine Urenkelin der Haertels, sagte er, das könne man gleich an der Ähnlichkeit sehen. Er schaute mich aufmerksam an und malte mit seinem langen, etwas schiefen Zeigefinger meine Gesichtsform in der Luft nach. Sogar das familientypische Grübchen tupfte er dazu. Es war ein seltsam anrührender Moment, Evchen, er schien durch mich euch alle zu sehen, nannte eure Namen und wusste, welche Haarfarbe ihr als Kinder hattet. Und dazu lächelte er zahnlos, aber hinreißend.

Dieser Mann ist wirklich ein Phänomen, ein wandelndes Geschichtsbuch. Angefangen bei Menelik, der die Familie ins Land holte, verpasste er uns eine sehr informative und amüsante Unterrichtsstunde in äthiopischer Historie, obwohl mich natürlich die Biografie unseres Clans mehr interessierte. Von Urgroßmutter Anna sagte er, dass sie nicht nur im Palast großen Einfluss gehabt habe, sondern manches Mal auch als Vermittlerin zwischen Regierung und deutscher Gesandtschaft aufgetreten sei, wenn Sand ins politische Getriebe geraten war. Und Carl, meinte er, sei sehr wichtig und nützlich gewesen, weil es vor ihm keinen Architekten gab. Was ich denn von den urgroßväterlichen Bauwerken hielte, fragte er. Ich gestand – nimm 's mir nicht übel, Evchen –, dass ich sie wenig aufregend fände, sondern eher konventionell. Die Bronzestatue käme mir wie ein Serienabguss vor. Leon lachte. »Natürlich, Kindchen«, erklärte er. Gerade darum sei es ja gegangen, dass *man hier genau das haben wollte, was europäischer Konvention entsprach, was aus westlicher Perspektive als repräsentativ galt und alle Metropolen schmückte. Mein Urgroßvater habe diese Wünsche gekannt und zu erfüllen versucht. Hennock nickte. Ja, und zwar gar nicht schlecht, man könne sogar einen Anklang an den großen preußischen Baumeister Schinkel bei ihm entdecken. Ich kann mir unter Schinkel nichts Rechtes vorstellen, hörte dieses Lob aber trotzdem gern. Mehr noch imponierte mir allerdings, was Leon über die Rolle erzählte, die einige von Carls Bauwerken im Bewusstsein der Leute spielen. Das Mausoleum sei seit vielen Jahrzehnten eine nationale Wallfahrtsstätte, und vor dem Menelik-Denkmal hätten die Menschen lange Zeit den Boden geküsst, seine Wiedererrichtung sofort nach dem Abzug der Italiener sei als Symbol des Triumphes empfunden worden. Der Neue Gibbi, sagte er, stünde im Brennpunkt der Geschichte, weil hier die Besatzer ihr Hauptquartier hatten und die Handgranaten vom Balkon geflogen waren, die das unvergessliche Massaker auslösten, und 1960 seien bei einem Putschversuch mehrere Minister im grünen Salon des Palastes heimtückisch erschossen worden. Danach habe Haile Selassie sein Domizil der Universität vermacht.*

Eigenartig, Evchen, dass der Urgroßvater selbst überhaupt nicht berühmt ist, ein Teil seiner Werke aber umso mehr. Entspricht das nicht seiner bescheidenen Art und seiner Verbundenheit mit diesem Land? Mir kommt es so vor, als hätte er großen Gefühlen und historischen Ereignissen eine Fassung gegeben, ohne Lorbeeren für sich selbst zu wollen. Ich glaube, ich mag ihn.

Katrina schloss ihr Notizbuch, klemmte den Stift daran fest und sah auf die Uhr – halb vier. Länger als zwei Stunden saß sie nun schon hier. Er müsse nur kurz etwas erledigen, hatte Hennock gesagt, er sei gleich wieder da. Die Sonne wanderte über das kleine Straßencafé neben der Universitätsbuchhandlung und zwang sie, mit ihrem Stuhl den wechselnden Schattenflecken unter den spärlich belaubten Bäumen zu folgen. Sie musste an die alten Fotos der

Großmutter denken, auf denen die Damen oft eine erstaunliche Kleidermischung trugen: Wollkostüm und Tropenhelm. Jetzt endlich erkannte sie den Grund. In der Sonne dröhnte der Kopf von sengender Hitze, im Halbschatten begann man zu frösteln und schudderte im tiefen Schatten vor Kälte.

Als der Kellner wieder einmal einen der kleinen Losverkäufer vorbeischeuchte, die auf Kundensuche unermüdlich die Tische umkreisten, gab Katrina ihm ein Zeichen – noch einen Kaffee. Es war der dritte. Allmählich spürte sie das Muster des Plastikstuhls. Ob Hennock etwas passiert war? Und wenn ja, was könnte sie tun? Irgendwo in ihrer Tasche musste Tassamas Telefonnummer sein, er hatte sie ihr gleich am Flughafen »für alle Fälle« gegeben. Katrina durchwühlte gerade das übliche Chaos am Taschengrund, als sie Hennocks Stimme hörte. Durch die Barriere der Kübelpflanzen sah sie ihn kommen, lachend und redend, umgeben von einem Trupp Freunden.

Ohne den geringsten Ansatz einer Erklärung oder Entschuldigung begrüßte er sie mit einem fröhlichen »Hallo« und stellte ihr seine Begleiter vor, die sich auf rundum gesammelten Stühlen niederließen. David, Giorgis, Tzegai, Mikael, Yemane … Katrina nickte jedem freundlich zu, wurde einer kurzen interessierten Musterung unterzogen und im nächsten Moment »kaltgestellt«. Zumindest schien es ihr so, denn das Männerpalaver ging munter weiter, ohne dass jemand Notiz von ihr nahm. Auch Hennock nicht. Alle redeten gleichzeitig, lautstark, amharisch – Katrina verstand kein Wort.

»Say something«, sagte Hennock irgendwann zu ihr, seine Freunde konnten natürlich Englisch, doch ehe es ihr auch nur gelang, den Mund aufzumachen, hatte er sich schon wieder abgewandt.

Sie kam sich plötzlich völlig verloren und einsam vor, fremd wie in noch keinem Moment ihres Hierseins. Scheinbar gelassen auf ihrem Stuhl zurückgelehnt, beobachtete sie den vermeintlichen

Freund, den Geliebten, dem sie sich so nahe gefühlt hatte, und sah einen Unbekannten. Was brachte ihn dazu, sie stundenlang warten zu lassen und zu tun, als sei das die normalste Sache von der Welt? Weshalb behandelte er sie auf einmal wie Luft, schloss sie aus den Gesprächen aus? Wollte er ihr beibringen, dass sie nicht in seine Welt gehörte, und hatte nicht den Mut, es direkt zu sagen? Katrina spürte, wie Ärger, Eifersucht und Trauer sich in ihrer Kehle zu einem schmerzhaften Kloß verklumpten. Sie schob Geldscheine für mittlerweile vier Kaffees unter die letzte leere Tasse, stand auf und griff nach ihrer Tasche.

»Ich muss gehen, lasst euch nicht stören.« Dass sie englisch sprach, geschah nicht diesen Benjamins und Mikaels zuliebe, sondern war nur als Signal für Hennock gedacht: Wenn du eine Schranke zwischen uns willst – bitte, die kannst du haben.

Sie warf einen kühl lächelnden Blick in die Runde und ging Richtung Straße, wo sie Stunden vorher eine Reihe blauweißer Taxis gesehen hatte. Den Rücken hielt sie betont gestreckt, damit Hennock, falls er ihr überhaupt nachschaute, ihre Nonchalance auch noch von hinten erkennen könnte, obwohl sie sich am liebsten heulend zusammengekrümmt hätte.

»Katrina!« Hennock hielt die Taxitür fest, die sie gerade zuschlagen wollte. »Was hast du vor? Du kannst doch nicht einfach ohne mich wegfahren!«

»Ach ja? Und warum nicht, bitte?«

Er steckte dem Fahrer ein paar Geldscheine zu und zog sie aus dem Wagen.

»Weil – weil …«, einen Augenblick suchte er nach dem passenden Ausdruck für sein Gefühl, »weil wir zusammengehören, verdammt nochmal! Ich muss wissen, wo du bist, dass es dir gut geht.«

Katrina schüttelte die Hand ab, die er auf ihre Schulter legte. »So? Und deshalb vergisst du mich in diesem Café und lässt mich wegen deiner Kumpel links liegen?«

»Du bist doch nicht etwa eifersüchtig? Katrina, ich bitte dich …«

»Unsinn. Ich bin nur das Herumsitzen leid. Und ich will heim – ins Hotel natürlich.«

Sie winkte wieder nach einem Taxi, doch Hennock bugsierte sie energisch zu dem Toyota.

Katrina erwachte mitten in der Nacht. Behutsam schälte sie sich aus Hennocks Umarmung und rückte ein wenig von ihm ab. Der Vollmond warf bleiches, weiches Licht ins Zimmer, gerade hell genug, um zu erkennen, dass er im Schlaf lächelte. Und sie spürte wieder diese seltsame Mischung aus Staunen und Rührung, von der am Vorabend das bittere Gemengsel in ihrem Hals aufgelöst worden war. Sie erinnerte sich, wie Hennock während der Fahrt fröhlich gepiffen hatte und breit lächelte, wenn sie ihm einen ihrer sparsam dosierten und eher finsteren Blicke zuwarf. So als wäre alles in bester Ordnung. Er schien tatsächlich keinen Begriff von ihrem Grimm zu haben, denn auf halber Strecke hielt er bei einem kleinen italienischen Lokal und meinte augenzwinkernd, dass man sich vor der langen Nacht noch etwas stärken solle. Eine mögliche Abfuhr kam ihm offenbar nicht in den Sinn. Verblüfft ließ Katrina ihn gewähren, als er für sie beide Nudeln bestellte, dazu einen Teller Oliven und Ziegenkäse, seine Ellbogen auf die hellgrüne Kunststoffplatte des Tisches stützte, sich hinüberlehnte und ihr Gesicht mit den Händen umschloss.

»Du siehst so ernst aus«, sagte er, »bedrückt dich irgendetwas?«

Ja, du – hätte sie schreien mögen –, du mit deiner Rücksichtslosigkeit, die ich nicht verstehe! Aber dann sah sie seinen zärtlich besorgten Blick und schlagartig wurde ihr klar, dass er sich in aller Unschuld »unmöglich« verhielt – ein Afrikaner, der nach seinen Vorstellungen handelte und nicht, wie eine Europäerin von ihm erwartete.

Seufzend verschränkte sie die Hände hinter ihrem Nacken. Ob

es viele solcher Hürden geben mochte? Solcher Missverständnisse, Fallen oder was auch immer, die möglicherweise entschieden gravierender waren als das Café-Intermezzo? Sie musste darüber nachdenken, denn ganz sicher würde Hennock seine bislang nur spielerisch gestellte Frage wiederholen, ohne sich mit einer scherzhaften Antwort zufrieden zu geben. Es war am vergangenen Abend beim Essen gewesen, auf dem Teller zwischen ihnen hatte noch eine einzelne Olive gelegen, die dickste, prallste.

»Nimm du sie«, sagte Hennock.

»Nein, du!«

»Ich denke, du!« Er spießte die grün glänzende Frucht auf seine Gabel, malte damit obskure Zauberzeichen in die Luft vor Katrinas Gesicht und schob sie ihr blitzschnell in den zum Lachen geöffneten Mund. »Gegenseitiges Füttern«, erklärte er, »gehört bei uns zur Tradition. Meinen Madame, Sie könnten sich an solche Sitten gewöhnen?«

Hinter dem schelmischen Zwinkern, mit dem er sie fixierte, spürte Katrina den Ernst seiner Frage. Sie wurde rot.

»Schon möglich, solange der Herr persönlich seine Finger im Spiel haben«, sagte sie und nagte an ihrem Olivenkern.

Der Schläfer an ihrer Seite wurde unruhig. Wahrscheinlich haben meine Seufzer ihn gestört, dachte sie, aber wie soll ich herausfinden, ob ich hier leben könnte, umgeben von so viel Armut, Elend, Hoffnungslosigkeit und mit so wenig Ahnung von den sozialen Spielregeln? Was die Großmutter zu erzählen wusste, war fast ausschließlich an einer Seite der Medaille festgemacht – der der Weißen und der einheimischen Hautevolee, und konnte heute kaum noch Geltung haben …

Hennock murmelte im Schlaf ihren Namen, streckte tastend die Arme nach ihr aus, und sie schmiegte sich wieder an ihn, zog die Decke über sie beide. Hier, so nah und warm bei ihm, erschien ihr alles ganz einfach.

Bestimmt hast du es damals aus der Zeitung erfahren, Evchen. Im November 2000 wurde euer verehrter Löwe, Haile Selassie, endlich offiziell und feierlich beigesetzt. Fünfundzwanzig Jahre lang, seit ihn Putschisten im August 1975 mit einem Kissen erstickten, hatten seine Überreste zunächst unter einer Palasttoilette verscharrt und dann in einer Kiste im Mausoleum gelegen. Ich habe sein Grab besucht, um dir davon berichten zu können. In der prachtvollen Dreifaltigkeitskirche von Addis Abeba, die erst nach eurer Zeit entstand, liegt er Seite an Seite neben seiner Frau Menen, und unter den gewaltigen Marmorsarkophagen der beiden sollen die Prinzen Makonnen und Sahle Selassie beerdigt sein. Es ist ein sehr würdevoller Platz, musst du wissen, nicht nur wegen der kostbaren Ausstattung mit geschnitzten Decken, opulenten Kronleuchtern und den reich verzierten kaiserlichen Kirchenstühlen – Löwen als Armlehnen natürlich! –, sondern auch, weil auf dem Ehrenfriedhof draußen viele berühmte Patrioten liegen, deren Fotos und Bronzeporträts man betrachten kann, wenn man Bakschisch zahlt und dafür die Stacheldrahtumzäunung passieren darf. Der Diebstahl von Gedenkstücken scheint ein beliebter Sport zu sein. Und dann gibt es nahe vor der Kirche noch ein besonders auffallendes Grabmal aus grauem Granit. Sylvia Pankhurst ruht hier, eine Engländerin, die annähernd gleichaltrig mit deiner Mutter war. Kennst du den Namen? Ich hatte noch nie von ihr gehört, aber Hennock wusste einiges über sie, und nach dem, was er erzählte, kommt es mir vor, als habe sie auf höherer Ebene fortgeführt, was eure Mutter im Bereich von Etikette und diplomatischem Know-how begann. Mit mehr politischer und intellektueller Brisanz allerdings. Sie muss sich unüberhörbar für die Eigenständigkeit Äthiopiens gegenüber faschistischen Ansprüchen eingesetzt haben und schrieb sogar eine grundlegende Arbeit über die Kulturgeschichte des Landes. Komisch – sie hat anscheinend genau zu dem Zeitpunkt mit dem Negus Freundschaft geschlossen, als ihr aus seinem Leben verschwandet, 1936 im englischen Exil. Und sie ließ sich in Äthiopien nieder, als es bei euch schon längst keinen Gedanken mehr an eine Rückkehr gab. Wie es wohl gewesen wäre, wenn die beiden sich je getroffen hätten – Anna, die Hofdame, und Sylvia, die Suffragette?

Wusstest du eigentlich, dass euer kaiserlicher Freund bis heute als Gott *und eine* Art Pop-Ikone *veehrt wird? Von einer* Fan-Gemeinde *aus Jamaika, die Anhänger rund um den* Globus *fand?* Hennock *hat mir die* Geschichte *erzählt, nachdem wir mehrmals auf* Leute *mit Strickmützen in den äthiopischen* Nationalfarben *gestoßen waren, riesigen grün-gelb-roten* Mützen *voller so genannter* Dreadlocks – *langer, dicker, ungekämmter Drahtlocken. Typische Rastas, dachte ich, und wunderte mich, wieso sie hier herumzogen und sogar als Wächter in den Bäumen rund um das* Mausoleum *hockten. Niemals wäre ich auf die Idee gekommen, dass sie irgendeine Beziehung zu diesem* Land *haben könnten, wenn* Hennock *mich nicht aufgeklärt hätte.*

In Jamaika, sagt er, gab es Anfang des vergangenen Jahrhunderts eine Bewegung, die die Nachkommen verschleppter afrikanischer Sklaven in ihre Heimat zurückbringen wollte. An den Ufern des Nil sollten sie sich niederlassen, und es hieß, dass ein schwarzer König sie aus der Unterdrückung durch die Weißen herausführen werde. Als dann Ras Tafari 1930 zum Kaiser von Äthiopien gekrönt wurde, glaubten sie, die Prophezeiung sei wahr geworden. Das musste ihr Erlöser sein. Sie erklärten ihn zum Gott und nannten sich nach ihm Rastafaris *oder* Rastas *oder* Rastamen. *Natürlich kannte ich diese Namen, Evchen, weil sie durch den Reggae, die karibische Musik, sehr populär sind, aber an Haile Selassies Fürstennamen hätte ich dabei nie und nimmer gedacht. Wenn mir jetzt Reggae-Songs durch den Kopf gehen, erkenne ich plötzlich den Zusammenhang – ›I am like a lion in Zion‹ …*

Bei einem Staatsbesuch in Jamaika wurde Haile Selassie von seinen Bewunderern beinahe verschlungen. Die Rastafaris wollten nach Äthiopien übersiedeln, doch der Kaiser winkte ab. Ihm lag mehr an Steuern zahlenden Fachleuten als an kiffenden Verehrern – verständlich, ange-

sichts der wirtschaftlichen Probleme des Landes. Trotzdem blieb er für seine Anhänger der dunkelhäutige Messias. Bis heute wollen sie seinen Tod noch nicht wahrhaben.

Hennock schaut sich neben meiner »Betreuung« gerade intensiv nach einem Job um. Morgen Vormittag hat er einen Termin, und ich will währenddessen der Aufforderung des alten Armeniers folgen, ihn noch einmal zu besuchen. Jederzeit könne ich kommen, hat er beim Abschied gesagt, er sei ja ohnehin zu Hause.

Leon saß wie beim ersten Mal auf seinem abgewetzten Sofa und klopfte wieder einladend neben sich, offensichtlich erfreut über Katrinas Erscheinen.

»Ich habe Sie schon erwartet, Kindchen«, lächelte er mit munter blitzenden Augen. »Was liegt Ihnen am Herzen?«

»Eine Frage, die mich seit langem beschäftigt. Ich dachte, dass Sie vielleicht eine Antwort darauf wissen könnten.«

»Als Fossil von damals, wie?« Sein Mund verzog sich zu einer schiefen Schleife.

»Aber nein!«, versicherte Katrina eilig, ehe sie ein zahnloses Lachen darin erkannte. »Als hervorragender Kenner der Geschichte, der Menschen und der Verhältnisse hier.«

»Dank für die Ehre. Also – worum geht es?«

»Um die Haltung meiner Familie. Ich kann mir einfach nicht erklären, weshalb niemand von ihnen zurückkehrte, nachdem sie mehr als dreißig Jahre hier gelebt hatten. Und dann: Warum hielten sie keinerlei Verbindung nach Äthiopien und erwähnten die afrikanische Vergangenheit nicht einmal mehr? Wenn ich nicht zufällig alte Fotos und Notizen entdeckt hätte, wäre dieser Teil der Familiengeschichte einfach vergessen worden. Wieso nur? Verstehen Sie das, Leon?«

Der alte Mann verschränkte seine knotigen Hände zwischen den Knien, nachdenklich wiegte er den Kopf. »Ich glaube, man wird die Antwort auf verschiedenen Ebenen suchen müssen«, sagte er. »Aber erzählen Sie mir doch zunächst, was aus ihnen allen geworden ist, aus Vater, Mutter und den drei Töchtern.«

»Ach ja, das können Sie natürlich nicht wissen. Carl starb 1941 im Internierungslager von Diredaua. Anna kam nach zweiundzwanzig Monaten Gefangenschaft und endloser Schiffsreise um ganz Afrika herum 1943 zusammen mit Wilma und Edith in Deutschland an, erlebte den Untergang Dresdens, floh nach Bayern und starb im Januar 1967 in Rottach-Egern am Tegernsee. Wilma ließ sich zuerst in München nieder. Später, nach einer zweiten gescheiterten Ehe, zog sie gemeinsam mit ihrer Tochter auf den Familienwohnsitz bei Tölz. Ich weiß nicht, welche der alten Clan-Tanten es war, aber eine von ihnen hat dort angeblich ein strenges Kommando geführt unter dem Motto: ›Auf jedes Lächlein folgt ein Bächlein.‹ Damit der Mensch nur ja nicht übermütig wird! Wilma starb in den späten Achtzigern und Edith, die mit Mann und vier Kindern in Genf wohnte, Anfang der Neunziger. Eva, meine Großmutter – erinnern Sie sich an das brünette kleine Mädchen mit den wehenden Locken? –, bekam zwei Söhne. Sie ist seit einer Ewigkeit geschieden und lebt sehr fröhlich im bayerischen Voralpenland. Reicht das?«

Leon nickte. Sein Blick wanderte über das verblasste Blumenmuster der gegenüberliegenden Wand, während er zu überlegen schien. »Allein, dass Carl Haertel nicht mehr bei ihnen war, erklärt vieles«, sagte er schließlich. »Carl hatte außerordentliches Interesse an hiesiger Kunst und soll seiner Verwandtschaft in Deutschland manchmal besonders schöne oder typische Stücke geschenkt haben.«

»Das stimmt«, fiel Katrina ihm ins Wort. »Irgendwer hat einmal im alten Kornspeicher des Familienhauses ein paar bunte geflochtene Körbe gefunden. Einen Schild und – wie ich jetzt weiß – brokatene Priesterschirme, aber das Zeug war von Mäusen angefressen und musste auf den Müll.«

»Natürlich, natürlich«, Leon lächelte ihr zu und hob beschwichtigend die Hände. »Man kann nicht alles aufbewahren. Darum geht es auch gar nicht, sondern um die Leidenschaft Ihres Urgroßvaters für äthiopische Kultur, die er trotz Internierung, Ausweisung oder was immer bestimmt nie verloren hätte. Sie wäre ein Bindeglied geblieben, da bin ich mir sicher. Doch im Übrigen …« Er wiegte wieder den Kopf und strich über sein glatt zurückgekämmtes, nur an den Schläfen ergrautes Haar. »Wissen Sie, 1941, nach der Heimkehr Haile Selassies aus dem Exil, hatte die Haertel-Klasse im Grunde ausgedient. Der Negus und sein Umfeld brauchten keine Lehrmeister in westlicher Lebensart mehr. Sie fühlten sich mittlerweile sicher auf internationalem Parkett. Durch einen Erlass wurde sämtlichen Würdenträgern, den Beamten und ihren Damen europäische Kleidung verordnet. Und man glaubte, genügend gut ausgebildete Leute zu haben, um wirtschaftliche oder technologische Probleme selbst zu lösen. Gegen die Deutschen, die immerhin mit seinem Erzfeind gemeinsame Sache gemacht hatten, hegte der Kaiser offenbar keinen Groll, denn das jahrelang verlassene Konsulat stand unter seinem persönlichen Schutz. Als deutsche Diplomaten 1954 zurückkamen, lag der Füller des letzten Generalkonsuls noch an seinem Platz. Sogar das Mittagessen wurde noch auf dem Tisch gefunden, allerdings schwarz eingetrocknet. Und er erlaubte Ihren Landsleuten, sich wieder niederzulassen. Auch solchen, die schon früher hier gelebt hatten und interniert worden waren. Weshalb die Haertels fernblieben, darüber kann ich nur spekulieren.«

Eine rundliche Dienerin im langen grauen Kittelkleid brachte einen Wasserkrug zum niedrigen Tisch vor dem Sofa, füllte ein Glas für ihren Herrn, gab Katrina ein Zeichen, sich selbst zu bedienen, und verschwand so geräuschlos, wie sie gekommen war. Leon trank gierig, wischte sich mit dem Handrücken über den Mund.

»Ihre Urgroßmutter«, fuhr er nach kurzem Nachdenken fort, »fühlte sich vermutlich nicht mehr jung genug für einen Neuanfang. Vielen Europäern macht in vorgeschrittenem Alter die Höhenluft zu schaffen. Und was die Töchter anbelangt, die werden mit ihren eigenen Familien beschäftigt gewesen sein, und ihre Männer waren beruflich eingespannt. Doch selbst ohne Anhang – wo hätten sie hier wohnen sollen, wovon leben? Ihr geliebtes, elegantes Haus hielt, wie man in der Stadt hörte, ein Würdenträger besetzt. Anscheinend war der Kaiser ihm verpflichtet, denn er beließ ihn dort. Den Pensionsbetrieb konnten sie also nicht wieder aktivieren. Und irgendwo unterzuschlüpfen, irgendeinen Posten zum Geldverdienen anzunehmen war unter ihrer Würde. Zu der Zeit und noch lange danach galt es als absolut ›unmöglich‹, dass eine weiße Frau für ihren Unterhalt arbeitete.«

Leon lachte verschmitzt, während er Katrina sein Glas zum Nachfüllen entgegenstreckte. »Verzeihen Sie, Kindchen, aber einen kräftigen Dünkel hatten sie natürlich auch, Ihre Lieben. Sie waren daran gewöhnt, auf höherem Niveau am Hof zu leben, mit wenig Kontakt zu normalen Leuten in der Stadt. Darin könnte ein weiterer Grund gelegen haben für den Abbruch der Verbindung: Sie hatten keine wirklichen Freunde hier – ich meine angestammte, einheimische. Und von der kaiserlichen Familie sind sie vielleicht enttäuscht gewesen.«

»Wieso?«, staunte Katrina. »Immerhin hat der Negus meine Urgroßmutter in Privataudienz empfangen, als er 1954 zum Staatsbesuch nach Bonn kam. Ist das nicht eine beachtliche Auszeichnung?«

»Doch, doch, ohne Frage. Nur führte die Zusammenkunft offenbar nicht zur Wiederbelebung der ehemaligen engen Beziehungen, was Ihre Urgroßmutter erträumt haben mag. Die Umstände, die Menschen, alles hatte sich zu sehr verändert. Kaiserin Menen war inzwischen eine schwer leidende, kaum noch gesellschaftsfähige Frau … Trotzdem muss es schmerzhaft gewesen sein, nicht mehr zu den Vertrauten, den Auserwählten im Bannkreis des Hofes zu gehören. Und die Erkenntnis, dass Glanz und Wohlstand von früher endgültig verloren waren, wird ebenfalls wehgetan haben. Man schwieg deshalb lieber über die abessinische Vergangenheit. Was halten Sie von dieser Theorie?«

Katrina zuckte die Achseln. »Möglich wär 's. Aber insgeheim haben sie offenbar doch verfolgt, wie es in ihrer alten Heimat weiterging. Meine Großmutter weiß jedenfalls recht gut Bescheid über den Fortlauf der Geschichte und hat mir davon erzählt. Vom Sturz des Kaisers zum Beispiel. War das nicht im Frühjahr 1974? – Und«, fuhr sie fort, als Leon bestätigend nickte, »vom anschließenden sozialistischen Militärregime unter Mengistu, von den furchtbaren Hungerkatastrophen der siebziger und achtziger Jahre und dann dem Umschwung zu demokratischen Ansätzen – 1991, stimmt 's? Sie sagt, jetzt seien zur Abwechslung mal die Tigreyaner an der Macht und wollten den seit ewigen Zeiten vorherrschenden Amharen zeigen, wie man ordentlich regiert. Ob ihnen das gelingt?«

»Nun ja«, Leon zupfte ausgiebig an seinem Ohrläppchen und krauste skeptisch die Stirn. »Viele hier meinen, dass Haile Selassie besser war als alles, was nach ihm kam.«

Schweigend schauten sie beide vor sich hin. Katrina überlegte, ob es nicht Zeit sei, den alten Mann in Ruhe zu lassen. Plötzlich hob er den Kopf und blickte sie mit seinen warmen klugen Augen aufmerksam an.

»Sie lieben ihn, nicht wahr?« Das klang mehr nach einer Feststellung als einer Frage.

Es dauerte zwei, drei Sekunden, bis Katrina begriff, dass er von Hennock sprach. Sie zögerte und nickte dann verlegen.

»Man spürt 's«, sagte Leon, »und auch, wie sehr er Sie liebt.« Er streckte seine Hand aus, drückte kurz ihren Arm. »Darf ich als Greis, der seit beinahe hundert Jahren hier lebt, Ihnen ein paar Ratschläge geben? Nichts nach Kamasutra-Art, keine Sorge.« Er legte sein Gesicht wieder in bezaubernde Schleifen. »Ich meine praktische Tipps für den Umgang zwischen Europa und Äthiopien.«

»Eine Sammlung von Vorurteilen?«, fragte Katrina mit freundlichem Spott.

Leon schlug sich vergnügt auf die Knie. »Wer denkt denn an so etwas!«, rief er lachend. »Sie können ja auch alles verwerfen, wenn es Ihnen überflüssig erscheint. Ganz wie Sie wollen, Madamchen.«

Normalerweise hätte sich Katrina über diese Anrede geärgert, aber aus Leons Mund klang sie wie ein altmodisches Kompliment.

»Okay«, sagte sie, »fangen Sie an.«

»Gut. Also: Viele Männer hier – nicht alle! – sind unzuverlässig ohne Ende und ohne darüber nachzudenken. Verabredungen mit ein, zwei Stunden Wartezeit, Flirts mit sämtlichen hübschen Frauen rundherum, Kompromisslosigkeit als eine Art Sport – wer wird denn deshalb grollen? Aus äthiopischer Perspektive basiert das auf der Überzeugung, die Krone der Schöpfung zu sein, der alles zusteht und der man selbstverständlich alles verzeiht. Europäer denken da eher an ungeheure Arroganz. Kein Wunder, dass es manchmal knallt und zischt. Ah – Ihrem Gesichtsausdruck nach haben Sie persönliche Erfahrungen in dieser Richtung.«

Er lachte schallend. Katrina lachte mit und malte sich dabei nicht zum ersten Mal aus, was für ein Herzensbrecher Leon fünfzig, sechzig, siebzig Jahre früher gewesen sein musste.

»Es gibt noch ein paar weitere Mentalitätsunterschiede – nicht nur Männer betreffend«, fuhr er fort, nachdem er sich mit einem großen zerknüllten Taschentuch die Augen ausgewischt hatte. »Wenn zum Beispiel jemand den Rock hinten hochgezurrt, die Hose offen oder etwas an der Nase hängen hat, darf ein Äthiopier ihm das niemals sagen. Er muss so tun, als sei alles in Ordnung. Ein Europäer wäre dankbar für den Hinweis. Aber hier denkt man, dass Schadenfreude dahinter steckt und zerrt – um den anderen nicht tödlich zu beleidigen – höchstens an den eigenen Kleidern, rubbelt die eigene Nase und schnäuzt sich ausgiebig, bis der Betroffene angesteckt wird und ebenfalls sein Taschentuch zückt. Auch teilt man besser niemandem mit, was Schlechtes über ihn geredet wird. Anders als die meisten Europäer sähe er darin nicht die Chance, eine falsch laufende Geschichte ins Lot zu bringen. Er nähme an, dass man verkappt nur die eigene Meinung äußert. Und sich mit einem gelungenen Coup zu brüsten ist ebenfalls nicht ratsam, weil die Umgebung, anstatt in den Jubel einzustimmen, gewöhnlich von Missgunst befallen wird.«

Leon kicherte plötzlich wie ein Schuljunge. »Zu dem letzten Punkt gibt es eine böse, eine bitterböse Parabel«, sagte er. »Hören Sie: Jesus zieht durch die Welt und kommt auch nach Äthiopien. Er beschließt, dem ersten Äthiopier, der seinen Weg kreuzt, einen Wunsch zu erfüllen unter der Bedingung, dass dessen Nachbar die doppelte Portion des Gewünschten bekommen soll. Der erste kreuzende Äthiopier denkt lange, lange nach und sagt schließlich: ›Herr, nimm eines meiner Augen.‹«

»Oh nein!« Zwischen Gelächter und Entsetzen schwankend, schlug sich Katrina auf den Mund. »Solche Geschichten kann man doch nicht erzählen!«

»Wieso?«, fragte der alte Mann mit Unschuldsmiene. »Die Leute hier haben sie selbst erfunden, also wird schon etwas Wahres daran sein. Außerdem ist es besser, über eigene und fremde Fehler zu lachen als sich darüber aufzuregen, meinen Sie nicht?« Zufrieden registrierte er Katrinas wenn auch etwas zaghaftes Nicken.

Leon sah zur Tür hinüber, durch die seine Dienerin ihren runden, mit einem dunklen Tuch umwickelten Kopf schob, und machte ein abwehrendes Zeichen.

»Immer soll ich geschont werden«, seufzte er Katrina zugewandt. »Ich wüsste nur gern zu welchem Zweck, wenn nicht für Stunden wie diese hier, für solche Gespräche.« Er musterte sie eine Weile stumm und prüfend, als wolle er sie einordnen in sein uraltes Bild von der Welt und den Menschen.

»Stimmt 's?«, sagte er schließlich, »Sie sind genauso in den Bann dieses Landes geraten wie ich, nicht wahr? Ach, natürlich«, er sprach weiter, ohne ihre Antwort abzuwarten, »sonst wären Sie nicht der Familienfährte gefolgt und säßen kein zweites Mal hier bei mir. Es ist wirklich ein erstaunliches, einzigartiges Land. In allen seinen Lebensformen – ob Kleidung, Essen, Religion, Kunst oder Geschichte – völlig verschieden vom übrigen Afrika. Überall spürt man die enge Verbindung zur südarabischen und jüdischen Kultur.«

Leon nahm wieder einen Schluck Wasser. »Sagen Sie, Kindchen«, fragte er, nachdem er sich mit seinem Taschentuch die Lippen getrocknet hatte, »wollen Sie noch weiter herumreisen?«

Katrina schüttelte bedauernd den Kopf. »Dieses Mal reichen leider Zeit und Geld nicht mehr. Morgen will ich zu Urgroßvater Carls Grab nach Diredaua, und in drei Tagen fliege ich heim.«

»Sie werden wiederkommen, nicht wahr? – Schon bald und für länger?« Er schaute sie mit so aufrichtigem Interesse an, dass sie ihm seine Neugier nicht übel nehmen konnte.

»So bald wie möglich und wenn es geht, für immer.« Mit Erstaunen hörte Katrina sich diese Worte sagen. Fest und bestimmt, als sei die Entscheidung längst gefallen, als habe es nicht in der vergangenen Nacht noch endlose Diskussionen mit Hennock gegeben und, nachdem er in ihren Armen eingeschlafen war, einsame Zweifel und Überlegungen bis zum Morgengrauen. Plötzlich fühlte sie sich ganz sicher, sah ihren Weg klar gezeichnet.

Leon hatte sie nicht aus den Augen gelassen, er schien zu spüren, was in ihr vorging. »Gut«, sagte er warm, »die Liebe zwischen Ihnen beiden ist stark genug. Sie werden alle Schwierigkeiten überwinden. Glauben Sie 's mir, ich kann es sehen. Und als Medizinerin haben Sie die besten Voraussetzungen, in einer fremden Umgebung Fuß zu fassen und Ihren Platz zu finden.«

Beim Abschied steckte Katrina ein Kloß im Hals, sie musste mehrmals hüsteln, ehe sie den alten Mann bitten konnte, hier im rostroten Plüsch auf sie zu warten.

»Ich werde da sein«, versprach Leon, während er lange ihre Hand hielt und sie mit seinem Blick wie mit einem Segen umhüllte. »Notfalls zum Schutzgeist mutiert«, setzte er fröhlich zwinkernd hinzu, um ihre Wehmut aufzufangen.

Das Taxi, in dem sie gekommen war, stand noch am Straßenrand, als Katrina aus dem Tor trat. Wie zur Demonstration der widersprüchlichen Welt, die bald die ihre sein würde, fuhr der Chauffeur erst ein Stück die Piazza hinunter – »Piassa« sagte man hier –, eine belebte Einkaufsstraße nahe der Georgskirche, mit Cafés, Schmuck- und Kleidergeschäften, bog plötzlich scharf nach links ab und kurvte durch ein Elendsviertel von einer Erbärmlichkeit, die Katrina noch niemals gesehen hatte. Winzige Hütten aus Blech-, Plastik- und Holzresten aneinander geklebt, ab und zu ein finsterer enger Durchgang voller Steinbrocken und Unrat. Aus den Schluchten, die die holprige Straße überspannte, drangen unglaubliche Gerüche in die offenen Autofenster. In Venedig stinkt 's auch, wenn es heiß ist, dachte Katrina trotzig und lächelte dem Fahrer zu, der sie im Rückspiegel mit freundlichem Interesse musterte.

Ich sitze auf dem Frankfurter Flughafen, Evchen, und versuche, Ordnung in meinen Kopf zu bringen. Wenn ich bedenke, dass ich noch vor drei Tagen durch die sonnenhellen Straßen von Diredaua lief … Diese Stadt gehörte unbedingt zu meiner »Spurensuche«, weil deine Eltern dort damals mit der Bahn ankamen und ihre Karawanenreise antraten, vor allem aber, weil ich sehen wollte, wo Carl beerdigt liegt.

Hennock brachte mich zum Airport. Weißt du, man kann jetzt mit kleinen Propellermaschinen, Fokker Friendships, im Land herumfliegen. Morgens hin, abends zurück – kein Problem, nur für Ausländer schmerzhaft teuer. Wir mussten noch vor Sonnenaufgang losfahren, und als wir an der ersten Ampel hielten, erhoben sich kleine, in dunkle Lumpen gehüllte Gestalten vom Mittelstreifen der Straße und streckten uns stumm die Hände entgegen. Sie wohnen anscheinend dort, grau von Staub und Elend und nächtlicher Verlorenheit.

Die Kinder hier sind überhaupt ganz eigenartig. Ein paarmal habe ich winzige Menschen gesehen, die wie Miniatur-Erwachsene ins Ge-

spräch vertieft am Straßenrand entlanggingen, ernsthaft einander zugewandt. Und das in einem Alter, in dem europäische Hätschelkinder noch auf der Hüfte getragen werden. Krasser könnte der Gegensatz kaum sein, aber was besser ist, wage ich nicht zu beurteilen.

Zumindest am Bahnhof von Diredaua kann sich seit eurer Zeit nicht viel verändert haben. Noch immer hocken auf dem Vorplatz scharenweise Frauen, in bunte Tücher gehüllt, neben sich dicke Bündel, die sie zum Verkauf nach Djibouti schaffen wollen. Ohne Mohammed wäre es mir wohl nie gelungen, das Stationsgelände zu betreten, denn alles ist umzäunt und streng bewacht. Anscheinend befürchtet man irgendwelche Terroranschläge oder Überfälle. Hennock kennt Mohammed aus gemeinsamen Studentenjahren. Er hat in Weihenstephan studiert, mit Familienanschluss am Münchner Stadtrand gewohnt, spricht ein exzellentes Deutsch und arbeitet jetzt auf einer Station von »Menschen für Menschen« nahe bei Harar. Seinem alten Freund zuliebe versprach er, da er ohnehin gerade in Diredaua zu tun hatte, hier mein Führer zu sein. Und er schaffte es tatsächlich mit Überredungskunst – und sicher auch ordentlich Bakschisch –, dass der elegant uniformierte, tonnenförmige Stationsvorsteher mir einen Passierschein ausstellte. Erst war ich enttäuscht, weil es für das ganze Theater kaum etwas zu sehen gab, aber dann entdeckte ich hinter einem speziellen Absperrgitter uralte Waggons, klein, hölzern, weiß gestrichen. Relikte aus eurer Zeit. Und ich bin sicher, dass auch der Salonwagen darunter war, in dem Anna, die Hofdame, standesgemäß an der Seite Ihrer Kaiserlichen Majestät gen Jerusalem reiste, und aus dessen Fenstern, wie du erzählt hast, der Negus unterwegs auf Gazellen und Antilopen schoss.

Ohne Mohammeds Hilfe hätte ich auch niemals den Europäer-Friedhof gefunden. Kein Mensch schien zu wissen, wo er liegt. Ziemlich lange kreuzten wir durch die Stadt, Mohammed hielt immer wieder, um Passanten zu befragen. Zuerst schickten sie uns zu einem italienischen Soldatenfriedhof, auf dem die Kreuze in monotoner Reinlichkeit nebeneinander standen, dann zeigte uns jemand endlich den richtigen Weg. Der Friedhof lag am Rand einer schmalen Schotterstraße, umge-

ben von einer Mauer aus Feldsteinen, gegen die drei kleine Jungs unermüdlich ihren Fußball knallten. Hier musste kein Beschließer gerufen werden, denn das zerschundene, von Rost und Farbresten fleckige Tor war halb aufgebogen, man konnte bequem darüber steigen.

Ich weiß nicht, was ich erwartet habe, aber sicher keinen so trostlosen, verrotteten Ort. Heute dient er offenbar als öffentliche Toilette. Beißender Gestank hing in der Luft, ein scharfer Wind wirbelte grobkörnigen gelben Sand, der den Boden bedeckte, zu Fontänen auf, Ballen von Dorngestrüpp fegten über die kahle Fläche. Nahe der Mauer gab es noch die Überreste einiger Gräber: Einfassungen und ein paar Grabsteine, von denen Namenstafeln, Bilder und Dekorationen abgerissen waren. In einem niedrigen Grabhaus wohnte anscheinend jemand. Ein nackter schwarzer Mann hockte davor auf einem Stein, seine Kleider hatte er über einen verdorrten Busch gebreitet und puhlte an seinen Zehen, ohne uns eines Blickes zu würdigen. Hier also sollte irgendwo der Urgroßvater beeerdigt sein. Mohammend half mir geduldig bei der Suche. Wir wischten Staub von Steinen, die im nächsten Moment wieder zugeweht wurden, wir gruben mit Scherben nach anderen Bruchstücken, auf denen sich vielleicht ein Hinweis finden ließe. Umsonst. Von Carl gab es nicht mehr das kleinste Zeichen.

Eigentlich hätte ich angenommen, über eine so ergebnislose Unternehmung enttäuscht zu sein. Aber als ich wieder neben Mohammed im Auto saß, fühlte ich mich plötzlich ganz heiter und leicht, und ich dachte, dass es Carl vermutlich genau so am liebsten gewesen wäre – spurlos in dieser Erde aufzugehen. Gone with the wind …

Am letzten Tag wurde ich noch zu Hennocks Mutter eingeladen. Es ging nicht früher, erklärte er, weil sie mindestens eine Woche brauche, um alles vorzubereiten. Einen kurzfristig angesetzten Besuch empfände man nach Landessitte als Affront. Auf dem Weg zu ihr – sie wohnt im Stadtteil Kabana – kamen wir an der deutschen Botschaft vorbei, gut versteckt hinter hohen Mauern. Du hast mir nie erzählt, dass das Gebäude, wie Carl befürchtet hatte, auf dem unsicheren Terrain tat-

sächlich zusammenstürzte. 1928 während eines Erdbebens, bei dem sonst fast kein Haus in Addis Schaden nahm. Nur der Pferdestall soll übrig geblieben sein, alles andere wurde, leicht versetzt, neu gebaut, und zwar nicht vom Urgroßvater. Deshalb habe ich mir die Besichtigung erspart, aber immerhin »seine« Brücke davor überquert und das steile, felsige Flussbett gesehen, in dem er damals bei Hochwasser um sein Bauholz kämpfen musste.

Hennocks Mutter empfing mich in ihrem eingeschossigen, von einer Mauer umschlossenen Haus zunächst mit einiger Zurückhaltung. Ich hätte gern gewusst, was sie dachte, wenn ich ihre skeptischen Blicke spürte. Sie hat ein vom Lächeln geprägtes Gesicht mit einer hohen gewölbten Stirn, weich gerundeten Wangenknochen und einer kleinen, schmalen Nase, aber es dauerte eine Weile, bis das Lächeln tatsächlich darauf erschien.

Hennock fungierte als Dolmetscher, weil seine Mutter keine europäische Sprache spricht, und sie erkundigte sich ausführlich nach meiner Familie, dann erzählte sie, dass ihr Mann vor zehn Jahren an den Folgen politischer Haft gestorben sei und ihre anderen Kinder, zwei Söhne und eine Tochter, in Amerika leben. Ihre Augen verdunkelten sich dabei vor Trauer, und ich konnte noch besser verstehen, weshalb Hennock versuchen will, sich hier eine Existenz aufzubauen, statt in Deutschland zu bleiben.

Sie hatte Dorowot gekocht, ein »Ehrenessen«, wie Hennock sagt, das aus Hühnerfleisch, hart gekochten Eiern, Zwiebeln, Berberi und anderen Gewürzen zubereitet wird. Dazu gab es Tedj und selbst gebrautes Talla. Und als sie sah, dass es mir schmeckte und ich auch mit dem Drei-Finger-System ganz gut zurechtkomme, brach auf einmal das Eis. »Torono?«, wandte sie sich direkt an mich, ohne Hennock einzuschalten. »Das heißt, ob es gut ist, ob es dir gefällt«, half er mir. Und ich bestätigte: »Torono!« Auf die Weise ging es dann weiter. Wo immer es ihr passend erschien, brachte sie ihr »Torono?« an, und ich nickte fleißig »Torono!«, bis wir beide lachten wie zwei ausgelassene Gören. Dass ein einziges Wort so viel bewirken kann, Evchen …

Katrina klappte ihr Buch zu, rutschte tiefer in den Schalensessel des Warteraums und ließ ihren Kopf an die Rückenlehne sinken. Hennock, dachte sie, Hennock, Hennock, Hennock. Wie oft kommt der Name eigentlich in meinen Notizen vor? Evchen muss nur kurz darin lesen, um zu wissen, was los ist. Ob sie ihre alten Vorurteile über Bord werfen wird? Vielleicht in Erinnerung an die arme Lucie?

»Sei 's drum«, murmelte Katrina und schloss die Augen. Sie sah Hennock wieder auf der Aussichtsterrasse des Flughafens stehen, zu der er hochgestiegen war, nachdem sie sich am Absperrgitter, das nur Reisende passieren durften, mit einem letzten staubigen Kuss getrennt hatten. Einen guten Kopf größer als die meisten um ihn herum stand er da, unbeweglich, ohne zu winken, und schaute zu ihr hinunter, während sie über den weiten Vorplatz ging, sich wieder und wieder umwandte, bis ein Trupp breitschultriger, weiß gewandeter Westafrikaner wie eine Lawine anrollte und sie in die Halle schob. Noch einmal reckte sie den Hals und versuchte, ihn durch die große Scheibe zu erspähen, aber er war verschwunden.

»Wir brauchen keine Zeichen«, hatte er gesagt. »Je weniger nach außen dringt, desto stärker ist es innen.«

Erst jetzt fiel ihr auf, dass sie gar nichts von ihm besaß – keinen Ring, keinen Stein, kein getrocknetes Blatt, nichts. Mit etwas Glück würde er auf einem der wenigen Fotos sein, die sie als überzeugte Nicht-Fotografin für Evchen gemacht hatte. Aber da gab es diese anderen Bilder, Erinnerungen tausendmal kostbarer und intensiver – das schwarzweiße Fußpaar auf der Kirchenschwelle, Hennock beim »Olivensegen« im Restaurant, seine rauchige Stimme, die leise das Lied eines Bettelkindes mitsingt …

»Madamchen, Madamchen!«

Katrina fuhr erschrocken hoch. Einen Moment lang glaubte sie, Leon sprechen zu hören, aber ein älterer Äthiopier stand über sie gebeugt. »Falls Sie nach München wollen«, sagte er, »ist es höchste Zeit!«

Ein Blick zum Gate hinüber, hinter dem gerade der letzte Passagier verschwand, und sie schnappte eilig ihre Sachen. »Danke!«

»Bitte, gern«, rief der Mann ihr lachend nach. »Wer ankommen will, muss sich aufmachen!«

Katrina lachte über die Schulter zurück. Wie Recht er hat, dachte sie, genauso sollten wir es sehen, ich hier und Hennock dort, bis wir am Ziel sind.

Nachwort

Um Äthiopien, das frühere Abessinien, rankten sich von alters her zahlreiche Legenden, widersprüchliche Überlieferungen und Berichte. Seit der Antike beschäftigte es die Fantasie der Fremden – wenn sie die geografischen Fakten oft auch wenig genau nahmen und Äthiopien manchmal vom Nil bis Westafrika reichen ließen.

Laut Homer war Zeus hier mit allen Götterkollegen zu Gast. Herodot berichtete von den schönen, langlebigen Menschen am äußersten Rand der Welt. Und für die alten Ägypter war es das Land Punt, aus dem sie Weihrauch, Myrrhe, Gold und Sklaven bezogen. Jahrhundertelang verbreiteten Händler, Seefahrer, Krieger und Literaten abenteuerliche Hirngespinste über das geheimnisvolle Land und seine Bewohner. Die wahnwitzigsten Sensationen. Hundsmenschen, Satyrn und Schlangenfresser sollten hier leben, mal zwergenhaft klein, dann wieder riesengroß, Drachenmenschen, Schattenfüßler, pechschwarze Kannibalen, Wesen ohne Ohren oder mit vier Augen. Und goldene Dächer sollte es geben, blendend goldene Waffen, sogar ganze Berge aus Gold, von Greifvögeln bewacht. Auch Geschichten über den mysteriösen Priesterkönig Johannes, der die Kreuzfahrer beim Kampf gegen die Sarazenen unterstützen könne, machten im mittelalterlichen Europa die Runde und sorgten für gespanntes Interesse. Erst als portugiesische Missionare im 16. Jahrhundert einreisten, begann eine realistischere Berichterstattung – aber immer noch scheint es geheimnisumwoben.

»In diesem Land«, sagte eine Kennerin, »ist nie etwas wirklich sicher.« Daher und weil es ohnehin fast unmöglich ist, die historische Wahrheit festzulegen, erhebt mein Buch keinen Anspruch auf geschichtliche Korrektheit. Es ist eine Fiktion, allerdings mit authentischem Kern: Die Haertel-Familie und deren enge Verbindung zum kaiserlichen Hof hat es wirklich gegeben. Ihre Geschichte – Notizen, Fotos und Dokumente – wurde mir von ihrem Enkel, Dr. Johannes Bohnenberger und seiner Frau Gaby, denen ich dafür zu großem Dank verpflichtet bin, überlassen und zwischen vielen frei erfundenen Figuren angesiedelt.

Besonders herzlich danke ich außerdem Girma Fisseha, Leiter der Äthiopien-Abteilung im Völkerkundemuseum München, der mich mit hilfreichen Informationen, mit Literatur und Kontaktadressen versorgte, Dedjene Helittework, meinem fürsorglichen und klugen Begleiter bei den Recherchen in Äthiopien, Professor Richard Pankhurst, dem maßgebenden Äthiopien-Spezialisten, Karl Heinz Böhm und seiner äthiopischen Frau Almaz für die Unterstützung durch *Menschen für Menschen*. Ich bedanke mich bei Avedis Terzian in Addis Abeba, der sich mit seinen beinahe hundert Jahren lebhaft an die Protagonisten meiner Geschichte erinnerte, bei Inge Scheffler, die ihre Kindheit und Jugend in Äthiopien verbrachte und unermüdlich vom dortigen Leben erzählte, genauso wie ihr Bruder, Max Plazikowsky. Viele haben an der Entstehung dieses Buches Anteil genommen, haben mitgedacht, geraten, zugehört und gelesen: allen voran mein Mann Jürgen, meine Schwester Barbara und ihr Mann, Professor Guntram Vogt, meine Freundin und Kollegin Cornelia von Hoerner-Nitsch. Ihnen sei an dieser Stelle für ihre Geduld, ihr Verständnis und die konstruktive Kritik herzlichst gedankt.

Brigitte Beil

NIL
BRITISCH-
ÄGYPTISCHER
SUDAN
Blauer Nil
Weißer Nil
BELGISCH-KONGO
BRITISCH
UGAND
PROTEKTOR
VIKTORIA